Thierfelder/Wölfing (Hrsg.)
Für ein neues Miteinander von Juden und Christen

Schriftenreihe der
Pädagogischen Hochschule Heidelberg
Band 27

Herausgegeben von der
Pädagogischen Hochschule Heidelberg

Wissenschaftlicher Beirat:
Albrecht Abele, Hans-Hagen Hartter, Horst Hörner,
Walter Riethmüller, Rudolf Schindele, Jürgen Schönbeck,
Wolfgang Sehringer, Uwe Uffelmann und Willi Wölfing

Kontakt Band 19

Schriftenreihe des
Instituts für Weiterbildung
der Pädagogischen Hochschule Heidelberg

Für ein neues Miteinander von Juden und Christen

Herausgegeben von Jörg Thierfelder und Willi Wölfing

Mit Beiträgen von
Micha Brumlik, Ignatz Bubis, Julius Carlebach,
Hilde Domin, Norbert Giovannini, Rachel Heuberger,
Horst Hörner, Larissa Itina, Theodor Karst,
Uri R. Kaufmann, Albrecht Lohrbächer, Trude Maurer,
Norbert Scholl, Ludwig Schwinger, Trude Simonsohn,
Mikhail Soloveithik, Lothar Steinbach, Martin Stöhr,
Gerd Theißen, Jörg Thierfelder, Beate Weber,
Willi Wölfing

Deutscher Studien Verlag · Weinheim 1996

Über die Herausgeber:

Jörg Thierfelder, Dr. theol., Jg. 38, Professor für Evangelische Theologie/ Religionspädagogik an der Pädagogischen Hochschule Heidelberg.

Willi Wölfing, Dr. phil., Jg. 42, Akademischer Direktor im Fach Schulpädagogik und Leiter des Instituts für Weiterbildung an der Pädagogischen Hochschule Heidelberg.

Alle Rechte, insbesondere das Recht der Vervielfältigung und Verbreitung sowie der Übersetzung, vorbehalten. Kein Teil des Werkes darf in irgendeiner Form (durch Photokopie, Mikrofilm oder ein anderes Verfahren) ohne schriftliche Genehmigung des Verlages reproduziert oder unter Verwendung elektronischer Systeme verarbeitet, vervielfältigt und verbreitet werden.

Druck nach Typoskript (DTP)

© 1996 Deutscher Studien Verlag · Weinheim
Typoskript: Hans-Jürgen Wahner, Carmen Müller
Druck: Druck Partner Rübelmann, 69052 Hemsbach
Seriengestaltung des Umschlags: Atelier Warminski, 63654 Büdingen
Printed in Germany

ISBN 3 89271 676 5

Inhaltsverzeichnis

Jörg Thierfelder, Willi Wölfing
Vorwort 7

Ludwig Schwinger
Grußwort 9

Beate Weber
Einführung 11

Julius Carlebach
Die jüdische Religion 15

Norbert Scholl
Gewalt in den Schriften des Ersten Testaments 25

Podiumsdiskussion
Juden im heutigen Deutschland 49
mit: *Ignatz Bubis, Trude Simonsohn, Larissa Itina, Mikhail Soloveithik, Moderation: Micha Brumlik*

Gerd Theißen
Antijudaismus im Neuen Testament - 77
ein soziales Vorurteil in heiligen Schriften

Uri R. Kaufmann
Von der Vielfalt des Judentums 98
und ihren Wurzeln in Deutschland

Micha Brumlik
Motive christlicher Judenfeindschaft 114
und Strategien ihrer Überwindung

Jörg Thierfelder
Tun des Gerechten - Hermann Maas, 129
der stadtbekannte Freund der Juden

Hilde Domin
Literarischer Nachmittag 147
Moderation: Theodor Karst

Martin Stöhr
Jüdisches Volk und Staat Israel 161
als Herausforderung an die Kirchen

Norbert Giovannini
Zwischen Emanzipation und Verfolgung 188
- jüdisches Leben in Heidelberg

Lothar Steinbach
Der Holocaust und die Erinnerung 221

Horst Hörner
Die Pädagogik Martin Bubers anhand seiner Briefe 249

Trude Maurer
Das Leben der Juden in der deutschen Kultur 267

Rachel Heuberger
Die Rolle der Frau im Judentum 287

Albrecht Lohrbächer
Wer sind wir? 305
Vom Mut zum Lernen mit dem Judentum

Verzeichnis der Abkürzungen 324

Verzeichnis der Autorinnen und Autoren 325

Vorwort

"Für ein neues Miteinander von Juden und Christen" war der Titel einer Ringvorlesung, die im Wintersemester 1995/96 vom Institut für Weiterbildung der Pädagogischen Hochschule Heidelberg durchgeführt wurde. Das Institut suchte dabei die Zusammenarbeit mit den Fächern Evangelische und Katholische Theologie/Religionspädagogik der Hochschule und mit verschiedenen Heidelberger Institutionen: der Hochschule für Jüdische Studien, der Erziehungswissenschaftlichen Fakultät der Universität, dem Evangelischen Dekanat, der Volkshochschule, der Gesellschaft für christlich-jüdische Zusammenarbeit, der Stadtbücherei und der Landeszentrale für politische Bildung. Die Heidelberger Oberbürgermeisterin Beate Weber übernahm die Schirmherrschaft und machte damit deutlich, welchen Stellenwert eine Vorlesungsreihe zu diesem Thema für die Stadt und ihre Bürgerinnen und Bürger hat.

Der 50. Jahrestag des Endes des Zweiten Weltkriegs, in dessen Verlauf nahezu die Hälfte aller Juden auf der Welt von Deutschen ermordet wurde, gab den äußeren Anlaß für die Ringvorlesung. Wichtig waren den Veranstaltern inhaltliche Gründe. Ohne ein "Sich-Kennenlernen" kann es zu keinem neuen Miteinander kommen. Dies stellte einige Jahre nach dem Krieg der Heidelberger Ehrenbürger, Prälat Hermann Maas, der sich im Dritten Reich unermüdlich für die verfolgten Juden eingesetzt hatte, in einem Wort zur christlich-jüdischen Zusammenarbeit fest. Die Christen haben bei einem solchen Sich-Kennenlernen sicher einen größeren Nachholbedarf als die Juden. Darum beschäftigten sich viele Veranstaltungen mit Themen wie: "Die jüdische Religion"; "Gewalt in den Schriften des Ersten Testaments"; "Von der Vielfalt des Judentums und ihren Wurzeln in Deutschland"; "Zwischen Emanzipation und Verfolgung - jüdisches Leben in Heidelberg"; "Das Leben der Juden in der deutschen Kultur"; "Die Rolle der Frau im Judentum"; "Die Pädagogik Martin Bubers anhand seiner Briefe"; "Juden im heutigen Deutschland". Das Programm wurde durch eine literarische Lesung der Heidelberger Lyrikerin Hilde Domin bereichert. Andere Vorträge setzen sich mit der Vergangenheit (Holocaust/Shoah) und der christlichen Judenfeindschaft auseinander. Diese Aspekte wurden in Vortragsthemen wie "Der Holocaust und die Erinnerung" und "Antijudaismus im Neuen Testament - ein soziales Vorurteil in heiligen

Schriften"; "Motive christlicher Judenfeindschaft und Strategien ihrer Überwindung", herausgearbeitet. Zwei Vorträge befaßten sich mit einer neuen Sicht des Judentums in den Kirchen, so die Vorträge "Jüdisches Volk und Staat Israel als Herausforderung an die Kirchen" und "Wer sind wir? Vom Mut zum Lernen mit dem Judentum". Mit dem Vortrag " Tun des Gerechten - Hermann Maas, der stadtbekannte Freund der Juden" wird schließlich eines besonderen Brückenbauers zwischen Christen und Juden, Deutschland und Israel, gedacht.

Wir danken der Vorbereitungsgruppe, die mit uns die Ringvorlesung geplant und die Auswahl der Referenten festgelegt hat. Ihr gehörten neben den Herausgebern dieses Buches an: Professor Dr. Micha Brumlik, Universität Heidelberg, Dr. Uri R. Kaufmann, Hochschule für Jüdische Studien, Schuldekan Erich Eßlinger, Evang. Dekanat und Dr. Veronika Strittmatter-Haubold, Institut für Weiterbildung. Ein besonderer Dank gilt der Rhein-Neckar-Zeitung, die über alle Veranstaltungen ausführlich und kenntnisreich berichtete. Gedankt sei auch der Pädagogischen Hochschule Heidelberg und dem Deutschen Studien Verlag für die Bereitschaft, diese Publikation zu verlegen.

Viele haben dankenswerterweise geholfen, die Manuskripte druckfertig zu machen. Stellvertretend nennen wir Dipl.-Diakoniewissenschaftler Christoph Mehl, für die sachkundige Bearbeitung einiger Beiträge; Carmen Müller vom Institut für Weiterbildung und Hans-Jürgen Wahner für die Erstellung des Typoskripts.

Die starke Resonanz, auf die diese Vortragsreihe stieß, ist ein Beweis dafür, wie groß das Interesse verschiedener Altersgruppen ist, sich zu informieren und sich mit der Thematik ernsthaft auseinanderzusetzen. Wir wünschen uns viele interessierte und engagierte Leserinnen und Leser, schon um der bleibenden Aufgabe willen von "Für ein neues Miteinander von Juden und Christen".

Heidelberg, im Juni 1996
Jörg Thierfelder
Willi Wölfing

Ludwig Schwinger

Grußwort

Zur Eröffnung der Ringvorlesung „Für ein neues Miteinander von Juden und Christen" begrüße ich Sie in meiner Eigenschaft als Rektor der Pädagogischen Hochschule Heidelberg herzlich. Ich freue mich, daß Sie an dieser Veranstaltung ein großes Interesse zeigen. Das Veranstaltungsthema hat durch seine interdisziplinäre Vielfalt eine starke Anziehungskraft. Besonders begrüßen möchte ich die Oberbürgermeisterin von Heidelberg, Frau Beate Weber, die unsere Hochschule sehr gut auch von innen kennt und die bereit war, die Schirmherrschaft für die Vortragsreihe zu übernehmen.

Weiterhin begrüße ich besonders herzlich den Rektor der Hochschule für Jüdische Studien, Herrn Professor Dr. Carlebach, der heute den Eröffnungsvortrag hält. Zwischen unseren beiden Hochschulen besteht schon seit einiger Zeit ein enger Kontakt. In meinem Grußwort möchte ich auch besonders diejenigen hervorheben, die diese Veranstaltung initiiert, organisiert und mit hoher Qualität versehen haben.

Da ich die ersten Vorbereitungsschritte vor einem guten Jahr bereits mitbekommen habe und laufend über die Entwicklung der Arbeit informiert wurde, glaube ich einschätzen zu können, wie groß der Aufwand dazu war. Ich danke mit schlichten Worten der Planungsgruppe und den Mitarbeitern des Instituts für Weiterbildung für die Initiative zu dieser Vortragsreihe und die Koordination.

Es ist beeindruckend wie viele Einrichtungen und wie viele Kolleginnen und Kollegen an dem gemeinsamen Thema der Ringvorlesung mitarbeiten. Last not least heiße ich alle Anwesenden willkommen, die mit ihrer Teilnahme zum Ausdruck bringen, daß diese Vortragsreihe ein inhaltlich wichtiges und politisch interessantes Thema ist. Gestatten Sie mir einige Sätze zum hochschulpolitischen Stellenwert dieser Veranstaltung.

Bundesweit wird den Hochschulen direkt und indirekt vorgeworfen, daß sie
- in vielen Bereichen den Bezug zu den aktuellen Bedürfnissen, Interessen und Notwendigkeiten verloren haben,
- die Erkenntnisse wissenschaftlicher Forschungstätigkeiten zu wenig transparent sind und zum großen Teil wieder auf die Wissenschaft gerichtet sind,
- Wissenschaft auch Dienstleistung für diejenigen sein muß, die dafür die finanziellen und personellen Ressourcen zur Verfügung stellen,
- die Qualität der Lehre und Forschung in Zukunft mehr geprüft, nachgewiesen und mehr bewertet werden muß,
- die fachlichen Isolationen zugunsten übergreifender Zusammenhänge überwunden werden müssen und
- zukunftsweisende Innovationen in den weitgehend brachliegenden Gemeinsamkeiten und gegenseitigen Ergänzungen der Disziplinen liegen.

Diese Beschreibungen möchte ich am Beispiel dieser Veranstaltung widerlegen. Diese Ringvorlesung
- ist mehr denn je aktuell und gesellschaftspolitisch notwendig;
- ist keine Selbstbestätigung der beteiligten wissenschaftlichen Disziplinen;
- ist inhaltlich so ausgerichtet, daß sowohl die Bürgerinnen und Bürger der Stadt und der Region, Studentinnen und Studenten, als auch Wissenschaftlerinnen und Wissenschaftler angesprochen werden;
- zeigt, daß mit einem Minimum an finanziellen Möglichkeiten ein Maximum an Engagement erreicht wurde;
- beweist, daß die Zusammenführung der fachlichen Kompetenzen verschiedener Einrichtungen sehr deutlich den Willen zur Zusammenarbeit und zur Nutzung der jeweiligen Kompetenzen zeigt und dieses nicht nur zum ersten Mal.

Es ist mir wichtig, mit diesen Aussagen darzustellen, daß es nicht genügt mit abstrakten Vorwürfen auf jemanden zu zeigen, sich selbst aber zu verstecken. Mit dieser Ringvorlesung bieten wir wie bisher in regelmäßigen Abständen die Möglichkeit der Auseinandersetzung. Daß diese nicht enden darf, ist fast selbstverständlich. Neue Bedingungen verändern Erkenntnisse. Veränderte Erkenntnisse führen zu neuen Perspektiven.

In diesem Prozeß der Weiterentwicklung sind wir alle eingebunden und aufgefordert, ihn nicht nur zur Kenntnis zu nehmen, sondern mitzugestalten. In dem vorweg angedeuteten Sinne einer regen Diskussion und Weiterentwicklung wünsche ich der Ringvorlesung einen guten Start und die Erarbeitung neuer Bedingungen für einen vor uns liegenden Entwicklungsprozeß.

Beate Weber

Einführung

Es ist gut zu wissen, daß solche Vorlesungen möglich sind, daß sie, auch wenn sie viel Vorarbeit erforderlich machen, dann doch ganz offenkundig so viel Zuspruch bekommen. Es ist schön zu wissen, daß Sie ein unglaublich gutes Programm anbieten können und daß dies in der Stadt geschieht, in der man auch ein wenig Verantwortung trägt.

Vor wenigen Tagen sind die Urteile im Prozeß um den mörderischen Anschlag von Solingen ergangen. Wir haben diesen Prozeß alle mit sehr großer Aufmerksamkeit verfolgt, und wir wissen alle, daß das natürlich nur eine von vielen Gewalttaten in den letzten Jahren war, die sich gegen Ausländer, Behinderte und wieder gegen jüdische Mitbürgerinnen und Mitbürger gerichtet haben. Das Urteil des Gerichtes ist, glaube ich, das richtige Signal. Ein Signal nach innen, aber auch ein Signal nach außen, was auch immer wieder notwendig ist, wenn so etwas in Deutschland passiert.

Unsere Gesellschaft muß all denen, die grundlegende Menschenrechte verletzen und in ganz besonderer Weise kriminell sind, die uneinsichtig ihr Morden und Brandschatzen mit einem erschütternd menschenverachtenden und ignoranten Gedankengebäude rechtfertigen, ganz klare Grenzen setzen. Eigentlich darf es nicht sein, daß erst die Gerichtsurteile so eindeutige Grenzen setzen. Es wäre gut, wenn das Verhalten von Nachbarn und Zuschauern ebenso eindeutig von Anfang an Grenzen gesetzt hätte. Das hätte auch vieles erleichtert.

Es sieht so aus, als ob die schlimmste rechte Gewaltwelle in Deutschland seit dem Sieg über das Nazi-Regime vor 50 Jahren abgeebbt sei. Nach aufrechtem Protest und Solidarität ist jetzt wieder Raum für gemeinsame Analyse. Der Dialog und das Nachdenken sind in unserer Gesellschaft sehr notwendig, denn die Stärke dieser neuen Auseinandersetzung hat uns wohl alle sehr überrascht.

Unsere Gesellschaft war und ist nicht so sicher und demokratisch, daß wir uns beruhigt zurücklehnen könnten. Auch aus diesem Grund ist eine solche Ringvorlesung, die sich an die Älteren, aber vor allem auch an die Jüngeren richtet, außerordentlich wichtig.

Das Thema "Für ein neues Miteinander von Juden und Christen" wird in den nächsten Monaten beispielhaft für diesen vertiefenden Dialog in Heidelberg Maßstäbe setzen. Es ist wichtig zu überlegen: wann hat es eigentlich gutes Miteinander von Juden und Christen in Europa gegeben, wo war das, unter welchen Bedingungen hat das stattgefunden? Es ist immer wieder reizvoll, sich daran zu erinnern, daß es Zeiten gab, in denen die drei großen Religionen in Europa sehr gut und konstruktiv miteinander umgegangen sind. Es wäre reizvoll, zu hoffen, daß auch das wieder in absehbarer Zeit möglich ist, nicht nur in Europa, sondern auch anderswo.

Die Bedingungen sind aber andere geworden. Wir müssen aus der ganz speziell deutschen Geschichte das anders betrachten als es andere können. Aber ich glaube, daß gerade das Programm, das hier zusammengestellt worden ist, die verschiedenen Facetten des Themas ganz besonders gut deutlich macht. Ich würde mir wünschen, als Oberbürgermeisterin öfter teilnehmen zu können, aber ich denke doch, daß daraus Publikationen erwachsen, in denen man zumindest nachlesen kann, was man versäumt hat.

Das Institut für Weiterbildung und die Kooperationspartner, die diese Reihe zusammengestellt haben, haben einen interessanten Bogen von der geschichtlichen Analyse über die Vertiefung des gegenseitigen Verstehens, das ja immer auch ein Verstehen von Menschen und Personen ist, bis zur Gegenwart gespannt. Ganz wichtig ist der Ausblick auf Strategien wie man aktuelle Probleme der beiden Religionsgemeinschaften wieder überwinden kann.

Ich möchte mich bei all denen, die zum Zustandekommen dieser Ringvorlesung beigetragen haben, ganz herzlich bedanken. Es ist wichtig für das künftige Zusammenleben in unserer Stadt, daß diese Aufarbeitung innerhalb der Stadt stattfindet und sich dann rückspiegelt in dem, was in der Stadt diskutiert und entschieden wird.

Es ist gut, daß wir in den letzten Jahren diesen Dialog verstärken konnten: ganz intensiv durch die Hochschule für Jüdische Studien, mit der jüdischen Kultusgemeinde, mit der wir in intensivem Kontakt stehen und durch die neue Synagoge, die ja ein wichtiges Zentrum der Diskussion geworden ist. Es hat sich wieder eine aktive und lebendige jüdische Gemeinschaft in Heidelberg herausgebildet, die unser kulturelles, gesellschaftliches und religiöses Leben bereichert. Wir sollten alle froh darum sein.

Einführung

Die Wunden und die Verletzungen, die Deutsche, die sich damals auf ein "christliches Abendland" beriefen, vor 60 Jahren beginnend auch hier in Heidelberg, in Deutschland und weiten Teilen Europas mit ihrem Rassenwahn geschlagen haben, bleiben eine nicht wiedergutzumachende Schuld. Es hat keinen Sinn zu sagen, da ist etwas, worüber wir jetzt nicht reden wollen. Das einzige, was wirklich hilft zu verhindern, daß so etwas je wieder passieren kann ist, es im Gedächtnis zu behalten, darüber zu sprechen, nichts zu verstecken, sondern offen darüber zu reden, wie es dazu kommen konnte, aber auch, wie es zu der neuen Gewaltbereitschaft von rechts kommen kann.

Wer gegen einen neuen Holocaust wirken will, wer den Anfängen wehren will von Ausländerhaß und Gewalt gegen Minderheiten und wer Antisemitismus in unserer Gesellschaft entgegentreten will, muß Beispiel geben, muß Nachdenken anregen und Verstehen möglich machen.

Besonders gut wird das bei unseren Begegnungen in unserer Partnerstadt Rehovot in Israel deutlich, wo sich sehr viele Jugendliche auf diesen Dialog eingelassen haben - zum Teil ohne Vorkenntnisse oder mit geringen Vorkenntnissen, wobei Schulwissen selten ausreicht. Wer die Zeit des Golfkrieges in Israel mitbekommen hat und die Ängste gesehen hat, die in dieser Zeit auch in Rehovot geherrscht haben, der weiß, daß die Erinnerung an Völkermord und Verfolgung noch sehr lebendig ist.

Wir haben in der letzten Begegnung in Rehovot eine Straße nach Hermann Maas benannt, einige von Ihnen waren dabei. Wir hatten einen Gerechten hier in Heidelberg. Wir sollten froh darüber sein, daß das so gewesen ist, und wir sollten alle miteinander hoffen, daß es immer genügend Menschen gibt, die bereit sind, in seine Fußstapfen zu treten, wenn es notwendig sein sollte; genügend, die die menschliche Größe, die Stärke und die Courage aufbringen, tatsächlich zu helfen, wenn es eine Notsituation gibt. Es kann auch eine kleine Notsituation sein, es müssen nicht die ganz großen sein. Auch im Kleinen zeigt es sich, ob die Gesellschaft tragfähig ist, ob unser Christentum hier tragfähig ist.

Ich habe die Schirmherrschaft für diesen Dialog, mit dem das Miteinander zwischen Juden und Christen in Heidelberg neu gestaltet und vertieft werden kann, im Namen der Heidelbergerinnen und Heidelberger ganz besonders gerne übernommen und wünsche dieser Ringvorlesung einen sehr guten Besuch und eine ganz breite Resonanz. Sie bringt uns sicher ein Stück Weg weiter - im Bewußtsein des Weges, der hinter uns liegt. Vielen Dank.

PÄDAGOGISCHE HOCHSCHULE HEIDELBERG
Ringvorlesung Wintersemester 1995/96 mittwochs 16-18 Uhr

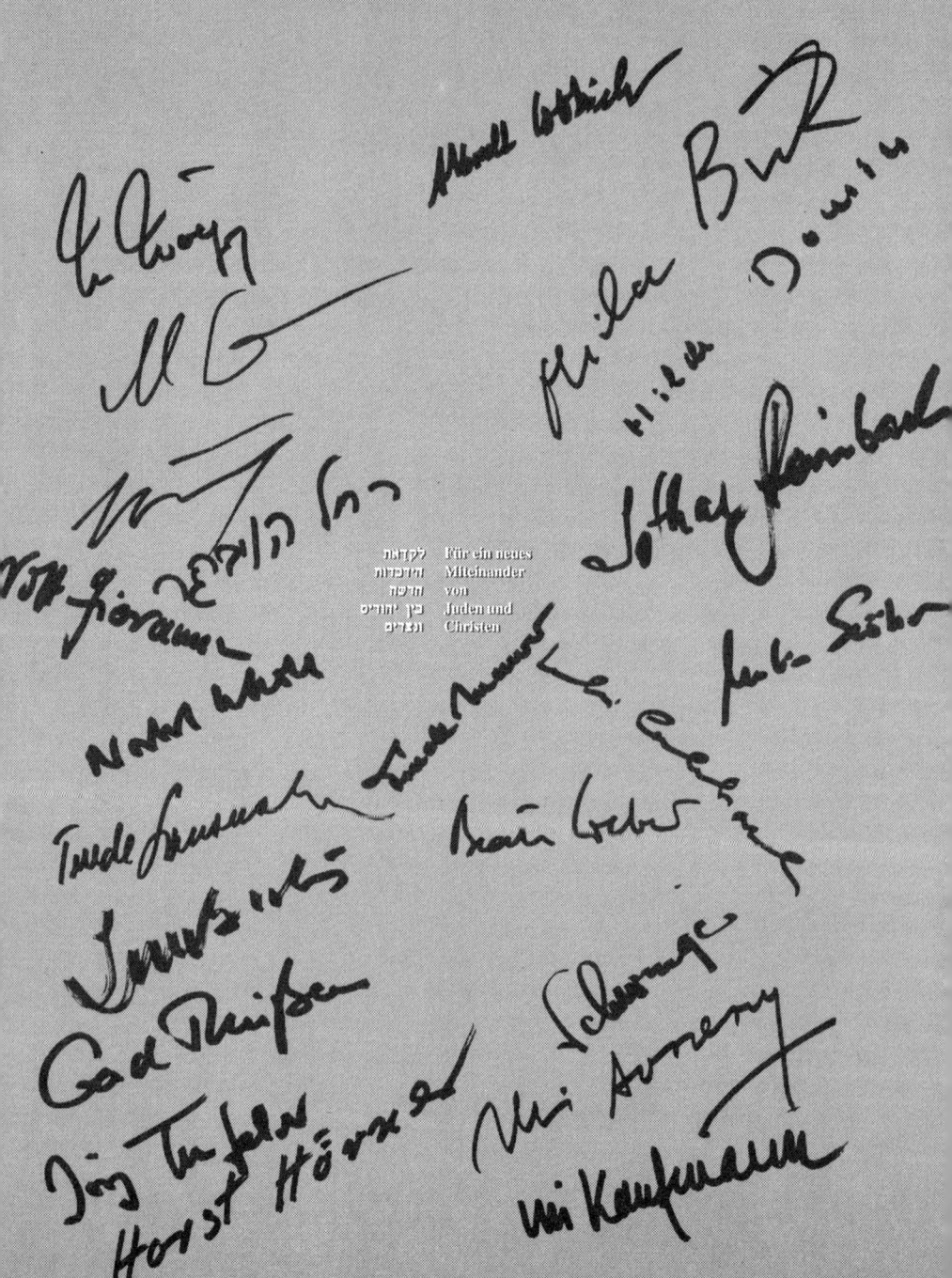

Eröffnungsveranstaltung Mittwoch 18. 10. 1995 16 Uhr Pädagogische Hochschule Heidelberg Keplerstraße 87 Aula

Julius Carlebach

Die jüdische Religion

Das Thema „Die jüdische Religion" ist in sich selbst problematisch, weil erstens der Begriff "Religion" dem Judentum - vor allen Dingen dem klassischen Judentum - fremd ist. Zweitens, weil all das im Judentum, was man heute unter Religion versteht, so umfangreich ist, daß es unmöglich ist, diesem Thema in einer Stunde gerecht zu werden. Das war schon so in talmudischer Zeit, wie die folgende kleine Geschichte zeigen wird. Nach dem Talmud (Traktat Berachoth 31a) geht ein Heide zu Rabbiner Hillel, der berühmt für seine freundliche Haltung den Menschen gegenüber war und sagt ihm: "Lehre mich die ganze Thora, während ich auf einem Bein stehe, dann werde ich Jude!" Da sagt Rabbi Hillel: "Was Dir nicht lieb ist, das tue auch Deinem Nächsten nicht! Das ist die ganze Thora. Alles andere ist nur Erläuterung. Geh, und lerne sie!"

Diese berühmte Geschichte faßt etwas von der Problematik zusammen, die ich hier vorstellen werde, nämlich die Problematik "Was ist die jüdische Religion?" Das Judentum kennt den Ausdruck Religion nicht, er ist von anderen Religionen übernommen worden. Es gibt zwar ein Judentum, eine jüdische Religion oder eine Religion der Juden gibt es jedoch nicht, weil der Begriff "Judentum" nicht nur religiöse Elemente umfaßt. Das heißt, daß wir das Problem nicht nur in einem zeitlichen Sinn behandeln müssen - die sogenannte jüdische Religion ist ja schließlich über 3000 Jahre alt - sondern wir müssen noch weitere Begriffe und Aspekte hinzufügen, die in anderen Religionen nicht zum Bereich des Religiösen gehören. In der jüdischen Tradition ist dies zunächst die Idee von Israel, dem Volk. Judentum ist gleichzeitig die Lehre von einem Volk. Zweitens die Thora, die folgendermaßen beschrieben werden kann: Auf der einen Seite ist sie das Gesetz der Juden, das göttliche Gesetz, das offenbarte Gesetz. Auf der anderen Seite ist Thora im Laufe der Zeit die gesamtreligiöse Kultur der Juden geworden. Alles gehört zu dem Begriff Thora, auch das Land, das gelobte, das versprochene, das Heilige Land, wie immer wir das nennen. Diese Begriffe können in der jüdischen Tradition nicht getrennt werden. Weil sie aber in anderen Kulturen, in denen die Juden gelebt haben, getrennte Bereiche sind, gab und gibt es große Schwierigkeiten. Hierzu ein Beispiel: Ende des 19. Jahrhunderts haben die Juden in Europa einen europäischen Begriff von Nationalismus übernommen, der sich in der Idee einer jüdischen Nation kristallisierte, die aber am Ende des 19. Jahrhunderts als eine europäische Erscheinung definiert wurde. Im traditionellen jüdischen Sinne ist dieser Nationalismus ein falscher, weil er den Messianismus ablehnt. Die Juden mußten sich dennoch damit auseinandersetzen, und das haben sie auch getan bis hin zu der Zeit, wo jene Konzeption eines jüdischen Nationalismus von einem säkularen, sozialistischen Zionismus über einen religiösen Kulturkampf bis zur Gründung eines jüdischen Staates im Heiligen Land jüdische Geschichte wurde. Geschichte ist ein religiöser Begriff im Judentum. Das Studium der Geschichte sowie das Studium des Gesetzes ist heilige Pflicht. Der Jude ist hauptsächlich ein Mensch des Gedenkens.

Im Hinblick auf das Rahmenthema des Verhältnisses zwischen jüdischen und nichtjüdischen Kreisen sei hier das Augenmerk auf die Interaktion zwischen Juden und Nichtjuden gelegt. Diese ist jedoch ebenfalls problematisch. Wenn wir von Juden und Judentum sprechen, müssen wir klarstellen, welche und welches behandelt werden soll. Denn abgesehen von der Religion haben wir bis heute ein zeitliches Judentum wie das biblische, das rabbinische, das mittelalterliche und das neuzeitliche Judentum, wovon jedes ganz besonders charakterisiert von spezifischen Einflüssen der Umwelt ist. Außerdem gibt es noch ein räumliches Judentum wie das sephardische, das die Juden aus Westeuropa und Nordafrika, und ein aschkenasisches, das die Juden aus Nordeuropa bezeichnet. Es gibt ein jemenitisches Judentum, das die Juden, die sich im Jemen niedergelassen haben und für lange Zeit ganz von anderen jüdischen Welten abgeschlossen waren, umfaßt, und es gibt ein chassidisches Judentum, das sich im 18. Jahrhundert in Osteuropa entwickelt hat. All diese zeitlichen und räumlichen Ausprägungen des Judentums müssen berücksichtigt werden, weil man diese verschiedenen Traditionen des Judentums auch heute noch antreffen kann. Aber was uns besonders interessieren sollte, ist der Einfluß der modernen Zeit auf das Judentum. Dieser beginnt im 18. Jahrhundert mit der Idee der Aufklärung, die den Menschen als Vernunftwesen ansieht. Daraufhin wurde, zunächst in nichtjüdischen Kreisen, die Frage gestellt: Heißt das, daß die Juden auch Vernunft-Menschen sind? Und wenn die Juden auch Vernunft-Menschen sind, heißt das, daß die Juden dieselben zivilen und sozialen Rechte haben müssen wie die Christen, die ja zu der Zeit in christlichen Staaten lebten, in denen jüdische Menschen mehr oder weniger toleriert wurden? Denn die Juden hatten kein Recht, in christlichen Staaten zu leben, dies war immer nur ein Privileg. So wurde in der Mitte des 18. Jahrhunderts die Judenfrage gestellt. Sie wurde erstmals in England formuliert, nicht in Deutschland. Dort kam zum ersten Mal die Frage auf, ob die Juden, wenn sie naturalisiert würden, das heißt, wenn sie bürgerliche Rechte erhielten, den christlichen Bürgern so viel wirtschaftlichen Wettbewerb bieten würden, daß diese in ihrer Existenz bedroht wären. Darum ging es.

Im Jahr 1753 erließ das Parlament in England ein Gesetz, nach dem den Juden diese Rechte gegeben wurden. Dies führte jedoch zu solchen Störungen in der Bevölkerung, daß das Gesetz wieder zurückgezogen wurde. Die Judenfrage kam dann nach Deutschland. In Deutschland wurde sie nicht wie in England von den Geschäftsleuten diskutiert, sondern von den Philosophen. Fichte, Kant und Hegel haben sich geäußert. Sie schrieben den Juden nur ein teilweise vernünftiges Wesen zu. Fichte hat zum Beispiel gemeint, daß die Juden Menschen seien und als Menschen behandelt werden müßten, aber wenn man sie emanzipieren wolle, d.h. wenn man sie einbürgern wolle, müsse man ihnen erst einmal die Köpfe abschlagen und neue Köpfe geben, weil jüdische Köpfe nicht emanzipiert werden könnten. In Deutschland nahm die Judenfrage große Proportionen an. In Deutschland, d.h. den vielen Kleinstaaten, da es keinen einheitlichen Staat gab, dauerte die Lösung dieser Frage fast 100 Jahre. Als sie dann im Jahre 1871 gelöst wurde, indem der Reichstag erklärte, die Juden bzw. alle Menschen seien Bürger, was immer ihre Identität sei, seitdem haben wir eine neue Reaktion, den politischen Antisemitismus, über den ich später etwas sagen werde. Aber wie in der Emanzipationsgeschichte der Frau, war das Problem bei den Juden auch ein Doppelproblem. Auf der einen Seite war die Frage, inwieweit ein christlicher Staat jüdische Bürger aufnehmen könne. Es gab viele Stimmen, die sagten, jüdische Bürger paßten nicht in einen christlichen Staat. Für die Juden gab es das Problem, was ein emanzipierter Jude sei. Genauso wie die Frauen sich gefragt haben, was eine emanzipierte Frau sei - eine Debatte, die ja noch bis heute anhält -, so ist eigentlich auch für die Juden das Problem noch nicht gelöst, noch nicht einmal durch den Holocaust. Was ist ein emanzipierter Jude? Wie viel seiner Religion und seiner Kultur muß der Jude ablegen, um sich seiner Umwelt anzupassen? Diese Fragen, die sich jeder Jude und jede jüdische

Gruppe stellen müssen, sind so wichtig, weil sie letztendlich Fragen des jüdischen Überlebens sind. Da unser Hauptinteresse im religiösen Bereich liegt, möchte ich kurz die Reaktionen von fünf hervorragenden Rabbinern vorstellen, die gleichzeitig auch fünf Grundprinzipien des religiösen Judentums anwenden und so einen Einblick in jüdisches Denken und Verhalten bieten.

Das erste dieser Prinzipien ist "Emunah" - der Glaube an Gott. Trotz seiner absoluten Gültigkeit ist es durchaus möglich, skeptisch und fragend an Glaubenssachen heranzutreten. Zweitens ist die "Halacha" (wörtlich) "der Weg", ein Rechtssystem, das jeden Aspekt des menschlichen-jüdischen Lebens leitet und das den Kern des Judentums mit Modernität und Säkularismus in Einklang bringen muß. Drittens ist das Prinzip der "Kehilla" - der Gemeinde. Alles im Judentum zielt darauf, Männer und Frauen durch die Kehilla zu binden. So werden Kult und Praxis zwischen Heim und Synagoge geteilt, weil sie nur zusammen das Judentum erhalten können. Das vierte Prinzip ist "Masoret" - die Tradition, die die Vergangenheit heiligt, die den Ideen, Ritualen, Sitten und Gebräuchen einzelner Kraft geben. Das fünfte Prinzip ist die "She'elah" die Frage. Alles, ohne Ausnahme, kann und soll befragt werden. So ist das größte Lob, das ein Lehrer einem Kind geben kann, daß das Kind eine gute Frage gestellt hat. Wie also haben sich die Rabbiner zu der Problematik ihrer Zeit geäußert?

Der erste Rabbiner, Moses Schreiber (1762-1839), auch Chasam Sofer genannt, hatte eine sehr einfache Lösung. Er lebte in Preßburg in Ungarn und hatte folgendes Prinzip: Chadasch assur min HaThorah. Alles, was neu ist, ist verboten. Er lehnte also jede Form der Assimilation an die herrschende Kultur ab. Sein hochinteressanter und noch nicht genügend untersuchter Standpunkt war folgender: Der Jude soll toleriert im Staat sein, das heißt, er soll all seine bürgerlichen Pflichten ausführen, aber kulturell völlig gesondert von Nichtjuden leben. Also ein Staatsbürger, jedoch mit einem Verhältnis nur zum Staat und nicht zur Bevölkerung. Damit hoffte er, seine jüdischen Mitbürger vor den Einflüssen der säkularen Welt schützen zu können.

Der zweite Rabbiner lebte in Prag, wo zu seiner Zeit die größte jüdische Gemeinde in Europa war, und hieß Ezechiel Landau (1713-1793). Er schlug vor, daß die Juden eine säkulare Erziehung erhalten könnten, die Schulen und den Armeedienst und alles was zum bürgerlichen Leben gehörte, mitmachen dürften, jedoch müßten die Rabbiner die Lehrer und die einflußreichen Menschen kontrollieren. Man dürfe die säkularen Lehrer nicht ohne Aufsicht jüdischen Kindern gegenüberstellen, weil sie ihnen den Glauben wegnehmen könnten.

Der dritte Rabbiner, Samson Raphael Hirsch (1808-1888), lebte in Frankfurt am Main und hat eine Idee entwickelt, die bis heute noch wichtig ist. Er meinte, daß man sich zwar als Gemeinde emanzipieren könne, nicht aber als Individuum. Die Juden sollten als Gruppe zusammenleben, weil sie sich somit ihre jüdische Identität, ihre jüdische Religion, bewahren könnten. Aber gemeinsam könnten sie an der allgemeinen Kultur in Deutschland teilnehmen. Er hat das so dargestellt, indem er die deutsche bürgerliche Kultur in Bereiche geteilt hat, die jüdisch annehmbar waren und solche, die jüdisch nicht annehmbar waren. Ich sollte vielleicht noch hinzufügen, daß Hirsch auch mit einem Begriff auftrat, der bis heute noch maßgebend ist, das ist der Begriff der Austrittsgemeinde. Dieser Begriff bezeichnet Gemeinden, die in die bürgerliche Gesellschaft integriert sind, sich aber sozial und religiös völlig separat halten, auch von nicht traditionellen jüdischen Gemeinden.

Der vierte Rabbiner hieß Zacharias Frankel (1801-1875). Er amtierte zunächst in Dresden und dann in Breslau und ist der Gründer des, wie wir es heute nennen, konservativen Judentums. Frankel gründete in Breslau eine berühmte Hochschule. Das konservative Judentum geht von einer historisch-kritischen Behandlung der jüdischen Tradition aus. Dabei lautet die größte und schwierigste Frage: Inwieweit ist die Offenbarung im Judentum rein göttlich und inwieweit hat sie sich über den menschlichen Verstand entwickelt? Praktisch gesehen ist das die Frage, die jede Generation sich stellen und beantworten muß. Ist die Thora, die den Kern des Judentums darstellt, wie im orthodoxen Judentum angenommen wird, direkt von Gott an Moses gegeben oder ist sie ein Volksgut, das sich im Laufe der Zeit und in den verschiedenen Teilen der Welt und bei den Juden unter verschiedenen Einflüssen wie zum Beispiel des Christentums und des Islam entwickelt hat und ausgebaut worden ist?

Der fünfte und letzte Rabbiner in dieser Gruppe ist Abraham Geiger (1810-1874), der in Berlin und auch in Breslau unterrichtet hat. Abraham Geiger gehörte zur Strömung des Reformjudentums. Reform ist die extremste Linie der Modernisation des Judentums, denn die Frage bei all diesen religiösen Denkern war ja immer: Wie können die Juden zusammenleben mit nichtjüdischen Menschen? So zum Beispiel rührten Probleme zum Teil daher, daß Nichtjuden sagten: "Mit Euch kann man nicht leben" und weil die Juden gesagt haben: "Mit Euch wollen wir nicht leben". Ich gebe

Ihnen ein Beispiel. In deutschen Kirchen ist es ein Zeichen von Ehrfurcht, wenn sich die Teilnehmer während des Gottesdienstes korrekt benehmen. Sie singen und werden angesprochen, aber sie würden nie in der Kirche herumlaufen oder sich unterhalten, oder irgend etwas tun, was von der Bedeutung des Geschehens ablenkt. Wenn man in eine traditionelle Synagoge geht, dann ist das mehr wie in einem Club als in einer Kirche. Man unterhält sich ein bißchen, man singt ein bißchen, man fragt, wie es Frau und Kindern geht, man tauscht Neuigkeiten vom Geschäft aus und man spricht Gott an, als ob auch er einer der Besucher der Synagoge wäre. Das konnten die Juden, die der Reformbewegung folgten, nur schwer tolerieren. Sie wollten auf jeden Fall, daß die Nichtjuden die Synagoge mit ebensoviel Ehrfurcht betrachteten wie ihre Kirche. Deshalb wurden viele Gebete z.B. vom Hebräischen ins Deutsche übertragen, die Orgel in den Gottesdienst einbezogen, und die Gemeinden erließen strenge Regeln. Kinder durften während des Gottesdienstes nicht herumlaufen, man sollte in bestimmter Weise gekleidet sein usw. Aber es gab auch in der Reformbewegung den Versuch, das Rationale im Judentum mit dem Rationalen in der allgemeinen Gesellschaft so auf eine gleiche Ebene zu bringen, daß ein Reformjude ohne Schwierigkeiten mit einer nichtjüdischen Gruppe zusammenleben konnte und daß er die Gelegenheit und die rabbinische Erlaubnis hatte, das kulturelle Leben mit den Nichtjuden zu teilen. Das war die Hauptidee der Reform mit dem Argument, daß vieles in der jüdischen Tradition zu Perioden gehöre, die eigentlich überholt seien und nicht zum modernen Leben gehörten. Schließlich gab es eine letzte Gruppe, die ganz einfach, wie viele Nichtjuden auch, allmählich alle religiösen Einschränkungen, Bedingungen und Ideen aufgegeben hatten, die säkular geworden waren und sich ganz nach rationalen Prinzipien des Lebens richteten.

Sie sehen also, daß die Entwicklung der - ich werde den Begriff hier benutzen - "jüdischen Religion" ebenso viel der Außenwelt schuldete wie einer innerjüdischen Dynamik. So zum Beispiel hat sich im Reformjudentum ein besonderes Interesse für das prophetisch-ethische Judentum entwickelt, weil diese ethischen Werte ein größeres Verständnis in christlichen Kreisen Deutschlands fanden als die "starre" Treue zum rabbinischen Gesetz. Dieses Interesse wurde vom rabbinischen, gesetzestreuen Judentum weitgehend abgelehnt. In dem Sinne hat die Entwicklung der Ethik im Judentum einen neuen Impuls erhalten. Für sie gab es immer ein großes Echo, weil das Judentum ganz besonders die Befragung Gottes verlangt.

Die jüdische Religion

Die schwersten Fragen, die Menschen überhaupt stellen können, sind von Juden gestellt worden. Nehmen wir zwei Beispiele. In der Geschichte von Sodom und Gomorra im 1. Buch Moses[1], fragt Abraham Gott in einem Dialog: "Haschofet Kol Haarets lo jaase Mischpat", "Ist es denkbar, daß der Richter der ganzen Welt nicht gerecht sein würde?" Das ist doch eine Frage, die von Abraham, dem ersten Juden, bis zum letzten Juden, der in Auschwitz umgebracht worden ist, gestellt werden muß. Eine Frage, die immer noch nach einer Antwort schreit. Oder nehmen Sie die Frage in dem Dialog zwischen Moses und Gott, in dem Moses zu Gott sagt: "Du sagst, du hast mich gerne. Wenn du mich gerne hast, laß mich dich sehen!" Und Gott sagt zu ihm: "Kein Mensch kann mich sehen und leben."[2] Dies sind Fragen, die die Juden ebensogut im 19. Jahrhundert wie im 9. Jahrhundert stellen konnten und gestellt haben. Sie haben im Laufe der Zeit immer mehr Gehör in der allgemeinen Gesellschaft erhalten. So haben die Juden Modelle eines jüdisch religiösen Lebens entwickelt, die immer wieder Wurzeln in der jüdischen wie in der nichtjüdischen Umgebung aufdeckten.

In diesem Zusammenhang möchte ich noch auf den Antisemitismus eingehen, der mit der Emanzipation der Juden, eine neue Lebenswucht erhielt, denn er zielte ja darauf, die Emanzipation rückgängig zu machen. Dieser Antisemitismus beginnt mit dem deutschen Geschichtsprofessor Heinrich v. Treitschke, der die Juden seiner Zeit herausgefordert hat: "Wenn Ihr Deutsche sein wollt", sagte Treitschke, und die Juden in Deutschland wollten vor allen Dingen deutsch sein, sie wollten deutschnational sein, "dann hört auf mit dem ewigen Judentum. Entweder - oder. Solange Ihr Euch Juden deutscher Nationalität nennt oder was immer, könnt Ihr doch keine richtigen Deutschen sein, denn Ihr seid ja anders als die Deutschen." Treitschke verlangte, daß sich die Juden "entjuden". In dem alten, langlebigen, religiösen Antisemitismus, der von den christlichen Kirchen kam, waren die Juden eine Herausforderung für die Kirchen. Das ist besonders gut am Beispiel Bruno Bauer zu sehen, der in der Mitte des 19. Jahrhunderts geschrieben hat. Sein Argument war, wenn das Christentum die Vollendung des Judentums sein sollte, wie viele Christen geglaubt haben, dann müsse das Judentum aufhören, wo das Christentum aufblühe. Das war die alte Hegelsche Idee. Wenn also das Judentum kein Zeichen gibt, daß es am Ende ist, sondern im Gegenteil immer wieder auf-

---

[1] Gen 18, bes. 25.
[2] Ex 33, bes. 20.

lebt, dann kann die Geschichte nicht stimmen. Das war die Basis des religiösen Antisemitismus. Dazu gehört natürlich auch der wirtschaftliche Antisemitismus. Die Juden waren - wie Werner Sombart und Max Weber gezeigt haben - geschäftlich Innovatoren. Sie haben viele neue Ideen eingeführt, und es ist ihnen gelungen, zum Beispiel von Posen nach Berlin auszuwandern und in Berlin von armen Bettlern zu großen Geschäftsleuten zu werden. Dies paßte nicht zu den Begriffen der allgemeinen Gesellschaft. Da kam auch im 19. Jahrhundert, nicht erst durch den Antisemitismus, sondern von der Wissenschaft, die Idee der Rassen bei den Menschen, die dann medizinisch und antisemitisch benutzt wurde. Es war die Zeit, in der man Kinder gemessen und gewogen hat, in der man rassische Züge gesucht hat, in der dann eine Bewegung aufkam, die gesagt hat, es gebe Rassen, die nicht nur verschieden, sondern auch höherstehend als andere seien. Von da war es ein sehr kurzer Weg zu sagen, das, was dem Juden fehle, sei nicht eine Religion, sondern sein rassisches Wesen, das ihn unannehmbar mache in der deutschen Gesellschaft. Das ist der Antisemitismus, der bis zu Auschwitz geführt hat. Aber diese verschiedenen Formen des Antisemitismus haben auch eine alte Idee der jüdischen Geschichte wiederbelebt. Dies geschah zu der Zeit, als der deutsche Nationalismus, der destruktive Nationalismus, aufgeblüht ist, zu der Zeit, in der die Juden selbst einen jüdisch-deutschen Nationalismus entwickelten, gegen den sich andere Juden mit einem jüdischen Nationalismus gewendet haben. Schon 1862 hat Moses Hess die Juden gewarnt, daß es nicht die Jüdischkeit sei, die die Deutschen nicht tolerieren könnten, sondern die jüdischen Nasen. Mit anderen Worten, Hess hat richtig gesehen, daß der religiöse Antisemitismus die Juden nicht so bedrohte wie der rassische Antisemitismus. Hess schlägt vor, die Juden sollten in Palästina ein sozialistisches Königreich aufbauen, in dem sie ihre Ideen entwickeln könnten, aber die Liebe zu Deutschland unter den Juden war so groß, daß erst 30 Jahre später, als Theodor Herzl einen ähnlichen Vorschlag machte, die Idee des Zionismus in der jüdischen Welt Wurzeln schlagen konnte.[3]

Mit diesen Ausführungen konnte hoffentlich gezeigt werden, daß die jüdische Religion, um diesen Begriff nochmals zu gebrauchen, obwohl sie ein spezifisch jüdisches Phänomen ist und ganz spezifisch auf jüdischreligiösen und intellektuellen Begriffen basiert, sich doch sehr unter dem Einfluß von anderen Kulturen und anderen Nationen entfaltet hat. Trotz

---

[3] Vgl. Hess Moses, Rom und Jerusalem 1862, in: Theodor Herzl, Der jüdische Staat, 1896.

der Herausforderungen von anderen und von Feindseligkeiten, die das Judentum erdulden mußte, gelingt es diesem, Strukturen aufzubauen, die das Judentum, wenn auch nicht immer die Juden selbst, überleben läßt.

Ich möchte hier noch eine Idee hinzufügen, weil sie besonders treffend ist, und das ist die Idee von Emmanuel Levinas, der schreibt, daß das jüdische Bewußtsein seine Einheit und seine Einzigartigkeit in den Stunden der großen Krisen findet, wenn sich eine ungewöhnliche Verbindung von Texten und Menschen erneuert.[4] Das ist eine ganz besonders interessante Formulierung. Es ist wahr, daß in den großen Krisen der jüdischen Geschichte die Krisen selbst durch neue Verbindungen zwischen Text und Judentum Erneuerung hervorbringen. So ist es heute ganz klar und offenbar, daß seit dem Holocaust die jüdische Literatur über Bibel und Talmud, die Literatur jüdischer Autoren, die über religiöse Ideen schreiben, eine Blüte entwickelt hat, die ganz unglaublich ist. Heutzutage werden mehr jüdische Bücher geschrieben, veröffentlicht und gelesen als je zuvor in der Geschichte der Juden. Die Wellen der Angst und des Entsetzens, die von Auschwitz ausgegangen sind, scheinen die jüdische Jugend dazu gebracht zu haben, zurück zu den alten Offenbarungen, zu den alten Texten, zu den alten Büchern zu gehen. Das Interesse an dieser Ringvorlesung bringt die Reaktion gegen das, was geschehen ist, zum Ausdruck und gibt Anlaß für unsere Hoffnung für die Zukunft.

Zum Schluß möchte ich noch eine kleine Geschichte erzählen. Die jüdische Tradition wird sehr oft über rabbinische Responsa geregelt. Das heißt, wenn man ein Problem hat, schreibt man an einen großen, anerkannten Rabbiner, der dann eine Teschuvah, eine Antwort gibt, die ganz im Einklang mit dem jüdischen Gesetz steht. Ein solcher Rabbiner hat Fragen beantwortet, Fragen jüdischen Gesetzes, sogar in Auschwitz. Im Morgengebet soll jeder Jude einen Segensspruch zu Gott aussprechen: "Gelobt seist Du Ewiger, unser Gott, daß Du mich nicht zum Sklaven gemacht hast." Eine Gruppe von Juden in Auschwitz waren Sklavenarbeiter im schlimmsten Sinne des Wortes. Die haben die Frage gestellt: "Dürfen wir diesen Segensspruch benutzen und Gott danken, daß er uns nicht zu Sklaven gemacht hat, wenn wir doch Sklaven sind?" Die Antwort dieses Rabbiners war folgende: "Aber natürlich müßt Ihr diesen Segensspruch

---

[4] E. Lévinas, Schwierige Freiheit. Versuch über das Judentum. Frankf./M. 1992, S. 39.

aussprechen. Denn die Tatsache, daß Ihr überhaupt fragen könnt, zeigt doch ein Niveau geistiger Freiheit, wofür Ihr dankbar sein sollt!"[5]

Einführende Literatur

Wolfgang Beck (Hrsg.), Die Juden in der europäischen Geschichte, München 1992.
Leo Prijs, Die Welt des Judentums, München 1992.
Hermann Greive, Geschichte des modernen Antisemitismus in Deutschland, Darmstadt 1988.
S. Ph. De Vries, Jüdische Riten und Symbole, Hamburg 1992.
Günter Stemberger, Jüdische Religion, München 1995.
Leo Trepp, Geschichte der deutschen Juden, Stuttgart 1996.
Hermann Wouk, Das ist mein Gott. Glaube und Leben der Juden, Hamburg 1984.

---

[5] Oshrey Rabbi Ephraim, Responsa from the Holocaust, New York 1989, S. 85.

Norbert Scholl

Gewalt in den Schriften des Ersten Testaments

Vorbemerkung: Ich gebrauche, einer Anregung Erich Zengers folgend, anstelle der Bezeichnung "Altes Testament" den Begriff "Erstes Testament", um damit die untrennbare Einheit mit dem Zweiten, dem "Neuen" Testament, deutlich zu machen.

Nicht wenige Christinnen und Christen verbinden mit dem Ersten Testament die Vorstellung von Gewalt, von blutrünstigen Eroberungen, vom Abschlachten der Feinde und von einem Gott der Rache. Dem stellen sie dann das Zweite Testament gegenüber als Botschaft von der Gewaltlosigkeit, von der Feindesliebe und von einem Gott der Vergebung und Liebe.

Der Münchener Alttestamentler Manfred Görg berichtet, er habe im April 1988 im Anschluß an eine Tagung zum 40-jährigen Bestehen des Staates Israel von einem Teilnehmer einen Brief erhalten, der in der Aussage gipfelte, "man könne sich doch unmöglich an das Zeugnis Israels und des Judentums halten, weil Juden schon seit jeher, seit Beginn ihrer Geschichte andere Völker aus deren angestammten Gebieten vertrieben und alles Leben, Mann und Maus, vernichtet hätten, um sich in diesem Land festzusetzen. Wie könne ein solches Volk heute beanspruchen, ein Zeugnis von Menschlichkeit oder der Überwindung von Gewalt zu geben?"[1]

Es läßt sich nicht leugnen: Das Erste Testament gehört zu den Büchern der Weltliteratur, in denen am häufigsten über Gewalttaten berichtet wird. Exegeten haben errechnet, daß etwa 600 Stellen der Schrift davon erzählen. Besonders problematisch erscheinen für den Bibelleser jene Passagen, die Gott selbst als Urheber der Gewalt und des Blutvergießens darstellen. Es drängt sich die Frage auf: Haben wir es hier mit einem gewalttätigen Gott, mit einem blutrünstigen Monster zu tun? Schon im 2. nachchristlichen Jahrhundert verlangte daher Markion, der Sohn des Bischofs von Sinope (heute Türkei, Schwarzmeerufer), die Herausnahme des ("jüdischen") Ersten Testaments aus der christlichen Bibel. Seine Forderung ist erst unlängst wieder von meinem Karlsruher Kollegen Helmut Jaschke aufgegrif-

---

[1] M. Görg, Der un-heile Gott. Die Bibel im Bann der Gewalt, Düsseldorf 1995, S. 14.

fen worden. Auch er sieht "Jahwe überwiegend als zornig und gewalttätig", und es könne darum wie für Markion "befreiend sein, Gott anders zu denken."[2] (Nur als Anmerkung sei hier festgehalten, daß das Zweite Testament keineswegs "gewaltfrei" ist; man denke nur an die paulinische Terminologie oder an die Gewaltphantasien der Johannesapokalypse). Der Freiburger Psychologe Franz Buggle zieht in seiner Streitschrift "Denn sie wissen nicht, was sie glauben" (Reinbek 1992) sogar die Konsequenz, daß man heute "redlicherweise nicht mehr Christ sein kann" (Untertitel).

Es ist daher nicht verwunderlich, daß die Frage der Gewalt im Ersten Testament (und Zweiten Testament) bis heute zu den noch immer weitgehend verdrängten Themen in der Theologie und Exegese gehört.[3] Erst 1980 erschien eine erste Monographie zum Thema Gewalt in der Bibel.[4] Doch wer sich mit den theologischen Schwerpunkten des Ersten Testaments vertraut machen und wer als Christ die heiligen Schriften Israels auch als "Heilige Schrift" des Christentums gelten lassen will, kommt nicht umhin, sich mit dieser Thematik auseinanderzusetzen.[5]

1. Bestandsaufnahme

Besonders häufig ist von Gewalt und Gewaltanwendung die Rede im Zusammenhang mit der sog. Landnahme - vor allem in den Büchern Josua und Richter.

– Da brechen die Israeliten sengend und mordend nach Kanaan ein (Jos 6-12).

---

[2] H. Jaschke, Dunkle Gottesbilder. Therapeutische Wege der Heilung, Freiburg 1992, S. 41-89.

[3] In allen drei großen Theologien des Alten Testaments, die in unserem Jahrhundert von christlichen Exegeten geschrieben wurden (Otto Procksch, Walter Eichrodt und Gerhard von Rad), fehlt das Wort "Gewalt" im Stichwortverzeichnis. Auch die 1995 erschienene "Theologie des Alten Testaments" von Josef Schreiner (Die Neue Echter Bibel, Würzburg) widmet dem Thema Gewalt nur geringe Aufmerksamkeit und vertuscht sogar die in Jos geschilderten Gewalttaten auf gefährliche Weise. Es sei von Israel verlangt worden, "daß seinem (Jahwes, N.S.) Befehl zur Eroberung des Landes folgt... Sein Gott unterstützt es in den dazu notwendigen Kämpfen. Oder ist es nicht eher so, daß das Volk seinem Gott, der ihm das Land geben will, zu Hilfe kommt (Ri 5,23) und er der eigentlich Kriegführende ist?" (S.69).

[4] J. Ebach, Das Erbe der Gewalt. Eine biblische Realität und ihre Wirkungsgeschichte. Gütersloh 1980.

[5] Vgl. dazu in letzter Zeit: Katechetische Blätter 10/1994, Thema des Heftes "Gott - gewalttätig?"; rhs. Religionsunterricht an höheren Schulen 3/1994, Thema des Heftes "Die Bibel - ein gewalttätiges Buch?"

– Da wird geschildert, wie die Städte Jericho und Ai in einem Gewaltstreich erobert werden (Jos 6; 8) und wie anschließend "alles Leben" darin ausgelöscht wird (Jos 6,24; 8,24-29).

Vor allem Texte wie diese sind für manche unserer Zeitgenossen geradezu eine Aufforderung und Legitimation zu Genozid und "ethnischer Säuberung"

Der erste Eindruck, den die Bibel uns liefert, ist fatal. Das läßt sich nicht leugnen. Nun ist die Bibel aber keine Quelle, die uns verläßliche historische Tatsachenberichte liefert. Sie ist vielmehr ein Buch, das aus einer bestimmten politischen und religiösen Situation heraus die geschichtliche Überlieferung des Volkes deutet und überarbeitet. Wer die "Gewalttexte" in der Bibel richtig verstehen will, kann das nur über eine ausreichende Erforschung der Texte selbst, ihrer Hintergründe und Zusammenhänge und der daraus sich ergebenden Interpretation erreichen.

2. Hintergründe, Zusammenhänge, Interpretation

2.1 Begebenheit und Deutung

Grundsätzlich gilt für alle Schriften des Ersten und des Zweiten Testaments, was der vom Christentum zum Judentum konvertierte Exeget Georg Fohrer schreibt: "Für das Verständnis der Darstellung vergangener Begebenheiten im Alten Testament ist der Zusammenhang zwischen Begebenheit und Deutung wichtig. Das Alte Testament stellt Begebenheiten der Vergangenheit, in denen es das Handeln Gottes erblickte, nicht objektiv dar; denn vergangene Begebenheiten wären für es bedeutungslose Abstraktionen. Sie erscheinen vielmehr als Grundlage einer Deutung und in Beziehung zu ihr; die vergangene Begebenheit und ihre jeweilige Deutung sind untrennbar miteinander verbunden und voneinander abhängig. Die Überlieferung kann immer neu gedeutet werden; und dies geschieht, um die Beziehung zur jeweiligen Gegenwart des Deutenden herzustellen. Man erzählt von vergangenen Begebenheiten als dem früheren Handeln Gottes an Völkern und Menschen eigentlich wegen der mit und in der Darstellung gegebenen Deutung für die neue Gegenwart. Daher ist es oft schwierig, den historischen Hintergrund der Überlieferungen zu erfassen; er kann von der Deutung mehr oder weniger verdeckt sein."[6]

---

[6] M. Görg, Der un-heile Gott. Die Bibel im Bann der Gewalt, Düsseldorf 1995, S. 33.

2.1.1 Begebenheit

Das komplizierte Verhältnis von historischer Begebenheit und ihrer zeitlich meist viel späteren Darstellung in der schriftlichen atl. Überlieferung möchte ich am Beispiel der Landnahme illustrieren. Das Buch Josua schildert, wie "das Volk Israel" (Jos 6,5 u.a.), von Osten kommend den Jordan überschreitet und in einer spektakulären, blutigen Aktion die Städte Jericho und Ai und das mittelpalästinische Bergland *einschließlich Jerusalems* (Jos 12,9) erobert (Jos 1-9), wie es anschließend in zwei weiteren Eroberungszügen im Süden und Norden "das ganze Land" (Jos 11,23) besetzt (Jos 10-11) und anschließend verteilt (Jos 13-21). Resümierend heißt es: "Alle ihre Feinde gab der Herr in ihre Gewalt. Keine von all den Zusagen, die der Herr dem Haus Israel gegeben hatte, war ausgeblieben; jede war in Erfüllung gegangen" (Jos 21,45).

Dem aufmerksamen und einigermaßen bibelkundigen Leser wird sofort auffallen, daß von einem Fall Jerusalems zu diesem Zeitpunkt keine Rede sein kann. Bekanntlich konnte diese Stadt vor David nicht erobert werden (Ri 1,21; 2 Sam 5). David ist ungefähr 200 Jahre nach der Landnahme anzusetzen. Weiter wird der Leser feststellen, daß die im 10. Kapitel geschilderten Eroberungen reichlich stereotyp erzählt werden: konkrete Erinnerungen an Kämpfe sind nicht erkennbar. Selbst die recht anschauliche Darstellung der Einnahme Jerichos wird nach Art einer Prozession mit der Bundeslade geschildert und weist zu viele ätiologische Züge auf, um als historisch zutreffend gelten zu können. Archäologische Forschungen haben zudem gezeigt, daß die Mauern Jerichos schon mehrere Jahrhunderte vor dem Einzug der Mose-Gruppe zerstört worden waren.[7]

Die Gewalttaten, wie sie gerade im Buch Josua geschildert werden, relativieren sich damit um einiges. Dazu kommen neuere archäologische Funde, die besagen, daß zumindest Teile des späteren Israel sich bereits vor 1200 im Land aufgehalten und Ackerbau betrieben haben. Auch von mehreren (durch Kriegszüge des Pharao?) zerstörten Städten ist die Rede.[8] Nach 1200 ist archäologisch eine Welle neuer Siedlungen festzustellen, die sich in Anlage und Architektur von den einstigen Kanaaniterstädten grundlegend unterscheiden. Diese Siedlungen befinden sich vorwiegend in Gebieten außerhalb des Bereiches der ehemaligen kanaanitischen Stadt-

---

[7] G. Fohrer, Theologische Grundstrukturen des Alten Testaments, Berlin 1972, S. 143.
[8] Vgl. L. Schwienhorst, Die Eroberung Jerichos. Exegetische Untersuchung zu Josua 6 (Stuttgarter Bibelstudien 6), Stuttgart 1986.

staaten. In einigen Fällen, wie in Hasor und Ai, wurden solche Siedlungen auch auf verlassenen Ruinenhügeln errichtet. Über die ethnische Identität der Bewohner dieser Siedlungen geben die Funde keine Auskunft. Es ist jedoch anzunehmen, daß es sich um Kulturnomaden handelte, die mit dem Bau fester Niederlassungen zur Seßhaftigkeit übergingen. Volkmar Fritz zieht in seinem Kommentar zum Buch Josua daraus die Folgerung: "Die Landnahme der israelitischen Stämme stellt sich im Lichte der Archäologie als der Übergang vom Nomadentum zur Seßhaftigkeit dar."[9]

Die meisten Exegeten vertreten daher heute die Ansicht, daß die gesamte Landnahme zunächst völlig gewaltfrei verlaufen sei. M. Görg schreibt: "Das Hineingelangen in das Kulturland Palästina vollzog sich ganz anders, als es die Bibel darstellt. Das muß man so rigoros sagen. Es gilt ohne Zweifel, daß von einer gewalttätigen Eroberung Palästinas in einer umfassenden Weise, wie wir es zu lesen glauben, gar keine Rede sein kann."[10] E. Zenger spricht von einem "friedlichen Eindringen in die freien Landstriche", räumt allerdings "kriegerische Auseinandersetzungen zum Abschluß der Landnahme" ein.[11]

Wenn diese Deutung der archäologischen Funde richtig ist und wenn die daraus gezogenen Konsequenzen zutreffen, stellt sich die Frage: Wieso kommen dann die Schilderungen von brutalen Gewalttätigkeiten in die Texte? Warum werden sie so ausführlich dargelegt? Und vor allem: Warum werden sie als direkte Anordnung Gottes ausgegeben? Hätte man sie nicht lieber schamhaft verschweigen oder zumindest nicht so drastisch ausmalen sollen? Es lohnt sich, den Fragen weiter nachzugehen und nach der richtigen Deutung zu suchen.

2.1.2 Deutung

Das Buch Josua gehört zum deuteronomistischen Geschichtswerk (Jos, Richter, 1 und 2 Sam, 1 und 2 Kön), das wohl zur Zeit des Königs Joschija (641-609) begonnen wurde, das aber in seiner uns heute vorliegenden Fas-

---

[9] Vgl. V. Fritz, Das Buch Josua. Handbuch zum AT I/7, Tübingen 1994, 11-14. Fritz weist auf die Siegesstele des Pharao Merenptah (1213-1203) hin: Kanaan ist mit (?) allem Schlechten erobert, Askelon ist fortgeführt, und Geser gepackt; Jenoam ist zunichte gemacht, Israel liegt brach und hat kein Saatkorn. Hr (= Palästina bis etwa auf die Höhe von Damaskus) ist zur Witwe geworden für Ägypten.
[10] V. Fritz, Das Buch Josua. Handbuch zum AT I/7, Tübingen 1994, S. 14.
[11] M. Görg, Der un-heile Gott, Düsseldorf 1995, S. 152 f.

sung wahrscheinlich erst zur Zeit des Exils (586-538) oder danach entstanden ist.[12] Die darin geschilderten Ereignisse datieren aber vor der Regierungszeit Davids, also vor dem 11. Jahrhundert. Zwischen Begebenheit und Deutung liegt also mindestens ein Zeitraum von 600 bzw. 700 Jahren. Schon von daher kommt dem Buch bereits zur Zeit seiner Entstehung nur sehr beschränkt ein streng historisch-exakter Wert zu. Erst recht ist es hermeneutisch unzulässig, es mit heutigen Maßstäben zu messen und in einen mitteleuropäischen Verstehensrahmen zu zwängen. Den einzig adaequaten und legitimen Interpretations-Hintergrund kann nur die altorientalische Welt selbst liefern. Aber: "Das Einhören in diese alte Kultur erfordert in jedem Fall erhebliche Anstrengung" (E. Zenger[13]).

Propaganda und moralische Aufrüstung

Einen ersten Fingerzeig für das sachgerechte Verständnis liefert die schon oben zitierte Schlußbemerkung der Landnahmeerzählung (Jos 21,45): "Keine von all den Zusagen, die der Herr dem Haus Israel gegeben hatte, war ausgeblieben; jede war in Erfüllung gegangen." Sie macht deutlich, daß das Buch nicht von Historikern, sondern von Theologen verfaßt ist. Norbert Lohfink[14] vertritt die Ansicht, daß die dtn. Landnahmeerzählung aus den späteren Regierungsjahren des Königs Joschija stammt (67). Von Joschija erzählen die Königs- und Chronikbücher (2 Kön 22,1-23.30; 2 Chron 34; 35), daß er die Zerstörung der kanaanäischen und assyrischen Götterbilder anordnete (1 Kön 23,4-14), daß er Maßnahmen zur Wiederherstellung und Restaurierung des Jerusalemer Tempels befahl und ein riesiges Paschafest mit Tausenden von Opfertieren feiern ließ (2 Chron 35,1-15) und daß er die Schwäche der assyrischen Großmacht ausnutzte, um sein Territorium nach Norden auszuweiten. Schon das ältere, aus der davidisch-salomonischen Epoche herangezogene vorliterarische Material

---

[12] E. Zenger, Der Gott der Bibel, Stuttgart 1979, 128.136; vgl. N. Lohfink, "Gewalt" als Thema alttestamentlicher Forschung, in: ders. (Hrsg.), Gewalt und Gewaltlosigkeit im Alten Testament. QD 96, Freiburg/Basel/Wien 1983, S. 19f.

[13] Vgl. M. Görg, Josua. Die Neue Echter Bibel, Würzburg 1991, 6: "In Kap.1-12 ist in der Regel ein dreiphasiger Werdegang zu beobachten. Ein vordeuteronomistischer ('vordtr') Text wird durch deuteronomistische ('dtr') Redaktionsarbeit erweitert, um später mit nachdeuteronomistischer ('nachdtr') Kommentierung versehen zu werden. In allen drei Phasen können jeweils Subphasen beobachtet, freilich nur begrenzt fixiert werden."

[14] E. Zenger, Das Alte Testament ist eindeutig gewaltkritisch, in: Herder-Korrespondenz 10/1993, S. 508.

enthält Textgruppen, in denen "Kampf und Krieg (auch mit Landeroberung verbunden) eine große Rolle spielten und Jahwe gefeiert wurde als der für Israel den Krieg führende und den Sieg erringende Gott" (58^{15}). Die Theologisierung von Kriegen und Siegen darf ohnehin als "gemeinorientalisches Erbstück" gelten (59). Lohfink sieht in den kriegerischen Aspekten der Landnahme "eine Art Propagandaschrift, die für seine (Joschijas, N.S.) Absichten werben und seine Aktionen legitimieren sollte" (67).

Für eine sachgerechte Deutung der Texte sind also etwa folgende Aspekte zu berücksichtigen. Der Verfasser des Buches Josua (bzw. der unter Joschija entstandenen Fassung dieses Buches)^{16} greift für seine propagandistischen Zwecke geschickt auf die Vergangenheit zurück und macht die Ereignisse der Landnahme, von denen er kaum eine detaillierte Kenntnis haben konnte, seinen aktuellen theologischen und politischen Intentionen dienstbar. Er schildert die Geschichte als fortschreitenden Abfall des Volkes von Jahwe. In der Anfangszeit, als sich das Volk noch strikt am Willen Gottes orientierte, gelang es, alle äußeren Feinde zu besiegen. Niemand konnte der Macht Jahwes widerstehen. Der Herr stand damals zu all seinen Zusagen und hat sie voll und ganz erfüllt. Das Hauptinteresse des Verfassers richtet sich nun darauf, die Hoffnung zu wecken, daß Jahwe auch heute, trotz des Abfalls vieler, sich von seinen Zusagen nicht abbringen läßt und weiterhin zu seinen Heilsverheißungen steht - wenn, ja wenn das Volk ihm in Treue dient und das Gesetz befolgt. Lohfink faßt zusammen: "Es geht (im Buch Josua, N.S.) wohl eher um so etwas wie eine moralische Aufrüstung und Kräftigung der im Jahrhundert der assyrischen Oberherrschaft mut- und ziellos gewordenen Bevölkerung Judas. Die assyrische Propaganda arbeitete damals, wie wir wissen, bewußt und massiv mit dem Mittel der Einflößung von Angst und Furcht vor der militärischen Macht Assurs und seines Gottes. Die Eroberungserzählungen der DtrL (der deuteronomistischen Landnahmeerzählung, N.S.) sind dazu die Gegenpropaganda. Der noch schrecklichere Schrecken des Weltgottes,

---

^{15} N. Lohfink, Die Schichten des Pentateuch und der Krieg, in: ders.(Hrsg.), Gewalt und Gewaltlosigkeit im Alten Testament. QD 96, Freiburg/Basel/Wien 1983, S. 51-110. Seinen Ausführungen folge ich hier. Vgl. auch: P.Weimar, Die Jahwekriegserzählungen in Ex 14, Jos 10, Ri 4 und 1 Sam 7, in: Biblica 57(1976), S. 38-73.

^{16} Lohfink nennt hier: a) Siegeslieder und andere Arten kriegerischer Lyrik (Debora- und Mirjamlied), b) Kriegs- und Eroberungserzählungen (die oft auch Angaben über die Vollstreckung der Vernichtungsweihe enthalten), c) Stammessprüche (Gen 49), d) kultische Texte (Ex 34,10-26).

der auf Israels Seite steht, wird narrativ entfaltet. Niemand in Israel braucht sich zu fürchten, wenn es um das von Jahwe schon den Vätern zugeschworene Land geht. Da alles aber so formuliert ist, daß es als Anweisung nicht mehr in die Gegenwart hineinragt, braucht zugleich niemand Angst zu haben, daß er unter Umständen selbst zur Betätigung von solchem Gemetzel und Blutbad eingesetzt werden würde."*17*

Eine Bestätigung für die These, daß der Verfasser der Landnahmeerzählungen bei der Gestaltung der Texte einer bestimmten Tendenz oder Ideologie folgt, bietet ein Vergleich mit der priesterschriftlichen Quelle. Diese ist zwar nur wenig später im babylonischen Exil entstanden, verfolgt jedoch gänzlich andere Intentionen. Sie stellt wahrscheinlich "eine Art pazifistischen Gegenentwurfs zur deuteronomistischen Geschichtsschreibung" dar.*18* "Ihr Ziel ist es, den mutlos gewordenen und angefochtenen Verbannten Trost zuzusprechen, indem sie an die durch den Dienst der Priester vermittelte dauernde Gegenwart Gottes im Kult erinnert. Ihr Hauptinteresse erstreckt sich darum auf Lebensordnungen durch Ritualgesetze, vor allem aber auf Kult und Opfer." Das Wort "Krieg" kommt in dieser Quelle nicht vor. Zwangsläufig muß auch die "Tradition von der gewaltsamen Landeseroberung unter Josua hinweginterpretiert" werden.*19* Als Beispiel für dieses Vorgehen wähle ich die Kundschaftererzählung.

In den deuteronomistischen Texten (Jos 2) kommt der von Josua ausgeschickte, aus nur 2 Mann bestehende Spähtrupp (2,1) kaum über Jericho hinaus, obwohl er den Befehl hat, "das ganze Land auszukundschaften" (2,3). Die Dirne Rahab, bei der die beiden Männer einkehren, weiß, daß "alle Bewohner des Landes aus Angst vor den Israeliten vergehen... und daß sie dem Untergang geweiht sind" (2,9.10). Die Kundschafter sichern Rahab Verschonung bei der gewaltsamen Eroberung des Landes zu (2,19). Sie werden entdeckt und müssen sich drei Tage lang vor ihren Verfolgern im Gebirge verstecken (2,22). Dann kehren sie zu Josua zurück (2,23). Unmittelbar im Anschluß an ihre Aktion beginnt der Kriegszug (3,1).

---

[17] Er wird in der exegetischen Fachsprache als Deuteronomist bezeichnet (wahrscheinlich waren es sogar mehrere Autoren).
[18] N. Lohfink, Die Schichten des Pentateuch und der Krieg, in: ders. (Hrsg.), Gewalt und Gewaltlosigkeit im Alten Testament. QD 96, Freiburg/Basel/Wien 1983, S. 74.
[19] M. Görg, Der un-heile Gott, Düsseldorf 1995, S. 161.

Die Erzählungen von der Landnahme in Josua und Numeri (gekürzt):

Josua 2,1

1. Josua schickte von **Schittim zwei Kundschafter** aus und befahl ihnen: Geht, erkundet das Land, besonders die **Stadt Jericho!**

Die Männer kehrte in Jericho bei der Dirne Rahab ein. Der König von Jericho aber befahl, sie herauszugeben. Da nahm die Frau die beiden Männer und versteckte sie. Inzwischen hatte man die Verfolgung der Männer aufgenommen.
Rahab sagte zu den Männern: **Ich weiß, daß der Herr euch das Land gegeben hat und daß alle Bewohner aus Angst vor euch vergehen.** Denn wir haben gehört, wie der Herr das Wasser des Schilfmeeres euretwegen austrocknen ließ. Dann ließ die Frau sie mit einem Seil durch das Fenster der Stadtmauer hinab. Sie riet ihnen: Geht ins Gebirge, damit die Verfolger euch nicht finden. Die Verfolger hatten sie nicht gefunden. Da machten sie sich **nach 3 Tagen** auf den Rückweg.
Am frühen Morgen brach Josua mit allen Israeliten auf.

Numeri 13,1-3.18

Danach lagerte sich das Volk in der **Wüste Paran**. Und der Herr redete mit Mose und sprach: Sende Männer aus, **das Land Kanaan** auszukundschaften. Je einen Mann aus jedem Stamme sollst du schicken. Mose sprach: Zieht hinauf in das Südland und steigt auf das Gebirge.
Da zogen sie hinauf und **kundschafteten das Land aus, von der Wüste Zin bis nach Rehob und Hebron.** Dann kamen sie ins Tal **Eskol** und schnitten dort eine Rebe mit einer Weintraube ab und trugen sie zu zweit an einer Stange.

Nach 40 Tagen kehrten sie um und kamen zu Mose und Aaron. Sie erzählten: Das Volk, das in dem Land wohnt, ist stark und die Städte sind sehr fest und groß. **Wir können nicht gegen dieses Volk ziehen; es ist uns zu stark.** Da erhob die ganze Gemeinde ihre Stimme und schrie: Ach, daß wir doch in Ägypten gestorben wären!

Ganz anders das priesterschriftliche Buch Numeri. Der Spähtrupp besteht hier aus 12 Männern; je ein Repräsentant aus den 12 Stämmen Israels wird von Mose (nicht von Josua) dafür ausgewählt (13,1-16). Die Zwölf ziehen wie in einer feierlichen Prozession 40 Tage lang unbehelligt im ganzen Land umher (13,17-25). Das von Jahwe als Geschenk zugesagte Land muß inspiziert werden. Reichlich mit allerlei Früchten beladen kehren sie zu Mose zurück. Von einer unmittelbar sich anschließenden Kriegsaktion ist nirgends die Rede, wohl aber von den Sünden des Volkes (14), von Brand- und Schlachtopfern und vom Dienst der Priester (15).

Ideologische Grundlage für die Kultreform und für die Durchsetzung der Ziele der Jahwe-allein-Bewegung.

Ein weiterer Gesichtspunkt für die breite Schilderung der Gewalt im Buch Josua, vor allem in der Form der "Vernichtungsweihe", ist zu sehen in dem Bestreben, eine ideologische Grundlage für die Durchsetzung der Ziele der Jahwe-allein-Bewegung und für die Kultreform des Königs Joschija zu schaffen. Bis zum Babylonischen Exil (586) gab es in Israel keineswegs den Monotheismus in Form der Jahwe-Verehrung. "In den viereinhalb Jahrhunderten, in denen es eine oder auch zwei israelitische Monarchien gibt (ca. 1020-586 v.Chr.), herrscht in diesen eine polytheistische Religion vor, die sich von den Religionen ihrer Umwelt nicht unterscheidet."[20] Das Volk verehrte eine Vielzahl von Göttern und Göttinnen, von denen Baal und Aschera nur die bekanntesten sind. Der Kampf um die Jahwe-allein-Verehrung beginnt erst im 9. Jahrhundert. Eine besonders intensive Phase dieses Kampfes fällt in die Regierungszeit des Königs Joschija.

Genau in dieser Zeit entsteht, wie bereits oben erwähnt, auch die deuteronomistische Überarbeitung des Buches Josua. Mit den Mitteln der historisch-kritischen Exegese läßt sich feststellen, daß dabei auch die ursprüngliche Erzählung von der Eroberung Jerichos erweitert wurde. Diese älteste Phase schilderte die Einnahme als göttliches Wunder: sechs Tage zogen die Isaeliten auf Geheiß Jahwes um die Stadt herum; am siebten Tage erhob das Volk ein großes Geschrei, und die Mauer fiel in sich zusammen. Das Volk stieg in die Stadt hinauf (Jos 6,1.2a. 3*. 4a.5.7a. 14.15a. 20b.21-24a).[21]

Die Eroberung Jerichos (Jos 6,1-26)
Rekonstruiert vordeuteronomistischer Bestand in: Vv 1-5,7.14-15.20
(nach V. Fritz und M. Görg)

Vordeuteronomistischer Bestand:

1 Jericho hielt wegen der Israeliten die Tore fest verschlossen. Niemand konnte heraus, und niemand konnte hinein.
2 Da sagte der Herr zu Josua: Sieh her, ich gebe Jericho und seinen König in deine Gewalt.

---

[20] Ebd., S. 80.
[21] B. Lang, Die Jahwe-allein-Bewegung, in: ders. (Hrsg.), Der einzige Gott. Die Geburt des biblischen Monotheismus, München 1981, S. 53.

3 Ihr sollt um die Stadt herumziehen. Das sollst du sechs Tage lang tun.
4 Am siebten Tage sollt ihr siebenmal um die Stadt herumziehen.
5 Dann soll das ganze Volk in lautes Kriegsgeschrei ausbrechen. Darauf wird die Mauer der Stadt in sich zusammenstürzen, dann soll das Volk hinübersteigen, jeder an der nächstbesten Stelle.
7 Und zum Volk sagte er: Zieht rings um die Stadt herum!
14 So zogen sie um die Stadt herum und kehrten wieder ins Lager zurück. Das machten sie sechs Tage lang.
15 Am siebten Tage aber brachen sie beim Anbruch der Morgenröte auf und zogen, wie gewohnt, um die Stadt siebenmal.
20 Dann brach das Volk in lautes Kriegsgeschrei aus. Die Stadtmauer stürzte in sich zusammen, und das Volk stieg in die Stadt, jeder an der nächstbesten Stelle.

Deuteronomistische Ergänzung:

21 Mit scharfem Schwert weihten sie alles, was in der Stadt war, dem Untergang, Männer und Frauen, Kinder und Greise, Rinder, Schafe und Esel.
22 Zu den beiden Männern, die das Land erkundet hatten, sagte Josua: Geht zu dem Haus der Dirne und holt von dort die Frau und alles, was ihr gehört, wie ihr es ihr geschworen habt!
23 Da gingen die jungen Männer, die Kundschafter, und holten Rahab, ihren Vater, ihre Mutter, ihre Brüder und alles, was ihr gehörte; sie führten ihre ganze Verwandtschaft aus der Stadt heraus und wiesen ihnen einen Platz außerhalb des Lagers Israel an.
24 Die Stadt aber und alles, was darin war, brannte man nieder.

Weitere spätere Ergänzungen:

a) Erweiterung der Schilderung der Vernichtungsweihe: 17-19.24-25
b) Der Fluch über Jericho: 26
c) Einfügung der Lade: 7b.11
d) Einfügung der Priester und der Widderhörner: 4.6.8.9.12.13.16.20
e) Josua-Erweiterungen: 10.16.27

Es ist ein religionsgeschichtlich häufig belegter Topos, daß durch großen Lärm das Chaos besiegt und die Feinde vertrieben werden können. Jericho, die älteste Stadt der Welt, wurde wohl als Bedrohung empfunden, so daß es nur durch eine Tat Gottes zu bezwingen war. Der Mensch konnte sich daran nur sehr mangelhaft beteiligen.

Die spätere, deuteronomistische Ergänzung der Erzählung durch die drastische Schilderung der an der Stadt vollzogenen "Vernichtungsweihe" dient den Zielen der Jahwe-allein-Bewegung und der Polemik gegen einen trotz vielfacher Bemühungen noch nicht gänzlich behobenen religiösen Synkretismus (Dtn 7). Der König und seine Ratgeber verboten den Priestern in ganz Judäa, "auf den Höhenheiligtümern weiterhin Weihrauch zu verbrennen und zwar nicht nur für Baal, sondern auch für die Sonne, den Mond, die Planeten und das ganze Heer des Himmels. In der Umgebung von Jerusalem mußten die Kulthöhen der Satyrn (?) und die der Götter Aschtoret, Kemosch und Milkom zerstört werden. Sogar der Jahwetempel mußte gereinigt werden von den Opfergeräten für Baal, Aschera und das Himmelsheer, von den Sonnenwagen und von den Häusern der 'sakralen Prostituierten'."[22] Vor diesem Hintergrund ist das folgende Text-Beispiel zu lesen: "So schlug Josua das ganze Land... niemand ließ er entkommen; alles, was lebte, weihte er dem Untergang, wie es der Herr (im hebr. Original: Jahwe), der Gott Israels, befohlen hatte... Aller dieser Könige und ihrer Länder bemächtigte sich Josua mit einem Schlag; denn der Herr (Jahwe), der Gott Israels, kämpfte für Israel" (Jos 10,40.42).

Norbert Lohfink hat im Theologischen Wörterbuch zum AT dem Begriff der "Vernichtungsweihe", der "Weihe zum Untergang", eine ausführliche Untersuchung gewidmet.[23] Das hebräische Wort "heræm" (von hebr. hrm = ausschließen, trennen; arab.: Harem) gehört in die Sphäre des Heiligen und des Unreinen. Es bezeichnet das, was profaner menschlicher Verfügung durch Gebrauch oder Verkehr schlechthin entzogen, also heilig oder unrein ist. Zum Unterschied vom Heiligen aber, das dem Bereich des Kultes, und vom Unreinen, das dem Bereich des gesellschaftlichen Lebens zuzuordnen ist, gehört "heræm" in den Bereich des Krieges. Der Brauch des Bannes geht wahrscheinlich zurück auf ein nomadisches Tabu, nach dem der nicht zum eigenen Stamm Gehörige samt seinem Besitz dem Bereich einer anderen, fremden Gottheit angehört und deshalb im Falle eines Sieges über ihn "gereinigt", d.h. vernichtet werden muß. "Der kriegerische Erfolg muß in einer kultischen Reservation münden, da er sich letztlich Jahwe verdankt."[24] Im sogenannten Kriegsgesetz (Dtn 20,10-18) wird daher deutlich unterschieden zwischen der Behandlung jener Städte, die außerhalb der Grenzen jenes Landes liegen, das "Jahwe, dein Gott, dir als

---

[22] V. Fritz, Das Buch Josua. Handbuch zum AT I/7, Tübingen 1994, S. 65-73.

[23] M. Smith, Religiöse Parteien bei den Israeliten, in: B. Lang (Hrsg.), Der einzige Gott. Die Geburt des biblischen Monotheismus, München 1981, 16. Dort Belegestellen (v.a. 2 Kön 23,5.7-11; Lev 17,7).

[24] N. Lohfink, Art. heræm, in: G. J. Botterweck/H. Ringgren, Theologisches Wörterbuch zum Alten Testament III, Stuttgart 1982, S. 192-213.

Erbbesitz gibt", und jenen, die innerhalb liegen (V.15f.). Nur die Menschen des heiligen Landes trifft der Vollzug der Vernichtungsweihe, die anderen sind profane Wirklichkeiten. Sie bleiben gleichsam "außen vor". In ihnen gibt es zwar Kriegsführung, aber keinen Bann, und dort gelten sogar ökologisch-humane Gesetze wie das über die Schonung des Baumbestandes (20,19f.).

"Heræm" steht damit im engen Zusammenhang mit dem 2. Gebot des Dekalog: "Du sollst neben mir keine anderen Götter haben" (Ex 20,3; Dtn 5,7). Wer dennoch "einer Gottheit außer Jahwe Schlachtopfer darbringt, an dem soll die Vernichtungsweihe vollstreckt werden" (Ex 22,19). Wie man mit den "anderen Göttern" zu verfahren hat, wird in dem ebenfalls zur Zeit des Joschija entstandenen Buch Deuteronomium genau geregelt: "So sollt ihr gegen sie vorgehen: Ihr sollt ihre Altäre niederreißen, ihre Steinmale zerschlagen, ihre Kultpfähle umhauen und ihre Götterbilder im Feuer verbrennen... Du sollst nicht das Silber oder Gold haben wollen, mit dem sie überzogen sind. Du sollst es nicht an dich nehmen, damit du dabei nicht in eine Falle läufst. Denn es ist dem Herrn, deinem Gott, ein Greuel. Du sollst aber keinen Greuel in dein Haus bringen, sonst bist du wie er der Vernichtung geweiht. Du sollst Grauen und Abscheu vor ihm haben, denn er ist der Vernichtung geweiht" (Dtn 7,5.25-26).

Da Jahwe es ist, der nach Überzeugung der Verfechter der Jahwe-allein-Verehrung letztlich Israel bei der Landnahme zum Sieg über die Feinde verholfen hat, ist auch die gesamte Kriegsbeute sein Eigentum - und dazu gehören, weil der Bann seinem Wesen nach total ist, auch die Menschen. Die Beute ist "tabu"; sie ist profaner menschlicher Nutzung entzogen und muß, wie das Opfertier im Kult, vernichtet werden.

Die Beispiele über die Gewalt bei Kriegen sollen genügen. Sie zeigen m. E. deutlich genug, daß die breite Schilderung der Anwendung von Gewalt im Buch Josua keine historische Reminiszenz darstellt, sondern bestimmte aktuelle Intentionen verfolgt.

Ähnliches gilt auch für andere ersttestamentliche Texte. Ich möchte das noch an einigen Beispielen der sogenannten Feind- oder Fluchpsalmen aufzeigen. In ihnen wird Jahwe aufgefordert, die Zähne der Feinde im Mund zu zerbrechen (Ps 58,7) und die Gegner im Zorn zu vernichten (Ps 59,14). Der Gerechte soll sich darüber freuen, daß er seine Füße im Blut des Frevlers baden kann (Ps 58,11). Der Mensch wird seliggepriesen, der die Kinder der "Tochter Babel" packt und am Felsen zerschmettert (Ps 137,8f.). Das klingt auf den ersten Blick schockierend und abstoßend. Erich Zenger hat sich unlängst in einer lesenswerten Monographie damit auseinandergesetzt.²⁵ Er gibt zu bedenken, daß es sich hier nicht um Lieder "von Menschen handelt, die die Macht zur gewalttätigen Änderung ihrer Lebenssituation haben. Er (der Psalm, N.S.) ist auch nicht das Kampflied von Terroristen. Er ist vielmehr der Versuch, an der geschichtlich gewordenen Identität festzuhalten, obwohl eigentlich alles dagegen spricht. Und er ist noch mehr der Versuch, angesichts tiefster Erniedrigung und Hilflosigkeit den urmenschlichen Hang zur Gewalt in der eigenen Brust niederzuzwingen - indem alles Gott übergeben wird. Und zwar einem Gott, dessen Richterspruch als so universalgerecht vorausgesetzt wird, daß sich auch die Psalmenbeter dieser Gerechtigkeit unterstellen."²⁶ Solches Denken und Beten "ist nicht durch ein gewalttätiges Gottesbild ausgelöst, sondern durch eine gewalttätige Welt, und dies ist für manchen der letzte Weg, an sich selbst und an der Gerechtigkeit nicht zu verzweifeln."²⁷

2.2 Zusammenfassung

1. Grundsätzlich gilt: Die Bibel ist kein historisches Werk, das zuverlässig und detailliert über Ereignisse berichtet, die sich so und nicht anders zugetragen haben. Das Erste Testament entstand in einer sehr wechselvollen Geschichte in einem Zeitraum von etwa 8 Jahrhunderten. "Theologumena kamen und gingen; das Scheitern leitender theologischer Konzeptionen und ehemals bedeutsamer Gottesbilder, so auch das Scheitern mancher theologischer Theorien über das unverschuldete Leiden wurden erkannt und ausformuliert; und dies ging in Gestalt jüngerer Texte wiederum in das Alte Testament ein, erhöhte seine Komplexität, bewahrte seine Lebensnähe."²⁸

2. Die Bibel ist auch kein frommes Erbauungsbuch, das einfältig eine heile Welt vorgaukelt und alles Unheile - wie Gewalt, Krieg, Mord, Ungerechtigkeit, Zerstörung - außen vor läßt. "Sie ist vielmehr ein spannungsreiches Buch, das auf die Suche nach der gelebten Gotteswahrheit schickt. Es steckt dafür einen Rahmen und einen Horizont ab, innerhalb dessen das Lebensexperiment gewagt werden muß - in permanenter Auseinandersetzung mit den vielfältigen Vorgaben der Überlieferung".²⁹

---

²⁵ M. Görg, Josua. Die Neue Echter Bibel, Würzburg 1991, S. 30.
²⁶ E. Zenger, Ein Gott der Rache? Feindpsalmen verstehen, Freiburg/Basel/Wien 1994
²⁷ Ebd., S. 109f.
²⁸ E. Zenger, Gott und die tödlichen Netze der Gewalt, in: Publik-Forum 8/1992, S. 19.
²⁹ W. Groß/K.-J. Kuschel, Ich schaffe Finsternis und Unheil!" Ist Gott verantwortlich für das Übel?, Mainz 1992, S. 58f.

3. Die biblischen Texte sind nicht "als zeitlose Wahrheit formuliert worden, sondern in ganz spezifischen gesellschaftlichen und religionsgeschichtlichen Kontexten. Nur wenn die ursprünglichen und heutigen Kontexte mitreflektiert werden, können biblische Texte überhaupt erst verstanden werden."[30]

4. Das Erste Testament stellt die Gewalt in vielfacher Form und in erschreckender Häufigkeit dar. Es verschweigt sie nicht. Es versteckt sie nicht. In dieser Hinsicht ist die Bibel "wie ein Spiegel, in dem die Gewalttätigkeit der ganzen Welt und aller Zeiten aufscheint."[31]

5. Einige Texte stellen ganz unverblümt und illusionslos dar, daß Gewalt grundsätzlich zum Schicksal des menschlichen Daseins gehört: "Die Erde war in Gottes Augen verdorben, denn sie war voll von Gewalttat" (Gen 6,11).

6. Ein guter Teil der drastischen Gewaltschilderungen "geht auf das Konto altorientalischer Kriegsphraseologie. Die massiven Vernichtungsstrategien in den atl. Erzählungen zur Landnahme sind zum Teil von nationalistischen Autoren in Szene gesetzt, die es zeitgenössischen Kriegsberichterstattern gleichtun möchten."[32] Vor allem die im Buch Josua geschilderten Gewalttaten aus vergangener Zeit dienen der ideologischen Untermauerung der rigorosen joschijanischen Kultreform und der aktuellen Kriegs-Propaganda samt der dazu notwendigen moralischen Aufrüstung.

7. Andere Texte, die von Gewalt handeln, zeigen deren schlimme Folgen auf (Kain und Abel, Sintflutgeschichte). Sie sind insofern eher als gewaltkritisch zu werten. "Gerade in dieser unverblümten Aufdeckung all dessen, was zur Gewalt führt und wie sich Gewalt artikuliert, (geht) die Bibel einen Schritt über die Gewalt hinaus, insofern sie ausdrücklich die inneren Gesetze und Befindlichkeiten von Gemeinschaften skizziert, die ohne Gewalt auskommen oder zumindest mit ihr leben und überleben können."[33]

---

[30] E. Zenger, Am Fuß des Sinai. Gottesbilder des Ersten Testaments, Düsseldorf 1993, S. 66.
[31] E. Zenger, Der Gott der Bibel - ein gewalttätiger Gott?, in: Katechetische Blätter 10/1994, S. 691.
[32] N. Lohfink, Altes Testament - Die Entlarvung der Gewalt, in: N. Lohfink/R. Pesch, Weltgestaltung und Gewaltlosigkeit. Ethische Aspekte des Alten und Neuen Testaments in ihrer Einheit und ihrem Gegensatz, Düsseldorf 1978, S. 49.
[33] M. Görg, Dieser Gott ist nicht bloß human, in: Publik-Forum 20/1992, S. 19.

8. Eine weitere Gruppe von "Gewalttexten" (z.B. die "Fluchpsalmen") sind, wie eine historisch-kritische Analyse zeigt, "fast ausschließlich als Texte der Angst und der Ohnmacht entstanden."[34] Von besonderer Brisanz ist allerdings die Verquickung des Gottesbildes mit der Gewalt. Ich möchte diesem Aspekt daher noch besonders nachgehen.

3. "Jahwe ist ein Krieger" (Ex 15,3)

"Jahwe ist ein Krieger", so steht es im sogenannten Siegeslied am Schilfmeer, einem Hymnus, der wohl der Jerusalemer Zionstheologie zuzurechnen ist.[35] Israel folgt hier einer gemein-orientalischen Tradition, nach der jede kriegerische Auseinandersetzung letztlich ein Krieg zwischen den Göttern der beteiligten Kontrahenten darstellt und jeder Sieg der eigenen Partei als ein Sieg des "eigenen" Gottes über den fremden Gott oder die fremden Götter interpretiert wird.

Allerdings hat schon G. v. Rad in diesem Zusammenhang auf Jes 7,1-9; 30,15f.; 31,1.3 hingewiesen, wo genau das Gegenteil zum Ausdruck kommt. Hier wird nämlich in pointierter Zuspitzung jedes kriegerische Handeln im Jahwekrieg ausgeschlossen. Nur wer "Stille und Vertrauen" bewahrt und "nicht auf die Menge der (Kriegs-) Wagen und auf die zahlreichen Reiter" setzt, darf auf Jahwes helfendes Eingreifen zählen.[36]

Die Gotteserfahrungen Israels sind ganz offensichtlich von Anfang an höchst ambivalent, um nicht zu sagen widersprüchlich, und es wird auch gar nicht der Versuch gemacht, sie in ihrer Zwiespältigkeit zu harmonisieren oder gar zu vertuschen. Beide Gottesbilder - das des kriegerischen und das des kriegsverabscheuenden Gottes - stehen hart und unvermittelt nebeneinander.

- Da wird Jahwe einerseits dargestellt als einer, der Väter und Söhne, Feinde und Könige "zerschmettert" (Jes 13,14; Ps 68,22; 110,5), der sich in einen regelrechten Blutrausch steigert: er "zerstampft" die Völker in seinem Grimm, "ihr Blut spritzt auf" und "befleckt" seine "Kleider" (Jes 63,1-6); andererseits erscheint Jahwe als

---

[34] M. Görg, Der un-heile Gott, Düsseldorf 1995, S. 25.
[35] E. Zenger, Der Gott der Bibel - ein gewalttätiger Gott?, in: Katechetische Blätter 10/1994, S. 695f.
[36] So E. Zenger: Das Siegeslied am Schilfmeer, in: Christ in der Gegenwart 14/1977, 119; vgl. P. Weimar/E. Zenger, Exodus. Geschichten und Geschichte der Befreiung Israels (SBS 75), Stuttgart 1975, S. 47-86.

einer, der wie "Eltern" ist, die den Säugling auf die Arme nehmen und an ihre Wange heben (Hos 11,3f.).
- Da tritt Gott auf als einer, der befiehlt, "die Völker auszurotten" (Ps 106,34); andererseits ist er wie ein Hirte, der seine Schafe sucht und sich selber um sie kümmert (Ez 34,11).
- Einerseits tritt Gott auf wie ein blutrünstiges Monster, dessen "Pfeile trunken sind von Blut" und dessen "Schwert sich ins Fleisch frißt" (Dtn 32,42); andererseits wird er dargestellt als Heiliger, der in der Höhe wohnt, der aber auch bei den Zerschlagenen und Bedrückten ist, um den Geist der Bedrückten wieder aufleben zu lassen (Jes 57,5).
- Gott wird erfahren als einer, der seine Rechte "glühen läßt wie einen feurigen Ofen" und seine Feinde im Zorn verschlingt (Ps 21,10); aber auch als einer, der eben diesen "glühenden Zorn" nicht vollstrecken kann, weil sein Herz sich gegen ihn wendet und Mitleid auflodern läßt (Hos 11,8f.)

Besonders anstößig erscheinen jene Texte, in denen Gott direkt die Tötung von Menschen befiehlt.

- Am bekanntesten ist die Aufforderung an Abraham, seinen Sohn zu opfern (Gen 22).
- Weiter sind zu nennen: die Duldung des Tochter-Opfers von Jiftach (Ri 11,29-40), die Tötung der Erstgeburt der Ägypter (Ex 12,12f.), die Vernichtung der ägyptischen Verfolgertruppe (Ex 14;15), der Tod von Davids Kind mit Batseba als Strafe (2 Sam 12,15-23), die Tötung der Baals-Priester auf dem Karmel (1 Kön 18) und der blutige Sturz der Omriden-Dynastie (1 Kön 18; 2 Kön 9-11).

Was die Geschichte der Opferung des Isaak angeht, so sei hier nur soviel gesagt, daß der jahwistische Grundstock der Erzählung eine alte, nichtisraelitische Kultätiologie darstellt, die erklären soll, warum man am Heiligtum des *El jiræ* ("Gott sieht"; V.14) keine Kinderopfer mehr darbringt, sondern Tieropfer. Allerdings läßt sich dank der vielfach kritisierten und geschmähten Methoden der historisch-kritischen Exegese und der Möglichkeit einer genaueren zeitlichen Einordnung archäologischer Funde heute sagen, daß das Menschenopfer in Israel nicht die Rolle spielte, die man ihm noch vor wenigen Jahren zuschrieb. "Es steht wohl mit Sicherheit fest, daß es im offiziellen Kult Israels niemals, auch nicht in ältesten Zeiten... vorkam. Nur über die Moloch-Kinderopfer streitet man sich noch".[37]
Wenn solche überhaupt geschahen, handelte es sich um einen phönizischen

---

[37] G. v. Rad, Der heilige Krieg im alten Israel, Zürich 1951, 56-62. Vgl. dazu auch: M.Weippert, "Heiliger Krieg" in Israel und Assyrien. Kritische Anmerkungen zu Gerhard von Rads Konzept des "Heiligen Krieges im alten Israel", in: Zeitschrift f. atl. Wissenschaft 84 (1972), S. 460-493.

Importkult aus exilisch-nachexilischer Zeit. Als die in der Isaakerzählung genannte Kultstätte "El jirœ" später in Vergessenheit geriet, der alte Überlieferungsstoff aber weiterhin tradiert wurde, stand das Interesse am allgemein menschlichen Schicksal des unschuldigen Kindes und vielleicht auch des unglücklichen Vaters im Mittelpunkt (in den Versen 1.3.8.9.12 begegnet der Gottesname Elohim, in den Versen 11.14.15.16 dagegen Jahwe). So wurde aus der Kultätiologie eine Erzählung von der Rettung des zum Opfer bestimmten Sohnes. Einer späteren elohistischen Überarbeitung ist nicht mehr am Historischen gelegen; sie verfolgt vor allem paradigmatische und didaktische Ziele und will Beispielhaftes aufzeigen. Darum bemüht sie sich, die Gestalt des Abraham als leuchtendes Vorbild für Gottesfurcht und Gehorsam darzustellen (vgl. Verse 1.6-8.12). So soll auch das Gottvertrauen Israels sein.[38]

Ehrliche und sachgerechte Bibelauslegung darf weder die eine noch die andere Gotteserfahrung ausblenden. "Das Angesicht Gottes zeigt Eigenheiten, die es nicht nur als liebevolles Antlitz, sondern auch als dämonische Fratze erfahren lassen. Der Mensch hat sein Kreuz mit diesem Gott, Hiob singt sein Klagelied davon; er sitzt in der Asche seinem Gott gegenüber, der ihm diese menschenunwürdige Existenz zumutet. Nein, dieser Gott ist nicht bloß 'human', so der Münchener Exeget Manfred Görg.[39] Beides gehört dazu: das Rätselhafte, Dunkle, Erschreckende, das Tremendum der Gotteserfahrung und das Lichte, Beseligende, Beglückende, das Fascinosum. Von diesen Erfahrungen redet die Bibel in Bildern und Bildgeschichten. Biblische Metaphern sind nicht einfach "Abbilder *von* etwas", sondern "Bilder *für* etwas". Eine gelungene Metapher läßt unerwartete Zusammenhänge und Horizonte aufbrechen und lebendig werden. Sie stellt Verknüpfungen und Vernetzungen zwischen den einzelnen Erfahrungen her und öffnet sie auf Gott hin. "Wir müssen wieder lernen, die Gottmetaphern als multiperspektive Bildgeschichten zu lesen, die wir nicht auf *einen* Begriff und in *eine* Gestalt oder auf *eine* Wirkweise reduzieren dürfen. Die Gottesbilder des Ersten Testaments konstituieren eine Bildwelt und eine Zeichenwelt, die uns eine orientierende und motivierende Lebenswelt sein will" (E. Zenger[40]).

---

[38] P. Maiberger, Genesis 22 und die Problematik des Menschenopfers in Israel, in: Bibel und Kirche 3/1986, S. 112.
[39] Vgl. R. Kilian, Isaaks Opferung. Die Sicht der historisch-kritischen Exegese, in: Bibel und Kirche 3/1986, S. 98-104.
[40] M. Görg, Dieser Gott ist nicht bloß human, in: Publik-Forum 20/1992, S. 19.

Es ist daher unzutreffend und einseitig, wenn Raymund Schwager in seinem jetzt in dritter Auflage erschienenen Buch "Brauchen wir einen Sündenbock" einem Kapitel die Überschrift gibt "Die Offenbarung des wahren Gottes und die Überwindung der Gewalt":[41]

- erstens ist der "wahre Gott" (woher weiß Schwager eigentlich so genau, an welchen Stellen der Bibel sich der "wahre" und an welchen sich der "falsche" Gott mitteilt?) nach jüdisch-christlicher Überzeugung der sich im gesamten Ersten und Zweiten Testament mitteilende - und nicht nur in einigen sozusagen "gewaltbereinigten" Teilen (die es gar nicht gibt, denn auch die letzte Schrift des Zweiten Testaments enthält Schilderungen von Gewalt in Hülle und Fülle);
- zweitens ist die Gewalt keineswegs überwunden; die Geschichte des Christentums zeigt das leider deutlich genug.

Das Erste Testament (und das gilt auch für das Zweite, das Neue Testament) entfaltet keine "Gotteslehre" im Stil einer kirchlichen Dogmatik oder eines Katechismus vergangener Zeiten. Es ist nicht "Wort Gottes" im strengen Sinn. Vielmehr enthält die Bibel Erfahrungen, die Menschen mit einer Wirklichkeit gemacht haben, die ihnen heimlich-unheimlich, geheimnisvoll-vertraut, erscheckend-beglückend, unbegreiflich-faßbar, fernnah erschien und die sie "Gott" (Jahwe) nannten. Sie gibt Zeugnis von den deprimierenden und euphorisierenden Erfahrungen einzelner religiöser Menschen und vom Gelingen und Mißlingen der auch für uns bedeutsamen und exemplarischen Geschichte eines ganzen Volkes - Israel. "Die Bibel *ist* nicht Offenbarung, sondern sie *wird* Offenbarung, wenn man sich in den von ihr angestoßenen Prozeß hineinnehmen läßt. Dann kann man erkennen, daß man mal auf der Seite der Gewalttäter und mal auf der Seite der Opfer der Gewalt steht. Und man wird dabei mit Hilfe der Bibel erkennen, welche wahren und falschen Gottesbilder sich dabei einstellen."[42]

---

[41] Zenger, Am Fuß des Sinai. Gottesbilder des Ersten Testaments, Düsseldorf 1993, S. 120.
[42] R. Schwager, Brauchen wir einen Sündenbock? Gewalt und Erlösung in den biblischen Schriften, Thaur/Wien/München ³1994, 117. Exegetisch unbedarft und geradezu unverantwortlich erscheint Schwagers Zusammenfassung: "Durch seine (Jesu, N.S.) prophetischen Worte über die Zerstörung Jerusalems und über die anbrechende Endzeit, durch seinen Vorwurf gegen die Pharisäer, sie seien die wahren Söhne der Prophetenmörder, und durch seine Anklage gegen die Juden, sie hätten den Mörder von Anbeginn zum Vater, hat er den Willen zum Töten als den eigentlichen gottfeindlichen Geist diagnostiziert"(S.171f.). Vgl. auch die kritischen Anmerkungen von P. Fiedler ("Dramatische Theologie - Drama christlicher Judenfeindschaft") zu R. Schwagers "Replik zu E. Zengers Beitrag", in: Katechetische Blätter 10/1994, S. 697 bzw. 12/1994, S. 883-887.

4. Gewaltkritik

Es gibt nichts zu vertuschen: Das Erste Testament enthält Texte, die die Anwendung von brutaler Gewalt schildern. Aber - das darf ebensowenig unterschlagen werden - es gibt auch Passagen, die deutliche Kritik an Gewalt und Gewaltanwendung üben oder die sogar eine ausgesprochen pazifistische Tendenz enthalten. Bereits oben war im Zusammenhang mit der Landnahmeerzählung im priesterschriftlichen Buch Numeri davon die Rede. Der Münsteraner Exeget Erich Zenger sieht diesen Aspekt sogar schwerpunktmäßig vertreten: "Das Alte Testament ist eindeutig gewaltkritisch." Und das in dreifacher Hinsicht: "Erstens haben wir es in ihnen (den Texten des ET, N.S.) mit Aufdeckung der Gewalt zu tun. Zweitens wird klar gesagt: Gewalt ist widergöttlich; Gewalt ist Sünde. Und drittens bringen viele Texte die Vision einer gewaltfreien Zukunft zum Ausdruck."[43]

Ich möchte nur einige wenige Belege für diese "Kehrseite" (im positiven Sinn) der Gewaltdarstellung bringen.

- Schon auf den ersten Seiten der Bibel, in der priesterschriftlichen Schöpfungsgeschichte, ist die Vision eines gewaltfreien Zusammenlebens von Mensch und Tier angesprochen, indem ihnen ausschließlich pflanzliche Nahrung zugewiesen wird (Gen 1,29-30). "Es geht um die Sehnsucht, leben zu können, ohne Leben zu zerstören."[44]
- Diese Vision findet sich auch schon 200 Jahre vorher beim Propheten Jesaja. Er entwirft in der bekannten Ankündigung des messianischen Reiches eine grandiose Utopie von Frieden und Gewaltlosigkeit: Der messianische Heilsbringer "schlägt die Gewalttätigen mit dem Stock seines Wortes... Gerechtigkeit ist der Gürtel um seine Hüften, Treue der Gürtel um seinen Leib. Dann wohnt der Wolf beim Lamm, der Panther liegt beim Böcklein. Kalb und Löwe weiden zusammen, ein kleiner Knabe kann sie hüten. Kuh und Bärin freunden sich an, ihre Jungen liegen nebeneinander. Der Löwe frißt Stroh wie das Rind. Der Säugling spielt vor dem Schlupfloch der Natter, das Kind steckt seine Hand in die Höhle der Schlange. Man tut nichts Böses mehr und begeht kein Verbrechen auf meinem ganzen heiligen Berg; denn das Land ist erfüllt von der Erkenntnis des Herrn, so wie das Meer mit Wasser gefüllt ist" (Jes 11,4b.5-9).
- Gleich dreimal wird das Bild vom Umschmieden der Schwerter zu Pflugscharen in die Bibel aufgenommen (Jes 2,4; Mich 4,3; Joel 4,10), und Jesaja läßt jeden Soldatenstiefel und jeden blutbefleckten Mantel zu einem "Fraß des Feuers" werden (Jes 9,4).

---

[43] E. Zenger, Gott und die tödlichen Netze der Gewalt, in: Publik-Forum 8/1992, S. 19.
[44] E. Zenger, "Das Alte Testament ist eindeutig gewaltkritisch", in: Herder-Korrespondenz 10/1993, S. 505-507.

- Der Gottesknecht (Israel? ein einzelner Frommer?) schweigt angesichts der ihm zugefügten Gewalt; darum wird er als Vorbild hingestellt (Jes 42,1; 53,10): "Er wurde mißhandelt und niedergedrückt... Wie ein Lamm, das man zum Schlachten führt, und wie ein Schaf angesichts seiner Scherer, so tat auch er seinen Mund nicht auf" (Jes 53,7). Er wehrte sich nicht, er hielt seinen Rücken denen hin, die ihn schlugen, und denen, die ihm den Bart ausrissen, seine Wangen (Jes 50,6).
- Die Propheten werden nicht müde, die vielfältigen Formen von Gewalt zu verurteilen, die sich im Volk breitgemacht haben: Ausbeutung der Armen und Wehrlosen, Unterdrückung der Witwen und Waisen, Vergießen unschuldigen Blutes, Unrecht und Betrug (vgl. Jer 6,7; 7,5-7; 20,8; 21,12).[45] Dieses Leben in wahrer Solidarität wird freilich nur möglich sein, wenn Gott selbst am Ende der Zeiten die Herzen neu schafft: "Ich schenke euch ein neues Herz und gebe euch einen neuen Geist. Ich nehme euch das Herz von Stein aus eurer Brust und gebe euch endlich ein Herz von Fleisch. Ich lege meinen Geist in euch hinein" (Ez 36,26).
- Die Priesterschrift endlich bemüht sich, die Wurzel aller Gewalt aufzuzeigen: die Sünde. Sie ist die eigentliche "Gewalt" (hebr.: hamas; vgl. Gen 6,11).

Die Textbeispiele machen deutlich genug, daß es leicht möglich ist und leider immer wieder praktiziert wird, die Bibel gegen die Bibel auszuspielen. Wer nur die gewaltkritischen Texte des Ersten Testament auswählt, kann daraus ein gänzlich anderes Buch machen als jener, der nur die Texte herauspickt, die (scheinbar!) die Gewalt verherrlichen. "Nicht die Bibel ist das Problem, sondern wie mit ihr umgegangen und wie sie verstanden wird."[46]

5. Für ein neues Miteinander von Juden und Christen

Aus dem hier nur kurz Ausgeführten sind im Hinblick auf das Thema unserer Ringvorlesung ("Für ein neues Miteinander von Juden und Christen") einige Konsequenzen zu ziehen, die sich vor allem für Christen geradezu aufdrängen.

1. Christen haben kein Recht, sich in irgendeiner Weise über den angeblich gewalttätigen Gott des Ersten Testaments zu erheben und für sich den Gott der Liebe zu reklamieren. Die in manchen christlichen Kreisen leider noch immer zu hörende Rede vom Gott der Rache und Gewalt im

---

[45] Ebd., S. 507, vgl: N. Lohfink, Die Schichten des Pentateuch und der Krieg, in: ders. (Hrsg.), Gewalt und Gewaltlosigkeit im Alten Testament. QD 96, Freiburg/Basel/Wien 1983, S. 86-91.

[46] Vgl. N. Lohfink, Gewalt, in: ders., Unsere großen Wörter. Das Alte Testament zu Themen dieser Jahre, Freiburg/Basel/Wien 1977, S. 215-217.

"Alten" und vom Gott der Barmherzigkeit und Liebe im "Neuen" Testament widerspricht eindeutig dem Textbefund und ist darum objektiv falsch.

Ich halte es für unverantwortlich, daß noch 1992 in einem beim Verlag Herder, Freiburg, erschienenen Buch zu lesen ist: "Der Sadismus des Normen- und Gesetzesgottes (des AT, N.S.) hat in der Leidensgeschichte Jesu seine erschreckende Aufgipfelung erfahren. Jetzt wissen wir endgültig, wohin das Festhalten an verinnerlichten Gesetzen führt."[47]

2. Das Gottesbild, wie es sich im Ersten Testament (und bei genauem Hinsehen auch im Zweiten Testament) widerspiegelt, stellt einen Gott vor Augen, der sich in widersprüchlicher Weise zu erfahren gibt - rätselhaft und unbegreiflich, erschreckend und begeisternd, abstoßend und faszinierend - und gerade darum wahrhaft "göttlich". Wie bei diesem Gott Ferne und Nähe, Tremendum und Fascinosum, Gericht und Gnade, ahndende Gerechtigkeit und verzeihende Liebe in Einklang zu bringen sind, bleibt sein ureigenes Geheimnis. Auch der sich offenbarende Gott ist ein verborgener.

3. Christen haben allen Grund, sich mit Scham und in tiefer Trauer an das zu erinnern, was im Namen des Christentums an Gewalttat geschehen ist und noch immer geschieht.

– "Gott will es" riefen die Kreuzfahrer und zogen sengend und mordend in das Heilige Land, um dort am 15. Juli 1096, einem Freitag, mehr als 70 000 Muselmanen in der Alacsa-Moschee umzubringen.[48]
– "Im Vertrauen auf Gottes Hilfe" schickte Kaiser Wilhelm II. 1914 die deutschen Soldaten in den Krieg.[49]
– "Gott mit uns" stand auf den Koppelschlössern der deutschen Soldaten (die meisten von ihnen waren getaufte Christen), als sie zu einem mörderischen Blutvergießen in die beiden Weltkriege zogen.
Auf den "Allmächtigen" berief sich Adolf Hitler immer wieder in seinen Reden und legitimierte damit vor dem deutschen Volk seinen Feldzug gegen den "gottlosen Bolschewismus".
– "Deo et militi" (für Gott und den Soldaten) stand im Wappen des katholischen "Feldbischofs der Wehrmacht", Franziskus Justus, der Hitlers Vernichtungskriege guthieß und noch 1942 den "Führer" als leuchtendes Vorbild hinstellte.[50]

---

[47] E. Zenger, Gott und die tödlichen Netze der Gewalt, in: Publik-Forum 8/1992, S. 19.
[48] H. Jaschke, Dunkle Gottesbilder. Therapeutische Wege der Heilung, Freiburg 1992, S. 145.
[49] Zit. nach: H. Gutschera/J. Maier/J. Thierfelder, Geschichte der Kirchen, Mainz/Stuttgart 1992, S. 121.
[50] Vgl. N. Scholl, Vor 70 Jahren: Der Erste Weltkrieg im Spiegel der Katechetischen Blätter, in: Katechetische Blätter 8/1984, S. 632-639.

– "Im Namen Gottes" wurden und werden von christlichen Priestern Waffen gesegnet, die das Leben unzähliger Männer, Frauen und Kinder auslöschen.

4. Nicht wenige Christen, die für sich den Glauben an den Gott der Liebe in Anspruch nahmen, haben direkt oder indirekt zu Gewalttaten gegen jene aufgerufen, die angeblich an einen gewalttätigen Gott glaubten.

– 1146, während des zweiten Kreuzzuges, predigte Abt Peter von Cluny, man solle nach Jerusalem ziehen, zuerst den Gekreuzigten an seinen Feinden, den Juden, rächen und dann gegen die "Ismaeliten" Krieg führen.[51]
– Martin Luther forderte die Sklavenarbeit der arbeitsfähigen Juden und Jüdinnen und verlangte, daß man ihre Häuser "zerbreche und zerstöre" und "ihre Synagoga oder Schule mit Feuer anstecke und, was nicht verbrennen will, mit Erde überhäufe und beschütte, daß kein Mensch einen Stein oder Schlacke davon sehe ewiglich. Und solches soll man tun, unserem Herrn und der Christenheit zu Ehren, damit Gott sehe, daß wir Christen seien."[52]
– 1933 schrieb Rudolf Graber, damals Geistlicher Gauführer des Bundes Neudeutschland, später Bischof von Regensburg: "Ich glaube, es liegt in dem Kampf gegen das Judentum die instinktive Abneigung des ganzen deutschen Volkes, das sich unbewußt als das auserwählte Volk der neutestamentlichen Verheißung betrachtet und nun einmal mit Recht nicht verstehen kann, warum das verworfene Israel die Welt beherrschen soll und nicht das Volk der Mitte."[53]

5. Die biblischen Texte - die des Ersten wie die des Zweiten Testaments - sind weder als zeitlose Wahrheit noch als immergültige, unwandelbare Gesetzesvorschriften formuliert worden. Sie stehen in einem ganz bestimmten gesellschaftlichen, kulturellen, nationalen und religionsgeschichtlichen Kontext, von dem sie nicht einfach losgelöst werden dürfen. Das Zweite Vatikanische Konzil hat mit eindringlichen Worten darauf hingewiesen, daß zum richtigen Verständnis der Bibel "genau" zu achten ist "auf die vorgegebenen umweltbedingten Denk-, Sprach- und Erzählformen..., die zur Zeit des Verfassers herrschten... Die Schrift (muß) in dem Geist gelesen und ausgelegt werden..., in dem sie geschrieben wurde."[54] Dabei ist auch zu bedenken, daß jeder biblische Text immer nur als Teil-

---

[51] Hirtenbrief 1942, Fotokopie in meinem Besitz, ohne Angabe des Erscheinungsorts.
[52] Vgl. Kirche und Synagoge, Handbuch zur Geschichte von Christen und Juden, hrsg. v. K. H. Rengstorf und S. v. Kortzfleisch, Bd I, Stuttgart 1968, 121, zit. nach: W. Trutwin/G. Wischmann, Juden und Christen. Theol. Forum 7, Düsseldorf 1971, S. 19.
[53] Kirche und Synagoge, Handbuch zur Geschichte von Christen und Juden, hrsg. v. K. H. Rengstorf und S. v. Kortzfleisch, Bd I, Stuttgart 1968, 378-421, zit. nach: W.Trutwin/G.Wischmann, Juden und Christen. Theol. Forum 7, Düsseldorf 1971, S. 25.
[54] K. Breuning, Die Vision des Reiches, München 1969, 248ff., zit. nach: W. Trutwin/G. Wischmann, Juden und Christen. Theol. Forum 7, Düsseldorf 1971, S. 57.

text der gesamten Bibel zu sehen (und zu lesen) ist; d.h. konkret: neben Jos 6 muß Jes 9 oder 11 gestellt und beides (zumindest in Gedanken) synoptisch gelesen werden.

6. Das falsche Verständnis der oben zitierten Texte aus dem Ersten Testament und ihre Wirkungsgeschichte zeigen, wie gefährlich ein von fundamentalistischer Seite immer wieder in falschem Sinne eingefordertes "Wortwörtlich-Nehmen" der Bibel ist und zu welch bedrohlichen, für Millionen von Menschen sogar tödlichen Folgen es geführt hat und noch immer führen kann. Es wird andererseits deutlich, wie notwendig es ist, die gesicherten Erkenntnisse der historisch-kritischen Bibelauslegung so weit wie nur irgend möglich bekannt zu machen und die Irrwege der Christenheit im Hinblick auf Gewalt und Gewaltanwendung nicht zu verschweigen.[55]

Ich möchte schließen mit einigen Versen aus dem Buch Jesaja, die eine Vision des messianischen Reiches entwerfen: "Wenn der Geist aus der Höhe über uns ausgegossen wird, dann wird die Wüste zum Garten, und der Garten wird zu einem Wald. In der Wüste wohnt das Recht, die Gerechtigkeit weilt in den Gärten. Das Werk der Gerechtigkeit wird der Friede sein, der Ertrag der Gerechtigkeit sind Ruhe und Sicherheit für immer. Mein Volk wird an einer Stätte des Friedens wohnen, in sicheren Wohnungen, an stillen und ruhigen Plätzen" (Jes 32,15-18).

---

[55] II. Vatik. Konzil, Offbg., Art.12, 57, vgl. E. Zenger, Der Gott der Bibel - ein gewalttätiger Gott?, in: Katechetische Blätter 10/1994, S. 689f.

Podiumsdiskussion

Juden im heutigen Deutschland

Micha Brumlik (Moderator)

Was uns sicher alle eint, ist die Sorge um den Frieden und nicht zuletzt die Sorge um den Friedensprozeß im Nahen Osten, der durch den heimtückischen Anschlag auf den israelischen Ministerpräsidenten Yitzhak Rabin durch einen fundamentalistischen jüdischen Extremisten hoffentlich keinen Rückschlag, aber sicher eine Hemmung erfahren hat. Yitzhak Rabin, meine Damen und Herren, war ein Soldat, ein Krieger, aber zugleich einer jener großen Staatsmänner, die Frieden gestiftet haben. Lassen Sie uns, bevor wir anfangen, zunächst einmal dieses Märtyrers des Friedens gedenken. Ich darf Sie bitten, sich für eine Minute zu erheben.

Meine Damen und Herren, die heutige Veranstaltung findet am 8. November 1995 statt, morgen, am 9. November, wird es 57 Jahre her sein, daß im nationalsozialistischen Deutschland landauf landab die Synagogen brannten, Hunderte von jüdischen Menschen verprügelt und erniedrigt wurden, Hunderte und Tausende von jüdischen Geschäften und Wohnungen demoliert und kaputt gemacht wurden und Hunderte von jüdischen Männern nur deswegen, weil sie Opfer von Ausschreitungen der SA gewesen sind, in Konzentrationslager geschickt worden sind. In diesem Jahr, 1938, hatten schon viele zehntausend Jüdinnen und Juden Deutschland verlassen. Der Synagogenbrand des Jahres 1938 war für all diejenigen, die das Land verlassen konnten, das letzte Signal, es jetzt so schnell wie möglich zu tun.

Im Jahr 1933, bevor die Nationalsozialisten die Macht übernommen haben, die ihnen von konservativen Parteien zugeschoben worden ist, lebten in Deutschland etwas mehr als 500 000 jüdische Menschen. Nach 1945 überlebten in den großen Städten etwa 15 000 und in den Lagern in Bergen-Belsen sowie in denjenigen Lagern, in denen die Flüchtlinge aus Osteuropa, die die Konzentrationslager überlebt haben, sich getroffen haben, noch einmal 200 000. Im Jahr 1948, als der Staat Israel gegründet wurde, haben 95% derjenigen, die noch bis 1948 meist aus Osteuropa kommend auf deutschem Territorium, aber vor allem in der amerikanischen und in der britischen Zone - das war wichtig für sie - gelebt haben, Deutschland in Richtung des Staates Israel und zum Teil in Richtung der Vereinigten Staaten und nach Nordamerika verlassen. Danach lebten in Deutschland anfänglich 15 000 bis 20 000 Juden. In den nächsten Jahren stabilisierte sich diese Anzahl bis zum Jahre 1989 auf 28 500. Daß es gleich viel geblieben sind, hängt damit zusammen, daß es in all diesen Jahren eine geringe Zuwanderung aus verschiedenen osteuropäischen Ländern gegeben hat, aus Rumänien, nach dem ungarischen Aufstand 1956 aus Ungarn, nach der Krise in der Tschechoslowakei, dem Prager Frühling, und den antisemitischen Ausschreitungen in Polen 1968 auch aus diesen Ländern. Eine Änderung trat erst mit dem Jahr 1989 ein, dem Jahr der Vereinigung Deutschlands und mit dem Ende der Sowjetunion. Seither verzeichnen die jüdischen Gemeinschaften in der Bundesrepublik Deutschland eine Zuwanderung aus der ehemaligen Sowjetunion. Heute sind es, ich mag mich in der Zahl irren, 60 000 Menschen, die förmlich Mitglieder jüdischer Gemeinden sind. Jüdinnen und Juden mag es noch etliche mehr geben. Aber das sind die, die sich offiziell dazu bekennen.

Podiumsdiskussion: „Juden im heutigen Deutschland" (Foto: Welker)

Meine Damen und Herren, wir wollen Ihnen heute nachmittag Gelegenheit geben, einen Querschnitt durch jüdisches Leben in der Bundesrepublik Deutschland zu erhalten. Darum sind fünf Personen auf dem Podium vertreten, die vielleicht halbwegs repräsentativ für diese kleine Gemeinschaft sind. Überlegen Sie, wie klein diese Gemeinschaft ist, 60 000 Juden. Es gibt mittlerweile mehr als anderthalb Millionen Muslime. Welche Gelegenheit hat jemand, der kein Jude oder keine Jüdin ist, einen Juden oder eine Jüdin zu treffen? So gut wie überhaupt keine. Das wird bei der Auseinandersetzung mit der Vergangenheit eine große Rolle spielen.

Nun, es wurde gesagt, ich leite das Podium. Mein Name ist Micha Brumlik, geboren 1947 in der Schweiz, zurückgekommen 1952 nach Deutschland, und mit Ausnahme von zwei Jahren in Israel habe ich praktisch dauernd hier gelebt. Ich bin Mitglied der jüdischen Gemeinde in Frankfurt und lehre ansonsten Pädagogik an der Universität in Heidelberg.

Ich darf Ihnen Frau **Trude Simonsohn** vorstellen, gebürtig aus der Tschechoslowakei, die alle Greuel des Holocausts, der Shoah, erfahren hat, als politische Gefangene, als Jüdin, die in Theresienstadt und Auschwitz gewesen ist und sich seither pädagogisch und sozialarbeiterisch nicht nur mit Problemen der deutschen Gesellschaft, sondern vor allem auch mit der Aufklärung der deutschen Jugend über die Zeit des Nationalsozialismus auseinandergesetzt hat. Ihr Mann, der verstorbene Professor Bertold Simonsohn, der eine ähnliche Geschichte als jüdischer Sozialist hatte, ist der Wiederbegründer der psychoanalytischen Pädagogik in der Bundesrepublik Deutschland gewesen, die ja bekanntlich ebenfalls von den Nationalsozialisten verboten worden ist.

Ignatz Bubis brauche ich nicht im einzelnen vorzustellen: Vorsitzender des Zentralrats der Juden in Deutschland, Vorsitzender der Jüdischen Gemeinde in Frankfurt und allseits anerkannter Sprecher der jüdischen Gemeinden in Deutschland, der sich hier wie auch im Nahen Osten jederzeit für Toleranz und Frieden eingesetzt hat und nun wirklich unermüdlich bereit ist, die Fragen der deutschen Gesellschaft nach Judentum, nach jüdischen Gemeinden, nach jüdischer Politik, - kurz: nach allem, was Sie immer schon mal fragen wollten, sich aber nie zu fragen getraut haben, zu beantworten.

Neben mir sitzt **Larissa Itina**, in Moskau geboren. Ich habe Frau Itina, die Informatikerin ist, kennengelernt, als sie eine Ausstellung mit den Werken junger jüdischer Maler aus der Sowjetunion organisiert hat. Über die Bedeutung der Zuwanderung von Juden und Jüdinnen aus der Sowjetunion für das hiesige Gemeindeleben werden wir sicher sprechen.

Und last but not least, Professor **Mikhail Soloveithik**, auch aus der Sowjetunion - aus Rußland muß ich jetzt besser sagen -, ebenfalls aus Moskau. Sie lehren beide am Institut für angewandte Mathematik der Universität Heidelberg.

Ich denke, wir fangen vielleicht mit Ihnen als den zuletzt nach Deutschland Gekommenen an. Wir hatten uns vorhin abgesprochen, daß wir hören wollten, was es für Sie bedeutet, als Jude oder als Jüdin in Deutschland zu leben, Professor Soloveithik?

Stellungnahmen

Mikhail Soloveithik

Vorweg: Ich vermittle jetzt meine eigene Meinung und ich erwarte nicht, daß alle diese Meinung teilen sollen. Als ich nach Deutschland gekommen bin, hatte ich schon Vorstellungen, wie ich als Jude hier in Deutschland leben kann und wie es alles aussehen wird. Und ich muß sagen, daß ich schon fünf Jahre hier lebe, viele Freunde habe und viele verschiedene und sehr nette und gute Leute kennengelernt habe. Und meine Meinung ist, daß die meisten Leute, mit denen wir zu tun haben, natürlich keine Schuld tragen, und es ist absolut unrecht, diese Leute in irgendeiner Weise zu beschuldigen oder ihnen etwas zur Last zu legen. Aber ich glaube, und das ist meine Meinung, daß in verschiedenen Situationen bestimmte Taten symbolische Bedeutung bekommen und sozusagen bestimmte Symbole nach außen ausdrücken, und dann finde ich es vernünftig, ein bißchen zurückhaltend zu sein. Ich kann verschiedene Beispiele nennen, die meine persönliche Meinung sind: Ich finde es ein bißchen zu früh, neue und relativ luxuriöse Synagogen hier in deutschen Städten aufzubauen, oder - ein anderes Beispiel - die deutsche Staatsangehörigkeit anzunehmen. Dies empfinde ich also als sehr fragwürdig. Was meine persönlichen Kontakte betrifft: Deutschland ist ein demokratisches und freies Land, in dem viele nette Menschen leben. In diesem Sinne gibt es für mich kein Problem hier zu bleiben.

Trude Simonsohn

Ich bin 1950 mit meinem Mann, der aus Hamburg deportiert worden war, nach Deutschland gekommen. Nach der Befreiung haben wir erst in Prag und dann in der Schweiz gelebt. Es war für mich nicht leicht hierher zu kommen. Wir entschieden uns dafür, weil die deutsche Sprache das Handwerkszeug für meinen Mann war (er lehrte später an der Uni Frankfurt). Hinzufügen möchte ich, daß ich in der Tschechoslovakei in einer Demokratie groß geworden bin. Das hat mich geprägt. Bei uns begann die NS-Herrschaft 1939, das heißt 6 Jahre später als für meinen Mann, der 12 Jahre darunter gelitten hat. Dieser Unterschied bedeutet in einem solchen Leben sehr viel. Die Jüdische Gemeinde Hamburg bat meinen Mann zu kommen, um beim Aufbau der Gemeinde zu helfen und den wenigen jüdischen Menschen, die zurückgekehrt waren. Ich kam mit der „Voraussetzung Null" nach Deutschland. Meine erste deutsche Stadt, die ich kennenlernte, war Hamburg. Ich habe das unglaubliche Glück gehabt, gleich in einen Kreis von Leuten zu kommen, die im Widerstand waren, was mir natürlich das Eingewöhnen sehr erleichtert hat.

Ich lernte verschiedene Menschen kennen. Wenn ich ihnen sagte, ich sei Jüdin und sei im KZ gewesen, folgte bei den meisten die gleiche Reaktion: Sie sagten, sie wären immer dagegen gewesen, sie wären mit einem Fuß in der Partei und mit dem anderen im KZ oder im Grab gewesen und sie hätten von nichts gewußt.

Das ist etwas, was mich sehr irritiert hat und bis heute noch irritiert. Es ist wohl so, daß es meiner Generation sehr, sehr schwerfällt zuzugeben, daß sie etwas gewußt hat. Ich habe dann nach dem Tod meines Mannes begonnen, weil ich das als eine Pflicht für einen Überlebenden erachte, für alle die zu reden, die nicht mehr reden können. Es hat sich so zufällig ergeben. Ich habe mich nicht darum bemüht. Ich gehe in Schulen, wenn man mich dazu auffordert und berichte jungen Menschen meine Erlebnisse während meiner Verfolgungszeit. Es gibt in meinem Schicksal, und das habe ich, eben weil es so schlimm war, nie vergessen, auch die guten Taten, die mir von deutscher Seite in dieser schweren Zeit erwiesen wurden. Man hat mich immer wieder gefragt, wieso ich dies erwähne, und dann antworte ich: Wieso soll ich das nicht erzählen, wo alles rundherum so schwarz war?

Eines möchte ich hier deutlich betonen: Was ich in Schulen erlebt habe, war zu 98% positiv, weil ich nur in die Klassen gehe, die vorher von dem

Lehrer vorbereitet wurden. Es ist sicher ein Tropfen auf den heißen Stein, das macht mir aber nichts, und solange ich lebe, werde ich das tun. Mit meiner Generation habe ich es schon etwas schwerer und ich gehe auch sehr selten zu meiner Generation. Ich möchte Ihnen ein Beispiel nennen, weil ich glaube, daß das nachher ein Diskussionsthema ist: Ich habe einmal in der "Universität des dritten Lebensalters" gesprochen. Vorher hatte ich eine Podiumsdiskussion in der Evangelischen Akademie in Arnoldshain mit Albert Speer, dem Rüstungsminister von Hitler, der dort vor 125 Jugendlichen gesagt hat: ''Wer wissen wollte, konnte wissen''. Ich habe bei diesem Vortrag Albert Speer zitiert. Dann hat sich ein Mann meiner Generation, ein pensionierter Staatsanwalt gemeldet und hat mir mit sehr viel Eifer erklärt, ich sollte ihm doch bitte glauben, er hätte von Auschwitz nichts gewußt. Darauf habe ich ihm geantwortet: ''Ich glaube Ihnen, aber bitte können Sie mir sagen, was Sie gemacht hätten, wenn Sie etwas gewußt hätten?'' Da habe ich nie eine Antwort bekommen und das ist meine Antwort auf die Frage, warum es mir wichtig ist, jungen Menschen zu berichten. Es hat nicht mit Auschwitz begonnen, es beginnt mit der ersten Ausgrenzung von Menschen und es kann leider Gottes in Auschwitz enden.

Ich lebe jetzt seit 25 Jahren in Frankfurt. Ich arbeite in der jüdischen Gemeinde und das macht mir viel Freude und ich habe zum ersten Mal, seit ungefähr sechs Jahren, wieder ganz schwache Wurzeln für Frankfurt entdeckt. Ich bin, was ich nicht so schlimm finde nach meinem Schicksal, überall entwurzelt gewesen. Zum ersten Mal bin ich nun in Frankfurt verwurzelt und ich sage auch warum: Weil in Frankfurt so viel gegen das Vergessen getan wird. Das ist meine Begründung. Ich verschweige nicht, daß ich auch anonyme Briefe bekomme. Ich habe einen zehn Seiten langen Brief bekommen mit allen Vorurteilen, die es überhaupt nur gibt, in einer feinen Sütterlinschrift geschrieben. Ich habe mir noch überlegt, wieviel Mühe dieser Mensch darauf verwandt haben muß. Daß er meiner Generation angehörte, war schon allein an der Schrift zu erkennen.

Soweit zu dem, was ich hier erlebt habe. Ich mache mir keine Illusionen, aber je jünger die Menschen sind, desto aufgeschlossener sind sie. Ich mache das jetzt 17 Jahre und ich kann das beurteilen: Die jüngeren Menschen wollen *wissen*, weil sie weiter davon entfernt sind und weniger Hemmungen haben zu fragen, und auch weniger belastet sind. Damit würde ich gerne erst einmal schließen.

Larissa Itina

Ich fühle mich unheimlich wohl hier. Ich habe auch viele Freunde und ich mache viele verschiedene Sachen. Wahrscheinlich würde ich genauso wie mein Mann noch nicht sagen: Hier versuche ich meine zweite Heimat zu finden. Ich bin jetzt ein bißchen heimatlos und war auch die ganze Zeit heimatlos, weil wir in Rußland Juden waren, und Rußland ist wirklich ein antisemitisches Land. Wir waren sehr eingeschränkt von verschiedenen Seiten und wir konnten praktisch gerade nur miteinander kontaktieren. Dafür waren Juden in Rußland sehr viel zusammen und haben einander geholfen und da gab's weniger Konflikte. Russisch war ich damals nicht, ich habe keine Heimat in Rußland gehabt, obwohl russische Kultur für mich wahnsinnig wichtig ist. Wir versuchen zuhause nur russisch zu sprechen; wir haben viele russische Bücher mitgenommen; ich unterrichte Russisch. Das ist für mich alles wichtig. Es bestand von russischen Juden gegenüber Rußland eine Art Haßliebe. Wir waren nie akzeptiert. Hier geht es uns besser in dem Sinne, daß uns keiner fragt, ob ich jüdisch bin oder ob ich nicht jüdisch bin.

Ich fühle jetzt mehr oder weniger meine Zugehörigkeit zu Europa, ich genieße es, Europäer zu sein, aber ich weiß nicht, ob ich hier wirklich Wurzeln schlagen möchte. Ich weiß nicht, ob ich die deutsche Staatsangehörigkeit bekommen wollte, wenn sich die Frage stellen würde. Es kommt noch nicht in Frage, und ich würde wahrscheinlich sehr, sehr lange darüber nachdenken, wegen der Beziehungen zwischen Juden und Deutschland. Es ist wahrscheinlich viel zu früh, um zu sagen: Wir sind hier und wir bleiben hier. Ich fühle mich wie auf einem Zug, der jetzt hier hält. Ich genieße es, ich fühle mich wie gesagt wirklich wohl, ich werde hier auch einige Jahre gerne leben, aber ob es wirklich immer so bleiben wird, weiß ich nicht.

Ich fühle auch eine gewisse Zugehörigkeit zu Israel. Auch das ist mir sehr wichtig: Wir sind sehr oft in Israel und haben da viele Freunde. Ich vertrete in Deutschland russische Künstler, die jetzt in Israel leben. Ich fühle mich jüdisch in dem Sinne einer Zugehörigkeit zu Israel, einer Zugehörigkeit zu der Geschichte des Holocausts, natürlich auch im Sinne einer Zugehörigkeit zu jüdischer Geschichte allgemein. Sehr kirchlich bin ich nicht. Wir besuchen die Feste, natürlich sind wir Mitglieder der jüdischen Gemeinde in Heidelberg und kommen ziemlich oft dorthin, aber sehr kirchlich sind wir nicht. Für mich ist wichtiger die Zugehörigkeit zu einem bestimmten Volk. Ich als Jüdin wohne und lebe jetzt hier in Deutschland, ich genieße es hier zu leben, aber ich fühle mich noch als Gast, als dankbarer Gast.

Ignatz Bubis

Ich tue mich damit schwer zu sagen, Deutschland ist meine Heimat. Wenn Sie mich fragen, was ist Ihre Heimat, würde ich sagen: Frankfurt. Dietzenbach, 20 km von Frankfurt entfernt - da habe ich schon Probleme. Ich hoffe, es ist kein Dietzenbacher hier. Ich kann mir vorstellen, Berlin als meine Heimat, Hamburg als meine Heimat anzusehen (das sind Orte, in denen ich teilweise gelebt habe). Ich lebe seit mittlerweile 37 Jahren in Frankfurt und sehe Frankfurt als meine Heimat an. Aber dieser Oberbegriff "Deutschland ist meine Heimat" - damit habe ich gewisse Schwierigkeiten. Ich fühle mich in Paris oder in London wohler als in Dietzenbach, aber nicht so wohl wie in Frankfurt. Wenn ich aus Frankfurt wegfahre und irgendwo zwei Wochen unterwegs bin, dann kann ich es nicht abwarten, wieder zurückzukommen. Was ist Heimat? Heimat heißt doch: Wo habe ich meine Freunde, wo treffe ich Menschen, wo fühle ich mich in der Kultur wohl, im Zusammenleben? Alle diese Dinge zusammen ergeben den Begriff Heimat.

Ich habe nur ein Problem mit dem Begriff Nation: Wo fängt Nation an, wo hört die Nation auf und wo fängt der Nationalismus an? Ich freue mich, wenn die deutsche Fußballmannschaft Weltmeister wird. Wenn ich dann aber sehe, daß da ein paar die Reichskriegsflagge schwenken, vergeht mir die ganze Freude; denn einen Krieg haben wir in Rom damals wirklich nicht gewonnen. Da frage ich mich: Was hat die Reichskriegsflagge mit Fußball zu tun? Ich sage das nur, um ein Beispiel zu geben, warum dann für mich dieser Begriff Deutschland schon eine Einengung ist. Wichtig für mich ist nur die Frage: Was ist Heimat?

Man muß aber noch etwas wissen, was sicherlich auch bei mir eine Rolle spielt. Im Laufe von 1600 Jahren ist in Deutschland ein deutsches Judentum entstanden. Nicht etwa über die ganzen 1600 Jahre, aber zumindest seit Mitte des vergangenen Jahrhunderts, denn Juden haben schon 1500 Jahre in Deutschland gelebt, bevor sie überhaupt Bürgerrechte bekommen haben! Das war erst 1812. Da haben sie zum ersten Mal Bürgerrechte bekommen, die allerdings standen nur auf dem Papier. Aber in dieser Zeit, so zwischen 1848 und in der Weimarer Republik, gab es das, was man ein deutsches Judentum nannte. Es gab zwei Vorläufer des Zentralrats, der eine nannte sich "Zentralverband der deutschen Juden", der andere hieß "Zentralverein deutscher Staatsbürger jüdischen Glaubens". Jedesmal stand in der Bezeichnung das Deutsche im Vordergrund. Aber daraus wieder herzuleiten, daß es eine deutsch-jüdische Symbiose gab, ist auch ein bißchen vermessen, denn es war eine einseitige Liebe der Juden zu Deutschland. Das war die Zeit, in der viele Juden, besonders die assimilierten Juden, das liberale Judentum, in Deutschland das gelobte Land sahen, eine Art Jerusalem-Ersatz. Als ich einmal ein Interview-Buch mit dem Titel "Ich bin ein deutscher Staatsbürger jüdischen Glaubens" geschrieben habe, bekam ich Zuschriften von ehemaligen deutschen Juden, die schrieben, daß sie schon einmal mit diesem Begriff schwer enttäuscht wurden. Dieses deutsche Judentum ist auch tatsächlich spätestens in den 40er Jahren untergegangen. Das Judentum in Deutschland war nach 1945 eigentlich ein ganz anderes Judentum. Es wurde eingangs gesagt: Da kamen Juden aus Osteuropa, die nicht in Osteuropa bleiben wollten. Die meisten kamen, um eigentlich von Deutschland auszuwandern, was viele auch getan haben. Von den 12 000 überlebenden deutschen Juden ist ein Teil sogar erst nach 1945 weggegangen. Dagegen sind nur wenige deutsche Juden nach 1945 nach Deutschland zurückgekommen. 400 000 Juden haben Deutschland rechtzeitig noch verlassen. Aber von diesen 400 000 sind vielleicht 5 000 nach 1945 zurückgekommen. Es entstand ein anderes Judentum, das sich im Laufe der Jahre verändert hat. Es gibt inzwischen zwei Generationen: nach dem Krieg Geborene, die schon anders denken. Bei ihnen kommt es darauf an, in welchem Hause, in welchem familiären Umfeld sie aufgewachsen und erzogen worden sind. Wenn es in der globalen Überschrift dieser Veranstaltung heißt "Für ein *neues* Miteinander von Christen und Juden", dann ist diese Frage im Blick auf das Zusammenleben schon berechtigt: Für ein *neues* Zusammenleben. Schon einmal gab es dieses Zusammenleben von Christen und Juden, wobei die Religion eher hinderlich war denn förderlich (das war bis Ende der 20er Jahre). Heute ist das über- und interkonfessionelle eher erleichternd für das Zusammenleben, weil auch in den Kirchen sich einiges verändert hat. Wenn sich dies auch noch nicht bis zum letzten Pfarrer herumgesprochen hat, hat sich doch das Verhältnis geändert, und wenn man heute ein neues Miteinander will, muß man die Frage stellen: Wie geht man damit um, wodurch das Judentum geprägt ist?

Das Judentum steht natürlich heute, 50 Jahre nach dem Ende des Krieges und nach dem Holocaust vor einem neuen Anfang. Wir haben heute in den jüdischen Gemeinschaften in Deutschland immer noch einen gewissen Prozentsatz gerade unter den älteren Menschen, die immer noch in einem selbstgewählten Ghetto leben. Das erschwert das Zusammenleben, das erschwert das Miteinander. Wir haben auch auf nichtjüdischer Seite - das hat mit Antisemitismus überhaupt nichts zu tun - bei Vielen im Umgang mit Juden ein gewisses Tabu. Nicht ohne Grund hat der Moderator gesagt, Sie können Herrn Bubis alles fragen, was Sie sich vielleicht nicht zu fragen getrauen. Sie sollten sich trauen. Sehr oft kommen Menschen am Schluß einer Veranstaltung und sagen: Eigentlich wollte ich Sie noch das und jenes fragen. Aber ich wußte nicht, wie Sie das auffassen, wie die anderen das auffassen werden. Es kommen auch junge Menschen mit Fragen, die eine Verkrampftheit, eine Befangenheit aufzeigen und dadurch deutlich machen, daß es eben tatsächlich nicht diesen unbefangenen und unverkrampften Umgang miteinander gibt. Ich persönlich bedaure das sehr, weil man so tatsächlich nicht weiterkommen kann. Viele junge Leute sagen: Was habe ich eigentlich mit den Untaten meines Vaters, meines Großvaters zu tun? Ich bin mir keiner Schuld bewußt, noch nicht einmal mein Vater, soweit ich weiß, oder mein Großvater waren irgendwie darin verstrickt, aber plötzlich werde ich in die Pflicht genommen, ich soll hier der Schuldige sein. Das ist bei Vielen ein falsches Denken, weil das mit Schuld überhaupt nichts zu tun hat, denn Schuld ist sicherlich etwas Persönliches und nichts anderes.

Es gibt aber eine Art Verantwortung für die deutsche Geschichte als Ganzes. Verantwortung für Bismarck, Verantwortung für den 30jährigen Krieg, Verantwortung für alles Mögliche. Deutsche Geschichte ist weder 1000 Jahre minus zwölf oder nur zwölf Jahre. Das ist ein Ganzes und da müssen auch junge Leute verstehen, daß man auch über diese Zeit sprechen muß, weil viele sagen: Ich kann das gar nicht mehr hören. Je weniger sie hören wollen, um so mehr wollen die anderen ihnen erzählen. Das ist tatsächlich so. Der frühere französische Staatspräsident Auriol wurde einmal von einer deutschen Schülergruppe gefragt (das war Anfang oder Mitte der 50er Jahre): Wie lange werden die Franzosen brauchen, bis sie das vergessen, was der Nationalsozialismus ihnen angetan hat? Und dann hat er gesagt: Je weniger Sie vergessen, um so leichter werden wir vergessen können. Aber durch einen ständigen Verdrängungsprozeß werden die anderen erinnert.

Im Gegensatz zu Frau Simonsohn kann ich nicht über die Geschichte der 30er und 40er Jahre, auch nicht über mein eigenes Schicksal sprechen, weder mit Nichtjuden, noch mit Juden, auch nicht mit meiner Frau und auch nicht mit meiner Tochter. Es hat sich insofern etwas geändert, als ich auf Fragen dazu seit ungefähr sechs Jahren sehr wohl eine Antwort gebe, aber von mir aus zu erzählen, das war so und so, das kann ich bis heute nicht. Ich meine, das kann man sich heute auch aneignen, ohne unbedingt mit den Betroffenen sprechen zu müssen. Ich habe volles Verständnis dafür, daß es Betroffene gibt, die es fertigbringen, über ihr Schicksal zu sprechen. Das ist eine Frage des Naturells, der Veranlagung, wie man damit umgeht. Ich habe beispielsweise mit meiner Tochter nie darüber gesprochen. Meine Tochter ist in Deutschland 1963 geboren, in Deutschland aufgewachsen, hat in Deutschland ihr Abitur gemacht, in Deutschland und zwischendurch zwei Jahre in Frankreich studiert. Dann habe ich plötzlich gemerkt, daß sie mich besser kennt, als ich das überhaupt vermutet habe, denn sie hat einen Artikel geschrieben über den Umgang der Überlebenden mit ihren Kindern und Enkelkindern, und sie hat in diesem Artikel mir beigebracht, warum ich mit ihr nicht gesprochen habe. Und sie hatte recht. Mein Name kommt darin nicht vor, ihre Eltern kommen darin nicht vor, sie hat das alles abstrakt geschrieben und vielleicht hat sie sich mit dieser Zeit deshalb so sehr beschäftigt, weil ich mit ihr nicht darüber gesprochen habe. Möglicherweise hätte sie sich, wenn ich mit ihr darüber gesprochen hätte, gar nicht mit dieser Zeit so viel beschäftigt.

Im Blick auf das Leben als Jude im heutigen Deutschland ist es schwierig zu sagen, Judentum interessiert mich nicht. Die Umstände, die Umgebung bringen einen dazu, daß man eben doch ständig daran erinnert wird, daß man jüdisch ist, daß man jüdisch lebt, wobei mir persönlich die jüdische Tradition, die jüdische Religion wichtig ist. Ich bin alles andere als orthodox, als streng religiös. Mein Rabbiner ist mit mir überhaupt nicht zufrieden und manche anderen auch nicht. Mir bedeutet das, was ich als Kind in Religion gelernt und was ich als jüdische Tradition erlebt habe, sehr viel und das hat mich 68 Jahre lang geprägt, gerade das jüdische Elternhaus, das Zusammenleben. Viele verwechseln dies ja auch: Für viele ist Jude und Israeli dasselbe. Die Mehrheit der Gesellschaft in Deutschland denkt, daß jeder Jude ein Israeli sei. Ich wurde von prominenten Leuten wie vom Journalisten Werner Höfer bei einer Sendung in Baden-Baden gefragt: Was denkt man in Ihrem Lande über die ausländerfeindlichen Ausschreitungen in Deutschland? Da habe ich gesagt: Wissen Sie, in Hessen denkt man darüber nicht anders wie hier in Baden-Württemberg! Dann guckte er mich an und fragte mich, ob ich hebräisch spreche, und da habe ich gesagt:

Ich spreche hebräisch, ich spreche aber auch russisch, ich spreche auch italienisch, was meinen Sie jetzt mit der Frage? Natürlich wußte ich, was er mit der Frage meinte, und dann sagte eine Frau: Aber Sie sind doch Ausländer! Da habe ich gesagt: Ich muß Sie enttäuschen, die einzige Staatsangehörigkeit, die ich seit Geburt besessen habe, war die deutsche, und um Ihre nächste Frage gleich vorweg zu nehmen: Ich habe auch keine doppelte Staatsbürgerschaft. Obwohl ich gerne eine hätte, nämlich die Schweizer, aber die sind nicht sehr großzügig.

Auf dieser Basis laufen viele Diskussionen in Deutschland. Die jüdische Gemeinschaft, um die es sich handelt, hat nicht ganz 60 000 Mitglieder, Mitglieder der Gemeinde sind es etwa 50 000. Zur jüdischen Gemeinschaft sind noch mehr Menschen zu rechnen: Ein Teil, deren Abstammung nicht überprüft ist, ein anderer Teil, die nichtjüdische Familienangehörige sind. Aber ich wurde überrascht von Frau Itina und Herrn Soloveithik. Sie sind aus meiner Sicht die ersten Zuwanderer, die sagen, für die Staatsbürgerschaft sei es für sie noch zu früh. Ich werde mit Zuwanderern konfrontiert, die nicht verstehen können, wieso sie die deutsche Staatsbürgerschaft noch nicht bekommen. Mir ist bekannt, daß, wenn jemand in der ehemaligen Sowjetunion leben wollte, er die Staatsbürgerschaft annehmen mußte, sonst konnte er dort nicht bleiben. In der Sowjetunion gab es keine Ausländer, sie war ein Vielvölkerstaat. Mein Bruder hat 1942 sein Leben verloren, weil er die sowjetische Staatsbürgerschaft akzeptiert hat. Er kam zuerst aus Deutschland nach Polen; 1939 ist er nach Kriegsausbruch in die damals sowjetisch besetzten Gebiete in Polen weitergeflüchtet, dann haben die Sowjets zu allen Flüchtlingen gesagt: Entweder ihr nehmt die sowjetische Staatsbürgerschaft an oder ihr geht zurück! Sie haben letztlich niemanden zurückgeschickt, allerdings wurde, wer die sowjetische Staatsbürgerschaft nicht akzeptierte, nach Sibirien verbannt und überlebte. Mein Bruder hat die sowjetische Staatsbürgerschaft akzeptiert, wie auch meine Schwester und meine Schwägerin. Sie wurden nicht nach Sibirien verbannt und kamen damit in den Herrschaftsbereich des Nationalsozialismus und haben den Holocaust nicht überlebt. Ich weiß deshalb von vielen Zuwanderern, die sagen: Wieso sind wir Bürger zweiter Klasse, warum kriegen wir nicht die deutsche Staatsbürgerschaft.

Diskussion

Simonsohn: Ich möchte noch etwas ergänzen: Ich sagte, ich kam aus der Tschechoslowakei und der erste Präsident der Tschechoslowakei war Thomas G. Masaryk. Ich denke, nachdem wir jetzt Havel als Präsidenten in der tschechischen Republik haben, wird man etwas mehr über die Geschichte wissen wollen. Die Tschechoslowakei war ein Vielvölkerstaat und Thomas G. Masaryk sagte: Judentum ist nicht nur eine Religion, sondern auch eine Volkszugehörigkeit. Bei der Volkszählung zur deutschen, tschechischen, ungarischen und slowakischen konnte man sich auch zur jüdischen Volkszugehörigkeit bekennen. Das hat mein Vater gemacht und ich habe mich mein Leben lang als sehr loyale und begeisterte Bürgerin des tschechoslowakischen Staates gefühlt, aber mit absolut jüdischer Identität. Mit dieser Identität habe ich noch nie ein Problem gehabt. Ich denke, es ist problematisch, wenn heute in Deutschland viele Türken leben, die vielleicht nachher die deutsche Staatsbürgerschaft haben, denn ihre Kultur und viele andere Dinge müssen ihnen bleiben! Ich finde, es war Glück für die jüdischen Menschen in der Tschechoslowakei, es hat auch Juden gegeben, die sich zur deutschen oder tschechischen Nationalität bekannt haben: Sie alle waren sehr loyale Staatsbürger. Das ist eine Sache, die ich sehr zu schätzen gewußt habe.

Und dann wollte ich Herrn Bubis völlig recht geben und bei allem was ich auch in Schulen sage: Ich habe mit meinem Sohn nicht über die Vergangenheit gesprochen. Er hat auch nicht gewagt danach zu fragen, das hat er mir gesagt. Ich habe sehr viele Kassetten besprochen, er hat nun mein Leben auf Band. Es ist nichts schwerer, als mit seinen Kindern über diese grausame Zeit zu sprechen, über die Demütigungen und über das alles. Es ist für mich wesentlich leichter und ich habe mich daran gewöhnt, vor nichtjüdischen jungen Menschen mein Schicksal zu erzählen, aber mit meinem eigenen Sohn kann ich das nicht.

Ich möchte außerdem noch sagen, daß ich in einer Demokratie groß geworden bin, hat den Vorteil, daß ich auch politisch denken gelernt habe und auch in Deutschland politisch interessiert bin und mich da und dort für Belange engagiere, die in Deutschland "brennende Sachen" sind. Ich lebe also in keinem Ghetto, aber es ist verständlich bei den Menschen, die aus Polen kamen, sie haben Antisemitismus und nachher Nationalsozialismus erlebt. Ich habe bis zu meinem 18. Lebensjahr mich engagieren können, das ist mir geblieben.

Bubis: Ich will noch etwas zu dem Thema Nationalität ergänzen. Es hat eigentlich außer in der Sowjetunion und in der Tschechoslowakei die "Nationalität Jude" nirgends gegeben. Judentum ist Religion und Volk, aber hat nichts mit

Nation zu tun, denn sonst könnten sich nicht Millionen amerikanischer Juden als Amerikaner sehen und Hunderttausende von englischen und französischen Juden als Engländer und Franzosen und sonst hätten sich nicht Hunderttausende von Juden in Deutschland als Deutsche sehen können. Hier geschieht tatsächlich eine Verwechslung von Volkszugehörigkeit und Nationalität. Man sieht es daran: In der Sowjetunion gibt es inzwischen die einzelnen Staaten, die früher alle unter dem Dach der Sowjetunion gelebt haben, die aber alle unabhängig werden wollen, aber die in Birobidschan (jüdischer Staat in der Sowjetunion, jüdischer Bevölkerungsanteil früher etwa 25%, jetzt etwa 10%) nicht, denn die Juden selbst sehen sich nicht als Nationalität an.

Für mich gibt es drei Begriffe: Religion, Volk und Nation. Unter Nation verstehe ich jetzt Nationalität. Volk und Religion ist allerdings im Judentum eins. Wer nicht der jüdischen Religion angehört, kann auch nicht ein Teil des jüdischen Volkes sein und wer dem jüdischen Volk angehört und nicht mehr der Religion angehört, weil er von einer christlichen Mutter geboren wurde, ist auch nicht mehr ein Teil des jüdischen Volkes, im Gegensatz zu Deutschland: Wenn hier jemand, dessen Urgroßvater vor 250 Jahren nach Rußland gegangen ist und dessen Sohn eine Kirgiesin geheiratet hat und der Enkel eine Ukrainerin und der Urenkel eine Tscherkessin, heute als Ur-ur-enkel nach Deutschland kommt, ist er Teil des deutschen Volkes. Ein Bundestagsabgeordneter hat sich einmal fürchterlich aufgeregt, ich hätte die Sowjetdeutschen beleidigt, weil ich gesagt habe: Was bedeutet in einem solchen Fall schon deutschstämmig? Religion und Volk ist im Gegensatz zu den anderen Religionen im Judentum eins. Aber die Nationalität ist wieder etwas anderes. Wenn Sie mich fragen, welche Nationalität ich habe, dann sage ich: Ich bin deutscher Nationalität.

Simonsohn: Aber das ist eine Interpretation.

Bubis: Natürlich, aber in Israel leben 25% der Israelis als Moslems, Katholiken, Protestanten und Griechisch-orthodoxe, aber der Nationalität nach sind sie alle Israelis, ohne Angehörige des jüdischen Volkes zu sein, ohne der Religion anzugehören. Also den Begriff "Nationalität Jude" kenne ich nicht, den kannte man nur in der Sowjetunion und in der Tschechoslowakei.

Simonsohn: Sicher, aber wir haben Staatsbürgerschaft gesagt, und nicht Nation, das ist der Unterschied, und wir haben sehr gut damit gelebt.

Bubis: Für mich sind Nationalität und Staatsbürgerschaft das gleiche, genauso wie im Judentum Religion und Volk.

Simonsohn: Ich fand den Staatsbürgerschaftsgedanken sehr fortschrittlich. Aber ich möchte hier noch eine Sache erwähnen, wie Ausgrenzung noch heute passiert. Ich habe einmal - aber dasselbe ist mir auch anderswo passiert - bei

Professor Brumlik in der Vorlesung über Ausländerfeindlichkeit gesprochen, als die schlimmen antisemitischen Ausschreitungen passiert waren. Da fragte mich ein Student: Wie lange können Juden eigentlich noch zusehen und das aushalten? Darauf habe ich geantwortet, indem ich die Frage zurückgab: Sind eigentlich deutsche, nicht-jüdische Menschen weniger demokratisch als jüdische Leute? Denn das ist eine Sache aller Demokraten, was ich an Faschismus oder was ich an solchen Sachen ertragen kann. In dem Moment war ich sofort ausgegrenzt und der Student hat es bestimmt sehr gut gemeint.

Brumlik: Frau Itina, Herr Soloveithik, ich möchte Ihnen noch ein paar Fragen stellen und dann will ich gern unsere Diskussionsrunde eröffnen. Aus Ihren Worten kam ja eine doppelte Kritik zum Ausdruck. Sie haben gesagt, Sie glauben nicht, daß es sinnvoll ist, in Deutschland im Jahr 1995 prachtvolle Synagogen zu bauen. Dazu möchte ich sagen: Ja, Gotteshäuser sollten ohnehin immer etwas bescheidener sein, ich glaube, darüber müssen wir uns nicht groß streiten, aber ich habe dahinter so ein bißchen mehr verstanden. Sie wollten vielleicht zum Ausdruck bringen, daß es noch nicht an der Zeit sei, daß Juden sich in Deutschland, und das Wort ist mehrfach gefallen, verwurzeln. Also meine Frage ist: Woher rührt Ihrer beider Reserve gegenüber Deutschland? Kann man sagen, es ist das Land, das den Holocaust zu verantworten hat?

Itina: Ja. Es war bei mir ganz extrem in bezug auf dieses Land. Weil ich bestimmte Worte der deutschen Sprache nicht hören konnte, habe ich z.B. statt arbeiten sehr lange jobben gesagt oder irgend so was. Also es war ganz extrem am Anfang. Dann aber war ich plötzlich auf einmal ganz begeistert, ich dachte, das gibt es nicht mehr, es ist wirklich nichts mehr zu spüren, diese Leute, die tragen keine Verantwortung und das ist alles weg. Das ist ein Land, wo es nie mehr so etwas geben kann. Dann kam plötzlich diese Welle von Rechtsradikalismus von nirgendwoher und dann war sie wieder irgendwo verschwunden. Ich verstehe das Land nicht vollkommen. Die Leute, mit denen ich Kontakt halte, sind völlig demokratisch, sehr offen, die verstehen alles, die verstehen mich, aber es gibt andere Leute, von denen ich nichts höre, leider. Ich glaube 10% oder etwa 20% deutsche Bürger denken darüber nach, sprechen darüber und besuchen Vorträge und Ringvorlesungen wie diese. Was alle anderen denken, weiß ich nicht. In Rußland existiert eine Schimpfkultur, man wird ordentlich beschimpft und man weiß, was die anderen über einen denken. In Deutschland ist es ganz anders, ist es so leise, vieles ist tabu, darüber wird nie gesprochen. Ich habe mich zwar gefreut, daß viel öffentlich über die deutsche Geschichte gesagt wurde und es war für mich interessant, wie offen die Leute darüber diskutiert und gesprochen haben. Allerdings fühle ich, daß nicht alle Leute offen sind, daß bestimmte Themen immer noch tabuisiert sind. Von bestimmten Menschen werde ich auch nicht deren wirkliche Meinung erfahren. Unsere Kinder fühlen sich inzwischen sehr deutsch, dagegen kann und will ich nichts tun.

Was die luxuriösen Synagogen betrifft: Es gab mal jüdisches Leben in Deutschland, aber das neue jüdische Leben, das sich jetzt gründet, das ist etwas völlig anderes. Erstens ist es, glaube ich, weniger mit jüdischer Religion verbunden als vorher. Ich weiß, daß manche denken, Religion und Volkszugehörigkeit sind das gleiche. In Rußland haben meine Freundin (sie war geborene Jüdin) und wir uns sehr für das Judentum interessiert. Es stand bei uns im Paß: Jude. Mit 16 Jahren mußte man in Rußland einen Paß bekommen und wenn Mutter und Vater Juden waren, stand im Paß auch Jude. Es stand auch im Klassenjournal, überall stand Jude. Mit sieben Jahren mußte man im Klassenjournal als Jude geführt werden. Die Lehrer haben extra diese Klassenjournale (Klassenbücher) offen liegenlassen und alle Schulkameraden sind gekommen und haben geguckt, wer ist Jude. Juden wurden von den Klassenkameraden ordentlich verprügelt, also es gab ganz schlimme Geschichten. Als wir mit 16 die Pässe bekommen haben, haben wir angefangen, uns dafür zu interessieren, wer wir überhaupt sind, warum wir Juden sind, denn unsere Eltern haben mit uns darüber nie gesprochen. Manche Eltern, meine Eltern z.B. auch, haben immer Angst gehabt, deshalb wurde in unserer Familie nie darüber gesprochen, daß wir Juden sind. Wir konnten weder die jüdische Sprache noch Althebräisch lernen. Als wir jüdische Pässe bekamen, haben wir angefangen die jüdische Sprache zu lernen. Manche sind darüber sehr religiös geworden, haben sich auch mit jüdischer Religion auseinandergesetzt und sind religiöse Juden geworden. Ich allerdings nicht. Für mich sind Religion und Volk nicht unbedingt das gleiche. Ich fühle meine Zugehörigkeit zum jüdischem Volk oder zur jüdischen Geschichte, ohne sehr religiös zu sein. Was meinen Glauben betrifft, da kann ich nicht so klar sagen, daß ich mich mit dem jüdischen Glauben völlig identifiziere. Deswegen sage ich aber nicht, daß die gemeinsame Geschichte nicht meine ist. Europäische Juden sind doch ein Volk. Sie haben eine bestimmte gemeinsame Geschichte vor allem durch den Holocaust und sie haben eine gemeinsame Zugehörigkeit zu dieser Geschichte.

Brumlik: Herr Soloveithik wollen Sie auch noch etwas dazu sagen?

Soloveithik: Im Blick auf die Synagogen in deutschen Städten wollte ich folgendes sagen: Zu diesem Zeitpunkt ist noch nicht genug Zeit vergangen, mir wäre es lieber, eine Synagogenstraße in einer deutschen Stadt wäre ohne Synagoge.

Bubis: Wie macht man das?

Soloveithik: Es gibt schon Synagogenstraßen, nur mit diesen Namen. Also das entspricht mehr der Tatsache der Vernichtung des Judentums.

Brumlik: Wäre es Ihnen lieber, wenn es gar keine Juden in Deutschland gäbe? Denn wenn es welche gibt, muß es doch auch Synagogen geben!

Soloveithik: Natürlich, aber sie sollen nicht so viel nach außen repräsentieren.

Brumlik: Warum nicht?

Soloveithik: Weil das Judentum, das vorher in Deutschland war, zerstört ist. Es existiert nicht mehr, und was eigentlich sollen diese Symbole, diese religiösen Gebäude in den Städten symbolisieren? Was sollen sie nach außen ausdrücken? Daß es wieder Judentum gibt?

Bubis: Synagogen sollen nicht nach außen repräsentieren, sondern sollen für die Juden da sein, als Ort, wo sie ihrer Religion nachgehen können.

Itina: Ja, sicherlich, aber sie dürfen ein bißchen bescheidener sein. Dazu sollte es wahrscheinlich mehr Schulen geben, in denen jüdische Kinder etwas über ihre Kultur und Geschichte erfahren.

Soloveithik: Verstehen Sie uns nicht falsch. Wir sind nicht gegen Religion. Das hat nichts mit Religion zu tun. Ich meine, ich bin nicht gegen Synagogen in den deutschen Städten, weil das eine religiöse Sache ist. Ich meine, daß z.B. dieses Symbol, das in der Mitte einer deutschen Stadt steht, eine große, neugebaute Synagoge, die nirgendwann hier war oder vorher völlig zerstört war, ein bißchen zu früh kommt.

Bubis: Aber stört es? Dort stört es Sie?

Soloveithik: Nein.

Itina: Nein.

Bubis: Gott sei Dank.

Simonsohn: Ich möchte noch auf den Zusammenhang von Religion und Geschichte eingehen. Es wurde gesagt, die Religion ist unsere Geschichte. Das versuche ich auch in den Klassen zu erklären. Sie können Deutsche sein und haben Ihr Neues Testament. In Frankreich haben Sie auch das Neue Testament und Sie sind Franzose. Meine Geschichte ist die Bibel, das Alte Testament. So wie keiner aus seiner Geschichte austreten kann, so kann und will ich das auch nicht. Man muß sagen: Wenn Sie über jüdische Geschichte etwas lernen wollen, dann müssen sie unbedingt die Religion, zumindest als Wissen mitnehmen, auch wenn Sie die Religion nachher nicht praktizieren. Meine Vorfahren sind die, die im Alten Testament festgelegt sind, und zu ihnen gehöre ich. Wenn jüdische Geschichte gelernt wird, dann gehört das dazu. So erkläre ich mir das, man kann das nicht trennen.

Itina: Ja, sicherlich, aber es gibt inzwischen verschiedene Juden auch in Deutschland, die einen sind orthodox, manche sind weniger orthodox, manche sind liberal. Es soll um Gottes Willen mehrere Gotteshäuser für solche und für solche geben.

Simonsohn: Das ist eine andere Frage.

Brumlik: Eine Bemerkung noch: Da es um ein neues Miteinander von Juden und Christen geht, will ich an dem einen Punkt widersprechen, denn ich will natürlich als Jude energisch darauf beharren, daß die Christen unsere Bibel, das sogenannte Alte Testament, mindestens genau so sehr als ihre eigene ansehen wie das Neue.

Simonsohn: Dagegen habe ich nichts.

Brumlik: Ja. Du hast gesagt, die Christen haben das Neue Testament. Ich will noch einmal betonen, nein, sie müssen auch das Alte haben.

Simonsohn: Sie haben auch das Alte. Damit bin ich einverstanden.

Diskussion mit dem Publikum

Zuhörer/in: Ich lebe mein ganzes Leben in der Heidelberger Altstadt, ungefähr 200 m von dort entfernt, wo die Synagoge früher stand, und ich erinnere mich, wir haben da viel gespielt, weil es interessant war an der Ecke, und ich erinnere mich auch an den maßlosen Schreck, als die Synagoge brannte. Wir Heidelberger haben uns viele Jahre gewundert, daß keine neue Synagoge entstand. Bis vor wenigen Jahren im Haushalt der Stadt Heidelberg plötzlich ein Zuschuß für den beabsichtigten Neubau bewilligt wurde, und wir waren erleichtert, daß dies geschah, wenn auch erst nach über 50 Jahren. Ich möchte Ihnen Mut machen, sich zu freuen an diesem Haus, denn ich kenne niemanden, der es bedauert hat, daß dafür auch Heidelberger Steuergelder eingeflossen sind.

Zuhörer/in: Sie sagten, daß Sie bedauern, daß mit den Synagogen quasi nur Hüllen da sind. Das habe ich so verstanden, daß es Ihnen darum geht, daß etwas von der Eigendynamik jüdischer Spiritualität verloren gegangen ist und man durch Gebäude das Innenleben nicht wieder herstellen kann.

Itina: Also, ich habe mich genau so gut in den alten Gebäuden gefühlt, sogar besser als jetzt in dem neuen Gebäude. Aber das ist eine Geschmackssache. Es ist mir viel zu symbolisch, es ist mir viel zu früh. Ich würde sagen, wir Juden, die hier in Deutschland leben, wir sollten sehen, wie es sich weiter entwickelt. Es kann auch sein, daß aus der jüdischen Gemeinde zwei, drei verschiedene Gemeinden mit verschiedenen Meinungen entstehen. Deswegen ist es für mich wie ein Versuch, eine Tradition zu wiederholen, die es nicht mehr gibt. Die Stadt Heidelberg sagt den Juden, daß sie wieder akzeptiert sind, daß wieder neue jüdische Geschichte gegründet wird. Wir bauen schöne Synagogen, als wenn sie 1000 Jahre stehen. Da habe ich Zweifel, das würde ich nicht unterschreiben. Obwohl ich mich sehr freue, daß wir jetzt mehr Platz haben. Aber ich würde mich über ein größeres Mietgebäude mehr freuen. Das ist meine persönliche Meinung.

Zuhörer/in: Ich werde Pfarrerin. Wie kann man jüdischen Mitmenschen helfen, für sich eine authentische jüdische Spiritualität wieder zu entwickeln, also auch eine in sich stimmige Form gelebtes Judentum?

Simonsohn: Das müssen die Juden schon selber herausfinden.

Itina: Nein, nein. Gelebtes Judentum und Spiritualität brauchen Sie nicht zu entwickeln, das gibt es schon. Ob wir allerdings in Deutschland wieder Fuß fassen, ist für mich fraglich. Ob neues jüdisches Leben in Deutschland bleiben wird und bleiben soll und wie es sich weiter entwickelt, das ist für mich fraglich. Daß Juden Judentum lernen müssen und daß Juden Juden sein müssen, daran habe ich keine Zweifel, da müssen Sie mir als Pfarrerin auch nicht helfen. Das habe ich sehr lange schon verstanden.

Brumlik: Frau Itina, jetzt will ich mich selbst mal zu Wort melden. Die Frage ist entschieden, wir haben sie jahrzehntelang aus Amerika, aus Israel und sonst woher gehört: Warum seid ihr in Deutschland? Schämt ihr euch nicht, oder einmal ernst gesagt: Ist das demographisch überhaupt eine zuverlässige Tatsache, daß ihr hier bleibt? Das kann einem gefallen oder auch nicht, die Menschen haben es entschieden. In einer großen jüdischen Gemeinde wie Frankfurt oder in Berlin sind schon fast 50% der Mitglieder nach dem Zweiten Weltkrieg geboren. Diese Landsleute aus Rußland mit ihren ellenlangen Warteschlangen bei den deutschen Botschaften in Moskau und sonstwo haben es auch entschieden. Also, Sie mögen persönlich für sich entscheiden, daß es in Deutschland kein jüdisches Leben geben soll.

Bubis: Wir sprechen uns in 20 Jahren wieder, d.h. ich vielleicht nicht.

Brumlik: Dann reden wir mit Ihren Kindern.

Bubis: Dann reden wir mit Ihren Kindern und auch noch mit Ihnen.

Brumlik: Die Menschen haben es mittlerweile entschieden, und unser Problem ist eher, welche Form wir finden, aber nicht ob es dieses jüdische Leben geben wird. Das gibt es und es wird allmählich stärker, so klein es ist. Es sind gerade mal 60 000 Juden gegen zwei Millionen Muslime. Man muß ja auch die Relationen im Blick behalten.

Brumlik: Es gibt noch weitere Fragen.

Zuhörer/in: Wir reden immer über jüdisches Volk und jüdische Religion in einem, genauso wie in Deutschland häufig über Christentum geredet wird. Ich frage mich, ob es sinnvoller wäre, in diesem Fall zu sagen, es gibt genauso einen jüdischen Glauben und es gibt ein jüdisches Volk mit jüdischer Kultur. Wenn ich mir überlege, ich gehe nach Kanada, weil es das Land meiner Träume ist, dann gehe ich dort nicht hin in eine deutsche Gemeinde oder baue mir einen Hort deutscher Kultur auf. Ich gehe bewußt nach Kanada, und kann, wenn ich genügend Geld mitbringe, dort kanadischer Staatsbürger werden und werde dann mit meinem Stückchen deutscher Kultur, das ich dort einbringe, kanadischer Bürger und auch Teil eines kanadischen Volkes. Ist es notwendig zwischen Menschen, die noch von Geburt an diese christliche Kultur mitbekommen, indem sie hineingeboren und getauft werden und denen, die sich wegen der schönen Zeremonie christlich trauen lassen und ihre Kinder christlich taufen lassen, aber sonst mit dem christlichen Glauben nichts verbindet, zu unterscheiden? Ist eine solche Unterscheidung nicht auch bei Juden wichtig? Ist nicht zu unterscheiden zwischen solchen, die sagen, sie sind jüdisches Volk und bringen ihren Teil jüdischer Kultur in den Staat ein, in dem sie leben, und solchen, die den Glauben leben und die auch jüdische Gemeinden aufbauen?

Bubis: Das, was Sie meinen, ist sicherlich richtig. Nur wenn Judentum so wäre, wie Sie jetzt das beschrieben haben, dann gäbe es längst kein Judentum mehr. Vor 2000 Jahren wurde das jüdische Volk aus dem Heiligen Land vertrieben, zerstreut in alle Welt. Was sie zusammengehalten hat, war die Religion und die Volkszugehörigkeit, auch wenn sie amerikanische, britische oder afrikanische Staatsbürger geworden sind. So war der Begriff Religion und Volk eine Einheit. Vom jüdischen Volk spricht man seit 3000 Jahren, wobei aus dieser Zeit die meisten Völker längst verschwunden sind. Man kennt sie nur als abstrakte Begriffe, wie sie im Alten Testament noch vorkommen. Es war die Religion, die einheitliche Religion, die sie kreuz und quer über alle Welt zusammengehalten hat. Das ist sicherlich bei der Anzahl von 500 Millionen Katholiken anders als bei der Anzahl von nie mehr als etwa 18 oder 20 Millionen Juden. Zu keiner Zeit gab es mehr und interessanterweise werden es seit zehn Jahren immer weniger, die sich zum Judentum bekennen. Wenn man dann Religion und Volk zusammen nimmt, hat das Judentum in den letzten zehn Jahren um etwa 10-15% abgenommen, im Gegensatz zu den anderen Religionen. Nicht durch Austritte, denn aus dem Judentum kann man nicht austreten, sondern durch das Nichtbekenntnis durch interkonfessionelle Ehen. Das mag alles gut sein, denn vielleicht ist heute die Gefahr des Verschwindens deshalb geringer, weil es inzwischen einen jüdischen Staat gibt. Aber da spielt etwas anderes eine Rolle, und ich habe mich darüber mit Israelis unterhalten, insbesondere natürlich mit religiösen

Israelis: Die haben alle gesagt, es ist nicht gut, wenn die Juden aus der ehemaligen Sowjetunion nach Deutschland gehen. Ich habe da eine andere Auffassung, ich sage nicht, sie sollen alle nach Deutschland kommen, aber es muß jedem frei bleiben, wenn er nach Deutschland gehen will, daß er auch nach Deutschland gehen kann. Aber die Begründung, die diese Menschen gebracht haben, war: Wenn einer vom Judentum nichts wissen will und kommt nach Israel, wird er aus der Umgebung heraus zum Juden werden. Wenn ein Jude nach Deutschland geht, wird er durch die Umgebung zum Nichtjuden werden. Das ist die Begründung dafür, warum sie sagen: Wenn man Judentum erhalten will, dann geht es nur in Israel.

Aber selbst in Israel gibt es heute innerhalb der jüdischen Gemeinschaft (nicht der Israelis, ich zähle die nichtjüdischen Israelis nicht dazu) einen Prozentsatz von Menschen, der irgendwo zwischen 15 und 20 liegt, die mit der Religion nichts am Hut haben. Sie sehen sich als Zionisten, als Israelis, aber sie sagen, mit der Religion haben wir nichts zu tun. Und was die wenigsten vielleicht wissen: Bei den Orthodoxen ist die Geburtenrate im Schnitt drei mal so groß wie bei Nichtorthodoxen. Das hat die unterschiedlichsten Gründe. Obwohl die Geburtenrate bei den Orthodoxen drei mal so groß ist wie bei den "säkularen Juden", nimmt die Zahl der Orthodoxen in Israel nicht zu. D.h. die Kinder verlassen die Religion, oder sie verlassen zumindest das Orthodoxe in der Religion. Nicht anders als auch sonst bei den anderen Religionen, wo auch die gläubigen Christen immer weniger werden und für den einen oder anderen der Kirchenbesuch nur noch eine Pflichtübung ist. Also das ist eine Erscheinung, die auch in Israel weit verbreitet ist. Man mag's gut oder schlecht finden, aber es ist so.

Zuhörer/in: Im Zusammenhang mit dem, was wir eben besprochen haben, würde mich dieser immer wieder faszinierende Begriff des "auserwählten Volkes" interessieren. Ist es das, was Sie mit der Religion meinen, die das Judentum über Jahrtausende erhalten hat, im Gegensatz zu den Völkern, von denen Sie gemeint haben, daß man über sie nicht mehr spricht? Ist es das Verbindende oder, sagen wir, ist es das Schlüsselwort?

Bubis: Es ist das Verbindende, aber mit keinem Satz ist soviel Mißbrauch getrieben worden in der Weltgeschichte wie mit diesem Satz des auserwählten Volkes. Ich habe einmal gedacht - es war in einer Fernsehsendung - jetzt habe ich eine Chance, etwas klarzustellen. Es drehte sich um den entsprechenden Satz aus der hebräischen Bibel, der folgendermaßen lautet: Wir danken Dir Gott, daß Du uns zum auserwählten Volk erkoren hast und uns die Zehn Gebote gegeben hast. Das heißt im Bezug auf das Auserwähltsein: Man dankt Gott, daß er das jüdische Volk dazu erwählt hat, um ihnen die Zehn Gebote zu geben. Ich befürchte zwar, daß wir sie bekommen haben, nachdem die anderen sie nicht wollten. Ja, das ist gar kein Scherz, selbst in der Orthodoxie heißt es, daß die Juden unter dem Berge Sinaii standen und Gott sie fragte: Wollt Ihr die Zehn Gebote annehmen und gehorchen, andernfalls werde der Berg Sinaii über euch zusammenbrechen? Die Antwort lautete auch nicht etwa: Wir werden sie annehmen und gehorchen, sondern es heißt, das Volk Israel habe geantwortet: Nasseh we Nischma; wir werden gehorchen, wir werden sie befolgen und anhören. D.h., sie haben zuerst versprochen, daß sie die Zehn Gebote befolgen werden und wollten erst danach lesen und hören, was sie da befolgen sollen. Also da war schon ein sanfter Druck dabei, den auch die Orthodoxen nicht bestreiten. Aber entscheidend ist, daß es in der Bibel heißt, daß die Juden zum auserwählten Volk von Gott genommen wurden, um ihnen die Zehn Gebote zu geben. Nun hat der Fernsehsender SAT1 mit mir so'ne Reise durch alles mögliche gemacht und sie haben mich in der Synagoge gefilmt. Da habe ich gedacht, jetzt habe ich eine Chance, und ich sollte ihnen etwas Hebräisch vorlesen und übersetzen. Da habe ich ihnen vorgelesen, wenn man aufgerufen wird zur Thora. Da steht: Wir danken Dir Gott, daß Du uns auserwählt hast und uns die Zehn Gebote gegeben hast. Was kam in der Sendung 'raus? Wir danken Dir Gott, daß Du uns auserwählt hast. Schnitt. Ende. Unter dieser Verkürzung haben die Juden seit 3.000 Jahren gelitten.

Zuhörer/in: Angesichts der vorher gestellten Fragen frage ich Sie und frage ich mich: Ist es überhaupt sinnvoll von Volk zu reden? Ist dieser Begriff, der ja auch der Geschichte angehört, nicht zwiespältig und müßte jetzt aufgrund von interkulturellem und religiösem Dialog entweder neu definiert werden oder lieber weggelassen werden?

Bubis: Das wird schwer zu vermitteln sein, weil 2 000 Jahre das Judentum eben nur damit überlebt hat. Trotzdem sagen viele: Wir haben damit nichts zu tun, weder mit der Religion, noch mit dem Volk. Ob das überlebte Begriffe sind oder nicht, wird immer vom Standpunkt des Einzelnen abhängen: Wie sehr fühlt er sich der Religion verbunden?

Brumlik: Der interkulturelle Dialog ist ein Problem dieser Religion. Wir glauben einfach, daß die Juden von Gott an Sinaii und vorher schon bei Abraham in seinem Samen, also in seinem Blut gewissermaßen als Stamm erwählt worden sind. Das ist der Inhalt der Religion, nun können Sie natürlich zum Judentum übertreten, dann werden Sie ein Teil des jüdischen Volkes.

Bubis: Ich empfehle es Ihnen nicht.

Brumlik: Wenn Sie zum Christentum übertreten, werden Sie nicht Teil irgendeiner Nation und Sie werden auch nicht Teil irgend eines Stammes. Das ist im Judentum nun mal einfach anders. Es kann einem gefallen oder auch nicht, es ist einfach so. Sie müßten 50 - 60% der ganzen Bibel wegredigieren. Sie müßten 70 - 80% aller Gebete wegredigieren und dann haben Sie eine andere Religion. Das ist schlichtweg das Problem. Ich nenne noch ein Beispiel, wie man es in Israel gelöst hat. Natürlich darf man in Israel als Jude oder als Jüdin einwandern, wenn man eine jüdische Mutter hat und nicht Mitglied einer anderen Religion ist. Ungefähr so werden wir das in der Diaspora auch halten.

Simonsohn: Ich glaube, das ist unser Selbstverständnis, und ich finde, das ist so wichtig, daß man unser Selbstverständnis akzeptiert. Ja, so fühlen wir. Punkt. Ich erlaube ja auch den anderen zu fühlen, wie sie wollen.

Brumlik: Aber sagen Sie noch einmal Ihr Gegenargument.

Zuhörer/in: Es ist gerade die Schwierigkeit, zwischen dem Volk als ethnischer, als religiöser, als kultureller Größe zu unterscheiden. Und weil Sie vorher über die Relation von Volk und Religion oder Volk und Nation selber untereinander gestritten haben, finde ich eine differenziertere Ausdrucksweise für angebrachter. Ich will damit nicht das Selbstverständnis des "jüdischen Volkes" in Frage stellen.

Bubis: Ich habe schon verstanden, was Sie damit meinen. Aber es erinnert mich an eine andere Diskussionsveranstaltung. Es war die Rede vom Antisemitismus. Da meinte eine Dame: Warum assimilieren sich die Juden nicht? Dann gebe es doch keinen Antisemitismus mehr. Also die Schuld der Juden ist, daß sie sich als Juden fühlen, deshalb gibt es Antisemitismus. Also das ist auch so eine Schizophrenie...

Simonsohn: ... eine sehr tiefgehende, psychologische Angelegenheit, die nicht nur für uns Juden gilt. Das sollten Sie sich überlegen, und dies gilt für viele andere Dinge und man muß einmal fragen, was stört einen daran? Das meine ich sehr ernst.

Zuhörer/in: Wenn ein Russe zu Ihnen kommt und sagt: Ja, ich bin jüdisch, sagen Sie: Haben Sie einen Beweis? Was akzeptieren Sie als Beweis?

Bubis: Als Beweis wird eine echte Urkunde, daß die Mutter Jüdin war, akzeptiert.

Zuhörer/in: Aber Sie wissen, daß wir im Reformjudentum in den USA es akzeptieren, wenn ...

Brumlik: Ja, ich sag's Ihnen. Das ist ja mein Steckenpferd. Ich kenne die Regel genau. Die Reformjuden in den USA anerkennen das Kind aus einer Familie, in der nur der Vater Jude ist und nicht die Mutter, dann als Juden, wenn dieses Kind jüdisch erzogen worden ist. Das heißt, es reicht nicht, einen jüdischen Erzeuger zu haben, nicht mal nach dem Reformjudentum. Für den Fall der russischen Juden würde das in aller Regel nicht zutreffen, weil ja dort die jüdische Sozialisation und Erziehung nicht so furchtbar intensiv gewesen ist.

Bubis: Abgesehen davon, die Halacha ist 3000 Jahre alt und man kann darüber streiten, ob sie nicht reformbedürftig ist. Nur, und das war schon immer so, wenn Sie anfangen, Religion zu reformieren, dann können Sie sie auch zu Tode reformieren.

Zuhörer/in: Herr Brumlik und die Damen und Herren auf dem Podium, mich würde folgendes interessieren: Es ist neulich durch die Gazette gegangen, daß die ersten jüdischen Schulen eröffnet worden sind, Privatschulen. Sie haben vorher einmal die Frage gestellt, Herr Bubis, was soll da eigentlich gelehrt werden? Mich würde einmal interessieren, wie Sie den Stellenwert des deutschen Bildungssystems sehen und die Bestrebungen, die es wohl in jüdischen Gemeinden gibt, eigenständige jüdische Schulen zu gründen und zu öffnen.

Bubis: Das ist leicht erklärt. Es gab früher in Deutschland Schulen, an denen der Religionsunterricht ein Pflichtbestandteil war, und je nach dem gab es jüdische Religionslehre. Die jüdischen Lehrer kamen in die Schulen und haben auch jüdische Religion unterrichtet. Inzwischen hat sich das ein bißchen gewandelt. Religionsunterricht ist kein Pflichtunterricht mehr, man spricht heute eher von Ethik. Ich habe nichts gegen Ethik, nichts gegen Moral, aber wir sind eine kleine jüdische Gemeinschaft, und es war früher bei der größeren jüdischen Gemeinschaft nicht viel anders, daß Kinder, die zur Schule gehen, über jüdische Geschichte, über jüdische Tradition an den anderen Schulen kaum etwas erfahren. Denn wenn heute über Judentum in Deutschland an öffentlichen Schulen oder nichtjüdischen privaten Schulen unterrichtet wird, dann beschränkt sich Judentum auf Holocaust. 3000 Jahre jüdische Geschichte (3340 Jahre, glaube ich, sind es insgesamt), auch 1600 Jahre jüdische Geschichte in Deutschland, kommen nirgends vor. Wir wollen aber, daß die Kinder eben dieses Wissen über jüdische Geschichte möglichst lang und möglichst intensiv erfahren sollen. Da sie das an den öffentlichen Schulen oder an den anderen privaten allgemeinen Schulen nicht kennenlernen, haben wir diese jüdischen Schulen eingerichtet, wo sie neben dem üblichen Unterricht auch viel über jüdische Geschichte, über jüdische Tradition lernen. Damit es aber keine Ghettobildungen gibt, nehmen wir ebenfalls in diesen Schulen nichtjüdische Kinder auf. Ein Beispiel: Die Hochschule für Jüdische Studien in Heidelberg hat 75 oder 80% nichtjüdische Studenten. Dennoch wollen wir diese jüdische Hochschule haben. Der Zentralrat ist der Träger dieser Schule, weil wir erstens den jüdischen Studenten das anbieten wollen. Wir haben auch ein Interesse, daß eben auch Nichtjuden über Judentum etwas erfahren. Nicht weil wir sie missionieren wollten, damit sie zum Judentum übertreten, sondern zum Abbau von Vorurteilen. Dazu gehört das Wissen, was Judentum ist. Deshalb legen wir diesen großen Wert auf Schulen und auch auf die Hochschule.

Brumlik: Ich möchte das ergänzen. Ich bin prinzipiell gegen konfessionell und ethnisch geprägte Schulen, sofern sie vom Staat unterstützt werden, demnach bin ich auch gegen Koranschulen. Ich finde, es sollte allgemeinbildende Schulen geben und alle Minderheiten, die eine eigene Schule haben wollen, sollen die haben. Aber wenn es jetzt schon einmal so ist, dann fällt mir doch auf, daß es an den Gymnasien viele Traditionen gelehrt werden: es gibt Latein, Griechisch, Japanisch, es gibt Russisch. Wenn wir von diesem neuen Miteinander von Juden und Christen reden, bin ich der Meinung, daß die griechische Kultur mit dem Christentum eigentlich überhaupt nichts zu tun hat. Man glaubt ja immer, das christliche Abendland ist wesentlich griechisch und römisch. Der Kompromiß wäre, daß das christliche Abendland mindestens so sehr griechisch und römisch, wie denn auch jüdisch ist. Es gibt aber kein einziges allgemeinbildendes Gymnasium in der Bundesrepublik Deutschland, in dem es einen hebraistischen Zweig gibt, wie es in humanistischen Gymnasien Griechisch und Latein gibt. Weil das so ist, ist die jüdische Gemeindschaft darauf angewiesen, solche Schule zu haben. Das bedeutet ja nicht nur Hebräischunterricht, den es ja da und dort an Gymnasien schon gibt. Ich meine einen hebraistischen Zweig, in dem dann nicht nur die Sprache, sondern auch, wie es vorher angedeutet wurde, die Geschichte, Kultur etc. gelehrt wird, genauso wie das beim klassischen humanistischen Gymnasium bei der griechischen und römischen Geschichte der Fall ist. Darum geht es.

Zuhörer/in: Sie haben vorher Nation, Volk und Religion, diese drei Begriffe definiert, und Sie haben gesagt, daß eigentlich nur zum jüdischen Volk gehört, wer auch automatisch zur jüdischen Religion gehört, also daß das eins wäre.

Bubis: Andersherum: Wer zur Religion gehört, ist ein Teil des Volkes. Wenn er nicht der jüdischen Religion angehört, kann er nicht Teil des jüdischen Volkes sein.

Zuhörer/in: Sie würden also sagen, daß ein messianischer Jude, der ja eigentlich nicht zur Religion der Juden in diesem Sinne gehört, Ihrer Meinung nach dann nicht zum jüdischen Volk gehören würde.

Bubis: Nach der jüdischen Religion: Nein.

Zuhörer/in: Aber ich denke, wahrscheinlich würden die messianischen Juden sich schon zum jüdischen Volk zählen, sie würden sich sicherlich weiterhin als Jude bezeichnen.

Brumlik: Sie würden aber nicht mit der Begründung nach Israel einwandern können. Den Fall hat es gegeben: 1956 wollte ein Mann, der fromme jüdische

Eltern hatte und der während des Nationalsozialismus in einem Karmeliterkloster in Polen versteckt worden ist, nach Israel einwandern. Er hat gesagt, mein Name ist Fangeisen, ich habe jüdische Eltern, beide sind umgekommen, ich gehöre selbst dem jüdischen Volk an. Nun glaube ich im Unterschied zu den meisten anderen Juden, daß Jesus der Messias ist, warum sollte ich da nicht einwandern dürfen? Dann hat der Israelische Gerichtshof entschieden: Im Sinne des israelischen Rückwanderergesetzes ist Jude, wer eine jüdische Mutter hat und nicht förmliches Mitglied einer anderen Religion ist. Anderswo kann man da toleranter sein. Mir wäre das egal. Also wenn jemand jüdische Eltern hat und wie seinerzeit Bob Dylan, der Meinung war, daß Jesus der Messias ist, - naja, gut. Andere Leute in New York glauben, daß ein chassidischer Rabbi Schnierson der Messias sei.

Bubis: Und Kardinal Lustiger bezeichnet sich als Jude. Er hat Probleme damit, bei den Katholiken, nicht bei den Juden.

Brumlik: Aber wie gesagt, ich glaube, in der Diaspora würde man da heftig diskutieren können. In Israel, und das ist vernünftig, würden sie da nicht als Jude oder Jüdin gelten. Es gibt zwar in Israel sehr viele Atheisten, die jüdische Eltern hatten, die sind und bleiben natürlich Juden.

Zuhörer/in: Ich möchte die jüdische Religion anerkennen, aber das kann ich nicht, denn ich kann nur anerkennen, wenn ich mich einheirate oder sonst irgendwie mit einem Juden verwandt bin.

Brumlik: Sie könnten ja übertreten, dann würden Sie Mitglied des jüdischen Volkes.

Bubis: Verwandtsein reicht nicht.

Brumlik: Verwandtsein reicht nicht. Aber warum sollte man Mitglied dieses Volkes werden, wenn doch der Inhalt dieses Volkstums die Thora, die 10 Gebote sind. Nun, dann muß man schon glauben, denn nur dann hat das ja auch Zweck, Mitglied dieses Volkes zu werden, weil es um den Glauben geht. Sie können natürlich auch Israelin werden, Sie können sagen, ich bin evangelisch und möchte gern in Israel leben und die israelische Staatsbürgerschaft bekommen, dann werden Sie ein bißchen mehr Schwierigkeiten haben als ein jüdischer Zuwanderer. Aber das könnten Sie werden. Das wäre schwer klar zu machen, warum man Mitglied des jüdischen Volkes werden will, wenn man nicht auch den Glauben Israels teilt.

Bubis: Wobei jetzt mit dem Glauben Israels nicht der staatliche Glaube gemeint sein soll, sondern der Glaube an die Bibel.

Zuhörer/in: Was finden Sie wichtig für einen zukünftigen jüdisch-christlichen Dialog? Oder was würden Sie sich wünschen für die Zukunft?

Bubis: Ich stelle mir darunter vor, daß man miteinander diskutiert und daß jeder den anderen in seiner Religion akzeptiert, nicht nur toleriert. Tolerieren heißt ja ertragen, erdulden, aber auch akzeptieren, daß der andere in seinem Glauben auch leben kann und man ihn in seinem Glauben leben läßt und nicht versucht, wie z.b. während der spanischen Inquisition, mit Druck zu missionieren. Du mußt den katholischen Glauben annehmen, sonst kommst Du auf den Scheiterhaufen. Stattdessen ist es wichtig, daß dieser unterschiedliche Glaube von gegenseitigem menschlichen Respekt getragen wird. Nicht mehr und nicht weniger.

Brumlik: Ich wünsche mir da schon mehr, so z.B. daß die Christen einsehen, daß Jesus Jude und nur Jude gewesen ist und sonst überhaupt nichts, und zwar in seinem Leben, in seinem Sterben und - wie ich hinzufügen möchte, - in seiner Auferweckung. Er war auch noch als Auferweckter Jude und sonst gar nichts. Außerdem sollen Christen sehen, daß die Juden keine Gottesmörder sind.

Bubis: Das ist bei mir mit eingeschlossen.

Brumlik: Sie sollten wissen, daß sie uns unter keinen Umständen zu missionieren brauchen. Hans Rosenzweig hat gesagt, die Christen haben ja recht, es kommt keiner zum Vater denn durch den Sohn, mit Ausnahme derjenigen, die schon beim Vater sind, und das sind die Juden. Also wenn man das kapiert hat, erübrigen sich die meisten Probleme. Dann können sich Juden und Christen streiten, ob die Welt jetzt wirklich schon erlöst ist, ob das nur eine Anzahlung war oder nicht, dann ist das so etwas wie ein geschichts-philosophisches Problem.

Zuhörer/in: Ich denke oft, daß man nicht die jüdische Religion kritisieren darf.

Bubis: Sie sollen so viel Kritik üben, wie Sie wollen, aber akzeptieren, daß der andere auch eine Meinung hat, die anders ist als die Ihre.

Zuhörer/in: Ja, aber das ist doch Relativismus.

Bubis: Ich weiß nicht, welchem Glauben Sie angehören oder überhaupt keinem. Ganz egal, ob Sie Atheist, Buddhist oder sonstwas sind: Ich habe viel zu kritisieren, aber ich lasse Ihnen den Glauben, es stört mich nicht, wenn Sie Buddhist sind. Bei aller Kritik.

Zuhörer/in: Stört es Sie, wenn ich Judentum als Religion kritisiere?

Bubis: Das kommt darauf an, wie Sie's meinen.

Brumlik: Deutschland ist ein liberales Land, es kann jeder sagen, was er will. Im christlich-jüdischen Dialog erwarte ich aber eine *informierte* Kritik und das heißt, wenn mir jemand sagt: Ihr mit Eurem Alten Testament, mit diesem rachsüchtigen grausamen Gott!, dann ist das schon jemand, mit dem ich gar nicht mehr gerne diskutieren würde. Da müßte ich sagen, offenbar ist die Person nicht wirklich gut informiert. Eine Auseinandersetzung lohnt sich gar nicht. Wenn der Kritiker informiert ist, dann wird es erst wirklich spannend.

Gerd Theißen

Antijudaismus im Neuen Testament - ein soziales Vorurteil in heiligen Schriften

Heilige Schriften sind gefährliche Bücher. Denn sie enthalten nicht nur Heiliges, sondern auch unheilige Elemente, die aufgrund der hohen Wertschätzung solcher Schriften von einer Aura von "Heiligkeit" umgeben sind. Auch die Bibel ist solch ein gefährliches Buch. Warum? Das Neue Testament enthält eine Reihe antijüdischer Aussagen. So richtig es ist: Durch das Neue Testament ist in das Leben vieler Menschen ein Tropfen Ewigkeit gefallen, so unbestreitbar ist auch: Mit diesem Tropfen Ewigkeit drang zugleich das Gift des Antijudaismus - eine Voraussetzung des modernen Antisemitismus - in viele menschliche Herzen. Ein bekannter Neutestamentler und Bischof warnt mit Recht angesichts dieses Sachverhalts: "Euphemism is not an option. It is important, that we recognize our scripture for what it is, dangerous texts and all."[1]

1. Drei antijüdische Texte im Neuen Testament

Welche Texte sind so gefährlich? Wovor wird hier gewarnt? Ich nenne die drei wichtigsten unter ihnen. In der Passionsgeschichte des MtEv lehnt Pilatus die Verantwortung für Jesu Hinrichtung ab. Er wäscht seine Hände in Unschuld. Aber die Menge verlangt seinen Tod. Er schiebt ihr die Verantwortung zu. An dieser Stelle schreibt nun der Evangelist (über den Text des MkEv hinaus, der ihm als Vorlage gedient hat): "Und alles Volk antwortete und sprach: Sein Blut komme über uns und über unsre Kinder!" (Mt 27,25). Es handelt sich um eine bedingte Selbstverfluchung. Sie sagt: Wenn Jesus unschuldig ist, so will die Volksmenge (einschließlich der Hohenpriester und Ältesten) die Folgen tragen.

---

[1] K. Stendahl, Anti-Semitism and the New Testament, in: Explorations 7, 1993, 7. "Explorations" ist das Informationsblatt des 'American Interfaith Institute'.

Im JohEv diskutiert Jesus im 8. Kapitel mit den johanneischen Juden. (Ich sage bewußt: mit den "johanneischen Juden", um klar zu machen, daß ich die im JohEv vorkommenden, in typisch johannaser Sicht gezeichneten und verzeichneten Juden meine.) Jesus wirft diesen joh Juden vor, daß sie ihn umbringen wollen. Er hält ihnen vor, daß sie damit nicht den Willen Gottes tun. Sie vollziehen den Willen einer gegengöttlichen Macht. Der Vorwurf gipfelt in den Worten: "Ihr stammt vom Teufel als eurem Vater und wollt die Gelüste eures Vaters tun. Der war von Anfang an ein Menschenmörder und stand nicht in der Wahrheit ..." (Joh 8,44). Wenn Juden Jesus töten, so handeln sie nach Ansicht des JohEv im Sinne einer dämonischen Macht. Sie sind besessen.

Die dritte Stelle, die hier zu nennen ist, ist der 1. Thessalonicherbrief. Heidnische Mitbürger haben die neugegründete heidnische Gemeinde in Thessaloniki unter Druck gesetzt. Nach der Apg war es zu einer Anzeige gegen Paulus als Unruhestifter gekommen (Apg 17,6f). Daraufhin hatte Paulus die Gemeinde Hals über Kopf verlassen müssen. Die ihm drohenden Pressionen waren über die zurückgebliebene Gemeinde ergangen. Paulus tröstet sie mit dem Gedanken, daß den Gemeinden in Judäa dasselbe widerfahren sei. Er schreibt:"...auch ihr habt eben dasselbe von euren eignen Volksgenossen erlitten wie sie von den Juden, welche auch den Herrn getötet haben, Jesus und die Propheten, und uns verfolgt haben und Gott nicht zu gefallen suchen und gegen alle Menschen feindselig sind, indem sie, um das Maß ihrer Sünden jederzeit voll zu machen, uns wehren, zu den Heiden zu reden, damit sie gerettet werden. Doch das Zorngericht ist endgültig über sie gekommen" (1. Thess 2,14-16). Obwohl Paulus ausdrücklich konstatiert: In Thessaloniki haben Heiden ihre heidnischen Mitbürger verfolgt, läßt er sich (aufgrund der analogen Situation in Judäa, wo Juden ihre jüdischen Mitbürger verfolgt hatten) zu einem antijüdischen Ausfall hinreißen! Zwar ist es wahrscheinlich, daß auch einige Juden im Hintergrund den ersten Christen in Thessaloniki Schwierigkeiten gemacht haben. So stellt es die Apg dar (17,1-9). Aber die Hauptursache muß nach Paulus bei den Heiden gelegen haben!

Ein Überblick über die drei Stellen zeigt: Diese drei antijüdischen Vorwürfe (die bittersten im NT) stehen alle im Zusammenhang mit der Kreuzigung Jesu. Auf seine Hinrichtung reagieren schon im 1. Jhdt. einige christliche Schriftsteller mit antijüdischen Beschuldigungen und Vorwürfen, von denen ich wünschte, sie stünden nicht in der 'Heiligen Schrift' des Christentums. Die drei Texte quälen sich mit der Frage ab: Wer war schuld am Tod Jesu? Und sie aktivieren alle Größen, die nach urchristlicher Auffassung in verschiedenen Rollen am Geschehen beteiligt sein können: Menschen, Satan und Gott. Jüdische Menschen - Volksmenge und ihre Führer - hätten selbst die Verantwortung dafür übernommen. So das MtEv. Dahinter stecke letztlich der Satan. So das JohEv. Der 1. Thess bringt Gott ins Spiel: Er werde mit endgültigem Zorn reagieren. Aus solchen Stellen ergab sich ein christliches Bild vom jüdischen Volk, das besagte, es sei 1. ein verfluchtes Volk, 2. ein vom Satan beherrschtes Volk und 3. ein von Gott verurteiltes Volk. Mit anderen Worten: Aus solchen Stellen nährte sich eines der schlimmsten Vorurteile, das in der Geschichte wirksam geworden ist. Von diesen Stellen führte eine Blutspur bis hin zu Kristallnacht und Holocaust. Mochten auch die nationalsozialistischen Eliten von antichristlichen Impulsen bestimmt gewesen sein, ihr antisemitisches Programm konnten sie nur in einer Welt durchführen, deren Gewissen durch antijüdische Vorurteile aus christlicher Tradition gelähmt war.

2. Was ist ein Vorurteil?

Natürlich ist nun die Frage: Hat sich dies schlimme Vorurteil erst in der Wirkungsgeschichte an das Neue Testament geknüpft? Wurde das NT falsch verstanden? Gegen seine eigenen Intentionen? Oder steckt das Vorurteil in den Texten selbst? Ist es ein Geburtsschaden, den das Christentum mitbrachte? Oder ein Entwicklungsschaden, der sich erst später einstellte?

Um diese Frage zu klären, müssen wir uns darüber verständigen, was ein "Vorurteil" ist. Auch wenn das geklärt ist, bleibt offen, ob in damaliger Zeit ein Vorurteil das war, was wir heute als Vorurteil ablehnen müssen.

Unter einem Vorurteil verstehen wir ein "hochgradig verfestigtes, durch neue Erfahrungen oder Informationen nur schwer veränderbares, positives oder negatives Urteil über Personen, Ereignisse oder Objekte."[2] Soziale Vorurteile sind stereotype Urteile, welche Fremdgruppen abwerten. Von den verschiedenen Funktionen, die soziale Vorurteile erfüllen, nenne ich nur drei - entsprechend verschiedenen Ansätzen einer Erklärung von Vorurteilen:

1. Kognitionstheoretisch dienen soziale Vorurteile dazu, eine soziale Situation zu strukturieren und dadurch ein gewisses Maß an Sicherheit herzustellen. Vorurteile stellen eine Entscheidungshilfe dar. Wir wissen

---

[2] R. Peuckert, Art. Vorurteil, in: Grundbegriffe der Soziologie, Opladen 1986, S. 362.

z.B., daß die mt Gemeinde von jüdischen Schriftgelehrten beeindruckbar war. Der Mt-Evangelist selbst mahnt seine Gemeinde, auf alles zu hören, was sie sagen (Mt 23,1ff). Aber er verurteilt ihre Praxis. Und das tut er in Schwarz-Weiß-Malerei. Die Schriftgelehrten und Pharisäer gehören mit zu denen, die schon immer die Propheten verfolgt und zuletzt auch Jesus und die Christen abgelehnt haben. Mit solchen Schwarz-Weiß-Bildern gibt er zweifellos auch eine Entscheidungshilfe: Auf solche Schriftgelehrte darf man nicht hören, mögen sie ansonsten noch so attraktive Lehren haben. Ihr Verhalten spricht gegen sie!

2. *Sozialpsychologisch* dienen soziale Vorurteile der Abgrenzung und Aufwertung der Eigengruppe gegenüber Fremdgruppen. Sie stärken die Solidarität innerhalb der eigenen Gruppe. Eine solche Funktion möchte ich für die negative Zeichnung von Juden im JohEv annehmen. Die joh Gemeinde ist aus verschiedenen Gruppen zusammengesetzt. Wenn Jesus in Kap 17 lange um die Einheit der Gemeinde betet, so war diese Einheit keine Selbstverständlichkeit. Sie war bedroht. Sie mußte erst mühsam hergestellt werden. Es war nicht leicht, "eine Herde" unter "einem Hirten" (so Joh 10,16) zu schaffen. Juden und Heiden, einfache Leute und Reiche, Vertreter einer schlichten Gemeindefrömmigkeit und eines sublimen johanneischen Christentums mußten auf einen Nenner gebracht werden. Hat der scharfe Kontrast zwischen Jesus und "den Juden" (d.h. den joh Juden) nicht auch die Funktion, durch schroffe Abgrenzung nach außen den Zusammenhalt im Innern zu stärken?

3. *Tiefenpsychologisch* haben soziale Vorurteile darüber hinaus noch eine Funktion zur Stabilisierung von Menschen durch ihre Gruppenzugehörigkeit. Sie stützen ihr Selbstwertgefühl: Jedes Mitglied der Binnengruppe ist besser als die abgewertete Außengruppe. Diese Stabilisierung des Selbstwertgefühls wird durch Triebansprüche von innen her gefährdet. Vorurteile gestatten es, sie in andere Gruppen hineinzuprojizieren, und ermöglichen dadurch Aggressionsabfuhr in sozial gebilligter Form. Bei Paulus könnte so eine Situation vorliegen. Er muß gegenüber der jungen Thessalonichergemeinde ein schlechtes Gewissen haben. Er hatte sich angesichts der "Verfolgung" in Sicherheit bringen müssen. Die Gemeinde aber hatte die ihm geltenden Pressionen abbekommen. Warum wendet er seine moralische Aggression nicht gegen die heidnischen Mitbürger, die er selbst als Verfolger nennt? Warum dieser Ausfall gegen die Juden? Findet Paulus hier eine Fremdgruppe, bei der er sich selbst als "Verfolgter" darstellen kann? Juden haben seine Mission in der Tat oft behindert. Er wurde

mehrfach in der Synagoge als christlicher Missionar ausgepeitscht (2 Kor 11,24). Falls sie im Hintergrund auch in Thessaloniki an den Schwierigkeiten der jungen Gemeinde beteiligt waren, bot sich hier ein idealer gemeinsamer "Gegner" an. Dazu kam noch ein ganz persönliches Moment: Paulus selbst war in seiner vorchristlichen Zeit ein Verfolger gewesen. Er erwähnt das hier nicht. Mit einer heftigen Attacke auf jüdische Verfolger überspielt er, daß er selbst zu den jüdischen Verfolgern der Gemeinde gehört hat. Kurz: Die aggressiven Töne gegen Juden könnten im 1. Thess ein Stück umgelenkter Aggression sein - gerichtet gegen eine Gruppe, die man ohnehin in der Antike leichter öffentlich angreifen konnte als etwa Volk und Magistrat der Provinz-Hauptstadt Thessaloniki!

3. Geschichtlicher Hintergrund der neutestamentlichen Antijudaismen

Es besteht für mich kein Zweifel: Wir finden in den neutestamentlichen Antijudaismen Elemente und Aspekte, die vorurteilshafter Natur sind. Aber dennoch wäre es vorschnell, mit moralischem Pathos von Vorurteilen zu sprechen, ehe man nicht sichergestellt hat, daß wir mit diesem Urteil nicht Erfahrungen aus einer langen Geschichte antijüdischer Vorurteile in diese Texte hineinprojizieren. Man kann auch Vorurteile über Vorurteile entwickeln - besonders dann, wenn es sich um die Vorurteile anderer handelt. Auch die neutestamentlichen Antijudaismen erscheinen in einem neuen Licht, wenn man bedenkt, wer hier über wen spricht. Drei Feststellungen, die im folgenden noch zu erläutern sind, sind dazu wichtig:

1. Es handelt sich um negative Urteile von Juden über Juden, von Judenchristen über Juden, oder genauer: von messiasgläubigen Juden über andere Juden!

2. Es handelt sich um kritische Aussagen einer kleinen Minorität über eine Gruppe, die wiederum nur eine Minorität innerhalb der römischen Gesellschaft war, letztlich also um Urteile von zwei Minoritäten übereinander.

3. Es macht einen Unterschied, ob diese kritischen Auseinandersetzungen in der Diaspora stattfanden, wo die jüdischen Gemeinschaften eine Minderheit waren - oder in Palästina, wo sie in vielen Gebieten eine Mehrheit darstellten.

ad 1. Die neutestamentlichen Antijudaismen als Urteile von Juden über Juden.

Es ist wahrscheinlich, daß alle drei Texte, die am Anfang vorgestellt wurden, von Juden geschrieben wurden. Bei Paulus ist das sicher. Seine Kritik an Juden ist und bleibt eine innerjüdische Kritik. Beim Mt- und JohEv ist zumindest so viel wahrscheinlich: Beide wenden sich an Gemeinden, die sich ihrer Herkunft aus dem Judentum bewußt sind. Sie setzen Judenchristen in der Gemeinde voraus. Ihre Verfasser sind mit einer gewissen Wahrscheinlichkeit selbst messiasgläubige Juden oder "Judenchristen".

Innerjüdische Kritik ist anders zu werten als eine Kritik, die von außen kommt. Was wir als schroffe Selbstkritik von Deutschen an unserer eigenen Geschichte für notwendig halten, kann im Munde eines Nicht-Deutschen ein Vorurteil sein. Wenn wir also in den neutestamentlichen Antijudaismen einen Niederschlag jüdischer Selbstkritik haben, so wäre das genauso wenig ein Vorurteil wie die prophetische Kritik an Israel. Diese wurde zwar in einer langen Geschichte antijüdischer Bibelauslegung immer wieder gegen Juden ausgespielt. Aber zu Unrecht. Sie zeigt uns ein Volk, das wie kein anderes zu einer unerbittlichen Gewissensforschung fähig war. Wir bewundern mit Recht die Propheten!

Was wird aber konkret anders, wenn wir die drei Texte als innerjüdische Kritik an anderen Juden verstehen? Ich weise auf etwas ganz Elementares hin. Alle drei Texte beschuldigen Juden, daß sie die Kreuzigung betrieben haben. Der mt Text läßt dabei noch deutlich werden, daß formal Pilatus die Verantwortung für die Hinrichtung trägt. Sonst müßte er nicht seine Hände in Unschuld waschen! Auch Paulus weiß von der Beteiligung anderer Instanzen. Während er in 1. Thess 2, 14-16 Juden als Prophetenmörder anklagt, schreibt er in 1. Kor 2,6 den "Herrschern der Welt" die Kreuzigung Jesu zu! Auch das JohEv ist sich dessen bewußt, daß die Römer Jesus umgebracht haben. Es weiß: Das Kreuz ist eine römische Todesstrafe. Es weiß ferner: Nur weil jüdische Instanzen damals kein Recht zur Todesstrafe hatten, wurde Jesus mit der typisch römischen Todesstrafe für Sklaven und Aufrührer bestraft (Joh 18,31f). Trotz dieses Wissens um die Beteiligung der Römer schreiben alle drei Autoren an den von uns diskutierten Stellen Juden die Verantwortung für den Tod Jesu zu. Man könnte das so verstehen, daß damit die Römer entlastet werden sollen. Es war zu gefährlich, die Herrscher der Welt anzugreifen. Es war viel risikoloser, Juden zu kritisieren. Die waren ohnehin bei vielen nicht beliebt, erst recht nicht nach dem ersten jüdischen Krieg - also in jener Zeit, in der sowohl das Mt- wie das JohEv geschrieben worden sind. Es handelte sich dann hier um Verschiebung moralischer Aggression auf eine Gruppe, die man ungefährdeter angreifen konnte als die eigentlich verantwortlichen Römer. Aber wenn hier Juden sprechen? Wenn sie danach fragen: Worin liegt der Anteil von Menschen aus unserem Volk am Tod Jesu? - dann hört sich solch ein Vorwurf ganz anders an! Distanzierung von einer fremden Minorität ist billig, Selbstdistanzierung von der eigenen Gruppe kann dagegen ein bewundernswertes Verhalten sein. Oder es ist ein Verhalten, das mehr unser Mitleid als unsere Kritik verdient, nämlich wenn es den Selbsthaß einer Minorität gegenüber sich selbst zum Ausdruck bringt.

ad 2. Die neutestamentlichen Antijudaismen als Kritik einer Minorität an einer anderen.

Das NT wirkte im Laufe einer langen Geschichte in einer Kirche, die seit Konstantin Mehrheitskirche war. Was man in ihm über Juden las, wurde Grundlage des Urteils einer Mehrheit über eine Minderheit. Ursprünglich waren die Gewichte anders verteilt: Im NT äußert sich eine kleine Minorität über eine andere etwas größere Minorität, aus der sie entstanden ist. Beide Minoritäten waren in einer schwierigen Situation.³

Die Entstehungszeit des NT (also die Zeit von ca. 30 bis 150 n.Chr.) ist durch eine große Integrationskrise des Judentums gekennzeichnet: Palästina gehörte seit 63 v.Chr. zum Römischen Reich. Die Eingliederung in das römische Reich verlief aus vielen Gründen krisenhaft: Während andere neue Provinzen im Römischen Reich (vielleicht nach ein, zwei Aufständen) pazifiziert wurden, stieß das Imperium Romanum bei der jüdischen Gemeinschaft in Palästina an die Grenzen seiner Integrationskraft. Aufgrund einer falschen Politik der Römer kam es zu einer Kette von Aufständen und Kriegen: 4 v. Chr. zum sog. Räuberkrieg, 39/40 zur Caligulakrise - die ziemlich sicher in einem Krieg geendet hätte, wäre der Kaiser nicht ermordet worden. 66-74 verwüstete der erste jüdische Krieg Palästina. Der Tempel wurde 70 n. Chr. zerstört. Juden wurden durch eine Sondersteuer an den fiscus judaicus öffentlich in ihrem Status herabgesetzt. 115/117 kam es zu einem zweiten jüdischen Krieg - einem Aufstand, der im Osten viele Provinzen erfaßte und sich bis nach Nordafrika erstreckte. Seit diesem Aufstand ist das einst blühende Judentum in Ägypten verschwunden.

---

³ Vgl. G. Theißen, Zur Entstehung des Christentums aus dem Judentum. Bemerkungen zu D. Flussers Thesen, in: Kirche und Israel 3, 1988, S. 179-189.

132-135 führte der Bar-Kochba-Aufstand schließlich dazu, daß Jerusalem eine heidnische Stadt wurde, deren Betreten Juden verboten war. Man muß sich immer wieder klar machen: Das NT entstand in einer Zeit, in der durch die Schwierigkeiten der Integration der jüdischen Gemeinschaften besonders im Osten des Reiches "Juden" als Unruhefaktor erlebt wurden. Die Ursachen dafür lagen weithin in Fehleinschätzungen der römischen Politik. Diese band in der Regel die lokalen Aristokratien in ihr Machtsystem ein. Bei den Juden setzten sie auf die falschen Eliten: auf das herodäische Herrscherhaus, dem es an Legitimität fehlte; dagegen zerstörten sie die Grundlage der wahren priesterlichen Aristokratie, indem sie unter Gaius Caligula erst den Tempel in einen heidnischen Tempel verwandeln wollten und ihn dann 70 (wohl bewußt) zerstörten. Die Römer unterschätzten die große Bedeutung, die die Religion im Judentum spielte, und setzten anstatt dessen auf Kreise, die wohl Reichtum und Militär aufbieten, aber die das Land nicht wirklich integrieren konnten.

Die Christen waren lange ein Teil dieses Judentums. Je mehr sie sich aus ihm herausdifferenzierten und zu einer von den jüdischen Gemeinschaften unterschiedenen Gruppe wurden, um so prekärer wurde ihre Situation. Solange sie nämlich eine jüdische Gruppe unter anderen waren, wurde ihre abweichende Überzeugungswelt und ihr abweichender Lebensstil respektiert. In der Antike hatte man Respekt vor dem, was durch eine alte Tradition gedeckt war. Je mehr die Christen aber als traditionslose Neuerer erschienen, die sich von ihrer (jüdischen) Tradition und Mutterreligion getrennt hatten, um so mehr Schwierigkeiten hatten sie, ihre abweichende Lebensform der Umwelt verständlich zu machen. Sie wurden zu Außenseitern, die man ggf. allein deswegen, weil sie anders waren, ablehnen und in einzelnen Fällen hinrichten konnte. Das nomen ipsum, also die Tatsache, daß einer Christ war, reichte nach dem Pliniusbrief zum Todesurteil, wenn ein Christ erst einmal vor Gericht stand (Plin. ep. X,96). Aktiv ging der Staat allerdings nicht gegen sie vor.

Wir haben also in den Urteilen von Juden und Christen übereinander die Äußerungen von zwei Minoritäten, von denen die eine seit dem ersten jüdischen Krieg durch eine Sondersteuer diskriminiert war, während die andere in derselben Zeit Schritt für Schritt kriminalisiert wurde - allein aufgrund des "Verbrechens", anders zu sein. Beide Minoritäten hatten handfeste Gründe, sich voneinander zu distanzieren: Juden mußten sich aus Selbstschutz von allen messianischen Bewegungen distanzieren. Die Messiaserwartung richtete sich ja auf einen jüdischen König, der einmal die Macht ergreifen würde. Erwartungen dieser Art hatten im jüdischen Krieg eine verhängnisvolle Rolle gespielt. Messianische Bewegungen hatten das Judentum ins Unglück gestürzt. Die Neuinterpretation des Messiasglaubens im Urchristentum konnte nicht verwischen, daß auch hier ein "Messias" erwartet wurde, daß ihm alle Macht im Himmel und auf Erden gehören sollte.

Umgekehrt hatten auch die Christen vor allem nach 70 handfeste Gründe, sich von den jüdischen Gemeinschaften zu distanzieren, aus denen sie hervorgegangen waren: Wenn sie sich als Juden deklarierten, hätten sie konsequenterweise eine Sondersteuer zahlen müssen - als Ablösung der alten Tempelsteuer, die nach der Zerstörung des Jerusalemer Tempels nicht mehr an den Tempel, sondern an den fiscus judaicus gezahlt werden sollte. Auch Judenchristen, die früher immer die Tempelsteuer gezahlt hatten, sagten jetzt: Wir haben sie zwar gezahlt, aber freiwillig - ohne eigentlich zu ihr verpflichtet gewesen zu sein. Wir sind frei von der Tempelsteuer! (Mt 17, 23 ff). Ich vermute, daß man damit nach 70 n.Chr. implizit auch beanspruchte: Wir sind frei von der Sondersteuer, die alle Juden nun anstelle der Tempelsteuer zahlen mußten.

Fazit: Wir haben bei den jüdisch-christlichen Auseinandersetzungen in der Zeit des Urchristentums ein Trauerspiel vor uns. Eine in zunehmendem Maße diskriminierte Minorität und eine zunehmend kriminalisierte Minorität versuchten, durch gegenseitige Distanzierung voneinander zu profitieren oder - vorsichtig gesagt: Gefährdungen und Nachteile für sich zu reduzieren und sie auf die anderen abzuwälzen.

ad 3. Die neutestamentlichen Antijudaismen in Palästina und in der Diaspora.

Die beiden Minoritäten - Christen und Juden - befanden sich in Palästina und in der Diaspora in einem verschiedenen Verhältnis zueinander. In Palästina und einigen angrenzenden Teilen konnten Juden als Mehrheit erscheinen, in der Diaspora waren sie dagegen Minderheit. Es macht einen großen Unterschied, ob eine kleine unter Druck stehende Minorität bittere Urteile über die Mehrheit äußert - oder ob sie sich in der Diaspora von einer anderen Minorität absetzt. Sofern die neutestamentlichen Antijudaismen ihren Erfahrungshintergrund in Gebieten hatten, wo Juden die Mehrheitsbevölkerung waren, könnte man sie als Niederschlag konkreter Erfahrungen (gebunden an eine konkrete Situation) begreifen, ohne daß man hier unbedingt projektive Vorurteile unterstellen müßte. Anders aber wäre das in der Diaspora: Wenn hier Schriften entstehen, in denen Juden als geschlossene Gegnerfront erscheinen, dann ist das nicht durch die Lebenswelt zu decken. Dann gehen in das Bild der Fremdgruppe möglicherweise Projektionen ein, die mit den konkreten Erfahrungen mit dieser Gruppe wenig zu tun haben.

Nun können wir die neutestamentlichen Schriften nicht immer eindeutig lokalisieren. Bei Paulus sind wir jedoch sicher: Er schreibt in der Diaspora und für Diasporagemeinden. Er schreibt in einer Umgebung, wo Juden eine Minderheit darstellen. Für das Mt- wie das JohEv hat man dagegen erwogen, ob sie nicht in Palästina entstanden sein könnten - oder zumindest in Gebieten, wo Juden noch ein mächtiger Faktor waren. So regierte bis Ende des 1. Jh. n. Chr. der jüdische König Agrippa II. in der sog. Batanäa, nordöstlich von Palästina. Hier stand noch lange ein Gebiet unter jüdischer Kontrolle. Könnte es sein, daß hier das JohEv entstand, also in einem Gebiet, wo Juden noch lange als einflußreiche, fast herrschende Kreise begegneten?[4] Ich vermute persönlich, daß das MtEv wie das JohEv eher in der Diaspora entstanden sind, das MtEv in Syrien (mit einem hohen Bevölkerungsanteil von Juden und in lebendiger Interaktion mit jüdischen Gemeinschaften), das JohEv entweder ebenfalls in Syrien oder, wie die altkirchliche Tradition sagt, in Kleinasien. Beide Evangelien aber enthalten Traditionen, die auf Palästina zurückgehen. Bei beiden können wir vermuten, daß Christen, die evtl. im Zusammenhang mit dem jüdischen Krieg aus Palästina geflohen sind, ihre Überlieferungen in diese Schriften einbrachten. Wir hätten dann in einer indirekten Weise auch in diesen Schriften einen palästinischen Erfahrungshintergrund.

Daß diese Unterscheidung zwischen der Situation in Palästina und in der Diaspora nicht trivial ist, geht aus dem 1. Thess hervor. Paulus hat es hier in Thessaloniki mit Verfolgungen der heidenchristlichen Gemeinde durch heidnische Mitbürger zu tun. Die kleine jüdische Minorität in Thessaloniki könnte im Hintergrund beteiligt gewesen sein. Aber sie war nicht der Hauptfaktor in den Ereignissen. Seine schroffe Kritik an den Juden begründet Paulus zunächst einmal mit Erfahrungen in Palästina: Die Gemeinde in Thessaloniki würde jetzt dasselbe erleiden, was auch die Gemeinden in Judäa von ihren Landsleuten erlitten hätten. Wir sehen, wie hier Erfahrungen aus Palästina auf ganz andere Situationen in der Diaspora übertragen wurden. Man erlebte die kleine Minorität der Juden in der

---

[4] So K. Wengst, Bedrängte Gemeinde und verherrlichter Christus. Ein Versuch über das Johannesevangelium, München ²1990.

Diaspora offensichtlich im Lichte von Erfahrungen, die man in Palästina gemacht hat - dort, wo Juden die Majorität darstellten. Die Frage ist: Warum hielt man Urteile, die in der Anfangssituation in Palästina ihren Ort hatten, später aufrecht? Hier spielt m.E. die globale Situation des Judentums und Christentums eine Rolle: Das Nebeneinander zweier diskriminierter Minoritäten, von denen die eine Schritt für Schritt kriminalisiert wurde und die sich aus Selbstschutzinteressen immer mehr voneinander distanzierten!

Ich möchte betonen: Man kann bei der historischen Analyse zu anderen Ergebnissen kommen. Aber entscheidend ist, daß man die neutestamentlichen Antijudaismen überhaupt in ihrem historischen Rahmen versteht und so nüchtern wie möglich in ihnen die Urteile von Minoritäten sieht (einschließlich vorurteilshafter Züge, die auch Minoritäten in ihren Urteilen haben). Sozialgeschichtliche Aufklärung kann uns helfen, zu durchschauen, wie es zu solchen Feindschaften und zu negativen Stereotypen kommt.

4. Die Deutung der neutestamentlichen Antijudaismen im Rahmen ihrer Schriften

Daß antijüdische Aussagen in der Bibel stehen, muß man bedauern. Aber da sie nun einmal in ihr stehen, sollte man ihr Vorkommen auch als Aufforderung verstehen, sich mit ihnen auseinanderzusetzen. Die Bibel könnte ein Anlaß sein, daß wir uns mit unseren eigenen Vorurteilen auseinandersetzen - und nicht nur mit denen der anderen. Die Frage ist freilich, können wir aus dem Neuen Testament auch etwas Positives für unseren Umgang mit ihnen lernen? Zeigen die gefährlichen Texte des Neuen Testaments auch einen Weg, wie man mit der in ihnen enthaltenen Gefahr umgehen kann? Geben sie uns Hinweise dafür, wie sich gefährliche Texte letztlich in segensreiche Texte verwandeln können? Das möchte ich zeigen, indem ich noch einmal die drei krassen antijüdischen Urteile, die ich eingangs zitierte, bespreche. Dabei geht es nicht darum, zu zeigen, daß diese gefährlichen Texte doch nicht so gefährlich sind. Segensreich können sie nur wirken, wenn man sich der von ihnen ausgehenden Gefahr bewußt ist, wenn man sich mit ihrer Hilfe immer wieder bewußt macht: Selbst in unseren heiligsten Überzeugungen und Texten ist Unmenschliches und Unheiliges enthalten!

1. Paulus

Bei dem antijüdischen Ausfall des Paulus in 1. Thess 2,14-16 habe ich bisher noch nicht auf ein ganz wichtiges Faktum hingewiesen: Paulus kritisiert hier andere Juden mit Hilfe von antijüdischen Vorurteilen, die in der paganen Antike verbreitet waren. Er sagt, daß die Juden Gott nicht gefallen und allen Menschen gegenüber feindselig sind.[5] Allgemein warf man Juden vor, daß sie die Götter nicht achteten: Was anderen heilig war, war ihnen profan. Und ferner, daß sie eine ungesellige Lebensweise hätten. Sie hielten zwar untereinander zusammen, aber schränkten den Verkehr mit Außenstehenden ein. Das galt zunächst für das Heiraten. Juden heirateten nur Anhänger ihrer monotheistischen Religion. Selbst die Herodäerinnen verlangten von Fürsten, die sie heiraten wollten, daß sie sich beschneiden ließen.[6] Die zweite elementare Form der Kommunikation ist - neben Sexualität und Heirat - das gemeinsame Essen. Auch das war bei Juden wegen der Kaschruth ein Problem. Sie hatten viele Speisegebote, auf die ein Gastgeber Rücksicht nehmen mußte. Kurz: Durch Beschneidung und Speisegebote schränkten sie ihre Kommunikation mit anderen auf sehr elementarer Ebene ein. Paulus sieht nun diese angebliche "Feindseligkeit" von Juden gegen Menschen dadurch bestätigt, daß andere Juden gegen seine Mission sind. Diese Feindseligkeit sieht er darin kulminieren, daß andere Juden sich seinem Versuch entgegensetzen, heidenchristliche Gemeinden zu gründen. Anders gesagt: Gemeinden, in denen gerade die beiden Erschwernisse einer Kommunikation zwischen Juden und Heiden wegfallen sollten: die Beschneidung und die meisten Speisegebote. Paulus war überzeugt, daß seine Mission für ein Judentum eintrat, das sich für Heiden öffnete - und zumindest dem antijüdischen Vorurteil der Ungeselligkeit den Boden entziehen konnte. Er glaubt, daß solch ein teilweise entschränktes, offeneres Judentum dem Willen Gottes entspräche. Denn er hatte sich selbst in seiner vorchristlichen Zeit einmal für ein fundamentalistischeres Judentum eingesetzt, das sich von allen Heiden schroff abgrenzte, und war gegen andere messiasgläubige Juden (die ersten Christen) vorgegangen,

---

[5] Vgl. z. B. Tacitus, hist V,5, der die Juden kritisiert, weil "in den Kreisen der Juden unerschütterlich treuer Zusammenhalt und hilfsbereites Mitleid herrschen, während allen anderen Menschen gegenüber feindseliger Haß hervortritt... auch wird den Proselyten zu allererst das Gebot beigebracht, die Götter zu verachten, das Vaterland zu verleugnen, ihre Eltern, Kinder und Geschwister gering zu schätzen."

[6] So z. B. die jüdische Prinzessin Berenike, als sie Polemus, den König von Kilikien, heiratete (Jos. ant XX, 145).

weil sie diese Abgrenzung in Frage stellten. Durch die Begegnung mit dem Auferstandenen vor Damaskus war er zum Missionar dieser Gruppe geworden und setzte sich nun für das ein, was er einst bekämpft hatte.

Wie erlebt er die Gegnerschaft anderer Juden gegen sein Programm eines offenen Judentums, für das er Heiden gewinnen will? Er erlebt es einmal als Ausdruck jener jüdischen Abgrenzung zu Heiden, die er einmal selbst verfochten hat, die er aber nun bewußt überwinden will. Und er nimmt zweitens das Ganze nicht neutral wahr, sondern im Lichte seines eigenen fundamentalistischen Judentums, von dem er sich seit seiner Berufung und Bekehrung getrennt hat: In dem schroffen Zorn über seine jüdischen Gegenspieler steckt der Zorn des Christen Paulus über den fundamentalistischen jüdischen Paulus, der er einst war.

Wenn Paulus dabei heidnische, antijüdische Vorurteile gegen Juden aufgreift und sie als Jude gegen andere Juden wendet, so haben wir einen oft zu beobachtenden Vorgang vor uns: Angehörige einer Minorität übernehmen die dieser Minorität entgegengebrachten Vorurteile und wenden sie gegen sich selbst. Was Paulus hier äußert, ist ein Stück Haß einer Minorität auf sich selbst. Seine Mission ist ein Versuch, diesen Selbsthaß zu überwinden. Er will durch eine neue Form von Judentum die Grundlage des antijüdischen Vorurteils aufheben. Dabei ist für ihn das repräsentative Judentum natürlich das Judentum, das ihm vertraut ist - und das ist nicht das Judentum schlechthin, sondern jenes fundamentalistische Judentum, für das er einst eiferte. Auch seiner Selbsteinschätzung nach war er dabei kein typischer Jude. Er schätzt sich vielmehr (wohl richtig) so ein, daß er in seinem Fundamentalismus alle Altersgenossen übertroffen habe (Gal 1,14). Sein Urteil über das Judentum ist also zweifach gebrochen: Einerseits gekennzeichnet durch das fundamentalistische Judentum seiner Vorzeit - andererseits durch das antijüdische Fremdbild der umgebenden heidnischen Welt, das er sich in einer Art Selbsthaß zu eigen gemacht hat.

Sein Verdammungsurteil ist schroff: Endgültig sei nun über die Juden der Zorn Gottes gekommen. Wie sollen wir das bewerten? Es ist für mich gar keine Frage, daß solche Urteile vehement abzulehnen sind, auch wenn sie in der Heiligen Schrift stehen. Es geht hier nur darum, sie zu verstehen. Verdammungsurteile kann man nicht dadurch außer Kraft setzen, daß man sie wiederum verdammt. Man muß sie zu erklären versuchen. Dazu drei Feststellungen.

Die erste Feststellung: Für Paulus war schon immer klar, daß alle Heiden dem Zorngericht Gottes unterliegen. Sie hatten sich in seinen Augen von dem einen und einzigen Gott abgewandt! Sie hatten durchaus Kenntnisse von ihm. Die antike Philosophie war ja bis zu einem milden Monotheismus vorgedrungen. Umso unentschuldbarer waren die Heiden in den Augen des Paulus. In den ersten Kap. des Römerbriefs läßt er eine gewaltige Gerichtspredigt gegen allen Götzendienst los. Die Heiden stehen ohnehin unter dem Zorn Gottes. Neu war für Paulus: Und das gilt auch für Juden. Sie sind genauso bedroht wie Heiden. Was in 1. Thess 2, 14-16 gegenüber Juden durchbricht, ist ein Verdammungsurteil, das alle Menschen trifft. Und das war für Paulus neu - auch wenn wir nicht wissen, seit wann er alle Menschen so radikal als Sünder sah, also nicht nur die Heiden, sondern auch die Juden. Hier sagt er auf jeden Fall ganz deutlich: Nicht nur auf die Heiden kommt ein großes Zorngericht zu (das hatte er schon in 1. Thess 1,9 ff gesagt), sondern auch auf die Juden.

Zweite Feststellung: Warum kommt Paulus gerade jetzt zu diesem Urteil? Eine m. E. bedenkenswerte Hypothese sagt:[7] Das hat einen zeitgeschichtlichen Hintergrund. Er schreibt den 1. Thess ca. 51 n.Chr. in der Regierungszeit des Claudius. Claudius war nach der großen Caligulakrise 41 n. Chr. an die Macht gekommen - also nach dem Versuch des Caligula, im Tempel von Jerusalem sein Standbild aufzustellen und diesen Tempel in einen heidnischen Tempel zu verwandeln, und zwar in einen Tempel, der die schlimmste Form von Heidentum repräsentierte: in ihm sollten einem Menschen göttliche Ehren dargebracht werden. Die erste Aufgabe des Claudius war, die nahe vor einem Krieg stehende Situation im Nahen Osten zu beruhigen, zumal es gleichzeitig zu Pogromen in Alexandria und zu militanter Gegenwehr von Juden gekommen war. Er tat es durch demonstrative Wiederherstellung des status quo. Dabei hat er sowohl Juden wie Heiden (in einem berühmten Brief an die Alexandriner) energisch gemahnt, sich mit diesem status quo zufrieden zu geben. Auch Juden wurden damals verwarnt: Wenn sie sich nicht einordneten, würde er sie mit allen Machtmitteln behandeln - als "Erreger einer allgemeinen Plage für die ganze Welt".[8] Vorübergehend hat er in Rom damals Synagogenversammlungen verboten (Dio Cass LX,6,6). Im Jahr 49 griff er erneut ein. Auslöser war diesmal die christliche Mission in Rom. Es gab Unruhen in der jü-

---

[7] E. Bammel, Judenverfolgung und Naherwartung. Zur Eschatologie des Ersten Thessalonicherbriefes, ZThK 56, 1959, S. 294-315.

[8] Der Text des Briefes des Kaisers Claudius an die Alexandriner (PLond 1912) ist übersetzt zugänglich in: C. K. Barrett/C. J. Thornton (Hrsg.), Texte zur Umwelt des Neuen Testaments, Tübingen 1991, Nr. 52, S. 55-57.

dischen Gemeinde in Rom. Er wies die Unruhestifter aus, - unter ihnen das jüdisch-christliche Ehepaar Aquila und Priscilla, das dann nach Korinth reiste, wo es Paulus kennenlernte (vgl. Apg 18,2). Ich vermute, daß die Nachricht von diesen Ausweisungen - z.T. über einige Ausgewiesene selbst - schon bald bis nach Thessaloniki gedrungen war. Wenn die christliche Mission in Rom zu solch repressiven Maßnahmen gegen jüdische Gemeinden geführt hatte, konnte das nun ebenso auch in Thessaloniki geschehen. Paulus war einer der Störenfriede. Er sieht in seiner Vertreibung aus Thessaloniki den Anfang eines Zorngerichts über alle Juden - und er wußte sehr wohl, daß er selbst davon betroffen würde.

Dritte Feststellung: Sein Urteil "Endgültig ist über sie das Zorngericht Gottes gekommen" - ist alles andere als endgültig gewesen. Er hat weiterhin in jüdischen Synagogen mit seiner Verkündigung begonnen. Für Korinth gewann er sogar einen Archisynagogen für seine neue Variante jüdischen Glaubens (vgl. Apg 18,8 mit 1. Kor 1,14). Sein schroffes Verdammungsurteil ist - wie die Verdammungsurteile bei manchen Propheten - ein Ruf zur Umkehr. Und er hält auch an ihm nicht fest. Im Römerbrief - schon ca. 5 Jahre später - kommt er zu einem ganz anderen Urteil: Ganz Israel wird gerettet werden, schreibt er jetzt. Und wahrscheinlich denkt er dabei nicht daran, daß sich alle Juden zu seiner Form von Judentum bekehren werden. Vielmehr hofft er darauf, daß der wiederkehrende Christus selbst alle Juden unmittelbar für sich gewinnen wird. Ohne daß Juden vorher Christen geworden sind, werden sie gerettet werden. Was er in Röm 11,26 sagt, ist das genaue Gegenteil von dem, was er in 1. Thess 2, 14-16 geschrieben hat.

Greifen wir noch einmal auf unsere Definition eines Vorurteils zurück. Es ist ein "hochgradig verfestigtes, durch neue Erfahrungen oder Informationen nur schwer veränderbares, positives oder negatives Urteil über Personen, Ereignisse oder Objekte". Wenn man diese Definition zugrunde legt, wäre im Blick auf Paulus nicht von einem Vorurteil zu sprechen. Es fehlt das Entscheidende: Es ist nicht verfestigt. Es wird schon ca. 5 Jahre später korrigiert - aufgrund einer theologischen Entwicklung. Paulus beginnt in seinem ältesten Brief, dem Brief an die Thessaloniker, mit einem schroff antijüdischen Urteil, das allgemeine Vorurteile gegen Juden aufgreift und von Paulus als einem Juden (in einer Art Selbstdistanzierung von der Minorität, der er angehört) gegen die eigene Gruppe gerichtet wird. Dies Urteil ist selbst vorurteilsbedingt und vorurteilsverdächtig. Zweifellos hat es zur Verfestigung von Vorurteilen beigetragen. Dennoch sollten wir fair gegenüber Paulus sein. Er hat sich von diesem vorurteilsverdächtigen Urteil gelöst. Er hat ein Vorurteil überwunden. Insofern kann er Vorbild für das ganze Christentum sein. Es begann wie Paulus mit vorurteilshaften Antijudaismen. Aber es kann im NT an einer Stelle studieren und lernen, wie man sich von solchen Vorurteilen löst. Wir finden also in der Tat im NT nicht nur Antijudaismen, sondern beim bedeutendsten Theologen des NT deren Überwindung!

2. Matthäusevangelium

Ich habe ausführlich Paulus besprochen. Wenigstens kurz möchte ich ein paar Anmerkungen zum MtEv und zum JohEv machen. Wenn in Mt 27,25 das "ganze Volk" sagt: "Sein Blut komme über uns und über unsere Kinder!" so denkt Mt zweifellos an die Zerstörung Jerusalems als Strafe für die Hinrichtung Jesu. Jerusalem ist für ihn die Stadt der Mörder (so Mt 22,7). Die Zerstörung Jerusalems wurde noch von den Ältesten der Generation erlebt, die um ca. 30 lebten - vor allem aber von der nachfolgenden Generation. Eine bedingte Selbstverfluchung, die ein Volk für alle Zeiten trifft, ist bei Mt nicht gemeint. Diese Deutung kommt erst sehr viel später auf.[9] Ferner ist mit "dem ganzen Volk" nach mt Sprachgebrauch nicht ganz Israel gemeint. Man muß dazu nicht zu Überlegungen greifen, daß alle Juden ja gar nicht an der Urteilsstätte anwesend hätten sein können. Mt sagt z.B. in Mt 3,5 "ganz Jerusalem" und "ganz Judäa" sei zum Täufer zum Jordan geströmt, um sich dort taufen zu lassen. Natürlich meint er das nicht wörtlich. Er meint nicht, daß Herodes und die Hohepriester zum Täufer kamen! Warum spricht er dann aber vom "ganzen Volk" (= "laos") in Mt 27,25?[10] Vorher hat er von der Menschenmenge (vom ochlos) gesprochen. Beim Begriff Ochlos schwingt immer ein wenig "Pöbel, einfache Leute, Volkshaufen" mit. Mt kommt es aber darauf an, auch die Hohepriester und Ältesten einzubeziehen, die die Volksmenge erst dazu angestachelt hatten, den Tod Jesu und die Freilassung des Barabbas zu verlangen. Die von der Aristokratie aufgehetzte Volksmenge verlangt dann in der Tat Jesu Tod. Pilatus wäscht sich vor dieser "Volksmenge" (ochlos) die Hände

---

[9] Erst ab dem 4. Jh. n.Chr., vgl. R.Kampling, Das Blut Christi und die Juden. Mt 27,25 bei den lateinischsprachigen christlichen Autoren bis zu Leo dem Großen, Münster 1984.

[10] Vgl. zum folgenden K. Ch. Wong, Interkulturelle Theologie und multikulturelle Gemeinde im Matthäusevangelium. Zum Verhältnis von Juden - und Heidenchristen im ersten Evangelium, NTOA 22, Göttingen 1992, S. 132f.

in Unschuld. Mt will nun die darauf folgende bedingte Selbstverfluchung nicht nur die Volksmenge, also den Ochlos, sprechen lassen, sondern bewußt die eigentlich verantwortliche Aristokratie mit einbeziehen. Daher sagt er jetzt, "das ganze Volk" (= "laos") sprach diese Selbstverfluchung. Der Begriff "laos" umschließt anders als "ochlos" auch die Aristokratie. Der Leser und Hörer des griechischen Textes soll merken: Nicht nur das einfache Volk, sondern auch die Aristokratie sprach diese Worte. Mt will damit sagen: Die bei dem Urteil anwesenden Juden haben unter Einfluß ihrer Aristokratie den Tod Jesu verlangt und die Folgen auf sich genommen. Zur Strafe wurden Jerusalem und der Tempel zwei Generationen später zerstört.

Um das zu bewerten, muß man sich zwei Dinge klar machen. Erstens: Solche Deutungen der Zerstörung Jerusalems waren damals nichts Außergewöhnliches. Viele Juden haben damals darüber nachgedacht: Was haben wir falsch gemacht? Wer hat etwas falsch gemacht? Josephus etwa schreibt die Schuld an der Tempelzerstörung den sog. Zeloten zu. Diese hatten im jüdischen Krieg den Tempel besetzt und mit Morden befleckt. Diese Morde hätten den Tempel verunreinigt, so daß Gott ihm seinen Schutz entzogen habe (vgl. z.B. Jos bell 5,412ff). Die Christen dagegen sahen in seiner Zerstörung teils Strafe für die Hinrichtung Jesu, teils Strafe für die Hinrichtung des Herrenbruders Jakobus im Jahre 62 n.Chr.

Zweitens: Das Denken in Vergehen und Strafe erscheint uns mit Recht in diesem Zusammenhang fremd. Wir denken eher in Zusammenhängen von Vergehen und Folgen, für die wir einstehen müssen. Aber innerhalb dieses Zusammenhangs von Vergehen und Strafe ist eins klar: Wenn ein Vergehen durch eine Strafe gesühnt ist, so belastet es fortan nicht mehr die Zukunft. Das MtEv denkt ausgesprochen in ethischen Kategorien. Die Hinrichtung Jesu war für das MtEv ein Mord (vgl. Mt 22,7). Die Mörder sind bestraft. Damit ist der Gerechtigkeit Genüge widerfahren. Für das MtEv selbst gehören Juden jetzt m. E. zu "allen Völkern", denen das Evangelium gilt. Sie haben keinen Nachteil gegenüber den anderen. Im Endgericht wird der Menschensohn ohnehin alle Menschen - unabhängig davon, ob sie Juden, Christen oder Heiden sind - auschließlich danach richten, was sie den geringsten Brüdern getan haben: ob sie die Hungernden gesättigt, die Nackten gekleidet, die Kranken und Gefangenen besucht haben usw. (Mt 25,31-46). Ich sollte jedoch hinzufügen, daß es umstritten ist, ob sich Mt tatsächlich zu dieser Gleichstellung aller Menschen durchgerungen hat! Ich halte es für wahrscheinlich. Auch hier ist interessant:

Paulus verzichtete für Juden angesichts des wiederkommenden Christus auf die Bekehrung zum christlichen Glauben als conditio sine qua non ihrer Rettung. Wenn ganz Israel gerettet wird, dann werden auch die nichtglaubenden Juden gerettet. Mt verzichtet letztlich im Endgericht auch auf das Kriterium des Glaubens. Entscheidend werden ethische Taten sein - die Hilfeleistungen gegenüber den Notleidenden.

3. Das Johannesevangelium

Was sagen wir aber zu der ganz unerträglichen Diffamierung von Juden als Teufelskinder im JohEv? Auch hier müßte ich lange ausholen, um zu erklären, was innerhalb der joh gedeuteten Welt solch eine Aussage bedeutet. Nur wenige Gedanken dazu seien im folgenden skizziert. Zunächst einmal sagt Joh ganz eindeutig: Wenn die joh Juden Jesus nach dem Leben trachten, so vollziehen sie nicht ihren eigenen Willen. Als freie Kinder Abrahams täten sie das nicht (Joh 8,39f). Sie stehen vielmehr unter einem fremden Willen. Sie folgen dem Willen des Satans (Joh 8,44). Wer aber steckt hinter dem Satan? Im JohEv wird er auch der "Herrscher der Welt" genannt (Joh 12,31; 14,30; 16,11) - und in der Tat stecken hinter dem Satan an einigen Stellen ganz eindeutig die Weltherrscher, die Römer. Nachdem nämlich der Satan in Judas hineingefahren ist, um Jesus ans Kreuz zu bringen (Joh 13, 27), wird dieser Judas in Joh 14,30 als "Herrscher der Welt" angekündigt und kann in Joh 18,3 "eine Kohorte nehmen", um mit ihr Jesus zu inhaftieren. Im römischen Reich wußte damals jeder Leser und jede Leserin: Eine Kohorte kann nur von einem römischen Mandatsträger befehligt werden. Dieser Judas aber, in dem sich der Herrscher der Welt verbirgt, befehligt römische Soldaten. Judas und die römischen Weltherrscher gehören zusammen. Den realen Weltherrschern zuliebe betreibt die jüdische Aristokratie Jesu Tod. Sie erpreßt Pilatus dazu, ihn hinzurichten, mit dem Argument: Dieser hat sich selbst zum König gemacht. Wenn du ihn freiläßt, bist du kein Freund des Kaisers mehr (Joh 19,12). Weil wir aber nur einen König haben - den Kaiser - , lehnen wir diesen Jesus ab (Joh 19,15). Das entscheidende Argument gegen Jesus, das den Ausschlag zu seiner Tötung gibt, ist also: die Loyalität gegenüber dem Kaiser.

Das JohEv versucht, damit zu begreifen und verständlich zu machen, wie es zum Tode Jesu kam. Nicht "die Juden", von denen dies Evangelium immer so pauschal spricht, sind Ursache dieses Todes, sondern Juden, die in Abhängigkeit vom Herrscher der Welt geraten sind - die nicht mehr freie Kinder Abrahams sind.

Was in der Passion geschieht, ist auf einer pragmatischen Ebene ein politisches Opfer zur Bewahrung der Restautonomie des jüdischen Volkes (Joh 11,47 ff.). Mit Jesus wird die Sehnsucht nach Freiheit unterdrückt, die Sehnsucht nach einem eigenen König - nach dem König Israels, der nicht mehr ein Fremdherrscher ist. Denn diese Sehnsucht ist politisch gefährlich, auch wenn das Königreich Jesu nicht von dieser Welt ist (Joh 18,36). Aber für das einfache Volk verkörpert sich diese Sehnsucht in Jesus. Deshalb will es ihn (im JohEv) zum König machen (Joh 6,15).

Hinzu kommt eine mythische Ebene: Der Satan agiert gegen Jesus. Er gibt dem Judas den Verratsplan ein. Er kommt als "Herrscher der Welt", um ihn u.a. mit römischen Soldaten zu inhaftieren. Aber er wird in Kreuz und Auferstehung überwunden (Joh 12,31; 16,11). Die Aussage des JohEv ist also: Nicht "die Juden", sondern die von den Römern abhängigen Juden, nicht Menschen, sondern die vom Satan für seinen Willen mißbrauchten Menschen haben Jesu Tod verursacht. Da das Heil im JohEv von den Juden stammt (Joh 4,22), kann es sich innerhalb der Logik des JohEv im Grunde nicht um echte Juden handeln, wenn einige gegen Jesus vorgehen. Er spricht den Gegnern Jesu daher ihr wahres Judesein ab: sie sind keine Abrahamskinder mehr!

Hinter diesem Bild von den joh Juden stehen die eigenen Erfahrungen der joh Gemeinden. Sie waren ursprünglich jüdische Gruppen innerhalb des Judentums gewesen, waren dann aber ausgeschlossen worden. Drei Mal betont das JohEv diesen Ausschluß. Die Ausgeschlossenen wehren sich mit dem Vorwurf: Ihr seid gar keine richtigen Juden. Nicht wir sind verrückt, sondern ihr seid es! Dies Bild von den joh Juden ist polemisch und voll von jener Bitternis, die jener Ausschluß der joh Gemeinden aus dem Judentum hinterlassen hat.

Beim JohEv können wir zwar keine persönliche Entwicklung wie bei Paulus verfolgen, wohl aber eine Entwicklung innerhalb der ganzen Gruppe. Aus den Kreisen des JohEv sind uns drei joh Briefe erhalten. Sie enthalten keinen einzigen antijüdischen Ausfall, aber eine in Grundzügen dem JohEv vergleichbare Theologie. Wenn die joh Christen auf ein bestimmtes Feindbild von ihrer Mutterreligion zur Definition ihrer eigenen Identität angewiesen wären, müßten sie dies Feindbild zumindest im 1 Joh reproduzieren - einem längeren Brief, der wesentliche Gedanken dieser joh Christen zusammenfaßt. Das Gegenüber für die Christen ist hier nicht das

Judentum, sondern die "Welt". Diese Entwicklung beginnt schon im Joh Ev. Dort wendet sich der joh Christus in den Abschiedsreden direkt an die Gemeinde nach seinem Abschied - also an die nachösterliche Gemeinde (einschließlich der Christen der zweiten Generation). In den Abschiedsreden tritt "die Welt" schlechthin an die Stelle der Juden. Die joh Christen interpretierten ihre schmerzlichen Erfahrungen mit Juden hier so: Was uns von ihnen widerfahren ist, ist das, was wir generell in dieser Welt erfahren. So wie das, was Jesus von seinen jüdischen Landsleuten widerfuhr, letztlich das ist, was ihm der Herrscher der Welt antun wollte! Für das JohEv ist Jesus das Licht der Welt. Es scheint zuerst in Israel. Das Heil kommt von den Juden. Daß es in Israel und unter Juden dennoch abgelehnt wurde, haben die joh Christen nicht verkraftet. Aber sie trösten sich mit dem Gedanken: Juden reagieren hier so wie "die Welt". Sie reagieren so wie Menschen überhaupt.[11]

Noch einmal: Heilige Texte sind gefährliche Texte. Sie enthalten nicht nur Worte, die die Ewigkeit nahe bringen. Sie enthalten auch fragwürdige Urteile, verzerrte Wahrnehmungen, allzu menschliche Vorurteile. Weil sie im Rahmen einer heiligen Schrift stehen, werden sie mit einer Aura von Unangreifbarkeit für die umgeben, die in solchen Schriften ihre Lebensorientierung finden. Gefährlich ist nicht das Menschliche - sondern der Schein des Heiligen, der über die Dinge gelegt wird, die vehement abzulehnen sind.

Heilige Texte können aber auch in ihren problematischen Textpassagen segensreiche Schriften werden, wenn sie uns zwingen, uns mit unseren Vorurteilen auseinanderzusetzen, sie einzugestehen, zu bearbeiten und zu überwinden. Wir werden durch sie auf das Gefährliche aufmerksam, das in allen Menschen liegt - und das am hartnäckigsten dort wirkt, wo wir es leugnen oder sogar mit der Aura des Heiligen umgeben. Lernen wir also auch das aus ihnen: Paulus äußert Vorurteilshaftes über sein eigenes Volk, aber er überwindet dies Vorurteil. Der Matthäusevangelist läßt Juden in mißverständlicher Weise sich selbst verfluchen, aber er betont auch: Das letzte Urteil Gottes über jeden Menschen geschieht allein aufgrund eines ethischen Maßstabs, ob ein Mensch seinem leidenden Mitmenschen geholfen hat oder nicht; Juden, Christen und Heiden werden hier gleich beurteilt.

---

[11] Einige weitere Überlegungen zu den antijudaistischen Stellen des Neuen Testaments habe ich entfaltet in: Aporien im Umgang mit den Antijudaismen des Neuen Testaments, in: Die Hebräische Bibel und ihre zweifache Nachgeschichte, FS R.Rendtorff, Neukirchen 1990, S. 535-553.

Das JohEv enthält eine für mich schreckliche Passage über Juden, aber es betont im ganzen joh Schrifttum: Das Licht scheint in der Finsternis. Es scheint zuerst in Israel. Das Heil kommt von den Juden. Wenn Juden es nicht akzeptieren, dann reagieren sie nur so, wie die ganze Welt reagiert.

Heilige Texte bleiben gefährliche Texte. Daher wäre ich dafür, daß man in unseren Bibelausgaben an einigen Stellen Anmerkungen macht, die nicht nur auf einzelne Herausgeber zurückgehen, sondern von den jeweiligen Synoden, Konferenzen und Leitungsgremien der christlichen Kirchen und Konfessionen beschlossen werden. Das sollte besonders bei den antijudaistischen Texten geschehen. Man sollte sie auf keinen Fall in der Liturgie gebrauchen. Vor allem aber wäre ich für einen Anhang zu unserer Bibel mit ausgewählten Texten aus dem Judentum, die ein Christ nachsprechen kann - als ein Zeichen des Respekts vor unserer Mutterreligion. Denn ehe man nicht für sich Frieden mit seiner Mutter geschlossen hat, hat man auch keinen Frieden mit sich selbst.

Uri R. Kaufmann

Die Vielfalt des Judentums
und ihre Wurzeln in Deutschland

"Der Judaismus ist schon lange eine tote Religion und diejenigen welche jetzt noch seine Farben tragen, sitzen eigentlich klagend bei der unwesentlichen Mumie und weinen über sein Hinscheiden und seine traurige Verlassenschaft. Auch deswegen rede ich nicht von ihm [d.h. dem Judaismus], weil er ein Vorläufer des Christentums wäre: ich hasse in der Religion diese Art von historischen Beziehungen[1]"

Dies ist eine Äußerung des 29-jährigen Berliner Theologen Friedrich Schleiermacher (1768-1834) aus dem Jahre 1799 und zeigt meiner Auffassung nach eine Grundtendenz der christlichen Darstellung des Judentums dar, wie sie in sublimer und säkularisierter Form leider auch heute noch im deutschsprachigen Raum zu finden ist. Das Judentum wird mit Jesus für tot erklärt. Nach ihm darf es keine jüdische Geschichte geben, da es in dieser älteren christologischen Perspektive keine legitime jüdische Existenz geben darf.[2] Man redete innerhalb christlicher Theologen vor 1945 über das "Spätjudentum" und meinte damit die Juden zur Zeit Jesu! Weiter benutzte man das Judentum als Negativfolie zum Christentum oder als "folkloristische" Milieuschilderung der Zeit des Neuen Testaments.

In diesem Zusammenhang ist zu erklären, daß Judaistik bis kurz vor dem ersten Weltkrieg an keiner deutschen Universität verankert worden war.[3] Vorstellungen von jüdischer Seite wurden meist barsch abgewiesen, wie dies etwa der preußische Minister Ladenberg tat, in dem er Ende 1848 - im Revolutionsjahr - bejahend zitierte: "Das jüdische Wesen in seinen entfremdenden Gesetzen und Gebräuchen geistig zu stützen und zu kräfti-

---

[1] 5. Rede über die Religion, zit. nach Léon Poliakov, Geschichte des Antisemitismus, Worms 1983, Bd.4, S. 210.
[2] Einen guten - bei einigen jungen Forschern heute leider in Vergessenheit geratenen - Überblick über christlich-judenfeindliche Stereotypen zur Zeit des Kaiserreiches gibt Rabbiner Joseph Eschelbacher: Das Judentum im Urteile der modernen protestantischen Theologie, Leipzig 1907, s. auch die Schriftenreihe des Instituts für Kirche und Judentum in Berlin, die Prof. Peter von der Osten-Sacken herausgibt.
[3] J. Carlebach (Hrsg.), Wissenschaft des Judentums, Darmstadt 1992.

gen widerspräche, dem Sinne der neuen, die starren Unterschiede ausgleichenden Freiheit".

Dies hieß, daß der vorgeschlagene Lehrstuhl für jüdische Geschichte und Literatur den als illegitim angesehenen jüdischen "Separatismus" befördere.[4] Diese Positionen kamen in einem Teil der christlichen Intelligenz zur Zeit der Weimarer Republik ins Wanken, doch hat der Nationalsozialismus alle Ansätze eines neuen Miteinander zerstört. Diese Zeit hat aber auch gezeigt, wohin ein Christentum ohne das Bewusstsein der Wurzeln im Judentum führen mußte: Beispielhaft sei hier der Weg des lutherischen Theologen Emanuel Hirsch erwähnt, der 1933 eine opportunistische Wende zum neuen Regime vollbrachte und in Bremen eine "judenreine" christliche Theologie und Kirche konstruieren wollte.[5] 1943 kam er zum Schluß, daß Laien das Neue Testament nicht mehr lesen dürften, da es zu starke jüdische Anklänge enthielte.[6] Dieses nationalsozialistische Christentum hat sich bezeichnenderweise somit selbst zerstört. Oft verschwiegen wird, daß dieses auf der Wartburg, der Wirkungsstätte Martin Luthers, 1939 ein "Institut zur Erforschung und Beseitigung des jüdischen Einflusses auf das kirchliche deutsche Leben" freiwillig gegründet hatte. Namhafte Theologen wie Gerhard Kittel wirkten bei der Münchener Forschungsabteilung "Judenfrage" des "Reichsinstituts für die Erforschung des neuen Deutschlands" seit 1936 intensiv mit[7]: Die akademische christliche Theologie hatte sich schwerstens diskreditiert. Umso enttäuschender ist es die Versuche der Apologetik, die bis in die 1970er Jahre reichen, zu studieren.[8]

---

[4] S. Maybaum, Wissenschaft des Judentums, in: MGWJ, 1907, S. 655.

[5] Zu Hirsch: R. Heinonen, Anpassung und Identität. Theologie der Bremer Deutschen Christen 1933-45, Göttingen 1978, S. 186-188.

[6] Heinonen 1978, S. 226.

[7] Man lese die kraß schönfärberische Darstellung der vita Hirschs im Lexikon *Religion in Geschichte und Gegenwart*, Bd.3, Tübingen 1986, Sp. 363f. die von C. H. Ratschow im Jahre 1959 verfaßt worden war und unverändert (!) 1986 nachgedruckt worden ist. Kein Wort von Kittels Verstrickungen im Nationalsozialismus, nur die Formulierung, daß Hirsch die NS-Zeit "jenseits" [?] der Bekennenden Kirche verbracht habe, zu Kittel s. bspw. Robert Ericksen: Zur Auseinandersetzung mit und um G. Kittels Antisemitismus, in: Evang. Theologie 43, 1985, S. 250-270.

[8] Beispielsweise publizierte der Mitarbeiter Kittels, der Tübinger Gelehrte Kuhn, 1950 aus wohl nur allzu durchsichtigen Gründen eine Schrift über das Achtzehnbittengebet. Sieben Jahre vorher hatte er versucht aus dem Ghetto Warschau Bücher für seine Bemühungen zu räubern. Er blieb ungestraft und setzte ungebrochen seine Karriere bis hin zum Ordinarius der Heidelberger Universität durch. Seine scharf judenfeindliche Schrift war nicht etwa nur ein einmaliger Fehltritt, wie er darzustellen versuchte, sondern er war jahrelanger freiwilliger Mitarbeiter der oben erwähnten Forschungsabteilung.

Kurz nach dem zweiten Weltkrieg wurden unter Initiative der alliierten Besatzungsmächte Gesellschaften für christlich-jüdische Zusammenarbeit gegründet. Vor allem in Amerika konnte man seit den frühen 1930er Jahren auf eine wechselseitige Lehrbuchkritik aufbauen, die unter Bernhard Dov Weinryb jüdische Bücher auf die Darstellung des Christentums hin und umgekehrt analysiert hatte. Schon sehr früh taucht die Forderung auf, die Lehrmittel seien hinsichtlich der Darstellung des Judentums zu revidieren. Im Auftrag der UNESCO kam der israelische Pädagoge Saul B. Robinsohn nach Hamburg und begann mit der Schulbuchanalyse, deren erster Stand in der Broschüre "Jüdische Geschichte in deutschen Geschichtslehrbüchern", Braunschweig 1963, ihren Ausdruck fand. Die Universität Duisburg richtete zur selben Zeit einen Forschungsschwerpunkt "Geschichte und Religion des Judentums" ein. Diese Arbeit wurde vom Friedrich-Eckert-Institut für internationale Schulbuchforschung aufgenommen und 1979 eine deutsch-israelische Schulbuchkommission ins Leben gerufen. Sie publizierte 1985 ihre Befunde und Empfehlungen in einem Heft, das 1994 mit einem wichtigen Zusatz nachgedruckt wurde (Deutsch-Israelische Schulbuchempfehlungen, Georg-Eckert-Institut Braunschweig).

Es ist ernüchternd festzustellen, daß nach fünfzig Jahren des Beginns dieser Bestrebungen immer noch ähnliche Forderungen formuliert werden müssen. Gewiss, die NS-Zeit ist im Gegensatz zu den 1950er und 1960er Jahren heute kein Tabu in den Lehrmitteln und im Unterricht mehr. Sobald man aber etwas über die jüdische Geschichte nach Jesus und vor dem Jahr 1933 erfahren will, wird der Gehalt der meisten Lehrbücher dünn. Dies ist in letzter Konsequenz auf die Lehrpläne zurückzuführen, die - so hat man den Eindruck - leider oft von Personen verfaßt wurden, die keine tieferen Kenntnisse der jüdischen Geschichte aufwiesen, ja nicht einmal das Bewußtsein ihrer Wissensdefizite hatten. Erst in den 1990er Jahren zeichnet sich hier allmählich ein Wandel ab, wobei inzwischen gewisse Schulbuchverlage freiwillig mehr leisten, als dies der Lehrplan verlangt.[9] Allenfalls findet man sonst die Juden anlässlich des ersten Kreuzzugs des Jahres 1096 oder des "Schwarzen Todes" 1348/49 erwähnt. Die Kölner Kleiderordnung des Jahres 1404 geistert durch verschiedene Lehrmittel. Seltener mag noch ein Satz über die Stein/Hardenbergschen Reformen im Preußen der Jahre 1810/12 zu finden sein, dazu noch meist ohne Erwähnung,

---

[9] Vgl. z. B. die Nordrhein-Westfalen Ausgabe "Geschichte konkret", Schroedel-Verlag Hannover 1995, Hauptschule 10. Klasse.

daß diese nach 1814 für Juden auf dem Verwaltungsweg außer Kraft gesetzt wurden. Dies ist zugleich bloß die Außenperspektive der jüdischen Geschichte.

Über die Inhalte jüdischer Kultur in Europa, in Deutschland, erfährt man nichts. Daß in Deutschland seit dem 10. Jahrhundert ununterbrochen bis heute Juden wohnen ist nur wenigen bekannt, daß in den Rheinstädten Speyer, Worms und Mainz das "aschkenasische" (s.u.) Judentum seine historischen Wurzeln hat, daß dort der älteste jüdische Friedhof Europas liegt und auch die Grundmauern der Synagoge in das 11. Jahrhundert zurückreichen, wissen anscheinend nur Fachleute. Die beiden wichtigsten jüdischen Persönlichkeiten des Mittelalters, Raschi (Rabbiner Schlomo Jzchaki (1040-1105), der Bibelexeget aus Troyes und Worms, oder der Philosoph und Arzt Moses Maimonides (1135-1204) aus Cordoba und Alt-Kairo sind den meisten Menschen in Deutschland heute unbekannt.

Man hat vielleicht etwas von Chassidismus, von der in seinem Milieu entstandenen Klesmermusik (Giora Feidman) gehört. In Lehrbüchern wird dieser gerne als "das" Judentum dargestellt, obwohl er eine spezifisch osteuropäische Erscheinung war. Während einer längeren Phase stand er sogar fast außerhalb des rabbinischen Judentums und die messianischen Tendenzen eines Teils der sog. chassidischen Lubawitscher-Bewegung haben jüngst großes Befremden ausgelöst. Zudem sind heute nur zwei bis vier Prozent der Juden in den USA oder Israel Chassidim.

Es gab also schon vor der Aufklärung eine Vielfalt im Judentum: Es gab und gibt die Juden mittel- und osteuropäischer Tradition, die "Aschkenasim", und die spanisch-nordafrikanisch-nahöstlichen "Sfaradim", oder Sefarden, die in Israel heute die Mehrheit der Bevölkerung ausmachen. Innerhalb der Aschkenasim breitete sich um 1780 der Chassidismus in Polen aus. In Litauen entstand eine Gegenbewegung, die im 19. Jh. die "Mussar"-Bewegung begründen sollte und die Lehrtradition der Talmudhochschulen, der Jeschiwoth, im Gegensatz zum frühen Chassidismus, pflegte und auch heute noch an den Orten ihrer Emigration in Israel und den USA pflegt.[10] Mit der jüdischen Verarbeitung der Aufklärung, "Haskalah", begann eine geistige Bewegung unter den deutschsprachigen Juden, die im 19. Jahrhundert in der Ausprägung dreier religiöser moderner Strömungen gipfelte.

---

[10] E. Etkes, Rabbi Israel Salanter und die Anfänge der Mussar-Bewegung, Jerusalem 1984, (hebr.) und neu engl. Übersetzung 1995.

Die Wurzeln in Deutschland

1844/45 wurden von privater Seite Rabbinerversammlungen in Braunschweig und Frankfurt einberufen. Von den Überlegungen der ersten distanzierten sich die Neo-Orthodoxen, von der zweiten die Konservativen. Im letzteren Fall ging es um die Bezeichnung des hebräischen als "objektiv notwendige" Sprache der jüdischen Liturgie. Eine knappe Mehrheit von einer Stimme empfand dies nicht so.[11] Die Übriggebliebenen nannten sich liberal-religiös oder "historisch-positiv". Bei diesen polemischen Debatten ging es um grundsätzliche Auseinandersetzungen mit der Moderne, mit der bildungsbürgerlichen deutschen Kultur, um die Anwendung der historisch-kritischen Forschung auf die autoritativen jüdischen Texte von der mittelalterlichen Liturgie und ihren poetischen Einschüben (Pijutim) bis hin zur wissenschaftlichen Erforschung des Talmuds oder gar der Bibel.[12] Unschwer erkennt man hier als Hintergrund die Debatte zwischen den "positiven" und "liberalen" Christen.

Der innerjüdische Gegensatz entwickelte sich so stark, daß nach der liberalen jüdischen Presse ("Allgemeine Zeitung des Judentums") auch eine neo-orthodoxe im Treuen Zionswächter (Altona 1845-1854) und dem Israeliten (Mainz/Frankfurt 1860-1938) entstand.[13] Von gemäßigt liberaler Seite waren als Publizisten Rabbiner Ludwig Philippson (1811-1889) 1833 in Magdeburg und nach 1863 Bonn, von orthodoxer Seite Rabbiner Samson Raphael Hirsch (1808-1888) aus Frankfurt und Rabbiner Marcus Lehmann (1831-1890) aus Mainz führend. Abraham Geiger (1810-1874) bezog "linkere" Positionen auf der liberalen Seite, doch sind viele seiner Vorstellungen nie verwirklicht worden. Eine Mittelposition bezogen Zacharias Frankel (1801-1875) und der Historiker Heinrich Graetz (1817-1891), beide am konservativen jüdisch-theologischen Seminar in Breslau tätig. Dieses wurde 1854 durch eine private Stiftung gegründet (analoge Institute entstanden darauf in Budapest, New York und Wien), die liberal geprägte Institution folgte 1872 ("Hochschule für die Wissenschaft des Judentums"), 1873 das gesetzestreue Rabbinerseminar unter der Leitung von Rabbiner Esriel Hildesheimer. Keine dieser Institutionen war je den christ-

---

[11] I. Elbogen, Der jüdische Gottesdienst in seiner geschichtlichen Enwicklung, ND: Hildesheim 1995, S. 416-421.

[12] J. Petuchowski, Prayerbook-Reform of Europe, New York 1968, S. 31-43.

[13] Margaret T. Edelheim-Mühsam, The Jewish Press in Germany, in: LBI-YB 1, 1956, S. 165f.

lichen theologischen Fakultäten gleichgestellt. Der Berliner liberalen Hochschule wurde im kaiserlichen Deutschland sogar ihr Titel aberkannt und sie mußte sich "Lehranstalt" nennen.

Die Diskussionen der 1840er Jahre fanden zusätzlich unter dem schweren Druck von rechtlichen Diskriminierungen statt, denen die deutschsprachigen Juden bis in die 1860er Jahre ausgesetzt waren.[14] Ganz offen unterstützte der preußische König beispielsweise die Judenmission, was wohl seiner Vorstellung der Lösung der Frage nach dem bürgerlichen Status der Juden darstellte. Juden durften keine Staatsstellen ausüben, doch wenn man sich taufen ließ, wurde man in der Regel schnell belohnt. Beispielsweise wurde der Heidelberger Simund Wilhelm Zimmern vier Wochen nach seiner Taufe im Jahre 1820 hier Professor für Recht.[15] Allerdings spielten ihm die Ordinarien einen Streich, indem sie ihn nicht an den regulären Einkünften der Rechtsprofessoren beteiligten.

In den Debatten über den angeblich schlechten Charakter der Juden mischten sich Ignoranz mit Vorurteil, auch im sonst als so als liberal angesehenen Grossherzogtum Baden. Ja, die Abgeordneten der zweiten Kammer gingen 1831 so weit, von den badischen Juden eine radikale Abänderung ihrer Religion als Vorbedingung für die Erteilung der Gleichberechtigung zu verlangen. Die Landesvertretung der Juden, der Oberrat der Israeliten Badens, zeigte durchaus Courage indem er dieses Ansinnen ablehnte.[16]

Die jüdischen Wortführer für Änderungen an der Tradition standen deshalb sofort unter dem Verdacht traditioneller Kreise auf materielle Vorurteile bedacht zu sein. Diese Auffassung bot Hand sich inhaltlich nicht weiter mit diesen "neumodischen" Überlegungen auseinanderzusetzen. Zur selben Zeit begann sich die Verweltlichung unter den Juden Deutschlands allmählich auszubreiten, d.h. viele Mitglieder der städtischen jüdischen Oberschicht waren nicht mehr religiös und lebten gar nicht oder nur eingeschränkt nach der jüdischen traditionellen Lebenspraxis. Doch ist zwischen Säkularisierung und religiöser Neubesinnung begrifflich zu trennen.

Die inzwischen verflossenen hundertfünfzig Jahre nach den entscheidenden Debatten ermöglichen es, die Dinge mit historischer Distanz zu

---

[14] Jacob Toury, Soziale und politische Geschichte der Juden in Deutschland 1847-1871, Düsseldorf 1977.

[15] Norbert Giovannini (Hrsg.), Jüd. Leben in Heidelberg im 19. u. 20. Jh., Heidelberg 1992, S. 160.

[16] Lewin 1909, S. 241-245, Rosenthal 1927, S. 265f.

betrachten. So soll das Gemeinsame hervorgehoben werden: Im Gegensatz zu den polnischen Chassidim sahen alle deutschen Juden in der Allgemeinbildung etwas Positives. Rabbinatsstudenten besuchten Universitäten, auch wo es staatlich nicht vorgeschrieben war. Der "Doktorrabbiner", der in Geisteswissenschaften an einer Universität promoviert hatte, wurde in der zweiten Hälfte des 19. Jahrhunderts auch in ihren Kreisen zum Standard. Die Gemeindevorsteher führte moderne pädagogische Methoden an ihren jüdischen Volksschulen ein und gestalteten den Synagogengottesdienst mehr entsprechend der bildungsbürgerlichen Ästhetik: Die Rabbiner trugen nun ein dunkles Amtsgewand, eine Kleiderordnung für den Besuch der Synagoge wurde erlassen, ein Männerchor unterstützte den Gemeindegesang. Da und dort wurde eine Feier für den Abschluß des Religionsunterrichts eingeführt, die auch Mädchen mitmachen durften. Unverheirateten Mädchen wurde der Besuch der Synagoge gestattet und ihnen mehr Bildung erteilt. In den Gebetbüchern druckte man eine deutsche Übersetzung mit ab, da die Hebräisch-Kenntnisse besonders bei Frauen nicht sehr ausgeprägt waren. Der Rabbiner entwickelte sich auch in orthodoxen Kreisen immer mehr zum Seelsorger und hielt erbauliche Predigten auf hochdeutsch. Der früher übliche Lehrvortrag, gespickt mit hebräischen Fachausdrücken in westaschkenasischer Aussprache, kam außer Übung. Tatsache war, daß auch in orthodoxen deutsch-jüdischen Kreisen eine enorme gesellschaftliche Distanz zu den nach etwa 1880 einwandernden osteuropäischen Juden herrschte. Sie hatten bildungsbürgerliche Maßstäbe verinnerlicht und maßen die Zuwanderer daran.

Auf der anderen, der liberal-religiösen Seite, ging man hinsichtlich der Liturgie weiter: Deutsche Gebete wurden eingeführt, mittelalterliche, schwer verständliche Gedichte, ganz oder teilweise weggelassen, anthropomorphe Stellen umschrieben, der Prophetenabschnitt am Schabbat oft auf Deutsch vorgetragen und mystische Bräuche verboten. Der Chor durfte hier auch gemischt sein (d.h. Frauen durften mitsingen) und die Einführung der Orgel wurde zum Erkennungszeichen für nicht-orthodoxe Gottesdienste. In Deutschland ging man bis 1933 kaum weiter, wenn man von der kleinen Berliner Reformgemeinde absieht. Sogar die Sitzordnung blieb in den deutschen liberalen Synagogen getrennt, ganz im Gegensatz zu den amerikanischen Juden. Überhaupt waren die Gewichte in den USA verschoben. Was in Deutschland als religiös-liberal bezeichnet wurde, entsprach im amerikanischen Kontext dem konservativen Judentum.

Die konservative Strömung in Deutschland befand sich zwischen den zwei Polen und nahm eine Mittelstellung ein. Die Änderungen der Liturgie waren vorsichtiger und man hörte etwas weniger Deutsch. Die Orgel oder eher das weniger prägnant christliche Harmonium wurde, falls überhaupt vorhanden, allenfalls von einem Nichtjuden, nicht von einem Juden gespielt, da für ihn nach dieser Überzeugung das Arbeitsverbot, d.h. auch ein Musikspielverbot, am Schabbat galt. In diesem Zusammenhang wurde die jüdische Liturgie zum ersten Mal schriftlich notiert und gedruckt. Meist setzten sich die Versionen durch, die eine Synthese zwischen den altehrwürdigen Melodien und dem Musikgeschmack des 19. Jahrhunderts schufen. Wichtige Komponisten waren Salomon Sulzer in Wien, Louis Lewandowski in Berlin, Samuel Naumbourg (1816-1880) und Halévy in Paris.

In der zweiten Hälfte des 19. Jahrhunderts hatten die meisten Großstadtgemeinden entweder den liberalen oder den konservativen Ritus übernommen. Für Baden war der liberale Mannheimer Ritus prägend, den Rabbiner Moses Präger verfaßt hatte. Bis zum Jahr 1890 hatten ihn die jüdischen Gemeinden von Mannheim, Ladenburg, Heidelberg, Bruchsal, Karlsruhe, Pforzheim, Rastatt, Bühl, Offenburg, Emmendingen, Freiburg und Konstanz ganz übernommen.[17] In weiteren 25 Gemeinden wurden Teile der Liturgie abgeändert, interessanterweise auch an kleinen ländlichen Orten, wie Ilvesheim, Hockenheim, Reilingen, Meckesheim, Walldorf, Hoffenheim, Rappenau, Eppingen, Gemmingen etc. Als Rabbiner Moses Präger 1855 wegen seiner Änderungen von Oberrat Joseph Altmann kritisiert wurde, wehrten sich die Mannheimer jüdischen Frauen für ihn und verfaßten eine Petition:

"Wir danken dem Allmächtigen, daß jene Zeit hinter uns liegt, wo die jüdischen Frauen und Jungfrauen teils ausgeschlossen von dem allgemeinen Kultus, teils zurückgedrängt hinter Mauer und Gitter, schweigend, duldend, kaum würdig befunden wurden, den Schöpfer mit ihren Männern, mit ihren Kindern gleichmäßig zu verehren. Dank den weisen Anordnungen der hohen Behörden genießen die israelitischen Mädchen in den Schulen von der frühesten Kindheit denselben Religionsunterricht (...). Tief verletzen und schmerzlich berühren muß es uns demnach, einen wahrscheinlich aus alten Zeiten stammenden, Frauenwürde und Frauenwert tief kränkenden Segensspruch: "Gelobt seist du, Ewiger, unser Gott, Herr der Welt, daß du mich nicht zum Weibe geschaffen hast!", wieder in unser Gebetbuch aufgenommen zu sehen, zu dessen Weglassung unser Herr Rabbiner wohl triftige Gründe gehabt haben mußte."[18]

---

[17] Daniel Epstein, Die Einrichtung des Gottesdienstes in den israelitischen Gemeinden des Grossherzogtums Baden, Karlsruhe 1890.
[18] A. Lewin, Geschichte der badischen Juden (...), Karlsruhe 1909, S. 331.

Sicher gab und gibt es orthodoxe Frauen, die das nicht so sehen und mit ihrer Rolle zufrieden sind. Es ist wichtig darauf hinzuweisen, daß bei der traditionellen Rollenverteilung zwischen Mann und Frau der Gemahl verpflichtet ist, jeden Freitag Abend die Arbeit der Hausfrau mit einem traditionellen Lied ("Eschet chajil, mi jimza ...") zu loben. Diese Wertschätzung der Hausarbeit ist verpflichtend vorgesehen.

Interessant ist, daß auch einige kleinere Gemeinden, auch solche auf dem Lande, Änderungen einführten. Man darf also nicht pauschal von einem Gegensatz Stadt/Land in der Durchführung von Reformen im jüdischen Gottesdienst sprechen. Allerdings spielten auf dem Lande der Synagogenratsvorsitzende eine große Rolle. Die Ausrichtung konnte sich teilweise mit einem Wechsel im Vorstand ändern. Zur Zeit der Weimarer Republik zeichnete sich eine gewisse Rückkehr zu traditionellen Formen im liberalen und konservativen Bereich ab, wie man auch in der Orthodoxie das traditionelle Talmud-Studium, allerdings auf modernisierter Basis und im Einklang mit akademischer Allgemeinbildung, wiederbelebte.[19] Die Spannungen der 1840er Jahre hatten sich weitgehend verloren und ein friedliches Nebeneinander der verschiedenen Strömungen war die Regel.

Eine Besonderheit Deutschlands ist das Staatskirchenrecht. Bis heute gilt der sog. "Gemeindezwang", d.h. man kann sich dem Staat gegenüber nicht für evangelisch erklären und nicht zur evangelischen Kirche gehören wollen. Dasselbe galt und gilt auch für Juden.[20] Es gab die sogenannte "Einheitsgemeinde", in der fast alle Juden zusammengefaßt waren. Wie erwähnt waren die städtischen Gemeinden mehrheitlich nicht-orthodox. Ein Teil der Orthodoxie ging so weit, aus diesen Gemeinden auszutreten. Der erste staatlich legitimierte Versuch in Deutschland fand in Karlsruhe statt, wo zwei Dutzend Familien um B. H. Wormser am 11. Januar 1869 "aus dem Judentum" (!) austraten, um eine eigene "Separatgemeinde" mit völlig eigener Infrastruktur (Synagoge, Friedhof, Schule etc.) aufzubauen.[21] Anlaß war die Absicht der Mehrheit der Gemeindeversammlung, die liberale Gottesdienstordnung anzunehmen und eine moderne Synagoge mit Orgel zu bauen. Mit dem sogenannten Austrittsgesetz vom 18. Juli 1876 wurde dies auch in Preußen möglich, falls man beim zuständigen Richter "religiöse Bedenken" geltend machte. Vorher konnte man allenfalls eine

---

[19] M. Breuer, Jüdische Orthodoxie im Deutschen Reich 1871-1914, Frankfurt 1986.
[20] L. Berliner, Die Staatskirchenrechtliche Stellung der Israelitischen Religionsgemeinden und sonstigen Religionsverbänden Süddeutschlands, Frankfurt 1912, S. 30-32.
[21] Lewin 1909, S. 385-394; Rosenthal 1927, S. 373-376.

private Betgemeinschaft bilden, mußte aber Mitglied bei der Großgemeinde bleiben, wenn man dem Staat gegenüber sich weiter als "israelitisch" erklären und die gemeindlichen Dienstleistungen in Anspruch nehmen wollte.

In den großen Gemeinden fand sich bald ein modus vivendi: In Mannheim scharten sich die neo-orthodoxen Familien um die Klaus-Synagoge, wo es immer schon einen eigenen Gottesdienst neben der liberalen Hauptsynagoge gegeben hatte. Der orthodoxe Mannheimer Rabbiner Isaak Unna war jahrelang sogar Vorsitzender der "Vereinigung gesetzestreuer Rabbiner", die Standesorganisation dieser sogenannten "Gemeindeorthodoxie". Auch in Frankfurt gab es eine strikt orthodoxe Synagoge unter Leitung von Rabbiner Marcus Horovicz: Man hatte trotz aller Kämpfe und Unterschiede mit den Jahren gelernt, friedlich nebeneinander zu leben, d.h. die orthodoxe Minderheit akzeptierte, daß unter dem gemeinsamen Dach der "Einheitsgemeinde" ein liberaler Gottesdienst mit Orgel in einer eigenen Synagoge stattfand. Allerdings hätte ein orthodoxer Rabbiner dort nie amtiert.

Relevanz für heute

Durch den Massenmord an den europäischen Juden ist diese Vielfalt nach 1945 für Deutschland heute mit Ausnahme von Berlin (Synagoge Pestalozzistraße) und der kleinen Gemeinden zu Halle, Nürnberg, Bamberg, Oldenburg, Braunschweig und Gießen zu einem historischen Phänomen geworden. Trotzdem sollte dieses Thema im Unterricht über Judentum berücksichtigt werden. Hier sind die Fächer Religion wie Geschichte angesprochen, auch das Fach Gemeinschaftskunde sollte an diesem Integrationsprozeß einer minoritären Gruppe Interesse haben.

Ein weiterer Aspekt ist zu bedenken: Mit der allgemeinen Auswanderungswelle in die USA der 1830er und 1840er Jahre kamen auch deutschsprachige Juden in die Neue Welt und brachten die Vorstellung ihres Herkunftsgebietes mit.[22] In der staatskirchenrechtlich völlig freien Atmosphäre, Synagogengemeinden mußten Mitglieder werben und von Spenden leben, bildeten sich liberale und konservative Gemeinden. Letztere erhielten eine massive Verstärkung durch die nach 1880 zuwandernden osteuropäischen Juden. Heute haben wir trotz aller Erschütterungen in der

---

[22] Naomi W Cohen, Encounter with Emancipation. The German Jews in the United States 1830-1914, Philadelphia 1984.

Geschichte der Juden in Amerika das alte deutsch-jüdische Muster der drei religiösen modernen Strömungen: Das neo-orthodoxe Judentum gruppiert sich um die New Yorker Yeshiva-University, das konservative um das Jewish Theological Seminary of America (New York und Los Angeles), und das liberale um das Hebrew Union College (Cincinnati, New York, Los Angeles, Jerusalem). Wie erwähnt gingen die amerikanischen Juden schon im 19. Jahrhundert in vielen Dingen (Sitzordnungen, Gebete in der Landessprache etc.) etwas weiter als ihre europäischen Glaubensgenossen.

Nach 1945 gingen von ihnen die maßgeblichen kreativen Impulse aus: In Amerika führt man eine intensive Debatte über die Stellung der Frau im Judentum, die in Israel aufgenommen worden ist.[23] 1972 erlaubten die liberalen, 1985 die konservativen Juden die Ordination von Frauen als Rabbinerinnen und Kantorinnen.[24] Heute ist die Mehrheit der Studentenjahrgänge in den entsprechenden Hochschulen weiblich. Dort debattiert man heute über die Auseinandersetzung mit intimeren Formen moderner Religiösität (New Age-Bewegung) und Fragen wie Ökologie und Judentum (s. die relevanten Kapitel in dem Werk von Michael A. Meyer, s. unten). Sobald man aber etwas tiefer gräbt, wird man auf Anregungen stoßen, die auf die Wurzeln jüdischer Vielfalt in Deutschland zurückzuführen sind: Beispielsweise war die erste Rabbinerin der Welt keine Amerikanerin, sondern die deutsche Regina Jonas, die von den Nationalsozialisten ermordet wurde.

Von Amerika aus setzte man sich nach 1945 mit dem judenfeindlichen Erbe der christlichen Theologie auseinander. Wertvolle Lehrbuchanalysen mit internationalen Vergleichen wurden von den USA aus angeregt.

Pädagogische Umsetzung des Themas

Voraussetzung für die Behandlung unseres Themas sind Grundkenntnisse des Judentums, wie sie in Baden-Württemberg bei den meisten Schultypen in der 10. Klasse vorhanden sein sollten. Wenn man sich in den gängigen Lehrbüchern umschaut ist zu den drei modernen religiösen Strö-

---

[23] P. Navé Levinson, Eva und ihre Schwestern, Gütersloh 1992, dies., Was wurde aus Saras Töchtern, Gütersloh ²1990, Plaskow, Judith, Und wieder stehen wir am Sinai: eine jüdisch-feministische Theologie, Luzern 1992, Brenner, Athalya (Hrsg.), A Feminist Companion to Genesis, Sheffield 1993, Heschel, Susannah (Hrsg.), On being a Jewish Feminist, New York 1983.

[24] M. Shekel, Frauen und Rabbinat in Amerika, in: JUDAICA (Zürich/Basel) 4,1984, S. 238-250.

mungen wenig vorhanden. Allerdings berücksichtigen neuere *Spezial*werke unsere Thematik: Bei Joachim Czech, Weltreligionen. Geschichte. Quellen. Materialien: Judentum, Diesterweg/Kösel: München 1978, finden wir auf S. 117-121 ein relevantes Kapitel. Auch bei Albrecht Lohrbächers "Was Christen vom Judentum lernen können", Herder: Freiburg ³1994, wird das Thema - wenn auch im Kontext der 220 Din A4 Seiten etwas knapp - auf S. 75-78 angesprochen. Auch Wolfgang Borchardt bringt in seinem "Jüdisches Leben in christlicher Umwelt", Verlag Cornelsen/ Hirschgraben, Frankfurt 1991, auf S. 104-106 ein paar nützliche Quellentexte. Allerdings stellen die beiden dort verwendeten Exzerpte aus den Büchern von Jacob Katz und Mordechai Breuer zu hohe Ansprüche an den Schüler. Kurze deutsche Quellen sind im Neudruck des Quellenbuchs zur jüdischen Geschichte und Literatur von Julius Höxter in Teil V, S. 119-135 (Nachdruck: Morascha Buchvertrieb: Zürich 1983) zugänglich. Ausführlicher werden diese Debatten bei Paul R. Mendes-Flohr, The Jew in the Modern World, Oxford 1980, dokumentiert, doch sind diese englischen Quellen wohl nur für den Lehrer zum Selbststudium interessant.

In aller Breite behandelt Rabbiner Prof. Leo Trepp die Liturgie in seinem Buch "Der jüdische Gottesdienst. Gestalt und Entwicklung", Kohlhammer: Stuttgart 1992, passim und bes. S. 249-272. Doch muß man ziemliche Vorkenntnisse haben, um die feinen Varianten verstehen und einorden zu können. Auch übersteigt die Ausführlichkeit der Darstellung eine realistisch anzunehmende Lehrer-Präparation. Es ist aber die beste deutsch zugängliche Studie zu diesem Thema. Das Standardwerk zur Geschichte der religiösen Neubesinnung im Judentum hat Prof. Michael A. Meyer aus Cincinnati verfaßt: Response to Modernity. A History of the Reform Movement in Judaism, Oxford 1988. Die neo-orthodoxe Perspektive kommte bei Prof. Mordechai Breuer, Jüdische Orthodoxie im Deutschen Reich 1871-1918, Athenäum: Frankfurt 1986, zur Darstellung. Ein neuer Überblick ist im Münchner Beck Verlag zur Zeit in Vorbereitung. Der erste Band, der bis zum Jahr 1780 reicht, ist im Februar 1996 in den Buchhandel gekommen (Graetz, Michael/ Breuer, Mordechai: Deutsch-Jüdische Geschichte in der Neuzeit 1600-1780, 1. Bd., Beck: München).

Vielleicht läßt sich das Thema über Biographien anschaulich darstellen: Ludwig Philippson oder Abraham Geiger würden sich als Liberale, Samson Raphael Hirsch[25] oder Isaak Unna (1872-1948) aus Mannheim als Or-

---

[25] S. etwa die alte deutsche Encyclopaedia Judaica, Berlin 1927-34.

thodoxe eignen.[26] Interessant wäre es ausgewählte Passagen der Liturgie miteinander zu vergleichen: Beispielsweise das Zusatzgebet zum Schabbat, oder den Anfang des 18-Bittengebets. Die orthodoxe Variante ist ja noch heute auf deutsch im Buchhandel erhältlich, da der Victor Goldschmidt-Verlag in Basel das Werk der Druckerei Kauffmann/Frankfurt nach 1945 fortführt. Deutsche liberale Gebetbücher hat die Bibliothek der Hochschule für Jüdische Studien. Eine Zusammenstellung wichtiger Punkte mag als Vorlage für Lehrer und Schüler hilfreich sein (s.u.). Illustrationen sind in den Büchern von Joachim Hahn[27], Franz Hundsnurscher und Paul Sauer für Baden-Württemberg[28], bei Volker Keller für Mannheim (orth. Klaus-Synagoge gegenüber Hauptsynagoge)[29], zu finden. Einen Gesamtüberblick gibt der zweite Band des Werkes von Harold Hammer-Schenk.[30] Äußeres wie Inneres belegen eindrücklich die Vielfalt jüdischen Lebens in Deutschland im 19. Jh. Man achte dabei, verschiedene Typen von Inneneinrichtungen (Vorlesepult vorne beim Torahschrank, keine Einzelpulte mehr, sondern Langbänke, Harmonium/Orgel, deutsche Bibelzitate) zu nehmen.[31]

Unterschiede können für Schüler anschaulich gemacht werden, wenn man Aufnahmen von Sulzer oder Lewandowski der osteuropäisch-jüdischen Klesmermusik oder gar der nordafrikanisch-jüdischen Liturgie gegenüberstellt. Die Melodien geben eine intensive Auseinandersetzung mit dem Musikgeschmack der Umgebung wieder, wie er sich über Jahrhunderte entwickelt hatte. Auch dieses Beispiel zeigt akustisch erfahrbar, daß der Begriff der "Assimilation" nicht bloß auf das 19. Jahrhundert bezogen werden kann.

In den letzten Jahren sind jüdische Museen in Frankfurt, Affaltrach, Michelbach an der Lücke und im unweit von Bregenz gelegenen Hohenems

---

[26] Otto Watzinger, Geschichte der Juden im Mannheim 1650-1945, Mannheim 1984, S. 139-141.
[27] J. Hahn, Synagogen in Baden-Württemberg, Stuttgart 1987, ders., Erinnerungen und Zeugnisse jüd. Geschichte in Baden-Württemberg.
[28] P. Sauer, Die jüd. Gemeinden in Baden, Stuttgart 1966; F. Hundsnurscher, Die jüdischen Gemeinden in Württemberg und Hohenzollern, Stuttgart 1968.
[29] V. Keller, Bilder vom jüdischen Leben in Mannheim, Mannheim 1988, S. 21 (Hauptsynagoge mit Kanzel vorne rechts), S. 33: Klaus-Synagoge.
[30] Harold Hammer-Schenk, Synagogen in Deutschland, 2 Bde., Hamburg 1981.
[31] Z. B. bei Hundsnurscher (nach S. 327): Orgel-Synagogen: Abbildung 74 Heidelberg, 114 Konstanz, die traditionelle Inneneinrichtung: 65 Gailingen (hier zugleich Baumschmuck für das Wochenfest "Schawuoth"), 121 Külsheim.

Die Vielfalt des Judentums 111

entstanden. Pläne dazu gibt es für die ehemalige Synagoge Kippenheim. In Freudental leitet Ludwig Bez das Pädagog. Zentrum der ehem. Synagoge Freudental bei Bietigheim-Bissingen, das eine breite Palette von Aktivitäten anbieten kann. In Hemsbach, Hechingen und Sulzburg im Breisgau sind die Synagogen renoviert worden. In Strassburg (Musée Alsacien) und Colmar (Musée Bartholdi) gibt es jüdische Abteilungen in städtischen Museen. In Basel (Schweiz) existiert das jüdische Museum schon länger: Eine Tagesexkursion wäre durchaus lohnend. Auch sind die meisten jüdischen Gemeinden bereit und in der Lage auf Vereinbarung hin eine Synagogenführung zu veranstalten. Jüdische Gemeinden gibt es außerhalb Heidelbergs, Mannheims und Stuttgarts in Karlsruhe, Pforzheim, Baden-Baden, Freiburg und Konstanz. Versuche von Neugründungen sind in Emmendingen und Lörrach gemacht worden, allerdings verfügen diese beiden Gemeinschaften vorerst noch über Provisorien.

Der pädagogische Ansatz wäre erreicht, wenn die Schüler merken, daß Lebendigkeit und Vielfalt jüdisches Leben im 19. Jahrhundert prägte und diese von den Diskussionen im damaligen Deutschland auch heute noch geprägt sind. Durch diese Lernerkenntnis befreien sie sich von den versteckten Fesseln älterer judenfeindlicher Stereotypen: Judentum ist keine "unwesentliche Mumie", sondern eine lebendige Religion, und: ein neues Miteinander kann sich nur auf gleichberechtigter Basis ergeben.

Schema

Die Vielfalt des Judentums

8.-13.Jh.: Herausbildung der sefardischen/ aschkenasischen Tradition; muslimischer Einflußbereich/ Rheinland (Speyer, Worms, Mainz) und franz. Nachbarschaft

18. Jh.: Chassidismus und Gegner in Polen und Litauen; jüdische Rezeption der Aufklärung im deutschsprachigen Raum: "Haskalah" (Moses Mendelssohn), moderne jüdische Volksschulen (Berlin 1778ff.)

19. Jh.: Religiöse Neubesinnung im Judentum (1837/45ff.):

Liberale Strömung	Konservative Strömung	Neo-orthodoxe Strömung
Hochschule für die Wissenschaft des Judentums Berlin	Breslauer Rabbinerseminar Berlin	Orth. Rabbinerseminar Samson Raphael Hirsch
Abraham Geiger	Zacharias Frankel	Esriel Hildesheimer
Ludwig Philippsohn	Heinrich Graetz	Seligmann B. Bamberger
„Allgemein Zeitung des Judentums" 1837-1922		

Konfliktpunkte

- Liturgie (Anthropomorphismen: Opfer, Rückkehr nach Palästina; Kürzungen)
- Hebräisch als "objektiv notwendige" Gebetssprache
- Orgel/Harmonium und deutsche Hymnen
- Lebenspraxis (Rasur, Speisegesetze, Fasttage, Zweitfeiertage)
- Innenarchitektur Synagoge

Gemeinsames:

- Offenheit zu allgemeiner Bildung und Studium an Universitäten verbessern Schulbildung
- erbauliche Predigt, Rabbiner wird Seelsorger
- Disziplinierung Gottesdienst, Ästhetik (Schmuck, Amtstracht)
- Ablehnung von Volksfrömmigkeit und magischen Bräuchen
- Mitdrucken einer deutschen Übersetzung
- Gebet für den Landesvater
- Gegen das Versteigern der Gottesdienstfunktionen (Selbstbestcuerungsmethode)
- Bessere Mädchenbildung und Bar-Mizwa

Diskussion heute in den USA:

- Rolle der Frau: Liberale und Konservative lassen Frauen zum Rabbinat und als Kantorinnen zu, Diskussionen innerhalb der modernen Orthodoxie

- Neue Formen weiblicher Religiosität: Jüdischer Monatsanfang als Feiertag der Frauen von häuslicher Arbeit (Rosch Chodesch), eigene Frauen-Gottesdienste (auch bei einigen orthodoxen Frauen)
- Verhalten zu Homosexuellen in öffentlich-religiösen Funktionen einer Gemeinde
- Verhältnis zum Staat Israel
- Zukunft des amerikanisch-jüdischen Diaspora (tlw. Rückkehr zur jüd. Schule)

Vielfalt jüdischer Identitäten in Osteuropa bis zur Schoah:

weltlich: 1. Zionismus: Neuer hebräischer Mensch, Hebräisch als Sprache, nicht Jiddisch, Ideal des Pioniers (Chaluz): Aufbauarbeit in Erez Israel, neue Formen des Zusammenlebens (Kibbuz, Moschaw), Selbstbewußtsein und sicheres Auftreten, Ablehnung einer Existenz in der Diaspora 2. Bundismus (bis 1939): Jiddisch als Basis der Volkskultur in Osteuropa, eigenes Schulwesen, eigene Presse, Integration in Polen als nationale Minderheit mit best. Rechten 3. Polen mosaischer Konfession: Integration als Religionsgemeinschaft

religiös: Orthodoxie: Allmähliches Aufnehmen von Elementen der deutschen Neo-Orthodoxie, u.a. Gestatten weltl. Bildung zur Ausübung eines Berufes (USA heute: Computer-Spezialisten, Diamantenschleifer)

Beispiele: Morgensegen

Traditionelle Version (aus: "Sidur Sefat Emet", Basel ND: 1982, S. 5):	*Liberale Version (aus: "Gottesdienst des Herzens", hg. von der Bewegung für fortschrittliches Judentum, Jerusalem 1982):*
Gelobt seist du Ewiger, unser Gott, König der Welt,	
... der mich nicht als Heiden erschaffen,	... der mich als Juden geschaffen hat,
... der mich nicht als Sklaven erschaffen,	... der mich als Freien geschaffen hat,
... der mich nicht als Weib erschaffen.	... der mich nach seinem Bild geschaffen hat.

Achtzehn-Bitten-Gebet (Wochentage)

Traditionelle Version (aus: "Sidur Sefat Emet", Basel ND: 1982, S. 43):
2. Segen: und DU bist treu, die Gestorbenen zu beleben, gepriesen seist Du, Ewiger, der du die Gestorbenen belebst,
12. Segen: Den Verleumdern sei keine Hoffnung, und alle Ruchlosen mögen im Augenblick untergehen, alle mögen sie rasch ausgerottet werden, und die Trotzigen schnell entwurzle, zerschmettre, wirf nieder und demütige sie schnell in unsren Tagen. Gelobt seist du, Ewiger, der du die Feinde zerbrichst und die Trotzigen demütigst!
Liberale Version (aus: "Gottesdienst im Herzen", hrsg. von der Bewegung für fortschrittliches Judentum, Jerusalem 1982):
2. Segen: und DU bist treu, alles Lebende zu beleben, gepriesen seist Du, Ewiger, der alles belebt.
12. Segen: Die Irren, werden zu dir zurückkehren und aller Frevel wird verschwinden und die Böswilligkeit wird aufgeben in unseren Tagen.
Gelobt seist du, Ewiger, der du den Frevel brichst und die Bosheit besiegst.

Micha Brumlik

Motive christlicher Judenfeindschaft und Strategien ihrer Überwindung

Beispiele christliche Judenfeindschaft

Ich beginne damit, daß ich in chronologischer Abfolge einige Beispiele christlicher Judenfeindschaft vorstelle. An diesen Beispielen wird deutlich werden, inwieweit Judenfeindschaft überwunden ist.

"Erstlich, daß man ihre Synagogen oder Schulen mit Feuer anstecke und, was nicht verbrennen will, mit Erde überhäufe und beschütte, daß kein Mensch einen Stein oder Schlacke davon sehe ewiglich. Und solches soll man tun, unserem Herrn und der Christenheit zu Ehren, damit Gott sehe, daß wir Christen seien (...). Zum anderen, daß man auch ihre Häuser desgleichen zerbreche und zerstöre. Denn sie treiben dasselbige darinnen, was sie in ihren Schulen treiben. Dafür mag man sie etwa unter ein Dach oder Stall tun, wie die Zigeuner, auf daß sie wissen, sie seien nicht Herren in unserem Lande (...). Zum dritten, daß man ihnen nehme all ihre Betbüchlein und Talmudisten, darin solche Abgöttereien, Lügen, Fluchen und Lästerung gelehrt wird. Zum vierten, daß man ihren Rabbinern bei Leib und Leben verbiete, hinfort zu lehren (...). Zum fünften, daß man den Juden das Geleit und Straße ganz und gar aufhebe (...). Zum sechsten, daß man ihnen den Wucher verbiete und nehme ihnen alle Barschaft und Kleinod an Silber und Gold, und lege es beiseit zu verwahren (...). Zum siebenten, daß man den jungen, starken Juden und Jüdinnen in die Hand gebe Flegel, Axt, Karst, Spaten, Rocken, Spindel und lasse sie ihr Brot verdienen im Schweiß der Nasen."[1]

Das schrieb 1543 der Reformator Martin Luther. Auf Martin Luther hat sich dann gut 400 Jahre später jemand anderes berufen, nämlich der Antisemit und Hetzer Julius Streicher, der Redakteur des nationalsozialistischen Hetzblattes "Der Stürmer", der in seiner Verteidigungsrede 1946 in Nürnberg folgendes sagte: "Dr. Martin Luther säße sicher heute an meiner Stelle auf der Anklagebank, wenn dieses Buch von der Anklagevertretung in Betracht gezogen werden würde." Sie werden schon erahnen, daß die

---

[1] Martin Luther, Von den Juden und ihren Lügen, 1543. Zitiert nach: Ausgewählte Werke, München 1938, Bd.3, S. 189 ff.

Dinge etwas komplizierter sind und daß es auch mit der Judenfeindschaft von Luther seine eigene Bewandtnis hatte. Am Anfang seines Wirkens sind die Juden in Deutschland dem Reformator sehr freudig und freundlich entgegengetreten. In einer frühen Schrift hat er eine damals revolutionäre Ansicht publiziert, revolutionär für diejenigen, die die Evangelien nicht gekannt haben. Er schrieb, "daß unser Herr Jesus Christus ein geborener Jude gewesen sei". Das war keineswegs immer selbstverständlich. Luther hat es noch einmal bekräftigt, aber, als sich im Lauf der Reformation herausstellte, daß doch mehr und mehr Christen in irgendeiner Weise eine neue Zuneigung zum Alten Testament und dem, was dort verkündigt worden war, gefaßt haben, bekam er es, salopp gesagt, mit der Angst zu tun, und glaubte, um das reformatorische Werk zu retten, die Juden angreifen zu müssen.

Ich will eine zweite Belegstelle von jemandem zitieren, der sicher über jeden Antisemitismus erhaben gewesen ist. Diese Belegstelle findet sich in dem 1926 erschienenen Jesusbuch des protestantischen Theologen Rudolf Bultmann.

"Gesetz und Verheißung bestimmen das Leben dieses Volkes. Gehorsam und Hoffnung erfüllen seinen Sinn. Gesetz, aber nicht ein aus den konkreten Lebensverhältnissen entstandenes, und von rationalen Gedanken begründetes und gegliedertes Recht, sondern ein aus alten, längst nicht mehr lebendigen und oft gar nicht mehr verstandenen sozialen Bedingungen und kultischen Motiven erwachsenes Gesetz, künstlich konserviert und kasuistisch fortgebildet (...). Ein Gesetz, das eigentlich nur den Sinn hat, den Menschen von der Welt zu lösen, von Interesse an einer selbständigen geistigen Kultur zu entbinden und ihn im Gehorsam unter die außerweltliche Macht Gottes zu beugen, eines Gottes, dessen Bild in keinem Sinne durch die Anschauung bestimmt ist, die der Mensch von seinem eigenen höchsten geistigen Leben hat. Ein Gott, der am ehesten mit dem Bilde des orientalischen Herrschers zu vergleichen wäre, der in voller Willkür seinem Volk gebietet, der an kein rationales Recht gebunden ist. Aber ein Gott, dessen Bild von dem des orientalischen Herrschers wiederum völlig verschieden ist, da ihm alle sinnlichen Züge fehlen, da ihm alle tyrannischen Aspirationen fremd sind; ein Gott, der Recht und Gerechtigkeit verlangt und die Sünde straft; ein Gott, der sein Volk liebt wie ein Vater seinen erstgeborenen Sohn, ein Gott, zu dem der Fromme als zu seinem Vater ruft und mit dessen Hilfe er sich in allen Lebenslagen tröstet."[2]

Gehen wir die einzelnen Passagen einmal durch. Der Autor hält fest: Was ist es, was das Leben dieses Volkes bestimmt? - Gesetz und Verheißung. Soweit richtig. Gesetz, das bei den Juden Thora heißt, also Gottes

---

[2] Rudolf Bultmann, Jesus, Tübingen 1926, S. 19f.

gute Weisung, die ein Leben in Gerechtigkeit und Gnade verheißt. Deswegen sagt der Autor auch: Gesetz und Verheißung, Gehorsam und Hoffnung erfüllen seinen Sinn. Nun erläutert der Autor dasjenige, was für Juden und Jüdinnen Thora - Gesetz ist (hier fängt das Problem übrigens schon an: Ist das eigentlich richtig übersetzt, daß man hier von Gesetz und nicht von Weisung spricht?). Der Autor spricht von Gesetz und stellt fest, daß dieses Gesetz nicht aus den konkreten Lebensverhältnissen entstanden sei, er hält fest, daß diese Gesetzeswerke, die vor 2500 Jahren entstanden sind, nicht von rationalen Gedanken begründet und nicht rational gegliedert sind. Was für ein Gesetz ist das? Offenbar etwas Abgelebtes, das die Menschen, die darunter gestanden haben, selbst nicht mehr verstanden haben, nämlich ein aus alten, längst nicht mehr lebendigen und oft gar nicht mehr verstandenen sozialen Bedingungen und kultischen Motiven erwachsenes Gesetz.

Was ist die Aufgabe, die Funktion dieses Gesetzes? Darüber läßt uns der Autor keine Sekunde im Zweifel: Ein Gesetz, das eigentlich nur den Sinn hat, den Menschen von der Welt zu lösen. Unabhängig davon, ob dieser Autor recht hat oder nicht, können wir mit dem Selbstverständnis derjenigen, die sich an diese Weisung hielten, feststellen, daß diese Interpretation mit Jüdinnen und Juden und ihrem Gottesdienst nicht das Mindeste zu tun hat.

Der zentrale Segensspruch, den man beim Aufruf zur Thora, beim Lesen aus der Weisung, aus der Rolle des Gesetzes spricht, lautet: "Gelobt seist Du, Gott, der Du einen Baum des Lebens unter uns gepflanzt hast." Unter diesem Baum des Lebens verstehen die frommen Juden jedenfalls etwas anderes als ein aus der Welt lösendes Gesetz. Das sieht der Autor anders. Es ist gerade nicht ein Baum des Lebens, der regelt, wie man Kinder aufzieht, wie man ißt, wie man betet, wie man heiratet, wie man sich in der Gemeinschaft verhält. Nein, der Sinn dieses jüdischen Gesetzes stellt sich aus der Sicht dieses Autors als eine Funktion dar, die dazu führt, den Menschen von der Welt zu lösen, ihn also gerade aus dem Leben herauszunehmen, ihn vom Interesse an einer selbständigen, geistigen Kultur zu entbinden. Der Autor scheint zu meinen, daß das Leben im Licht der Thora Jüdinnen und Juden dazu führt, nicht mehr zu philosophieren, keine Kunst und Kultur mehr zu schaffen, nicht mehr zu reflektieren, zu denken und zu diskutieren. Ob das stimmt, wäre im Licht der Kulturgeschichte zu prüfen. Ich zitiere noch einmal, "...und ihn im Gehorsam unter die außerweltliche Macht Gottes zu beugen", also, das Gesetz beugt den Menschen. Es ist gewissermaßen eine von außen auferlegte Autorität.

Ist eigentlich der Bund, den Gott am Sinai, wie die Juden glauben, mit den Kindern Israels geschlossen hat, ein Bund auf Gegenseitigkeit oder ist das eine einseitige Beugung und ein Gesetz, von dem niemand den Anspruch hat, zu verstehen, was es nun letzten Endes bedeutet? Was ist das für ein Gott? Ein Gott, dessen Bild in keinem Sinne durch die Anschauung bestimmt ist, die der Mensch von seinem eigenen, höchsten geistigen Leben hat. Das ist nun ein eigentümlicher Vorwurf. Hier meint der Autor, daß es darauf ankäme, daß zunächst einmal der Mensch sich selbst und sein geistiges Leben und seine Kultur richtig versteht und daraus ein Bild von Gott gewinnt. Da wird man nun in der Tat sagen: Dies ist ein ganz und gar unjüdischer Gedanke. Das Judentum beharrt im Prinzip darauf, daß Gott anders, bildlos, nicht anschaubar ist.

Was ist für diesen Autor aber die Metapher, die man für diesen Gott benutzen könnte? Was ist noch am ehesten eine lebendige, wirkliche Gestalt, ein lebendiger, wirklicher Typus, der diesem Gott entspricht? Der orientalische Herrscher, der in voller Willkür seinem Volk gebietet und der an kein rationales Recht gebunden ist. Das wäre ja noch etwas Lebendiges, Deutliches, aber auch das, so der Autor, ist nicht treffend, denn dieser Gott ist ganz und gar nicht sinnlich, wie wir uns einen orientalischen Tyrannen vorstellen: lustvoll, sexuell, lebenskräftig. Es fehlen ihm alle sinnlichen Züge und zudem alle tyrannischen Aspirationen (womöglich ein Widerspruch zu dem, was vorher gesagt wurde, daß dieser Gott sein Volk unter das Gesetz gebeugt habe). Es ist ein Gott, der Recht und Gerechtigkeit verlangt und die Sünde straft, das ist sicher zutreffend; ein Gott, der sein Volk liebt, wie ein Vater seinen erstgeborenen Sohn, das trifft sicher auch zu; ein Gott, zu dem der Fromme als zu seinem Vater ruft und mit dessen Hilfe er sich in allen Lebenslagen tröstet.

Rudolf Bultmann, ein protestantischer Theologe und Exeget, der zu den ganz wenigen protestantischen Hochschullehrern gehört hat, die es gewagt haben, während des Dritten Reiches dagegen anzugehen, daß Menschen, die früher einmal Juden waren und dann zum Christentum übergetreten sind, aufgrund eines sogenannten Arierparagraphen aus der Kirche ausgeschlossen wurden (dieser Arierparagraph ist der evangelischen Kirche von den Nationalsozialisten nicht auferlegt worden, sie hat ihn freiwillig eingeführt). Wir konnten feststellen, daß auch Rudolf Bultmann in seiner Einschätzung des Judentums hin- und herschwankt.

Nun fällt das Niveau ab. Der nächste Autor hat im Jahr 1984 publiziert.[3]

"Patriarchales Bewußtsein heißt: Es herrschen bis heute 'männliche' Wertordnungen, wie Gewalt, Gehorsam, Leistung, Befehl und Denken [sic!]. 'Weibliche' Wertordnungen, wie Gewaltlosigkeit, Vertrauen, Liebe, Verzeihen und Gefühl werden unterdrückt wie vor 2000 Jahren. Anders als Mohammed ist Jesus ein Mann des Gefühls. Jesus ganzheitliches, männliche *und* weibliche Wertordnungen umfassendes Menschenbild hat im Christentum 2000 Jahre lang fast nichts bewirkt. Nicht einmal Jesus Gottesbild, das Bild des liebenden Vaters ist akzeptiert. Liebe bei Jesus heißt: Nicht siebenmal verzeihen, sondern 'siebzigmal siebenmal'. Haben wir das bis heute je begriffen?"[4]

Bis dahin wird das Christentum kritisch beurteilt. Aber nun geht es weiter. Woran liegt es nach Meinung dieses Autors, daß man das 2000 Jahre lang nicht begriffen hat?

"Jesus Liebesgott ist inzwischen überlagert vom alttestamentlichen Rache- und Gnadengott. Der alttestamentliche Gott ist gnädig, weil er ein Richtergott ist. Der Gott des Neuen Testaments, der Gott der Bergpredigt, liebt, weil er ein Vater ist. Der Gott des Alten Testaments liebt nicht nur, er rät und richtet auch. Jesus aber: Richtet nicht ... Zieh zuerst den Balken aus deinem Auge. Doch bis heute gilt eher eine vorchristliche Primitivethik. Privat suchen wir ständig Sündenböcke, die Politik wird von Feindbildern beherrscht. Politiker, die von Frieden reden, bereiten die Vernichtung der Menschheit vor. Das atomare 'Gleichgewicht' des Schreckens hat keine ethische Basis in der Bergpredigt. Der Bergprediger war eine Provokation für seine Zeit. Er ist es heute noch."[5]

Das war ein Zitat aus dem Buch von Franz Alt (1983) *'Frieden ist möglich'*. Wir müssen nicht über das Engagement des Autors gegen die Nachrüstung in der Friedensbewegung diskutieren. Wir werden aber die Frage stellen dürfen, warum eigentlich das Neue, das er da in Jesus verkörpert sieht, abgesetzt wird von dem, was vorher gewesen ist, was ihm nicht nur wie bei Rudolf Bultmann, als Gesetz gilt, sondern von ihm durchaus abwertend als vorchristliche Primitivethik bezeichnet wird. Dann kann man sich fragen, was ist eigentlich mit den Jüdinnen und Juden, die heute an dieser vorchristlichen Primitivethik festhalten? Die Frage hat sich der Autor vielleicht nicht gestellt, aber man wird sie ihm stellen dürfen.

Vor ein paar Jahren hat die Pastorin Elga Sorge von der evangelischen Kirche von Kurhessen-Waldeck Lehrverbot bekommen, weil sie anstelle der 10 Gebote 10 Erlaubnisse gesetzt hat. Sie hat ein Buch mit dem Titel

---

[3] Franz Alt, Frieden ist möglich, München 1983.
[4] Ebd., S. 25f.
[5] Ebd., S. 26.

'Religion und Frau - weibliche Spiritualität im Christentum'⁶ geschrieben und war zu ihrer Zeit eine wichtige Vertreterin der feministischen Theologie. Auch diese Autorin ist von derlei Gedanken nicht ganz frei.

"Diese Umkehrung", die im Gefolge einer Patriarchatskritik gefordert sei, "entspricht sicher sehr viel mehr dem, was der radikale Umkehrruf Jesus seinerzeit meinte, als das, was traditionellerweise unter 'Buße' verstanden wird. Jesus hatte sicher eher im Sinn, die Menschen zu ermutigen, sich von der Liebe und Freude ergreifen und das verdrehte Gesetzesdenken hinter sich zu lassen, als irgendein lebens-, liebes- und leibesfeindliches Patriarchat zu befestigen oder gar zu verschärfen, wie traditionelle Interpreten der Bergpredigt unterstellen."⁷

In der Bergpredigt steht aber auch: "Die Alten haben euch gesagt: Ihr sollt nicht ehebrechen. Ich aber sage euch: Wer nur eines anderen Weib ansieht ist so, als habe er mit ihr schon die Ehe gebrochen." Das war natürlich ein Problem, war auch ein Problem für all diejenigen, die direkt mit der Bergpredigt Politik machen wollten und dann plötzlich doch so harte Regularien im Bezug auf ihr Privatleben lesen mußten. Hier muß man sich entscheiden. Man kann entweder die Meinung vertreten, die Friedens- und Feindesliebe ist viel wichtiger als solche Aussagen; oder man vertritt die Auffassung, daß in Wirklichkeit alles nicht so gemeint war, sondern daß dies Paradoxe waren, die uns zum Nachdenken anregen sollen. Wenn das für die Formulierung "...so ihr nur eine andere anseht..." gilt, kann man genauso fragen, warum das nicht auch für die Feindesliebe gilt. Man kommt offensichtlich in Schwierigkeiten. Das passiert dieser Autorin auch. Wie löst sie das Problem? Sehen wir uns den weiteren Text an:

"Feministische Theologie hat so gesehen die schwierige Aufgabe, ungeschmälerte Freuden zu verkünden und die heillos mit jüdischem Gesetzesdenken verfilzte Frohe Botschaft von Mißverständnissen zu befreien. Dazu gehört an prominentester Stelle die Überwindung des Vorurteils, die Freude entbehre des Tief-Sinns und sei im Vergleich zum Leiden eher eine oberflächliche 'Friede - Freude - Eierkuchen' - Banalität. Feministische Exegese wird nach verkündigungswürdigen Elementen der christlichen Tradition suchen, also nach den tief erfreuenden, beglückenden und leidüberwindenden Inhalten, und sich trauen, seelenvergiftende und verletzende Überlieferungen aus dem Geist der Liebe heraus abzulehnen oder neu zu deuten und zu verwandeln.."⁸

Elga Sorge (1987) mit einer fatalen Dialektik: So sehr es darum geht, sich jedem vergiftenden und verletzenden Denken zu widersetzen, so bleibt dann doch ein Rückstand von ebenso häßlichen, antijüdischen Be-

---

⁶ Elga Sorge, Religion und Frau. Weibliche Spiritualität im Christentum, Stuttgart ²1987.
⁷ Ebd., S. 31f.
⁸ Ebd., S. 32.

merkungen über das "jüdische Gesetzesdenken", das die Frohe Botschaft "heillos verfilzt" hat.

Als weniger antisemitisch in diesem Sinne und vielleicht insgesamt verständnisvoller wird man Bemerkungen eines anderen Autors [9] bewerten müssen. Er nähert sich sehr viel behutsamer dem Thema, weil er wie alle, die sich mit Exegese und neutestamentlicher Theologie auseinandergesetzt haben, weiß, daß das heutige Judentum in all seinen Strömungen auf das Pharisäertum zurückgeht. Der Autor schreibt:

"Die Hauptquelle der Inspiration für die Pharisäer und deren Nachkommen war die Thora. Ihre Gesetze wurden interpretiert und ihre Traditionen entwickelt. Auf diese Weise kam es Schritt für Schritt zum rabbinischen Judentum, das die Mischna und den Talmud hervorbrachte. Ungeachtet seines reifer werdenden Gottesbegriffs, hatte das rabbinische Judentum eine Tendenz zum Legalismus und zur Isolation, insbesondere im Blick auf das oftmals feindliche europäische Christentum."[10]

Das sind nun Aussagen, über die man durchaus streiten kann. Merkwürdig ist die folgende Bemerkung über Jesus:

"Jesus wurde in Bethlehem geboren, wuchs in Nazareth auf, wurde im Jordan getauft, verbrachte den Großteil seines Lebens in Galiläa, wurde in Jerusalem gekreuzigt, wo er starb und begraben wurde. Die Auferstehung Jesu Christi geschah in Jerusalem. Deshalb waren die ersten Zeugen der Auferstehung Palästinenser."[11]

Über den ersten Satz kann man streiten. Das zweite ist entweder trivial oder es stellt eine problematische Umdeutung dar, daß man nämlich Jesus und seine Jüngerinnen und Jünger, die ja nun, wie wir aus den Evangelien wissen, eben einfach Jüdinnen und Juden waren, zu Palästinensern erklärt werden. Man wird nicht bestreiten wollen, daß diese Provinz zu römischer Zeit Palästina hieß, aber in diesem Kontext bedeutete das natürlich etwas anderes. Das letzte Zitat stammt von Eugen Drewermann, einem Autor, der auch um die Tücken des Antijudaismus weiß, der nun sehr wohl weiß, daß das mit den Pharisäern historisch gesehen irgendwie schwieriger ist. Worum ging es nach seiner Meinung bei Jesus Pharisäerkritik?

"Diese Gruppe der Gesetzeslehrer, der Schriftgelehrten 'Pharisäer' als *Typen*, ergänzt noch durch den politischen Ehrgeiz und das Intrigantentum der 'Saddzzäer', bildet die ewige Gegnerschaft der freien Meinung, jedes tieferen Gefühls, jeder menschlichen Regung von Mitleid, Phantasie und Kreativität. Es ist diese Gruppe, die we-

---

[9] Stifan Ateek Naim, Recht, nichts als Recht! Entwurf einer palästinensisch-christlichen Theologie, Fribourg/Brig 1990.
[10] Ebd., S. 128.
[11] Ebd., S. 147.

sensnotwendig das Wirken Jesu von Anfang an belauert und bespitzelt - die Inkarnation der Angst gegen die Inkarnation des Göttlichen im Menschen."[12]

Drewermann ist ein Autor, der, wenn man ihm vorhalten würde, daß er antijudaistisch argumentiert, sagen würde: 'Nein, überhaupt nicht. Das hat ja gar nichts mit den wirklichen Pharisäern und den wirklichen Sadduzäern zu tun, sondern mit den Typen der Sadduzäer und Pharisäer'. Da könnte man sich beruhigen und könnte als Jude denken, wenn die wirklichen Pharisäer und die wirklichen Sadduzäer auch nicht zu den Typen der Pharisäer und Sadduzäer gehört haben, wären wir aus dem Schneider. Dazu noch eine Passage, wie das inhaltlich entwickelt wird. Es wird noch über die Pharisäer und die Sadduzäer hinaus ein weiterer Feindtypus aufgetan, nämlich die Schriftgelehrten.

Die Schriftgelehrten stehen am Anfang des Weges Jesus, der nun "unweigerlich hinüberführen wird nach Golgatha; - Bei Tag und Nacht werden sie diesen Weg umlauern, wie ein Rudel Hyänen, und auf ihre Weise werden sie siegreich sein. Im Markusevangelium sind diese 'Schriftgelehrten' überall zu finden, wo die Gegenmächte des Heils, wo die 'Dämonen' sich versteckt halten; ja, sie verkörpern und begründen mit ihrer 'Theologie des Zwangs', mit ihrer Ideologie des Unlebens, mit ihrer Angst vor der Wirklichkeit der Menschen geradezu diese Scheinwelt der 'Aber-Geister', gegen die Jesus konsequent und prinzipiell auf Leben und Tod ankämpfen muß. Keine Stelle läßt Markus in seinem Evangelium aus, um auf diesen Zusammenhang von Schriftgelehrsamkeit, Krankheit und 'Besessenheit' hinzuweisen (...). Die Schriftgelehrten versperren durch ihre bloße Gegenwart jeden Weg zu einer möglichen Heilung des menschlichen Daseins, und auf jede Erweiterung des Lebens reagieren sie mit einer weiteren Verengung ihrer gesetzesloyalen Angst. Was also liegt näher als sie für den eigentlichen Grund all der so schädlichen Verstellungen des Religiösen zu halten?"[13]

Wir sehen, man kommt, das ist bei Bultmann genauso wie bei den anderen Autoren, die zwar antijudaistische Motive beerben, aber keine Antisemiten sein wollen, immer in dieses eigentümliche Spiel mit den Anführungszeichen. Das ist aber auch immer der beste Hinweis darauf, daß irgend etwas an der Argumentation nicht aufgeht. Man meint es so und man meint es natürlich doch nicht so, und dann meint man es allerdings durchaus so, denn es soll ja natürlich nicht alles nur symbolisch, sondern auch ein bißchen wirklich gewesen sein. So wird auch ein solcher Autor sich den Vorwurf des Antijudaismus nicht ersparen können, ein Vorwurf, der noch an eine andere Passage der gleichen Auslegung des Markusevan-

---

[12] Eugen Drewermann, Das Markusevangelium, 2 Bde., Olten 1987/1988.
[13] Ebd., Bd.2, S. 15ff.

geliums zu richten ist.¹⁴ Drewermann ist ein Autor, der sehr viel mit Kunst arbeitet und der in diesem Zusammenhang den jüdischen Maler Marc Chagall und dessen Gemälde 'Sabbat' interpretiert hat. Wie stellt nach Drewermann Chagall den Sabbat dar?

Als "(...) einen grünschwarzen Nebel, der mit dem Gift der Langeweile und einer bleiernen Schwere der Glieder in die kleine Stube einer jüdischen Familie fällt und alles zum Erstarren bringt, so als stünde die Zeit still und als würde den Menschen von einer Horde unsichtbarer Vampire alles Blut aus den Adern gesaugt."¹⁵

Man muß das vergleichen etwa mit Heinrich Heines Gedichten über den Sabbat, wo jeder Jude König ist. Noch ein letztes Zitat: "Chagall beschreibt nur, ohne Vorwurf; aber er bezeugt das erschlaffte Hingegossensein seiner Gestalten."¹⁶ Denken wir an Bultmanns Gesetz und den tyrannischen Gott, das überalterte, in sich gekrümmte Greisentum seiner Personen. Es geht nicht mehr um die Priester und Schriftgelehrten. Hier interpretiert der Autor einen jüdischen Maler, der Juden seiner Zeit gemalt hat:

"(...) quälend genau von der Gefangenschaft einer Religion der Angst und der Äußerlichkeit, der Geistlosigkeit und der inneren Leere, der verfeierlichten Regeln und der regelrechten Auszehrung der Seele."¹⁷

Da sind sie wieder, die Horden unsichtbarer Vampire, die alles Blut aus den Adern saugen.

Wenn Sie bis hierhin gefolgt sind, werden Sie gemerkt haben, worauf ich hinaus will und welches die Motive christlicher Judenfeindschaft sind, die wir zunächst kennengelernt haben. In diesem reichlich kruden Stück von Luther sind die Juden nichts anderes als Mörder Gottes, die irgendwie überlebt haben, wie wir sie aus den Passionsgeschichten kennen, wo sie sich ja dann für Barabas entscheiden und dann auch noch rufen: "Sein Blut komme über uns." Bei Rudolf Bultmann haben wir dieses urprotestantische Motiv des Gegensatzes von Gesetz und Evangelium kennengelernt. Das ist ein Motiv, das wir vor allem bei Apostel Paulus finden, für den das in der Tat ein wichtiges, ein zentrales Thema gewesen ist. Ob es freilich bei Paulus so gemeint war, wie es dann später bei Luther angekommen ist, ist eine andere, schwierige Frage, die die Paulusexegese betrifft. Bei Franz Alt haben wir wiederum die Polemik gegen das Gesetz gehört, verbunden mit einem weiteren antijüdischen Motiv, nämlich dem Motiv der Rache,

---

[14] Vgl. Ebd., Bd.1, S. 180 ff.
[15] Ebd., Bd.1, S. 281.
[16] Ebd., Bd.1, S. 282.
[17] Ebd., Bd.1.

der Rachsüchtigkeit, die dem jüdischen Gottesbild entspräche. Ganz ähnlich hat auch Elga Sorge argumentiert: Dieses Judentum und sein Gott sind frauenfeindlich. Das Judentum ist patriarchalisch, es ist eine Religion, die ganz einseitig auf Knechtungen, auf Gesetze und anderes zielt.

Der palästinensische Autor Ateek hat relativ nüchtern auf den Legalismus der Pharisäer hingewiesen, sich aber vor allem eines Kunstgriffs vieler Christinnen und Christen bedient, die zwar das Evangelium um jeden Preis haben wollen, nicht aber das Judentum. Worin besteht der Kunstgriff? Man macht Jesus und seine Jünger zu etwas anderem als zu Juden. Das ist nicht der erste Versuch. Wir wissen ja, daß es in den 20er, 30er Jahren nicht wenige namhafte Universitätstheologen in Deutschland gegeben hat, die sich um den Nachweis bemüht haben, daß Jesus in Wirklichkeit ein aus Galiläa stammender Arier gewesen sei und insofern überhaupt nicht jüdisch war.

Wir haben zum Schluß bei Eugen Drewermann noch einmal alle Motive beisammen, jetzt freilich verinnerlicht. Er führt uns ins Innere der einzelnen religiösen Seele. Auch hier Motive des Paulus: Das Gesetz hat etwas mit Tod zu tun. Was für das Gesetz gilt, gilt auch für die Schriftgelehrten, also für eine menschliche Haltung, die schon aus sich heraus Tod, Krankheit und Angst verkörpert.

Ich glaube, an einem wird man trotz aller Bemühungen dieser Autoren um Objektivität nicht vorbeikommen: Man kann aus diesen Schilderungen überhaupt nichts anderes als nur ein Negativbild des Judentums gewinnen. Nun wäre die Frage, wie man sich in der universitären Lehre, aber auch in der Schule, im Unterricht, in Didaktik und Methodik damit auseinandersetzen soll. Es hat keinen Zweck, sich lediglich auf den nationalsozialistischen Antisemitismus zu beziehen, das habe ich Ihnen zu zeigen versucht. Rudolf Bultmann war jemand, der kein Antisemit war. Diejenigen, die sich ebenfalls in der protestantischen Kirche als Bekennende Kirche gegen das nationalsozialistische Regime gestellt haben, standen dazu, daß Jesus und seine Jünger und seine Apostel natürlich Jüdinnen und Juden gewesen sind.

Die zeitgeschichtliche Forschung hat erbracht, daß auch die Bekennende Kirche, mit ganz wenigen Ausnahmen, so gut wie überhaupt nichts für 'jüdische Juden' getan hat. Sie hat sich relativ tapfer für Menschen, die jüdischer Herkunft aber christlichen Glaubens waren, eingesetzt. Die 'jüdischen Juden' wurden von der protestantischen Kirche in jener Zeit alleine gelassen. Innerhalb der katholischen Kirche gab es den mutigen Kardinal

Faulhaber in München, der sich gegen die nationalsozialistische Abwertung des Alten Testaments gewehrt und darauf hingewiesen hatte, wie wichtig für die Kirche das Erbe des Alten Testaments, der hebräischen Bibel, ist. In seinen Predigten betonte er dann schließlich doch, daß jene Gestalten und Figuren, auf die sich Christen in ihrem Gottesdienst beziehen, die Gestalten und Figuren des Alten Testaments, nichts aber auch gar nichts mit dem heutigen, also dem Judentum der Zeit um 1933, zu tun hatten. Das wiederum ist aus jüdischem Selbstverständnis heraus ein wenig gewalttätig, weil natürlich Jüdinnen und Juden bis heute der Meinung sind, daß es da eine kontinuierliche Kette von heute bis zurück in die Zeit der Erzväter und der Erzmütter gibt.

Ich möchte zusammenfassend die Motive der christlichen Judenfeindschaft benennen und versuchen, in sehr prinzipiellen Thesen aufzuzeigen, was man dagegen tun kann.

Ein Teil des Antijudaismus stammt tatsächlich aus dem Neuen Testament, aus den Evangelien. Es ist wirklich so, daß die Juden, die den Barabas freiklagen, als Menschen gezeigt werden, die Jesus feindlich gesonnen sind. Andererseits ist es so, daß nicht in allen Fällen Pharisäer als Leute beschrieben werden, die Jesus und seiner Predigt ablehnend gegenüberstehen. Dagegen kommen im Johannesevangelium auch die Schriftgelehrten, die nicht dasselbe waren wie die Pharisäer, relativ schlecht weg. Im Johannesevangelium werden gerade diejenigen Juden, die bereit waren, an Jesus zu glauben, von ihm deswegen zurückgewiesen, weil sie noch einen weiteren Erwählungstitel, den Bund Gottes mit Abraham, ins Feld führen. Es ist so, daß etwa Paulus, im Brief an die Thessalonicher, mit der Gemeinde darüber korrespondiert, wie sehr sie nun von den Juden bedrängt worden seien. So kann gar kein Zweifel bestehen, daß die entstehende christliche Gemeinde, zu Recht oder zu Unrecht, aus historischen Gründen in eine feindselige Haltung zum damaligen Judentum gekommen ist. Diese Polemik beherrscht die Evangelien, mit der einen wesentlichen Ausnahme, daß wiederum der Apostel Paulus, der, weil er ein guter Jude war, im Unterschied zu all den wiedergegebenen Verdammungs- und Sebstverdammungsurteilen daran festhält, daß Gott treu ist und seine Verheißungen gegenüber dem jüdischem Volk nicht aufgelöst werden.

Alleine auf dem Hintergrund des Evangeliums erscheinen die Juden als die Gottesmörder, als die Kinder des Satans. Sie erscheinen als die Pharisäer und Schriftgelehrten, die hinter Proselyten her sind. Die Juden werden identifiziert mit dem Apostel Judas, der den Herrn um 30 Silberlingen willen preisgegeben hat. Das sind die religiösen Motive, die dann im Laufe der Zeit durch eine Reihe von volkstümlich-mythologischen Motiven ergänzt wurden, die übrigens zu Beginn der Geschichte des Christentums den Christen zum Vorwurf gemacht wurden, nämlich daß sie Kinder entführten und ermordeten - ein Vorwurf, den auch Luther gegenüber den Juden gemacht hat; oder man warf ihnen im hohen Mittelalter vor, Kinder entführt und gequält zu haben, so daß sie bluteten; oder während der Kreuzzüge Brunnen vergiftet zu haben.

In der volkstümlichen Ikonographie wurden diese Vorwürfe zu Bildern. Auf diesen Bildern waren Juden als Wesen mit Schwänzen und Hörnern dargestellt, die als Teufel, als Satan, an den Zitzen des unreinen Tieres, einer Sau, der Judensau, säugen. Das ist alles noch nicht moderner Antisemitismus, sondern christliches Abendland, christliches Mittelalter, das sich hier ein Bild von einer feindseligen Gruppe schafft. Das muß einen, wenn man es kulturgeschichtlich betrachtet, auch nicht weiter erstaunen. Heute haben wir Vorabendserien, wir haben Kino und Theater, von der Lindenstraße bis zur Tagesschau, an denen wir unsere Bedürfnisse und Probleme irgendwie abreagieren können. Das war nun im Mittelalter nicht so. Da gab es nur eine Story, das war die biblische Geschichte, die die meisten Menschen nicht unbedingt selber lesen konnten, sondern die sie so aufnahmen, wie sie ihnen von den Kanzeln verkündet wurde. Jede Form von Unbehagen, von Rebellion, von Aufbegehren, von Sozialkritik mußte irgendwie in diese Geschichte eingepaßt werden. Die zentrale Geschichte des leidenden Menschen war natürlich die Passionsgeschichte. Eine andere Geschichte gab es nicht, und auch da waren die Rollen eindeutig verteilt. Die Bösen, das waren die Sadduzäer, die Pharisäer, die Schriftgelehrten. Dann gab es ein paar Gute, es gab den einen oder anderen Pharisäer, der es mit Jesus hielt. Schließlich gab es noch die Römer, die, jedenfalls für lange Zeit, außerhalb der Kritik standen, weil die weltliche Herrschaft das römische Kaiserreich für sich reklamiert und beerbt hat, so daß auch die sozialkritische Kunst oder sozialkritische volkstümliche Erzählungen die Römer und Pilatus nicht angreifen konnten. Es blieb also als einzige Projektionsfläche für allen Widerwillen, den man in diesen ja gewiß nicht besonders gerechten mittelalterlichen Gesellschaften empfunden hat, immer wieder nur das Bild des Juden, so wie es aus dieser schismatischen Situation, aus der Zeitenwende über die Evangelien überliefert worden ist.

Es gibt noch einen qualitativen Bruch mit dem, was den Antijudaismus vom modernen Rassenantisemitismus unterscheidet, ohne daß beides in

Wirklichkeit so genau zu trennen ist. Was die schlimmsten Antijudaisten allen Jüdinnen und Juden letzten Endes offengelassen haben, war die Taufe. Es war nicht selten der Fall war, daß bei den Pogromen in den mittelalterlichen Städten immer noch ein Pfarrer mit Weihwasser hinterhergelaufen ist und all diejenigen, die bereit waren sich taufen zu lassen, getauft hat. Die Getauften sind dann weder umgebracht, noch vertrieben, noch verbrannt worden. Es gab deshalb auch nicht wenige ehemalige Juden, die nach ihrer Taufe zu den schärfsten antijüdischen Predigern gehört haben. Das ist eine Option, die mit dem Entstehen des modernen Rassenantisemitismus zu Beginn des 19. Jh. nicht mehr denkbar war. Der Rassenantisemitismus interessierte sich nicht mehr so sehr für den Glauben des einzelnen Menschen, der umkehren kann, der sich bekehren kann, der seinen Glauben ändern kann. Der moderne Rassenantisemitismus interessierte sich für eine unveränderliche, biologische Größe, nämlich das Blut - heute würde man sagen: die Gene, die Erbmasse. So wurden all die Eigenschaften, die bereits der christliche Antijudaismus den Juden zugeschrieben hatte, den Juden als eine nicht veränderbare und nicht abwerfbare Erblast zugeschrieben, die man nur dadurch unter Kontrolle bringen konnte, daß man die Juden isolierte, eingesperrte, herausgedrängte oder eben wie im extremen Fall des Nationalsozialismus zu Millionen umgebrachte.

Strategien der Überwindung

Welches könnten nun die Strategien sein, die wir einschlagen sollten, um die christliche Judenfeindschaft zu überwinden?

Das erste Prinzip muß zum Ziel haben, Schülerinnen und Schülern, ja der gesamten Bevölkerung einsichtig zu machen, daß Jesus, der größte Teil seiner Umwelt, seine Jüngerinnen und Jünger, Juden und nichts als Juden gewesen sind und daß die Auseinandersetzungen, die es zwischen Jesus und den Pharisäern hier und den Schriftgelehrten dort gegeben hat, ganz normale Lehrstreitigkeiten innerhalb des palästinensischen Judentums in jener Zeit gewesen sind. Das heißt, sie sollten lernen, das Neue Testament als ein im wesentlichen jüdisches Buch zu lesen. Jesus jedenfalls war mit Sicherheit nicht der erste Christ, er war überhaupt kein Christ.

Ein zweiter Punkt, und da wird es im christlich-jüdischen Dialog dann sehr viel schwieriger, ist die Frage, ob denn nun das, was Jesus gepredigt und gelebt hat, wirklich etwas bahnbrechend Neues gewesen ist. Ob es also, wie Franz Alt unter Bezug auf ein paar Neutestamentler gesagt hat, so war, daß Jesus der erste Jude war, der nun endlich zu Gott kein unterwürfiges Verhältnis mehr gehabt hat, den er eben nicht nur, wie Rudolf Bultmann es bezeugt, als Vater angesprochen hat, sondern als Väterchen, also Abba. Das hat ja eine ganze Zeit lang sehr überzeugend gewirkt. Es kommt darauf an, sich mit der Frage auseinanderzusetzen, ob und inwieweit die jesuanische Botschaft wirklich etwas bahnbrechend Neues gegenüber dem Judentum gewesen ist, etwas Neues, das dann im Sinne einer Entwicklungspsychologie als ein Fortschritt anzusehen wäre. In diesem Zusammenhang sind dann natürlich auch Rollenzuweisungen zu überprüfen. Ist es wirklich so, daß die hebräische Bibel das Buch der Rache und Gnade ist, während das Neue Testament alleine das Buch der Liebe ist? Diese Frage ist schwierig zu beantworten. Sieht man sich den Evangelisten Matthäus mit seinen Ankündigungen des Jüngsten Gerichts an, ist das ziemlich schaurig. Dann ist da die Frage mit der Bergpredigt. Was hören wir in der Bergpredigt von Jesus eigentlich? Hören wir ihn als jemand, der, wie Sokrates, alle Weisungen und alle Lebensregeln durch groteske Übertreibung auszuhebeln versucht, oder ist er ein jüdischer Gesetzeslehrer seiner Zeit, der durchaus auch die eine oder andere Weisung verschärft, indem er beispielsweise, aus welchen Gründen auch immer, die Scheidung verboten hat, die im Judentum zulässig gewesen ist. Also: das Neue und das Alte, das Gesetz und das Evangelium, die Härte und Strenge hier, die Liebe und Milde dort. Stimmen eigentlich die Zuweisungen, wenn man sie so verteilt, wie Franz Alt es gemacht hat, daß alles Positive, Milde, weiblich-liebende auf das Christentum und auf Jesus Botschaft fällt, während der ganze Rest, unter dem wir alle irgendwie leiden, dann dem Judentum zugeschrieben wird?

Ich nenne ein drittes Prinzip: Man sollte darüber hinaus nicht darauf verzichten, das Judentum in sich selbst, in seiner Lebenspraxis und in seiner Gebetspraxis kennenzulernen. Alles, was wir bis jetzt gehört haben, sind ja immer nur Aussagen über das Judentum und über die jüdische Frömmigkeit, wie sie vielleicht aus der Sicht von innerjüdischen Dissidenten vor 2 000 Jahren erschienen sind. Das jüdische Selbstverständnis ist, daß diese Entwicklung nicht stehengeblieben ist und daß das Judentum eine eigene Gebetsfrömmigkeits- und Lebenspraxis entwickelt hat, die man kennenlernen muß. Das muß jetzt nicht heißen, daß die Lehrer mit ihren Schülerinnen und Schülern in die Heidelberger Synagoge gehen und die dort eher kleine betende Gemeinde gewissermaßen überfluten, sondern es würde schon reichen, sich ein jüdisches Gebetbuch vorzunehmen. Da werden die Schüler dann zu ihrer Überraschung sehen, daß die Ähnlichkeiten zu dem, was man inbrünstig und bewußt in traditionellen Gebeten im Christentum spricht, vergleichsweise groß sind.

Das vierte Prinzip ist, das Christentum an seinem eigenen Anspruch, nämlich eine Liebesreligion zu sein, zu messen und sich historisch genau anzusehen, wie und warum sich die christlichen Kirchen gegenüber den Juden in weiten Teilen ihrer Geschichte mit einer oftmals harten und heute nur schwer verständlichen Grausamkeit verhalten haben. Hier plädiere ich dafür, sehr genau hinzusehen. Wenn Sie das tun wird Ihnen auffallen, daß das nicht immer so war. Bis ins 4./5. Jahrhundert hinein war das Verhältnis der Christen zu den Juden von Grausamkeiten bestimmt. Dann herrschte 500 Jahre lang relative Ruhe. Das frühe Mittelalter war vergleichsweise wenig judenfeindlich. Im hohen Mittelalter bricht der Judenhaß wieder mit einer ungeheuren Wucht aus. Zur Zeit der Reformation gibt es nicht wenige Christen, die sich aufs Judentum zurückbesinnen (Judaismus). Diese Rückbesinnung löst bei anderen Christen, so auch bei Martin Luther, geradezu eine Panik aus. Der Begriff Antijudaismus, den wir in diesem Zusammenhang benutzen, ist zunächst keine Judenfeindschaft, sondern gegen den Judaismus, nicht gegen das Judentum gerichtet, also dagegen, daß Christen sich stärker auf das Judentum und die jüdischen Bräuche zurückbesinnen. Antijudaismus ist zunächst eine innerchristliche Haltung, die aber, wie man an Martin Luther gesehen hat, sehr schnell in eine antijüdische Haltung umschlägt.

Schließlich führt in diesem Zusammenhang - und das gilt insbesondere für Deutschland - nichts daran vorbei, sich die Frage zu stellen, wie es geschehen konnte, daß Hunderttausende, ja Millionen von Christen entweder aktiv beteiligt waren oder mindestens gegen alle jüdischen und christlichen Forderungen von Nächstenliebe mit angesehen haben, wie mehrere Millionen Jüdinnen und Juden und auch Millionen anderer Menschen unter dem Nationalsozialismus umgebracht worden sind. Es ist ein historisches Argument, daß solche Taten, die allen Ansprüchen des Christentums zuwiderlaufen, auch etwas mit der Entwicklung des Christentums in den letzten 2000 Jahren zu tun gehabt haben müssen. Deswegen besteht die Aufgabe darin, diesen Teil der Geschichte, ich möchte es psychoanalytisch ausdrücken, kritisch zu 'wiederholen' und durchzuarbeiten, und sei es nur deswegen, um eine Wiederkehr des Verdrängten zu verhindern.

Jörg Thierfelder

Tun des Gerechten -
Hermann Maas, der stadtbekannte Freund der Juden[1]

1966 wurde Prälat Hermann Maas in der Israelischen Botschaft in Köln die Yad-Vashem-Medaille überreicht. Der damalige israelische Botschafter sagte dabei: "Sie haben diejenigen als Ebenbild Gottes angesehen, die damals nicht als Menschen galten und Sie setzten dabei ihr Leben aufs Spiel."[2] Mit dieser hohen Auszeichnung wurde Maas der Ehrentitel "Gerechter unter den Völkern" verliehen, der von Israel an Nichtjuden vergeben wird, die sich in der Zeit des Dritten Reiches in besonderer Weise für die verfolgten Juden eingesetzt haben. Verbunden mit dieser Ehrung war, daß Hermann Maas zu Ehren in der Allee der Gerechten in Yad Vashem, der jüdischen Gedenkstätte für die Opfer der Shoa in Jerusalem, ein Baum gepflanzt wurde. Er steht ziemlich am Anfang der Allee neben dem Baum, mit dem sein Freund Heinrich Grüber geehrt wurde, dem wohl bekanntesten "Judenretter" aus dem Bereich der Evangelischen Kirche.

---

[1] Zu Leben und Werk von Hermann Maas siehe: *Werner Keller* u.a., "Redet mit Jerusalem freundlich". Zeugnisse von und über Hermann Maas, Karlsruhe 1986; *Eckhart Marggraf*, Hermann Maas. Evangelischer Pfarrer und "stadtbekannter Judenfreund", in: Michael Bosch/Wolfgang Niess (Hrsg.), Der Widerstand im deutschen Südwesten 1933-1945, Stuttgart 1984 (= Schriften zur politischen Landeskunde Württembergs Bd. 10), S. 71-82; *Jörg Thierfelder*, Hermann Maas und die badische Landeskirche im Dritten Reich, in: Uwe Uffelmann (Hrsg.), Das Land zwischen Neckar und Odenwald, Villingen-Schwenningen 1987, S. 158-170; *Eckhart Marggraf*, "Die Kirche muß ein schützender Zaun sein um das ganze leibliche Israel" - Der Einsatz von Hermann Maas für bedrängte Juden, in: Theodor Strohm/ Jörg Thierfelder (Hrsg.), Diakonie im "Dritten Reich", Heidelberg 1990, S. 305-318; *Dieter Petri/ Jörg Thierfelder*, Hermann Maas - Lernender im Judentum, ein Gerechter. Ein Unterrichtsvorschlag, in: Albrecht Lohrbächer (Hrsg.), Was Christen vom Judentum lernen können, Freiburg 1994, S. 53-105; *Eberhard Röhm/ Jörg Thierfelder*, Juden-Christen-Deutsche, Bde. 1-3, Stuttgart 1990 ff. - Der Vortrag über Hermann Maas wurde in der Heidelberger Heiliggeistkirche gehalten. Die Lesung der zahlreichen Zitate übernahm dankenswerterweise der Heiliggeistpfarrer Werner Keller.

[2] W. Keller u.a., Redet mit Jerusalem freundlich, a.a.O. (Anm. 1), S. 86.

*Hermann Maas über einem Gebetbuch zum 7. Tag des Pessach-Festes
(Foto: W. Beusch)*

Ich möchte gerne in einem ersten Teil auf den Werdegang von Hermann Maas eingehen und seine Prägungen, die wenigstens ansatzweise verständlich machen können, warum er im Gegensatz zu den meisten Deutschen und den meisten Christen in der Zeit des Nationalsozialismus ein wirklicher Freund der Juden war. Ich möchte dann seinen Einsatz für verfolgte Juden im Dritten Reich schildern und am Schluß kurz noch auf seine Tätigkeit als Brückenbauer zwischen Israel und der Bundesrepublik sowie zwischen Juden und Christen nach 1945 eingehen.

1. Werdegang und Prägungen

Hermann Maas, geb. 1877, entstammte einer badischen Pfarrersfamilie. Er studierte Evangelische Theologie in Halle, Straßburg und Heidelberg. Nach mehrjähriger Tätigkeit als Vikar kam er 1903 zunächst als Pfarrverwalter und dann als Pfarrer nach Laufen in Südbaden. Von 1915 bis 1943 war er Pfarrer an der Heiliggeistkirche. Geprägt wurde Maas vor allem durch die liberale Theologie, durch seine Mitarbeit in der ökumenischen Bewegung und durch seine frühe Begegnung mit dem Judentum. Durch sein Studium kam er in Berührung mit der vor dem ersten Weltkrieg im deutschen Protestantismus tonangebenden liberalen Theologie. Sie vermittelte ihm, wie Eckart Marggraf zutreffend formulierte, "die Offenheit der kirchlichen Verkündigung für Kultur und Gesellschaft, gepaart mit einem hohen Anspruch an wissenschaftlicher Reflexion, verbunden mit sozialem Verantwortungsbewußtsein".[3] Sie weckte auch sein Interesse für die anderen Religionen.

Hermann Maas war weiter einer der frühen ökumenischen Pioniere in Deutschland, die sich für den Frieden zwischen Kirchen und Völkern einsetzten. In seinem Lebenslauf vom 18. April 1952 schrieb er:

"1914... gehörte ich zu denen, die auf dem Boden der christlichen Kirchen... eine wirksame Friedensbewegung begründen wollten. In den ersten Augusttagen 1914 wurde in Konstanz der 'Weltbund für internationale Freundschaftsarbeit der Kirchen' gegründet. Jäh brachen diese Tage ab, um des ersten Weltkriegs willen, dessen Ausbruch wir wenigen Männer aus mancherlei Kirchen und Völkern nicht verhüten konnten. Aber ich habe mein Leben lang diese Linie nicht verlassen und bin nur in der kommenden Zeit immer radikaler geworden in dem Kampf um den Frieden und um eine wirklich aktive Gewaltlosigkeit. Darum blieb ich auch bewahrt vor jedem Nationalismus und jeder Begeisterung während der Jahre 1914-1918 und versuchte nach dem furchtbarem Ende, in dem Kampf für den Frieden Trost zu finden und anderen zu geben."[4]

Schließlich hatte Hermann Maas von Jugend an intensive Kontakte zu Juden. In seinem Lebenslauf von 1952 schreibt er: "Schon in früher Jugend fühlte ich, der Sohn und Enkel von Pfarrern, mich zu dem Volk Israel in einer geheimnisvollen Weise hingezogen. Meine ersten Freunde waren im Grunde immer Juden. Das galt für meine ersten Schuljahre, wo ich glücklich war, wenn ich angefochtenen Mitschülerinnen und

---

[3] E. Marggraf, Hermann Maas, Evangelischer Pfarrer und "stadtbekannter Judenfreund", a.a.O., S. 73.
[4] Keller W. u.a., Redet mit Jerusalem freundlich, a.a.O., S. 14.

Mitschülern aus dem Judentum beistehen konnte und auch etwas für sie aushalten durfte".[5]

Ein Beispiel dafür: Nach dem Krieg schrieb Hermann Maas in einem Geburtstagsgruß für einen in Israel lebenden Jugendfreund über eine antisemitische Gehässigkeit eines Französischlehrers im Heidelberger Gymnasium: "Einmal habe ich etwas erlebt, das ich nie vergesse... Da war ein liebes schönes jüdisches Mädel aus Hörden. Vor uns stand der Lehrer des Französischen, dem eines fehlte: ein warmes Herz. Der verlangte eines Tages von Rosa N. - sie lebt heute noch in New York - sie solle, um die weichen 'j' und die scharfen 's' zu üben, mehrmals hintereinander sagen 'Je suis une Juive' ('ich bin eine Jüdin'). Sie tat's bis ihre Stimme in Tränen erstickte. Als ich wütend auf die Bank schlug, bekam ich eine Ohrfeige, auf die ich heute noch stolz bin. Aber in jener Stunde erlebte ich zum ersten Mal, was heute noch blutet wie eine tiefe Wunde, und bewußter wurde mir in jener Stunde, was vorher unbewußte Selbstverständlichkeit war: meine Liebe zu Israel, die von nun in mir brannte, wie die ew'ge Lampe, der ner tamid, vor dem heiligen Schrein."[6]

Und dieses Ereignis fand seine Fortsetzung und Vertiefung im Jahr 1903. Dazu Hermann Maas:"Aber es ist doch eigentümlich, daß ich dann als ganz junger Geistlicher im Jahre 1903 scheinbar durch einen Zufall durch Basel wanderte, als eben hunderte von jüdischen Menschen in diese Stadt kamen, zum 6. Zionistenkongreß. Als ich erfuhr, was sie nach Basel führte, bat ich um eine Zulassung zu dem Kongreß als Besucher, die mir auch freundlichst gewährt wurde, und erlebte die leidenschaftlichen Auseinandersetzungen zwischen den 'Uganda-Leuten' und den 'Zionisten'... Dort wurde ich Zionist. Von da an las ich die zionistischen Zeitschriften,... bezahlte meinen Schekel in irgendeiner Weise, freute mich, wenn ich Bäume stiften konnte für Palästina und dachte und lebte für die große zionistische Idee."[7]

In Basel traf Hermann Maas Theodor Herzl, Chaim Weizmann (später erster Staatspräsident von Israel) und Martin Buber. Mit Buber verband ihn eine lebenslange Freundschaft.

Nun machen wir einen großen Sprung bis in das Jahr 1933. Anders als die Mehrheit der kirchentreuen Protestanten, die die sog. Machtergreifung Hitlers teilweise begeistert begrüßten, war Maas über die neue Entwicklung eher erschrocken. Er schrieb später:

"Den sogenannten 'Umbruch' 1933 habe ich kaum miterlebt. Er fiel in meine letzten Vorbereitungen zu einer mehrmonatigen Palästinafahrt, die mich ganz in Anspruch nahm und ich war glücklich, dem verirrten, berauschten, mir unbegreiflichen deutschen Volk entfliehen zu können."[8]

---

[5] Ebd., S. 22.
[6] E. Röhm / J. Thierfelder, Juden-Christen-Deutsche, a.a.O., Bd. 2/I, S. 129.
[7] W. Keller u.a., Redet mit Jerusalem freundlich, a.a.O., S. 22.
[8] Ebd., S. 19.

Erschrocken war er wohl auch über das Aufkommen der sog. 'Deutschen Christen', einer Gruppe von Pfarrern und Laien in der evangelischen Kirche, die Nationalsozialismus und Christentum miteinander verbinden wollten. Die Radikalen unter ihnen übernahmen voll den nationalsozialistischen Rassenantisemitismus. Von April bis Juli 1933 hielt sich Maas in Palästina auf. Er schrieb darüber später:

"Mein Ziel waren nicht bloß die christlichen Erinnerungsstätten des heiligen Landes, sondern außer den jüngsten Ausgrabungsorten vor allem auch die damals aufblühenden zionistischen Siedlungen. Ich hatte mir darum auch in den vorausgegangenen Jahren das Hebräische als Umgangssprache angeeignet, um dort nicht als Fremdling zu erscheinen."[9]

Als Maas Anfang Juli 1933 aus Palästina zurückkehrte, sah er sich einer auf seine Person gemünzten Hetze ohnegleichen ausgesetzt. Der Heidelberger NSDAP-Kreispropagandaleiter schrieb an das Evangelische Dekanat Heidelberg:

"Unter der Heidelberger Bevölkerung herrscht außerordentliche Erregung darüber, daß der von einer Palästinareise zurückgekehrte Stadtpfarrer Maas am kommenden Sonntag wieder Gottesdienst abhalten soll. Die seit Jahren betont judenfreundliche Einstellung des Stadtpfarrer Maas ist stadtbekannt, sie braucht nicht unter Beweis gestellt zu werden; Maas wird überall als *der* Judenpfarrer betrachtet. Über seine projüdische Einstellung dürfte sowohl das Dekanat als auch die Oberste Kirchenbehörde unterrichtet sein. Wir bitten das Dekanat in der Angelegenheit an den Oberkirchenrat zu berichten und bis zum Eintreffen der Entscheidung des Oberkirchenrats den Stadtpfarrer Maas von der öffentlichen seelsorgerlichen Tätigkeit zu entbinden."[10]

Die Kirchenbehörden hielten sich zunächst stark zurück, anstatt die ungeheuerliche Zumutung zurückzuweisen. Man riet Maas, den ersten Gottesdienst nach seiner Heimkehr nicht zu halten, um sich keiner Gefahr auszusetzen. Bald darauf protestierte Landesbischof Kühlewein dann doch dagegen, "daß Geistliche unserer Kirche an der ordnungsmäßigen Ausübung des Predigtamtes gehindert werden, ohne daß begründete Beschwerden hinsichtlich ihrer Predigttätigkeit vorgebracht sind".[11] Schließlich verliefen die Angriffe im Sand. Beide Seiten, NSDAP und Regierung in Baden sowie die badische Kirchenleitung, waren in der Anfangszeit des Dritten Reiches daran interessiert, Konflikte zwischen Kirche und Staat zu vermeiden. Darüber hinaus war das NS-Regime, das in den ersten Jahren

---

[9] Ebd.
[10] Ebd., S. 61.
[11] E. Marggraf, Maas Hermann, Evangelischer Pfarrer und "stadtbekannter Judenfreund", a.a.O., S. 76.

ganz stark auf außenpolitische Reputation bedacht war, an einer Eskalation der Affäre um den gerade im Ausland gut bekannten Hermann Maas nicht interessiert. So konnte Maas bis 1943 im Dienst bleiben. An die Mahnung seines Landesbischofs, sich doch auf seine "gemeindepfarramtliche Tätigkeit" zu beschränken[12], konnte und wollte Hermann Maas sich nicht halten. In Heidelberg schloß sich Hermann Maas der Bekennenden Kirche an. Marianne Weber, die Frau des berühmten Soziologen Max Weber, erzählte später in einem Gespräch, "sie sei an einem Pfingstsonntag erst zur Peterskirche... gegangen, weil sie wußte, Maas werde dort predigen. Es sei ihr bewußt geworden, wer dahin gehe, werde von der Gestapo beobachtet und notiert; zur Predigt von Maas zu gehen sei ein Bekenntnis, ein christliches Wagnis. Maas habe auch entsprechend gesprochen."[13]

2. Einsatz für die verfolgten Juden

Das Engagement von Hermann Maas kann nur so recht gewürdigt werden, wenn wir es vor dem Hintergrund des schrecklichen Schweigens der Kirchen gegenüber der NS-Judenverfolgung sehen, wenn wir auch bedenken, welche großen Schwierigkeiten selbst getaufte Juden, sog. Judenchristen, in den Kirchen hatten. Es blieben eigentlich immer nur einzelne, die die sicher berechtigte Angst vor staatlichen Gegenmaßnahmen, die Gleichgültigkeit, aber auch den Panzer der Vorurteile, nicht zuletzt der religiösen, durchstoßen konnten. Zu diesen einzelnen gehörte Hermann Maas. Sein Engagement für die Verfolgten entsprang nicht bloß - und das unterschied Maas von vielen Judenrettern - der Liebe für die in Not geratenen Menschen, sondern, und ganz entscheidend, seiner tiefen Verbundenheit mit dem Judentum. Das werden die folgenden Seiten zeigen.

Während viele Deutsche damals sich ihrer Bekanntschaft mit Juden zu schämen begannen, bezeugte Hermann Maas in aller Öffentlichkeit seine Solidarität mit den Juden. Demonstrativ nahm er an den hohen jüdischen Feiertagen an den jüdischen Gottesdiensten teil. Der damalige Heidelberger Rabbiner Fritz Pinkuss, der später Rabbiner in Sao Paolo wurde, schrieb dazu 1985:

---

[12] W. Keller u.a., Redet mit Jerusalem freundlich, a.a.O., S. 64.
[13] Dekan A. Beil an den Verf. am 30.11.1986, vgl. auch: Klaus Heidel/Christian Peters, Nicht nur ein Kampf um Seelen. Die Kirchen und das 'Dritte Reich' in Heidelberg, in: Jörg Schadt/Michael Caroli (Hrsg.), Heidelberg unter dem Nationalsozialismus, Heidelberg 1984, S. 283f.

"Seine menschliche Verbundenheit war so tief, daß wir am Heiligabend bei ihm waren und er bei uns zur Pessachfeier (Seder) und an den hohen Feiertagen des Judentums. Das ging so weit, daß ich ihm dringend raten mußte, seine Sicherheit nicht durch Teilnahme an unseren Gottesdiensten zu gefährden und an einem anderen Platz am Gottesdienst teilzunehmen. Selten habe ich jemand so innig wie ihn beten sehen, wenn er zu den großen Gebeten der Hohen Feiertage kam."[14]

Wir wissen aus Berichten, daß sich Maas nicht nur um Judenchristen kümmerte. Rabbiner Pinkuss etwa legte ihm bei seiner Auswanderung 1936 ans Herz, "für die Verfolgten und die Alten zu sorgen."[15] Er tat dies, indem er sich um die Alten im jüdischen Altersheim in Mannheim kümmerte. Von mehreren Personen ist bezeugt, daß Maas an der Tür seines Pfarrhauses eine Mesusa befestigte, eine jüdische Türpfostenkapsel, die Worte aus der Tora enthält. Seine Begründung war: "Meine jüdischen Freunde (sollen wissen), daß sie bei mir sicher sind."[16]

Bei der Rettung von Juden fand Maas Helfer in Heidelberg. Ich möchte erinnern an Dr. Marie Baum, die ihren Lehrauftrag an der Universität 1933 wegen ihrer sog. nichtarischen Herkunft verlor. Sie schrieb 1952:

"In Heidelberg bildete den Mittelpunkt des Widerstandes sowie der Hilfeleistung für die 'Nicht-Arier' der von heißem Mitleid erfüllte, unerschrockene Stadtpfarrer Maas, dessen engste Mitarbeiterin ich ein Jahrzehnt hindurch sein durfte. So habe ich die meisten der Betroffenen persönlich, viele sehr nahe gekannt... Da uns alle Unterlagen - Karthothek, Korrespondenz, Aufzeichnungen und dergleichen - bei Haussuchungen gestohlen worden sind..., muß ich mich auf mein Gedächtnis verlassen... In der Zusammenarbeit mit Herrn Rechtsanwalt Strauß, dem Vertreter der jüdischen Bevölkerung mit ihren kümmerlichen Rechten, und der Gestapo gegenüber, griffen wir oft weit über die Grenzen der sog. 'Christlichen Nicht-Arier', für die ja kirchliche Kreise sich besonders organisiert hatten, hinaus."[17]

Zu den Helferinnen gehörte auch Frau Dr. Annemarie Fraenkel. Sie war die Leiterin des Evangelischen Jugend- und Wohlfahrtsdienstes gewesen und hatte wegen ihrer nichtarischen Herkunft am 1. Oktober 1933 auf äußeren Druck hin aus dem Dienst ausscheiden müssen.

Als seine Helfer außerhalb von Heidelberg möchte ich neben Heinrich Grüber, Berlin, noch Dr. Adolf Freudenberg nennen. Der aus der bekannten Weinheimer Unternehmerfamilie stammende Freudenberg war Diplo-

---

[14] D. Petri/J. Thierfelder, Hermann Maas - Lernender, a.a.O., S. 67.
[15] Ebd., S. 56.
[16] Ebd.
[17] Marie Baum, Vergessene und Unvergessene aus der Stadt Heidelberg, in: Hermann Maas/ Gustav Radbruch (Hrsg.), Den Unvergessenen. Opfer des Wahns 1933-1945, Heidelberg 1952, S. 100.

mat geworden, wurde aber zu Beginn des Dritten Reiches wegen seiner "nichtarischen" Ehefrau aus dem diplomatischen Dienst entlassen. Er studierte Theologie und wurde danach Mitarbeiter beim Ökumenischen Rat der Kirchen, zuerst in London und dann in Genf. Er leitete beim Ökumenischen Rat die Flüchtlingshilfe.[18]

Bei der Rettung von Juden kam es auch zur Zusammenarbeit mit Katholiken. Maas' Verhältnis zur katholischen Kirche scheint vor 1933 eher distanziert gewesen zu sein. Es verbesserte sich dann ab 1933. Er war besonders dankbar dafür, daß 1936 die katholische Kirche großes Entgegenkommen zeigte, als die Scheidemauer fiel, die seit 1706 den katholischen Chor vom evangelischen Schiff in der Heidelberger Heiliggeistkirche getrennt hatte. Dekan Beil berichtet von einer Begegnung 1941 zwischen Frau Dr. Gertrud Luckner, die im Dienst der Caritas so viele Juden gerettet hat, dem Heidelberger Studentenseelsorger Dr. Hauser und dem damaligen katholischen Pfarrkuraten Alfons Beil. Es ging um Hilfsmaßnahmen für Juden. Frau Dr. Luckner soll geäußert haben, daß es wegen des weitgehenden Schweigens der Kirchen zur Judenverfolgung nach dem verlorenen Krieg keinen mehr gäbe, der bei den Siegern "mit innerer Zuständigkeit für unser Volk um Gnade bitten" könne.[19]

Ab 1935 versuchte Hermann Maas auch, seine ökumenischen Beziehungen für die verfolgten Juden einzusetzen. Auf einer Tagung eines Ausschusses des Weltbundes für internationale Freundschaftsarbeit der Kirchen in Chamby bei Genf referierte er über "Das Problem der nichtarischen Christen". Sie sah er zwischen allen Stühlen sitzen, weder unterstützt von den jüdischen Hilfsorganisationen, aber auch viel zu wenig unterstützt von den evangelischen Kirchen. Maas schlug u.a. Kollektivsiedlungen im Ostjordanland vor und Schulen in Deutschland, die auf die Arbeit in solchen Siedlungen vorbereiten sollten. Theologisch forderte Hermann Maas von den Kirchen eine neue Besinnung auf die bleibende Erwählung Israels, wie sie der Apostel Paulus in seinem Römerbrief Kap. 9-11 herausgestellt hatte. Als Sofortmaßnahme plädierte Maas für die Schaffung eines internationalen kirchlichen Hilfskomitees für deutsche

---

[18] Zu Freudenberg vgl. E. Röhm/J. Thierfelder, Juden - Christen - Deutsche, a.a.O., v.a. Bd. 3/I, S. 270ff.
[19] Siehe K. Heidel/C. Peters, Die Kirchen und das 'Dritte Reich' in Heidelberg, a.a.O., S. 339ff.

Flüchtlinge. Dies wurde dann auch am 1. Januar 1936 in London gegründet und Maas war dabei.[20]

Maas wurde 1936 auch in einen Ausschuß der Bekennenden Kirche berufen, der eine Erklärung einer BK-Synode zur Judenfrage konzipieren sollte, die dann schließlich nicht zustande kam. Maas steuerte mehrere Referate für diese Arbeit bei. Gerade im Beitrag "Die Bekennende Kirche und die Judenfrage" wird sein Anliegen deutlich, die sog. Judenfrage als eine theologische Frage zu verstehen. Er schreibt: "Hinter dem Kampf gegen die Juden verbirgt sich der Widerspruch gegen den Anspruch Gottes, der mit dem jüdischen Volk, seiner Erwählung, seinem Schicksal und mit der Tatsache Joh. 4,22: Das Heil kommt von den Juden, an uns gestellt ist."[21]

Maas geht von der gemeinsamen Wurzel von Juden und Christen aus und sieht eine eschatologische Einheit zwischen Kirche und Israel. Im Angriff auf das Judentum sieht Maas letztlich den Glauben der Kirche angegriffen. Von daher bestimmte er die Aufgabe der Kirche, "ein schützender Zaun um das ganze leibliche Israel zu sein."[22] Maas entfaltete hier auch sein Verständnis vom Zionismus:

"Mag dieser Zionismus auch heute vor allem eine weltliche, soziale und politische Außenseite haben - mag er auch die Judenfrage noch nicht im tiefsten Kern ernst ins Auge gefaßt haben -, tief innen liegt doch etwas viel Größeres: Ein Wandern des jüdischen Volkes nach dem Land, in dem der Herr nach seiner Verheißung das Volk zu Christus endgültig führen will. Die zionistische Bewegung ist eine endzeitliche Bewegung im christlichen Sinne."[23]

Dies waren damals kühne Sätze, die in dem Ausschuß der Bekennenden Kirche auf Bedenken stießen. "Ganz unmöglich scheint mir auch", schreibt der Protokollant der letzten Ausschußsitzung, "daß die Kirche jetzt den Zionismus predigt in dem Sinne, wie Maas das fordert. Dazu haben wir gar nicht die Vollmacht. Maas hat sie vielleicht. Aber die deutsche evangelische Kirche hat sie, soweit ich sehe, nicht."[24] Maas hat auch nach 1945 diese endzeitliche Interpretation des Zionismus unverändert, ja eher noch verschärfter und konsequenter, vertreten.[25] Mit der Reichspogromnacht trat

---

[20] Vgl. zum ganzen E. Röhm/J. Thierfelder, Juden-Christen-Deutsche, a.a.O., Bd. 2/I, S. 113-126.
[21] Referat im Besitz von Frau Cornelie Hartmann, geb. Maas, Heidelberg.
[22] Ebd.
[23] Ebd.
[24] Zit. nach E. Marggraf, Die Kirche, a.a.O., S. 313f.
[25] Vgl. H. Maas/G. Radbruch, Den Unvergessenen, a.a.O., S. 175.

die Judenverfolgung in eine neue schreckliche Phase. Eine jüdische Frau berichtet, wie sie damals Hermann Maas erlebte:

"Ja, und das andere war 1938 am 10. November; wie ich erfahren habe oder gehört habe und erst geglaubt habe, es sei ein Gerücht, daß in Mannheim die Synagogen brennen, bin ich von der Wohnung zur Synagoge hingelaufen im Laufschritt, und es schlug mir schon der Qualm entgegen. Wie ich dann an die Synagoge in F2 kam, standen Massen von Leuten hämisch vor der Synagoge, und die Hitlerjugend stand mit Sammelbüchsen und hat 10 Pfennig Eintritt verlangt, um für dieses wunderbare Ereignis, nämlich eine brennende Synagoge zu sehen, zu kassieren. Und ich bin dann - vom Rauch kaum mehr etwas sehend und vom Weinen - die 'Freßgass' zurückgerannt. Irgendwo auf dem zweiten, dritten Quadrat nach der Breiten Straße hat sich ein Arm um mich gelegt und (jemand) hat zu mir gesagt: 'Kind, wein' nicht, das ist der Anfang vom Ende'. Und so bin ich immer wieder dem Prälaten Maas begegnet..."[26]

1938 gründete dann Heinrich Grüber im Auftrag der Bekennenden Kirche in Berlin die Kirchliche Hilfsstelle für evangelische Nichtarier, kurz Büro Grüber genannt. 30 bis 40 Mitarbeiter boten folgende Hilfen an: Auswandererberatung, Stellenvermittlung ins Ausland, Geldunterstützung, Textilspenden, Rechtsberatung, eine Familienschule für judenchristliche Schüler, die die öffentlichen Schulen nicht mehr besuchen durften. Eigentlich sollte Maas die Hilfsstelle übernehmen. Grüber erinnerte sich 1975:

"Ich schlug Pfarrer Maas aus Heidelberg vor, der auf diesem Gebiet Erfahrung besaß und den man nicht nur im Ausland, sondern auch in Deutschland als Freund der jüdischen Mitmenschen kannte. Pfarrer Maas wollte seine bisherige Arbeit in Heidelberg aber nicht aufgeben."[27]

Maas leitete die Heidelberger Vertrauensstelle des Büros Grüber. Hauptaufgabe des Büros wurde in der Zeit bis zum Kriegsausbruch vor allem, bedrohten Judenchristen aus Deutschland zur Auswanderung zu verhelfen. Maas fuhr damals, solange es möglich war, immer wieder nach England, um Möglichkeiten für die Auswanderung auszukundschaften. Von einem Besuch im Bloomsbury House in London, wo viele Hilfsstellen ihren Sitz hatten, berichtete er an eine judenchristliche Bekannte in Frankfurt:

"Drüben ging mir... doch mit Schrecken auf, daß alle am Ende der Kraft, der Mittel und des Rats sind. Tag und Nacht verfolgen mich die Bilder, die ich sah, dieser tausendfache Andrang in den Räumen des Komitees, ein heimsuchendes Volk, in engen Gängen, Treppen und überfüllten von Weh und Ach, Schelten, Zürnen erfüllten Büros, die zum Teil von ungeeigneten, lieblosen Menschen zu Infernos gemacht wurden. Ent-

---

[26] W. Keller u.a., Redet mit Jerusalem freundlich, a.a.O.), S. 68.
[27] Heinrich Grüber, Erinnerungen aus sieben Jahrzehnten, Köln 1968, S. 105.

setzlich! Ich habe wohl in den 24 Büros gearbeitet,... sehr ernste Gespräche gehabt, von den Quäkern aufs Liebenswürdigste empfangen. Aber wo ist noch eine Tür auf? Welch eine grausame Not und welch dämonischer Sadismus, rücksichtslos weiterzubedrohen, auszuweisen! O Gott, was muß geschehen! Ich zittere vor dem Gottesgericht, das sich grausig in diesen Tagen zusammenzieht über uns, Europa und am Ende der ganzen Welt. Und das alles um einer Idee willen..."[28]

Eine ganz wichtige Rolle spielte Maas bei der Rettung von knapp 40 judenchristlichen Pfarrern und ihren Angehörigen, die auf Einladung von George Bell, Bischof von Chichester, dem Freund von D. Bonhoeffer, 1939 nach England ausreisen durften.[29] Es war Maas, dem aus der ökumenischen Zentrale in Genf die Bitte zukam, eine Liste der betreffenden Personen zusammenzustellen, die gerettet werden sollten. Ja, es gab auch eine 'Maas-Liste'. Darauf stand z.B. der Name des früheren Professors für Philosophie an der Universität Heidelberg, Dr. Hans Ehrenberg, der nach dem 1. Weltkrieg Theologie studiert hatte, und 1938 seine Gemeinde in Bochum verlassen mußte. Aber Maas drängte auch, Entsprechendes für christliche Laien zu tun, deren Not immer größer geworden wäre. Er erzählte in einem Gespräch mit einem Abgesandten der Ökumene "von einem nichtarischen christlichen Landwirt, der zunächst ins Konzentrationslager geholt, dann entlassen wurde mit der Weisung, daß er innerhalb drei Wochen Deutschland zu verlassen haben, ansonsten würde er wieder ins Konzentrationslager kommen." Könnte man nicht - so Maas - "in einer ähnlichen Weise wie für die nichtarischen Pfarrer ein Sammelvisum oder eine Garantie für eine bestimmte Gesamtzahl von etwa 100-200 oder auch mehr Laien beschaffen, die etwa später nach Australien weitergehen könnten."[30]

Da die Gestapo den gesamten Briefwechsel von Maas beschlagnahmte und wohl auch vernichtete, war bisher wenig von der konkreten Rettungsarbeit bekannt. Eine der Absolventinnen unserer Pädagogischen Hochschule, Frau Claudia Pepperl, hat in mühsamer Spurensuche - gewissermaßen um den ganzen Globus herum - einige konkrete Fälle festmachen können. So machte sie z.B. die Bekanntschaft mit Arie Flor, der heute in Israel wohnt. Er wurde 1920 in Heidelberg geboren und kannte Hermann Maas von dessen Besuchen in der Synagoge. Er wurde nach der Reichs-

---

[28] D. Petri/J. Thierfelder, Hermann Maas - Lernender, a.a.O., S. 65.
[29] Vgl. zum ganzen E. Röhm/J. Thierfelder, Juden - Christen - Deutsche, a.a.O., Bd. 3/I, S. 280-299.
[30] Ebd., S. 286.

pogromnacht in Dachau eingesperrt. Kurz vor Ausbruch des 2. Weltkriegs konnte Maas ihn in einem Vorbereitungslager für Palästina unterbringen. Das Lager wurde 1940 aufgelöst. In einer langen Odyssee kam er dann nach Palästina und wurde Mitglied in einem Kibbutz in Galiläa.

Der Einsatz für die verfolgten Juden trug Maas nicht nur zermürbende Gestapoverhöre ein. Er bekam auch Schwierigkeiten in Heidelberg. In einem unzensierten Brief klagte er 1935 seinem Freund Friedrich Sigmund-Schultze in Zürich. Dieser Brief macht übrigens auch den ganzen Wahnsinn der nationalsozialistischen Judenpolitik deutlich:

"Hier treibt man wieder hinter mir her, weil ich ein 25-prozentiges nichtarisches Kind getauft habe, das Kind einer Familie, in der ich Vater (vollarisch) und Mutter (halbarisch) konfirmiert, die Mutter in erster Ehe mit einem Vollarier getraut, deren früh verstorbenen Mann zwei Jahre lang an seinem Krankenbett besucht, ihre beiden Kinder aus erster Ehe getauft, ihren Mann beerdigt und die beiden Trauungen gehalten habe. Und wer schützt einen bei solchem Kesseltreiben? Oder man klatscht über mich an allen Biertischen, daß ich mit einem nichtarischen Arzt auf der Straße gesprochen habe, weil ich in einem sehr dringlichen Seelsorgefall ihn, den Hausarzt, um Rat fragen mußte. Das sind kindische Beispiele, die ich aus meinem eigenen Leben Tag für Tag, aber ebenso aus dem Leben meiner Gemeinde ständig, fast stündlich vermehren könnte."[31]

Es grenzt an ein Wunder, daß Maas nicht eingesperrt wurde. Einen solchen Einruck hatten auch ausländische Besucher, wie der Schweizer Kirchenpräsident Alphons Koechlin, der 1939 Maas besuchte und an Bell schrieb:

"In Heidelberg wohnte ich im Haus von Pfarrer Maas, sicher dem exponiertesten Mann in der Stadt und einem der sehr wenigen, die sich beständig um nichtarische Christen kümmern, die aus Frankfurt, Karlsruhe, Stuttgart und allen Teilen von Süddeutschland zu ihm kommen. Es erscheint fast als ein Wunder, daß er noch in Freiheit ist."[32]

Diese Aussage gilt auch dann, wenn man davon ausgeht, daß Maas in seiner Rettungsarbeit so vorsichtig wie möglich agierte, um seine Arbeit nicht zu gefährden. Nach dem Krieg sagte er einmal: "Ich wollte doch kein Märtyrer werden, ich wollte weiterarbeiten."[33] Maas scheute übrigens vor Schutzbehauptungen nicht zurück, um sein Engagement für Juden nicht zu gefährden. So konnte er in einem Rechtfertigungsbrief an den Oberkir-

---

[31] E. Röhm/J. Thierfelder, Juden - Christen - Deutsche, a.a.O., Bd. 2/I, S. 415.
[32] A. Lindt (Hrsg.), George Bell-Alphons Koechlin, Briefwechsel 1933-1945, Zürich 1969, S. 377.
[33] Rhein-Neckar Zeitung v. 16./17. April 1966.

chenrat in Karlsruhe, der vor allem für staatliche Ohren bestimmt war, behaupten, daß er sich "nie um ungetaufte Juden" gekümmert habe, ja noch mehr:

"Den gegen mich erhobenen Vorwurf der Judenfreundlichkeit und Staatsablehnung muß ich auf das Entschiedenste zurückweisen... Wenn ich mich hier der Juden angenommen habe, so geschah dies nicht, um Maßnahmen, die der Staat nach der rassischen und politischen Seite für nötig erachtet und die er allein zu verantworten hat, irgendwie zu kritisieren oder zu erschweren oder sie auch nur in Frage zu stellen."[34]

Es sind genügend Zeugnisse von jüdischer Seite bekannt, die zeigen, daß Maas hier objektiv die Unwahrheit gesagt hat. Für jüngere Menschen, die die Zeit der Diktatur nicht kennen (können), sind solche Äußerungen nicht leicht einzuordnen. Zu Recht schreibt Albrecht Lohrbächer, daß "wer so wie Maas helfen wollte, ... damals eine Art Doppelleben führen" mußte.[35] Maas hatte seine eigene Erklärung für den erfahrenen Schutz:

"Viel Behütung und seltsame, mir oft unerklärliche Unentschlossenheiten der Gestapo bewahrten mich vor dem allerletzten, dem Lager und dem Strick. Aber ich glaube sagen zu dürfen, daß damals meine große Gemeinde in Heidelberg wie ein Schutzwall hinter mir stand und oft die Gestapo zögern ließ oder gehemmt hat."[36]

Doch begann die Kampagne gegen ihn, die ihn schließlich aus dem Amt drängen sollte. Im August wurde ihm das Amt des Wehrmachtspfarrers, das er als Nebenamt innehatte, entzogen. Zu Recht stellte er fest: "Der Einsatz für aus dem Judentum stammende Menschen ist eben ein Verbrechen."[37] Im Oktober 1940 wurden die Juden aus Baden, dem Saarland und der Pfalz in südfranzösische Internierungslager deportiert. Hermann Maas erinnerte sich später:

"In aller Frühe bekam ich schon telefonische Anrufe von Mannheim durch jüdische Freunde: 'Wir werden alle abtransportiert nach den Pyrenäen.' Das Herz stand mir fast still. Dann erwachte gleich die Frage: Was tun? Sehr schnell konnte ich schon feststellen, daß an dem Befehl nichts zu ändern war. Ich telegrafierte an Probst Grüber in Berlin, meinen Mitkämpfer und Freund, ob er in Berlin etwas erreichen könne. Wir hatten zwei Tage zuvor... miteinander beraten, ohne zu ahnen, was geschehen sollte. Er antwortete mir, daß wir machtlos seien. Es sei eine Sonderaktion für Baden und die Pfalz. Ich suchte dann eine Verbindung mit dem Ökumenischen Rat und vor allem mit meinem Freund Dr. Adolf Freudenberg in Genf. Aber es ging alles viel zu schnell. Der Wagen rollte schon, von einem satanischen System, von den herzlosen Machthabern

---

[34] W. Keller u.a., Redet mit Jerusalem freundlich, a.a.O., S. 69.
[35] Ebd.
[36] W. Keller u.a., Redet mit Jerusalem freundlich, a.a.O., S. 20f.
[37] Ebd., S. 70.

und ihren Schergen in Gang gehalten. In einer Apotheke verschafften wir uns stark abführend wirkende Medikamente, die wirkten und halfen da und dort in einigen Fällen. 'Nicht transportabel', war dann das rettende Urteil. Der ganze Tag galt den Abschiedsbesuchen. Herzzerreißende Szenen erfüllte sie."[38]

Der Heidelberger Neutestamentler Martin Dibelius, mit dem Maas befreundet war, ging zum Oberbürgermeister und protestierte gegen die Deportation der Heidelberger Juden, natürlich ohne Erfolg.[39] Die Aktion war weiter oben angeordnet worden. 1942 entzog ihm das Kultusministerium die Erlaubnis, Religionsunterricht zu erteilen. Begründet wurde dies so:

"Pfarrer Hermann Maas in Heidelberg, der im Jahre 1926 der Loge 'Zur Wahrheit und Treue' beigetreten war und außerdem dem Pro-Palästina-Komitee angehörte, hat bei seinem Schriftwechsel mit den in Baden wohnenden Judenchristen eine judenfreundliche Einstellung zu erkennen gegeben. So schrieb er anläßlich der Judenaktion vom November 1938 u.a. an einen Juden in Baden-Baden: 'Ich stehe bei Ihnen nicht 'trotzdem' Sie Jude sind, sondern 'weil' Sie es sind und weil ich heute von einer Gottesgemeinde, einem Gottesvolk weiß, zu dem wir, Sie und ich, in gleicher Weise als Brüder und Schwestern gehören, in gleicher Weise angegriffen, verachtet und verstoßen von der Welt, in gleicher Weise aber auch geborgen in der Liebe des Ewigen, dessen Kinder wir sein dürfen."[40]

Maas versuchte sich in zwei längeren Schreiben an den Oberkirchenrat zu rechtfertigen. Er bat ihn auch um Hilfe in seiner "äußeren und inneren Bedrängnis". Der Oberkirchenrat verwarnte ihn, wohl um ihn vor weitergehenden Forderungen des Staates zu schützen. Eine Warnung, dies war die mildeste Strafe, die die Disziplinarordnung der Deutschen Evangelischen Kirche vorsah. 1943 fand das Kultusministerium endlich eine Handhabe, Maas aus dem Amt zu vertreiben. Die Gestapo lieferte belastendes Material gegen Maas. Der hatte an eine befreundete Judenchristin, Claire von Mettenheim in Frankfurt, Briefe geschrieben, die beschlagnahmt worden waren. Darin hatte Maas sehr offen die NS-Judenpolitik kritisiert sowie seine Solidarität mit den verfolgten Juden zum Ausdruck gebracht. Kurz nach der Deportation der badischen Juden nach Südfrankreich schrieb er an sie:

"Ich suche alles zusammen, um den ersteren durch Freunde in der Schweiz helfen zu können. Einer, vielleicht der einzige Zielort für die 7000 bis 9000 Menschen ist

---

[38] Ebd., S. 71.
[39] Vgl. H. H. Fix, Martin Dibelius und die Politik seiner Zeit. Ein politischer Gelehrter in vier Epochen deutscher Politik (1915-1947). Wissenschaftliche Arbeit zur wissenschaftlichen Prüfung für das Lehramt an Gymnasien im Fach Geschichte, Universität Heidelberg 1986, S. 36f.
[40] W. Keller u.a., Redet mit Jerusalem freundlich, a.a.O., S. 62.

wohl Camp de Gurs... Dort ist schon ein Pfarrer eingetroffen. Jetzt geht es um die Wege zur Kommunikation mit ihnen... Leider mußten einige Witwen, deren arische Männer tot sind, mit. Namenloses Herzeleid ist geschehen... Wenn ich noch eine Weile leben sollte, wollte ich ein Buch der Anfechtung schreiben. Heute quäle ich mich, daß ich nicht gebeten habe, mitzudürfen und mit diesen armen Brüdern und Schwestern zu sterben."[41]

Nun forderte das Kultusministerium die Kirchenleitung auf, Maas "aus der Seelsorge zurückzunehmen".[42] Um seiner Entfernung aus dem Amt durch ein Disziplinarurteil zuvorzukommen, brachte Maas seine vorzeitige Zurruhesetzung ins Gespräch, - ob freiwillig oder auf Drängen hin, ist nicht genau auszumachen. Er schrieb an den Evangelischen Oberkirchenrat:

"Obwohl in meiner Gemeinde keinerlei Schwierigkeiten irgendwelcher Art aufgetreten sind, obwohl ich nie eine Abmeldung bei einer Amtshandlung habe, also in keiner Weise irgendwelche Ablehnung erfahre, und obwohl diese Sache doch völlig nur in den Akten liegt und die Öffentlichkeit in keiner Weise berührt, muß ich schließlich doch in Erwägung ziehen, ob ich nicht um meine Zurruhesetzung bitten soll."[43]

Er wurde dann auf 1. Juli 1943 in den Ruhestand versetzt und mußte alsbald das Pfarrhaus räumen. Immerhin erhielt er seine Pension. Ein Jahr später wurde er mit anderen Heidelbergern zur Zwangsarbeit in Frankreich verpflichtet. Maas schrieb dazu:

"Dann kam noch ein Versuch, den alternden Mann endgültig zum Schweigen zu bringen. Man befahl mir, dem 67-jährigen Mann, mit einem Schippenkommando, das unter SA-Bewachung stand, nach Frankreich zum Schippen mitzugehen. Ich habe auch das ausgehalten, getrost, weil ich das nahe Ende sah und beglückt durch die Kameradschaft der Mitbestraften. Der Einzug der Amerikaner machte diesem Spuk und Unsinn ein Ende. Wir brannten durch und kamen in die Heimat."[44]

3. Hermann Maas, der Brückenbauer

Nach Kriegsende wurde Maas Kreisdekan von Nordbaden, später mit dem Titel Prälat. Nur wenige Stimmen fehlten ihm, um Landesbischof von Baden zu werden. Doch gab es gegen den "liberalen" Maas in der Synode

---

[41] Anlage zum Schreiben des Kultusministers an den Evang. Oberkirchenrat v. 11. 3. 1943, LKA Karlsruhe, PA Maas.
[42] D. Petri/J. Thierfelder, Hermann Maas - Lernender, a.a.O., S. 57.
[43] W. Keller u.a., Redet mit Jerusalem freundlich, a.a.O., S. 74.
[44] Ebd., S. 20f.

erhebliche Reserven.[45] Sofort nach Kriegsende begann Hermann Maas erneut mit seiner Hilfstätigkeit für Juden und Judenchristen, nun für die, die aus den Lagern entlassen worden waren und aus Deutschland herauszukommen versuchten. Nun mußte er wieder Briefe schreiben und bei ausländischen Konsulen antichambrieren. Gerade er, der sich so vielfältig für die verfolgten Juden eingesetzt hatte, sah sich herausgefordert zum öffentlichen Bekennen der Schuld. In einer der ersten Ausgaben der neu erscheinenden 'Jüdischen Rundschau' schrieb er einen Leserbrief zum Geleitwort des Frankfurter Rabbiners Dr. Neuhaus:

"Wie furchtbar groß ist die Last der Schuld, die auf dem nichtjüdischen deutschen Volke liegt und damit auf jedem Einzelnen, auch auf mir. Wir sind mitschuldig, auch wenn wir Israel so heiß geliebt haben und gegen die grauenhaften Mächte gekämpft haben, wie ich es versuchte. Nimmt der Prophet Jeremia die tausend und abermal tausendfache kleinere Schuld seines Volkes auf sich, wie viel mehr müssen wir sie auf uns nehmen, wir Zwerge vor diesem Riesen. Und ich kann diese Schuld nicht bloß vor Gott, dem Hüter Israels, dem Richter, der für sein Volk eintritt, bekennen. Ich muß sie auch vor Ihnen bekennen als einem treuen Hüter und Fürsprecher der jüdischen Gemeinde Deutschlands. Wir können ach so wenig tun. Wir können nur das Haupt in Scham verhüllen und zerbrochen niedersinken und klagen um die Erschlagenen des Volkes Israel."[46]

Doch wie die Verfasser des Stuttgarter Schuldbekenntnisses mußte auch Hermann Maas erfahren, daß ein solches Schuldbekenntnis damals nicht überall gut ankam. Für viele Studenten, die vielfach Heimkehrer waren, war das einfach zu viel. In einem Schreiben an den Evangelischen Oberkirchenrat hieß es: "In Heidelberg herrsche namentlich in studentischen Kreisen große Erregung über diese Äußerung eines bekannten und angesehenen Vertreters der Evangelischen Kirche."[47]

Der Staat Israel hat Hermann Maas für seinen Einsatz für die verfolgten Juden mehrfach geehrt. Er hat ihn 1949 als ersten christlichen Deutschen offiziell nach Israel eingeladen und ihm 1966 - wie schon berichtet - die Yad Vashem- Medaille verliehen. Hermann Maas hat sich ab 1945 vielfältig als Brückenbauer versucht. Ich finde es darum einen ganz besonders gut gelungenen symbolischen Akt, wenn die Stadt Heidelberg ihm zu Ehren eine ihrer Brücken Hermann-Maas-Brücke nannte. Maas war ein Brückenbauer zwischen Deutschland und Israel. In vielen Büchern brachte er

---

[45] Vgl. J. Thierfelder, Zwischen Tradition und Erneuerung, in: Jörg Thierfelder/Uwe Uffelmann (Hrsg.), Der Weg zum Südweststaat, Karlsruhe 1991, S. 208f.

[46] D. Petri/J. Thierfelder, Hermann Maas - Lernender, a.a.O., S. 68.

[47] Ebd., S. 42.

den Deutschen die Probleme des jungen Staates nahe. Er hat sich auf seine Weise eingesetzt für das Wiedergutmachungsabkommen, das 1952 abgeschlossen wurde, und die Aufnahme voller diplomatischer Beziehungen zwischen der Bundesrepublik und Israel 1965.

Im Vorfeld des Wiedergutmachungsabkommens hielt Maas 1952 vor der Deutschen Parlamentarischen Gesellschaft in Anwesenheit von Bundespräsident Theodor Heuß einen Vortrag über die Probleme des Staates Israel. Zwei Wege der Versöhnung mit Israel deutete er an: Kampf gegen alle Formen des Antisemitismus und formal geordnete Beziehungen zu Israel als Voraussetzung für Aussöhnung und Wiedergutmachung.[48]

Hermann Maas lag auch viel am Frieden zwischen Israel und den Arabern. In seinem Büchlein "Und er will Rachels Kinder wieder bringen in das Land" von 1955 ging es ihm auch um dieses Thema. Gegenüber den terroristischen Überfällen von beiden Seiten warnte er in hellsichtiger und vorausblickender Weise: "Jede Gewalttat herüber oder hinüber kann ein Sturm sein, der die glimmenden Funken zu Flammen werden läßt, die einen Weltbrand bedeuten können".[49]

Ganz besonders am Herzen lag ihm an einem neuen Verhältnis von Juden und Christen. Voraussetzung dafür war ihm ein "wirkliches Sich-Kennenlernen". In einem Wort zur jüdisch-christlichen Zusammenarbeit stellte er einmal eine ganze Reihe von Fragen an Christen und Juden:

"Wieviele Christen wissen denn, daß in der Rangordnung der Fragen die Judenfrage hohen, ja höchsten Wert hat? Wieviele kennen die besondere Art des jüdischen Gottesdienstes, der jüdischen Gebete, Liturgien und musica sacra?... Und wieviele ahnen wirklich etwas vom Zionismus und seiner Bedeutung nicht bloß für das Volk Israel, für die jüdische Jugend, für die Totalität der jüdischen Menschen, sondern auch für das soziale Leben und den Frieden der Welt, besonders auch für die Christen und ihre Eschatologie? Und umgekehrt könnte ich wohl auch eine gleiche Fülle ähnlicher Fragen an die Juden richten. Wieviele Juden wissen wirklich etwas von den echten christlichen Glaubensüberzeugungen? Von der Innigkeit der Verbindung zwischen Altem und Neuem Testament, von den Beziehungen einer wirklichen christlichen Gemeinde zu Israel? Von der Bedeutung des Alten Testaments für die Christenheit und von den entscheidenden Worten und Verheißungen, die gerade über Israel im Neuen Testament stehen? Von der brennenden Liebe zum jüdischen Volk, die an vielen Stellen des Neuen Testaments leuchtet? Von dem Auftrag und der Hoffnung für Israel, die der Gemeinde gegeben sind?"[50]

---

[48] Vgl. W. Keller u.a., Redet mit Jerusalem freundlich, a.a.O., S. 80f.
[49] D. Petri/J. Thierfelder, Hermann Maas - Lernender, a.a.O., S. 69.
[50] Ebd., S. 58.

Gerade in den letzten Jahren sind einige Initiativen entstanden, die das Erbe von Hermann Maas bewahren wollen. Die Hermann-Maas-Stiftung fördert den jüdisch-christlichen Dialog. Die Kirchengemeinde seines Geburtsorts Gengenbach hat einen Preis gestiftet, der Menschen und Einrichtungen ehren soll, die im Sinn von Maas tätig sind. Das Maas-Archiv im alten Heiliggeistpfarrhaus von Maas hütet den literarischen Nachlaß von Maas und will ihn Interessierten zugänglich machen. Vielleicht ist es auch dem Einfluß von Maas in seiner Landeskirche zuzuschreiben, daß sie 1984 als eine der ersten deutschen Landeskirchen eine Erklärung zum Thema "Juden und Christen" herausbrachte. Darin heißt es ganz im Sinne von Hermann Maas u.a.:

"Deshalb bekennen wir betroffen die Mitverantwortung und Schuld der Christenheit in Deutschland am Holocaust... Im Glauben an Jesus Christus und im Gehorsam ihm gegenüber wollen wir unser Verhältnis zu den Juden neu verstehen und festhalten, was uns mit ihnen verbindet."[51]

---

[51] Die ganze Erklärung findet sich in: ebd., S. 67.

Hilde Domin

Literarischer Nachmittag

Lesung mit Hilde Domin und Prof. Dr. Theodor Karst.
(*Foto: Carmen Freihaut*)

Theodor Karst: Einführung

Sehr verehrte, liebe Frau Domin, ich begrüße Sie sehr herzlich. Ich freue mich, Ihre Poesie unmittelbar von Ihnen hören und mit Ihnen darüber sprechen zu können. Ich darf diese Veranstaltung moderieren, d.h. wörtlich "mäßigen". Sofern es jedoch um Maße geht, so werden wir, denke ich, Erfahrungen, Gedanken, Empfindungen in Maßeinheiten der Literatur kennenlernen, in den Maßen Ihrer Poesie erleben. In diesem Sinne ist die Autorin die eigentliche Moderatorin: Literatur als eine Form, das Leben zu moderieren.

Hilde Domin ist eine der bedeutendsten Lyrikerinnen deutscher Sprache der Gegenwart, dies war - in ihren eigenen Worten - "von der Natur nicht vorgesehen". Zu den Motiven ihres Schreibens sagt sie (in: Motive, hrsg. von Richard Salis, Tübingen 1971): "Es hätte nie passieren brauchen. Man lebt nicht alle Leben, die man leben könnte. Es passierte [...]. Es ist mein zweites Leben." Ich transponiere die Wendung "von der Natur nicht vorgesehen" in die Formel "von der Geschichte provoziert". In diesem Doppelaspekt von Natur und Geschichte, d.h. eines nicht naturnotwendigen, aber durch schreckliche Geschichtsereignisse provozierten Dichtertums liegt auch der Bezug der Lesung Hilde Domins zum Thema dieser Ringvorlesung.

Zur Biographie von Hilde Domin

Hilde Domin wurde kurz vor dem ersten Weltkrieg, 1912, in Köln geboren. Jüdisch war ihre Familie der Herkunft nach. Prägungen ergaben sich daraus aber kaum, dagegen durch einen liberal-bürgerlichen, demokratisch-deutschen Geist, durch eine musisch-kulturelle Atmosphäre in ihrem Elternhaus. Mit der biographischen Skizze "Mein Vater, wie ich ihn erinnere" (1968) hat Hilde Domin dem Vater, Juristen und deutschen Staatsbürger nicht nur ein liebevolles persönliches Denkmal gesetzt, sie vermittelt damit gleichzeitig einen präzisen Einblick in die spannungsvolle politische und geistige Situation der Weimarer Republik.

In Köln, Berlin und Heidelberg studiert Hilde Domin Jura, Nationalökonomie, Soziologie und Philosophie; Karl Mannheim und Karl Jaspers sind besonders wichtige akademische Lehrer für sie. Schon diese Hinweise machen deutlich, welches Gewicht Reflexion und Theorie bei Hilde Domin haben. In ihren dichtungstheoretischen Schriften, z. B. "Wozu Lyrik heute" (1968), ist dies ablesbar. Hilde Domin ist eine gelehrte Dichterin, eine poeta docta.

1932 wird zu einem Epochenjahr in ihrem Leben. Noch vor der tatsächlichen Etablierung der Hitler-Diktatur wandert sie nach Italien aus, zusammen mit dem Studenten Erwin Walter Palm, den sie 1936 heiratet, mit dem sie nach einem langen Exil 1961 nach Heidelberg zieht, wo er eine Professur an der Universität bekommt.

Man muß sich diese Situation vorstellen: Eine zwanzigjährige Studentin, das Unheil der Heimat klar erkennend, wählt das Exil, das 22 Jahre dauern sollte. Zunächst Italien; 1935 promoviert sie in Florenz mit einer Arbeit über die Staatstheorie der Renaissance. Nach der Zuspitzung der politischen Situation in Europa arbeitet sie 1939/40 als Sprachlehrerin in England. Die längste Zeit des Exils, 1940 bis 1954, lebt das Ehepaar in der Dominikanischen Republik: Hilde Domin bildet sich als Photographin aus, ist Mitarbeiterin ihres Mannes, seit 1948 Dozentin für Deutsch an der Universität in Santo Domingo. In dieser Zeit beginnt auch das zweite Leben der Hilde Domin; 1951 schreibt sie ihre ersten Gedichte. Der Ort dieser zweiten Geburt gibt der Dichterin künftig auch den Namen: Domin.

Aufenthalte in Amerika und in Spanien gehen der Seßhaftwerdung in Heidelberg 1961 voraus, nachdem sie 1954 erstmals wieder nach Deutschland zurückgekehrt war. Dieser Punkt ist hervorzuheben: Die jüdische Emigrantin kehrt nach Deutschland zurück, faßt Vertrauen zu dem neuen Deutschland, wie es sich in der Bundesrepublik als demokratischer und sozialer Rechtsstaat neu verfaßt hat. Aus dem Bekenntnis zu ihrer Sprachheimat Deutsch gewinnt sie auch eine positive Einstellung zu dem demokratischen Deutschland, für das sie sich in der Folgezeit kritisch produktiv engagiert. Diese Rückkehr war nicht nur für die Dichterin Hilde Domin von Bedeutung, dies war auch ein wichtiger Beitrag zur geistigen Neukonstituierung Deutschlands, ohne daß damit diese Aufgabe ein für allemal gelöst sein könnte.

Viele Preise und Auszeichnungen sind Ausdruck der literarischen und gesellschaftlichen Bedeutung, die der Autorin Hilde Domin und ihrem Werk zugesprochen wird. Dies sind nur ein paar Hinweise auf ein "Leben als Sprachodyssee", so der Titel einer autobiographischen Skizze (1979). Die genannten Daten sind als Verweise zu verstehen auf Energie, Entschlossenheit, Mobilität, Überlebenswillen einer Emigrantin und engagierten Rückkehrerin.

Diese Lebenserfahrungen, das Exil zumal, die Fremde, die Sprachheimat Deutsch, ihre Reflexionen, ihr literarisches und politisches Engagement hat Hilde Domin ins Wort gesetzt. Seit den späten fünfziger Jahren erscheinen mehrere Bände Lyrik; der erste Band trägt den schönen und bezeichnenden Titel "Nur eine Rose als Stütze" (1959). Der Roman "Das zweite Paradies" (1968) und Erzählungen - "Die andalusische Katze" - zeigen ihre Prosakunst. Umfangreicher ist das essayistische Werk, autobiographische Texte, wie die schon genannten, auch poetologische Arbeiten, wozu auch die Frankfurter Poetik-Vorlesungen (1988) gehören.

Die größte Verbreitung haben mit Recht ihre Gedichte gefunden. Gedichte von Hilde Domin sind in viele Lesebücher aufgenommen worden, zählen nun zum Kanon deutscher Lyrik. Ich selbst würde, wenn ich aus dem Bereich der Lyrik nur etwa 30 Gedichte auf die einsame Insel mitnehmen könnte, zwei bis drei Texte aus dem Lyrik-Vorrat von Hilde Domin auswählen, auf jeden Fall das mir besonders lieb gewordene Gedicht

"Ziehende Landschaft". Nun aber bitten wir Sie, Hilde Domin, um Ihre Lesung.

Hilde Domin

Die Bundesrepublik ist der beste deutsche Staat, das schrieb ich vor Jahren, den es je seit Hermann dem Cherusker auf diesem Territorium gab. Erwähnen möchte ich auch das Glück, das wir mit unseren Bundespräsidenten hatten und haben: Heuss, Heinemann, Herzog. Wir sind eine Oase in diesem so gefährdeten Europa. Ich schweige lieber von unserem kleinen Nachbarn Österreich, der Name des dort agierenden jüngster Rechtsextremisten auch mit einem H beginnt. Wir stehen vor den österreichischen Wahlen am 17. Dezember und können nur den Atem anhalten. In Frankreich ist des Chaos' kein Ende. Sehr hoffe ich, daß wir, in diesem Lande, in dem ich mich wieder zuhause fühlen darf, die Sozialhilfen nicht kürzen und lieber die Wohlhabenden zur Kasse bitten. Es geht uns gut, wir wollen dankbar sein und diese Dankbarkeit beweisen: durch Verzicht auf einiges, was wir genießen dürfen.

Verzeihen Sie, daß ich so beginne. Ich, die ich ein Vertriebener war und zu den gar nicht so zahlreichen Rückkehrern aus der Vertreibung gehöre. Welch größeres Vertrauen kann ich diesem Staate, kann ich meinen Mitbürgern erweisen, als daß mein Name schon auf unserem Grabe steht, hoch oben im Bergfriedhof, wo Erwin Walter Palm gleich neben Gundolf liegt, seinem Lehrer, der rechtzeitig im Juli 1931 starb und wo auf unserer Grabplatte, in dem geliebten roten Sandstein, meine Lebensdevise steht, im Plural diesmal: Wir setzten den Fuß in die Luft und sie trug.

Ich glaube, das Wichtige ist, daß wir nicht nur die Erinnerung an das Erlittene weitergeben, sondern auch die Erinnerung an die empfangene Hilfe, die viele Hilfe, die uns zuteil wurde, von Deutschen, von Italienern, von Engländern und dominikanischen Freunden. Kurz, von Menschen ganz verschiedener Nationalität, verschiedener Hautfarbe, aber einig in ihrem Menschsein. Da es so besonders um die Deutschen geht, möchte ich hier hervorheben Herrn von Hassel, den deutschen Botschafter in Rom, der in furchtbaren Jahren tat, was er konnte (wenig, wie es war), um den Verfolgten seine Solidarität zu beweisen. Und den Prälat Klauser, der uns dann später, als Leiter des Deutschen Akademischen Austauschdiensts die Rückkehr durch ein Stipendium für E. W. Palm ermöglichte. Nicht vergessen will ich die Freundschaft mit Pfarrer Maas, der mir eines Tages seine Freundschaft anbot.

All dies gehört zu meinem Thema, ich bin ja ein Schicksalsjude. Das Hauptwort in meinem Leben war und ist Vertrauen: sich regenerierendes Vertrauen, widerständiges Vertrauen, Dennoch-Vertrauen. Nicht im Stich lassen, sich nicht und andere nicht, das ist die Mindestutopie, ohne die es sich nicht lohnt, Mensch zu sein. An ihr halte ich fest bis zu meinem letzten Atemzug. Jetzt lese ich Ihnen das Gedicht, das ich vor meiner Heimkehr, noch in USA, an der kanadischen Grenze schrieb:

Wen es trifft

Wen es trifft,
der wird aufgehoben
wie von einem riesigen Kran
und abgesetzt,
wo nichts mehr gilt,
wo keine Straße
von Gestern nach Morgen führt.
Die Knöpfe, der Schmuck und die Farbe
werden wie mit Besen
von seinen Kleidern gekehrt.
Dann wird er entblößt
und ausgestellt.
Feindliche Hände
betasten die Hüften.
Er wird unter Druck
in Tränen gekocht
bis das Fleisch
auf den Knochen weich wird
wie in den langsamen Küchen der Zeit.
Er wird durch die feinsten
Siebe des Schmerzes gepreßt
und durch die unbarmherzigen
Tücher geseiht,
die nichts durchlassen
und auf denen das letzte Korn
Selbstgefühl
zurückbleibt.
So wird er ausgesucht
und bestraft
und muß den Staub essen

*auf allen Landstraßen des Betrugs
von den Sohlen aller Enttäuschten,
und weil Herbst ist,
soll sein Blut
die großen Weinreben düngen
und gegen den Frost feien.*

*Manchmal jedoch
wenn er Glück hat,
aber durch kein kennbares
Verdienst,
so wie er nicht ausgesetzt ist
für eine wißbare Schuld,
sondern ganz einfach weil er zur Hand war,
wird er
von der unbekannten
allmächtigen Instanz
begnadigt
solange noch Zeit ist.
Dann wird er wiederentdeckt
wie ein verlorener Kontinent
oder ein Kruzifix
nach dem Luftangriff
im verschütteten Keller.
Es ist als würde eine Weiche gestellt:
sein Nirgendwo
wird angekoppelt
an die alte Landschaft,
wie man einen Wagen
von einem toten Gleis
an einen Zug schiebt.
Unter dem regenbogenen Tor
erkennt ihn und öffnet die Arme
zu seinem Empfang
ein zärtliches Gestern
an einem bestimmbaren Tag des Kalenders,
der dick ist mit Zukunft.*

*Keine Katze mit sieben Leben,
keine Eidechse und kein Seestern,
denen das verlorene Glied
nachwächst,
kein zerschnittener Wurm
ist so zäh wie der Mensch,
den man in die Sonne*

von Liebe und Hoffnung legt.
Mit den Brandmalen auf seinem Körper
und den Narben der Wunden
verblaßt ihm die Angst.
Sein entlaubter
Freudenbaum
treibt neue Knospen,
selbst die Rinde des Vertrauens
wächst langsam nach.
Er gewöhnt sich an das veränderte
gepflügte Bild
in den Spiegeln,
Er ölt seine Haut
und bezieht den vorwitzigen
Knochenmann
mit einer neuen Lage von Fett,
bis er für alle
nicht mehr fremd riecht.
Und ganz unmerklich,
vielleicht an einem Feiertag
oder an einem Geburtstag,
sitzt er nicht mehr
nur auf dem Rande
des gebotenen Stuhls,
als sei es zur Flucht
oder als habe das Möbel
wurmstichige Beine,
sondern er sitzt
mit den Seinen am Tisch
und ist zuhause
und beinah
sicher
und freut sich
der Geschenke
und liebt das Geliehene
mehr als einen Besitz,
und jeder Tag
ist für ihn
überraschendes Hier,
so leuchtend leicht
und klar begrenzt
wie die Spanne
zwischen den ausgebreiteten
Schwungfedern

eines gleitenden Vogels.
Die furchtbare Pause
der Prüfung
sinkt ein.
Die Schlagbäume
an allen Grenzen
werden wieder ins Helle verrückt.
Aber die Substanz
des Ich
ist so anders
wie das Metall, das aus dem Hochofen kommt.
Oder als wär er
aus dem zehnten oder zwanzigsten Stock
- der Unterschied ist gering
beim Salto Mortale
ohne Netz -
auf seine Füße gefallen
mitten auf Times Square
und mit knapper Not
vor dem Wechsel des roten Lichts
den Schnauzen der Autos entkommen.
Doch eine gewisse Leichtigkeit
ist ihm
wie einem Vogel
geblieben.

Du aber
der Du ihm
auf jeder Straße begegnest,
der Du mit ihm
das Brot brichst,
bücke Dich und streichle,
ohne es zu knicken,
das zarte Moos am Boden
oder ein kleines Tier,
ohne daß es zuckt
vor Deiner Hand.
Lege sie schützend
auf den Kopf eines Kinds,
lasse sie küssen
von dem zärtlichen Mund
der Geliebten,
oder halte sie
wie unter einen Kranen

*unter das fließende Gold
der Nachmittagssonne,
damit sie transparent wird
und gänzlich untauglich
zu jedem Handgriff
beim Bau
von Stacheldrahthöllen,
öffentlichen
oder intimen,
und damit sie nie,
wenn die Panik
ihre schlimmen Waffen verteilt,
"Hier" ruft,
und nie
die große eiserne
Rute zu halten bekommt,
die durch die andere Form
hindurchfährt
wie durch Schaum.
Und daß sie Dir nie,
an keinem Abend,
nach Hause kommt
wie ein Jagdhund
mit einem Fasan
oder einem kleinen Hasen
als Beute seines Instinkts
und Dir die Haut
eines Du
auf den Tisch legt.*

*Damit,
wenn am letzten Tag
sie vor Dir
auf der Bettdecke liegt,
wie eine blasse Blume
so matt
aber nicht ganz so leicht
und nicht ganz so rein,
sondern wie eine Menschenhand,
die befleckt
und gewaschen wird
und wieder befleckt,
Du ihr dankst
und sagst
Lebe wohl,*

meine Hand.
Du warst ein liebendes
Glied
zwischen mir und der Welt.

Vinalhaven, 1953

Köln

Die versunkene Stadt
für mich
allein
versunken.

Ich schwimme
in diesen Straßen.
Andere gehn.

Die alten Häuser
haben neue große Türen
aus Glas.

Die Toten und ich
wir schwimmen
durch die neuen Türen
unserer alten Häuser.

Rückkehr

Meine Füße wunderten sich
daß neben ihnen Füße gingen
die sich nicht wunderten.

Ich, die ich barfuß gehe
und keine Spur hinterlasse,
immer sah ich den Leuten auf die Schuhe.

Aber die Wege feierten
Wiedersehen
mit meinen schüchternen Füßen.

Am Haus meiner Kindheit blühte
im Februar
der Mandelbaum.

Ich hatte geträumt,
er werde blühen.

"Sie sind nie wirklich gedemütigt worden", schrieb jemand Marie-Luise Kaschnitz, wie sie in "Orte" erzählt. "Ich denke aber nicht", -schreibt sie in diesem Zusammenhang-, "was alles ich hätte schreiben können, wenn ich proletarisch oder als Negerkind oder als Judenkind aufgewachsen wäre, sondern was hätte aus mir werden können mit einem Zentnergewicht von Anfang an."

Sie fragen mich: "Wie ist es mit Ihrem Judentum, das heißt, wie haben Sie gelebt mit einem Zentnergewicht von Anfang an?" Ich bin ein emanzipierter Mensch, ein "Befreiter". Unter normalen Umständen wäre ich gar kein Adressat für Ihre Frage geworden. Ich bin kein Glaubensjude, mache auf den Fragebögen an dieser Stelle einen Strich. Schon meine Eltern waren keine Glaubensjuden. Soweit mein Vater sich mit einem Juden identifizierte, war es Heine. Auf ihn war er stolz, als sei er ein naher Verwandter, beide ja Düsseldorfer. Auch Rathenau wurde genannt. Buber dagegen nie. Mit Erstaunen lese ich jetzt so oft, er sei für uns repräsentativ gewesen. Aus der Gemeinde waren meine Eltern sowenig ausgetreten, wie es die meisten Christen tun, die von der Religionsgemeinschaft ebenfalls keinen Gebrauch machen. Jüdische Feste und der jüdische Gottesdienst kamen in meiner Kindheit nicht vor, sondern nur Weihnachten, Ostern, Nikolaus: diese Kinderfeste, mit allem Zubehör, das Kinder glücklich macht. Dabei wußten wir von klein auf, daß wir Juden waren. Trotz des Religionsunterrichts blieb es ein unklarer, eben nicht gelebter Begriff, von dem mein Vater, von mir als Kind befragt, sagte, er bedeute ihm nichts. Er fühle sich nur als Deutscher. "Was bedeutet es denn dann?", fragte ich. Er hat es mir nicht erklären können, er wehrte meine Fragen als für ihn unwichtig ab.

Und war es denn leicht zu beantworten? Seither gibt es harte Minimaldefinitionen: Jude ist, wen Hitler dazu erklärt hat; wem er 1933 das durch die Jahrhunderte geschleppte Zentnergewicht, von dem ein solcher Mensch endlich zum Menschsein wie andere erlöst schien, erneut - und als sei es für immer und noch über den Tod hinaus - um den Hals gehängt hat.

Daß meine Eltern, entgegen dem Verhalten fast aller, schon 1933 mit Tapferkeit die Wahl trafen zwischen Armut im Exil und den Erniedrigungen zuhause - ich selber war bereits 1932 gegangen, aber bei einem Studenten bedarf es dazu keiner Tapferkeit -, das ist mir noch heute ein Trost.

Ich lasse es aber nicht bei dieser Minimaldefinition des Juden bewenden, die mich zum bloßen Objekt machen würde in ihrer entmenschlichenden Sinnlosigkeit. Ich kann es nicht besser sagen, als wie ich es in einem "Offenen Brief an Nelly Sachs" vor Jahren formuliert habe. "Was ist ein Jude? Du Glückliche, Du glaubst", schrieb ich ihr. "Aber wenn einer nicht den Glauben hätte? Du hast es für uns alle definiert: 'An uns übt Gott Zerbrechen', hast Du gesagt. 'Ein Jude ist genau wie die Anderen, nur alles etwas mehr', sagte Shaw sehr richtig, eine Definition, die sich ebensogut wohl auf die Deutschen anwenden ließe, aber doch nur in Grenzen richtig ist. (Die Dichter sind 'alles ein wenig mehr als andere', zum Beispiel 'lebendiger', wenn Du willst. Von den Juden läßt sich das doch nicht so sagen.) Nur in dem also stimmt es: An uns wird etwas mehr 'Zerbrechen' geübt als an anderen. Exemplarischer wird es geübt, wieder und wieder, soweit das Gedächtnis des Abendlandes reicht. Bitte, mißverstehe mich nicht, ich glaube nicht, daß wir da sind, damit die *conditio humana* an uns auf offener Bühne wieder und wieder vollstreckt werde, stellvertretend und ohne Milderung, Lehrbeispiel eines Weltenlenkers, der unser als Demonstrationsobjekt bedürfte. Die Theologen sehen da manchmal eine Art höheres Programm. Ich sehe nur die Tatsache, die sehr irdische Tatsache, ich stelle sie fest und mit Grauen. Wie man vieles mit Grauen ansieht, was geschehen ist und geschieht. Was einfach 'wirklich' ist. Den Juden ist häufiger und krasser die Rolle des *Ecce homo* zugefallen, aufgedrängt worden, als anderen. Historisch war es ihnen einfach nicht vergönnt, sich von diesem ihrem Sonderstatus zu befreien.

Ecce Homo

Weniger als die Hoffnung auf ihn

das ist der Mensch
einarmig
immer

Nur der gekreuzigte
beide Arme
weit offen
der Hier-Bin-Ich

Judesein ist, um es ganz deutlich zu sagen, keine Glaubensgemeinschaft für mich, keine Volkszugehörigkeit, natürlich keine Rassenfrage. Es ist eine Schicksalsgemeinschaft. Ich habe sie nicht gewählt wie andere Gemeinschaften, die dann zu Schicksalsgemeinschaften werden. Ich bin hineingestoßen worden, ungefragt wie in das Leben selbst. In das Leben hier in Deutschland, in diesem Jahrhundert, und als Kind meiner Eltern.

Von einer Schicksalsgemeinschaft aber, wie immer sie auch zustande gekommen sei, kann sich der emanzipierte Mensch, der "befreite", nicht drücken. Die menschliche Solidarität gehört unabdingbar zu seinem Credo, ohne sie wäre er nichts als ein Objekt der Umstände. Je bewußter emanzipiert einer ist, um so weniger kann er sich drücken. Wenn es hart auf hart geht, macht seine "Freiheit" ihn umso schutzloser, seine Rückzugslinien sind abgeschnitten, seine Feinde haben ein leichtes Spiel mit ihm. Seine Selbstidentifikation ist unablässig bedroht, muß dauernd ausbalanciert werden. Der emanzipierte Mensch muß daher seinen erwählten Grundsätzen treuer sein als andere. Darin besteht das, was andere Zeiten die Menschenwürde nannten und was auch ich so nenne: das Unverleihbare, ohne das Leben sinnlos ist.

Deswegen beantworte ich die widerspruchsvolle Frage nach "meinem" Judentum und drücke mich nicht. Aber schon meldet sich in mir ein schlechtes Gewissen, weil ich sagte: "Sie haben mich nach diesem Zentnergewicht gefragt", als sei es etwas nur Negatives. Im Augenblick, wo ich bereit bin, es zu stemmen und damit zu leben, wird es auch zu einer Quelle der Kraft. Ich verdanke diesem aufgezwungenen Schicksal Erfahrungen, die mir sonst fremd geblieben wären. Extremerfahrungen. Ich bejahe sie. Allerdings: *"Ich habe Glück gehabt./ Deshalb bin ich noch da./ Aber in die Zukunft schauend, erkenne ich schaudernd/ wieviel Glück ich noch brauche",* sage ich hier mit Brecht.

Es gibt für mich keine Sippenhaft und keine Sippenprivilegien. Jede Generation muß das ihre dazu beitragen, daß wir eine große Erinnerungs- und Hilfsgemeinschaft bilden, frei von Menschenverachtung. Nur dann wird das erlittene Leid dieses Jahrhunderts im Namen aller Toten fruchtbar für die Menschen sein.

Als Jude weiß einer, daß er zum Lehrbeispiel des Menschen in seiner Hilflosigkeit gemacht werden kann, von einem Atemzug zum nächsten. Darin ist er der direkte Erbe Jesu, ganz ohne Kirche und ohne Dogma: "von je gekreuzigt und verbrannt".

Es ist ja auch nicht irgendeine Gemeinschaft, mit der zusammen dies exemplarische Schicksal zu tragen ist: Weinend fast sieht man den tragischen Kopf von Spinoza in der Reihe der Berufsphilosophen. Diese wissenden Augen sehen einen an durch die Jahrhunderte, immer wieder. Spätestens seit den Bildern von Rembrandt, und bis hin zu Einstein. Als sei man in einen merkwürdigen Orden hineingeboren, aus dem man nicht austreten kann - und in dem einem eine besondere Art Bewährung abverlangt wird. Und in dem man jederzeit demonstriert bekommen kann, daß -ich zitiere das beängstigende Wort Spinozas- "der Mensch dem Menschen ein Gott ist". Der Mensch dem Menschen ein Wolf, dies antike Diktum, das sein Zeitgenosse Hobbes wiederaufnahm, klingt daneben geradezu beruhigend.

Die Rückkehr, nicht die Verfolgung, war das große Erlebnis meines Lebens.

Martin Stöhr

Jüdisches Volk und Staat Israel als Herausforderung an die Kirchen

1. Abschied von den Bildern - hin zur realen Existenz Israels

Wissenschaft und Vorurteile müssen nicht feindliche Geschwister sein. Sie können koalieren. Beispiele gibt es in allen Disziplinen. In der Theologie ist das folgenreichste Beispiel die Rede über das jüdische Volk, über Am Jisrael, auch im Gefolge damit über den Staat Israel. Zum Stolz, gerade der protestantischen Theologie, gehört die eindrucksvolle historisch-kritische Forschung. Sie verdankt sich einmal einer seit der Reformation offenen Bemühung um die Bibel als einem verstehbaren, von Menschen geschriebenen und sich selbst auslegendem Wort Gottes. Zum anderen dem radikalen Wahrheitsanspruch der Aufklärung und der wissenschaftlichen Methoden.

1.1 Enterbung

Was Karl Barth[1] von seinen Kritikern 1922 verlangte ("Kritischer müßten wir die Historisch-Kritischen sein"), das wird hier anschaulich. Eine Darstellung der Geschichte Israels von Martin Noth, inhaltlich und methodisch auf der Höhe seiner Zeit, schließt mit dem Satz, der den Sieg Roms über Bar Kochba im Jahre 135 n. Chr. beschreibt: "So waren die Juden ausgeschlossen aus ihrer eigenen heiligen Stadt, die solange der Mittelpunkt des Lebens ihrer Vorfahren gebildet hatte... Damit endet das schauerliche Nachspiel der Geschichte Israels."[2] Nicht nur die Geschichte Israels ist zu Ende, auch ihr Nachspiel. Eine solche Wahrnehmung der Geschichte nannte das damalige jüdische Volk Spätjudentum. Die nach 135

---

[1] Karl Barth, Der Römerbrief, München 1922, S. XII.
[2] Martin Noth, Geschichte Israels, München ²1954, S. 406.

lebenden Juden waren außerhalb des Blickfeldes - nicht, weil sie mit Bar Kochba ihren Staat verloren hatten, sondern weil ein dogmatisches Urteil Kritik und Sehkraft trübte: das Dogma von der Beerbung Israels durch die Kirche. Das "wahre Israel" hatte das alte abgelöst. A. H. J. Gunneweg veröffentlicht 1993 noch eine "Biblische Theologie des Alten Testamentes," die konsequent "das altestamentliche Selbstverständnis bzw. die Daseinshaltungen und deren Wandlungen.... wertend mißt an den zentralen Glaubenserkenntnissen und der Daseinshaltung des Neuen Testamentes."[3] Die eigene Stimme des Alten Testamentes wird überhört. Rudolf Bultmann spricht von einem "seltsamen Gebilde", einem "jüdischen Kirchenstaat, dessen Eigenart darin besteht, daß er zugleich Kirche und Volksgemeinschaft ist", schon zur Zeit Esras. Hier ist "der Gedanke Gottes als des Herrn der Geschichte" preisgegeben.[4]

Es bleibt die prophetische Hoffnung: "Eine Weiterentwicklung des Rechtes kann es grundsätzlich nicht geben, da das Gesetz ja Gottes Gesetz ist, das natürlich ein für allemal in der überlieferten - auf Mose zurückgeführten - Form gilt." Es werden zwar Talmud und Midrasch als schriftgelehrte Auslegungsprozesse von Bultmann genannt, aber nicht als Vergegenwärtigung und Vitalisierung von göttlichem und menschlichem Recht. Es wird "das ganze Gottesverhältnis schließlich unter dem Gedanken des Verdienstes gestellt", was "auch mit dem Glauben" geschieht.[5] An anderer Stelle faßt Bultmann Paulus so zusammen: "Anstelle des Alten Bundes ist der für die eschatologische Zeit von Jeremia geweissagte Neue Bund getreten."[6] Es ist aber nicht zu übersehen, daß Jeremia (31, 31) einen Neuen Bund für Israel und nicht für die Völker hier verheißt!

Wie sehr eine theologische Aussage zu einer politischen wird, machen die Adventspredigten von Kardinal Faulhaber in der Adventszeit 1933 deutlich. Gegen die Diffamierung des Alten Testamentes versucht er das Alte Testament zu retten - aber nur für die Christenheit. Denn, so sagt er, Gott habe Israel aus dem Dienst der Offenbarung entlassen und Zion den Scheidebrief gegeben.[7]

---

[3] A. H. J. Gunneweg, Biblische Theologie des Alten Testamentes, Stuttgart-Berlin-Köln 1993, S. 35.
[4] R. Bultmann, Das Urchristentum im Rahmen der antiken Religionen, Zürich 1949, S. 45.
[5] A.a.O., S. 65.
[6] R. Bultmann, Theologie des Neuen Testamentes, Tübingen ² 1954, S. 97.
[7] Kardinal Faulhaber, Judentum - Christentum - Germanentum, Adventspredigten gehalten zu St. Michael zu München 1933. München o.J, S. 10.

Ich habe Beispiele von Theologen gewählt, die nicht im Verdacht eines offenen Antisemitismus stehen. Wohl aber wird ihre eindrucksvolle theologische Arbeit durch unbefragte dogmatische Konstrukte vom Ende oder von der Überbietung Israels durch die Kirchen beschädigt; ein Dogma, das durch jüdische Selbstverständnisse ebenso widerlegt wird wie durch die Fortdauer der Existenz des Volkes Gottes Israel.

1.2 Generalisierungen

Die Individualisierung der Juden, die ihre polyphone Vielgestaltigkeit und ihr Volk-Sein nicht wahrnimmt, ist die Kehrseite ihrer Generalisierung. "Die Juden sind unser Unglück" (H. von Treitschke). Obwohl das größte Unglück in der Geschichte des jüdischen Volkes von denen produziert worden war, die geschrieben hatten oder hatten schreiben lassen, daß der Jude das Unglück der Deutschen oder der Christen sei, war wieder der Ruf zu hören: "Der Jude muß wieder kritisierbar sein" - so der Intendant Rühle, als er R. M. Faßbenders antisemitisches Stück "Der Müll, die Stadt und der Tod" auf die von der jüdischen Gemeinde Frankfurt besetzte Bühne des Frankfurter Theaters bringen wollte. Alle Menschen in diesem Stück haben einen Namen - nur der reiche Jude nicht: Ein Typ bleibt er.[8]

Die generalisierende Rede von den Juden ist nicht nur das tödlichste Beispiel von Vorurteilsbildung. Hier spricht sich auch eine duale Weltsicht aus, die ohne Sündenbock und Feindbild nicht leben kann.

Feindbildlos zu glauben heißt, die Konsequenz aus dem antijüdischen Versagen in Theologie und Kirche zu ziehen. Feindbildlos heißt nicht unkritisch-harmonistisch oder gar positionslos zu sein. Es heißt nur, endlich darauf zu verzichten, die Juden zu instrumentalisieren zu "Zeugen unserer Wahrheit und Zeugen ihrer Bosheit", wie es Augustinus einst griffig formuliert hatte.[9] Die eigene Heilsgeschichte mit dem kirchlich angeeigneten Titel "Volk Gottes" war sicherer zu haben durch die Objektivierung der Unheilsgeschichte im jüdischen Volk.

Die individualisierende Rede von Juden übertrug christliche Kategorien auf das jüdische Volk. Dann war - analog zu evangelisch oder katholisch - ihr Glauben konfessionell definiert als mosaisch, israelitisch oder als jü-

---

[8] Vgl. die Belege in: Weltweite Hilfe, Kirche - Diakonie - Gesellschaft, Information für die Gemeinden in Hessen und Nassau, Frankfurt 1976, Heft 2, S. 4f.
[9] Zitiert nach Schreckenberg Heinz, Die christlichen Adversus-Judaeos-Texte und ihr literarisches und historisches Umfeld Frankfurt-Bern 1982, S. 358.

disch. Das definitorische und informationelle Selbstbestimmungsrecht wurde dem jüdischen Volk kaum zugestanden. Es zu eruieren, schien überflüssig, da man in der Bibel jene Stellen suchte und fand, die von der Schuld der Juden z. B. gegen Christus sprachen (Mt. 27, 25; Joh. 8, 44; 1.Thess. 2, 13-16). Was die Juden glaubten und wie sie zu beurteilen seien, das wurde in der Polemik Jesu gegen die Pharisäer und Schriftgelehrten und in den Schriften des Paulus und Johannes gelesen, ohne wahrzunehmen, daß die erste Polemik eine innerjüdische war, die zwischen Paulus und Petrus (Galaterbrief) eine innerchristliche wie weithin die im Johannes-Evangelium auch.

1.3 Partikular-Universal

In unzähligen christlich-theologischen Darstellungen spielt die Kategorie national-universal eine Rolle. Die Selbstzuschreibung des Christentums als einer universalen Religion lebt von einer Definition des Judentums als einer partikularen (= nationalen) Religion; sie sei unfähig, die Enge eines nationalen Horizonts zu überschreiten. Daß empirisch belegbar ist, wie stark das Christentum sich in einer Übereinstimmung von corpus christianum und corpus romanum, von cuius regio - eius religio - Konzepten, von Nationalstaat und Staatsreligion, also partikular organisierte, blieb außer Betracht, wie die Huldigungen von Kirchen und kirchlichen Repräsentanten gegenüber ihren nationalstaatlich verfaßten Obrigkeiten und Interessen.

Daß die Hebräische Bibel universal beginnt, die Erwählung Abrahams mit dem Segen für alle Völker verbunden ist, besonders auch mit dem segnenden Schutz für das Volk Hagars und Ismaels, schien vergessen. Die Schöpfung ist in der Perspektive der Neuschöpfung von Himmel und Erde, in der Vollendung der Welt, gesehen. Das jüdische Volk lebt in vielen Bezügen zur Völkerwelt.

1.4 Die Paganisierung

Wenn Adolf Stöcker die Juden nicht in der Jerusalemer Straße zu Berlin wohnen lassen wollte, sondern in Jerusalem, wo sie nach ihm hingehörten, so nimmt er einen Topos der Kirchen- und Theologiegeschichte auf, der weiß, daß "sie" nicht zu uns gehören: "Die Juden sind und bleiben ein Volk im Volke, ein Staat im Staate, ein Stamm für sich unter einer fremden Rasse." Das nationale bzw. rassische Argument wird von Stöcker mit dem religiösen zum Zweck der Ausgrenzung vermischt: "Dem Germanentum setzen sie ihr ungebrochenes Semitentum, dem Christentum ihren starren Gesetzeskultus oder ihre Christusfeindschaft entgegen."[10] Diese Argumentation begegnete auch schon in den spanisch-portugiesischen Zwangstaufen. Die zwangsgetauften "Marranen" wurden keineswegs gleichberechtigt. War die Hauptströmung im christlichen Denken so, daß durch die Taufe das Judentum aufgegeben wurde, so gibt es immer wieder Diskriminierungen für Christen aus jüdischen Familien - bis hin zu jener säkularrassistisch begründeten Ermordung aller Juden - gleichgültig, ob es getaufte Juden waren oder Angehörige des jüdischen Volkes.

Die Kirche war früh heidnisch geworden, sie war in Wirklichkeit keine Kirche aus Heiden und Juden (Eph. 2), wie es die Hoffnung des aus der jüdischen Gemeinde nicht ausziehenden Jesus und seiner Jünger/innen war. Die Paganisierung der Kirche durch ihre Entjudaisierung erstickte die eigene Stimme der Hebräischen Bibel und übertönte den Einwurf des Judentums, wo denn die alltägliche Verwirklichung der messianischen Welt bleibe? Die biblische Kontraindikation gegen das Heidentum in den eigenen Reihen wie in der Gesellschaft war damit verloren. Den Preis mußte das jüdische Volk zahlen, an dem eine pagan gewordene Kirche der unterlassenen Hilfeleistung und der aktiven wie passiven Tötungsvorbereitung schuldig geworden war. Das kam nicht von ungefähr.

Für Judas wie für Pilatus gab es in der christlichen Tradition Freisprüche von Schuld: Pilatus wurde in der äthiopischen Kirche ein Heiliger, Judas ein Instrument des göttlichen "Muß" in der Heilsgeschichte. Für das jüdische Volk als Volk gab es diese Hochschätzung für eine positive Rolle in der Heilsgeschichte nicht. Eva Reichmann fragte auf dem ersten evangelischen Kirchentag, auf dem Juden in Vorträgen gleichberechtigt mitwirkten (Berlin 1961), warum dem jüdischen Volk Haß entgegengeschlagen sei und nicht der Dank dafür, daß es das Volk der Christusbringer und nicht der Christusmörder sei.

Bezogen auf das jüdische Volk und den Staat Israel bedeutet das eine vierfache Trübung der Wahrnehmung:

a) Die Typisierungen der Juden und des jüdischen Volkes läßt sie nicht frei für sich stehen und sprechen, sondern überlagert die Ausstrahlung ihrer eigenen Sendung durch ein eigentlich nicht fremdes Programm, näm-

---

[10] H. G. Dornen/H. D. Schmid (Hrsg.), Vorurteile gegen Minderheiten, Stuttgart 1958, S. 58.

lich das messianische, das aber ein fremdes Programm durch die Selbstentfremdung der Kirche von Israel wurde.

b) Die Einzeichnung falscher Alternativen (z. B. partikular-universal) zwingt dem jüdischen Volk ein Fremdverständnis auf, das in Diskrepanz zur Vielfalt der eigenen Selbstverständnisse tritt.

c) Der Alleinvertretungsanspruch der Kirche grenzt das jüdische Volk und mit ihr die Heilige Schrift der Christen um den Teil, die Hebräische Bibel, aus, der die Paganisierung der Kirche hätte verhindern können. Sie raubt sich selbst die Verankerung auf der Erde und im Diesseits der Geschichte durch Verinnerlichung und Verjenseitigung. Nicht die Heilsgeschichte wird in der Wirklichkeit der Welt vergegenwärtigt, wohl aber die Unheilsgeschichte im jüdischen Volk.

d) Der Selektion der Juden auf der gedanklichen und praktischen Ebene war eine selektive Wahrnehmung der Heiligen Schrift vorausgegangen. Gerne eignen sich Christen und Kirchen die biblische Urgeschichte, die Vätergeschichten, die Psalmen, die prophetischen Weissagungen (schon weniger stark die prophetische Kirchenkritik) an - ohne zu begründen, warum die Verheißungen des Landes und die Gabe der Tora als überholt angesehen wurden.

2. Christlicher Philosemitismus und Aufklärung - in der deutschen Realität gescheiterte Neuansätze

Vom christlichen Zionismus war vor der Schoah positiver zu reden als nach ihr. Er gehört - wie die Aufklärung - zu den gescheiterten Neuansätzen einer neuen politischen und religiösen Kultur in Deutschland.

2.1 Christliche Aufklärung

Hans-Joachim Schoeps schreibt über dieses Phänomen und unterscheidet fünf verschiedene Typen des Philosemitismus:

a) Der christlich-missionarische Typus, für den das Judentum vom Missionsbefehl Mt. 28 her das Ziel der Hochschätzung u n d der missionarischen Annäherung ist.

b) Der biblisch-chiliastische Typus. Hier spielt das jüdische Volk im Nachdenken über die Endgeschichte der Welt eine wichtige Rolle als Indikator auf der berechenbaren Weltzeituhr.

c) Es gibt eine Nützlichkeitserwägung, die z. B. unter Oliver Cromwell zur Rückwanderung von Juden aus volkswirtschaftlichen Gründen führte.

d) Eine freiheitliche Position sieht im Juden den Menschen schlechthin, der aus humanen Gründen zu respektieren ist.

e) Ein religiöser Typus, der die jüdische Religion um des gemeinsamen Gottes und der gemeinsamen Schrift und Hoffnung willen so schätzt, daß er die Juden liebt, ja gelegentlich zum Judentum übertritt.[11]

Vor über 300 Jahren erschien Andreas Kempes (1622-1689) Schrift "Israels freundliche Botschaft": Sie ist eines der Signale der Neubegegnung. Kempe war Stadtphysikus in Buxtehude, seine Schriften waren vorher in Stockholm, woher er stammte, verbrannt worden. Er sah das Unheil der Judenfeindschaft in der konstantinischen Staatskirche. Er war ein Mystiker, kritisch gegen alle Objektivierungen des Glaubens in Dogmen. Die Mystik des Geistes verbindet Judentum und Christentum nach seiner Meinung. Ein Däne, Holger Pauli, sagt, 1720 komme der Messias. Er fordert die christlichen Herrscher Europas auf, nach Jerusalem zu gehen und den Tempel aufzubauen. Auch im judenmissionarischen Gespräch, vor allem des frühen Pietismus, kommt es zu freundlichen Begegnungen zwischen Juden und Christen.

An der Universität Gießen wird 1708 ein Gutachten zum "Judenzen" des hessischen Handwerkerstandes abgegeben. Mit Judenzen war eine Wertschätzung des jüdischen Gottesdienstes gemeint, die Übernahme jüdischer Riten und Gebete und eine nicht notwendige christologische Erklärung des Alten Testamentes sowie das Ausstatten von Juden mit Privilegien. Zur Ausweisung mit Weib und Kind wurde verurteilt, wer trotz öffentlicher Belehrung durch den Herrn Amtmann nach dem Universitätsgutachten Christus und den Heiligen Geist nicht als Gott anerkannte.

Hamburg 1710 kennt eine große Toleranz ebenso wie Greifswald, wo drei Jahre vorher eine Lehrsynagoge durch den Rektor J.F. Meyer an der Universität eingerichtet worden war, damit die lutherischen Theologen lernten, was eine Synagoge sei und was in ihr geschehe. Der Hamburger Senator Brockes, bekannt als kreativer Barocklyriker, sah im gemeinsamen

---

[11] H.-J. Schoeps, Der Philosemitismus im 17. Jahrhundert, in: Zeitschrift für Religions- und Geistesgeschichte 1 (1948), S. 19-34. Für die Abschnitte II 1 und 2 folge ich weitgehend den Darstellungen und Materialsammlungen von Wolfgang Philipp, in: K. H. Rengstorf/S. von Kortzfleisch (Hrsg.), Kirche und Synagoge, Stuttgart 1970. Bd. II S. 23-86. Und: W. P. Eckert, Streiflichter auf die Geschichte des christlichen Zionismus, in Martin Stöhr (Hrsg.), Zionismus, Beiträge zur Diskussion, München 1980, S. 116-143.

Gottesglauben die Basis von Juden und Christen, nur die Christologie trenne. Amsterdam wurde in jener Zeit als neues Jerusalem empfunden. Der britische Aufklärer John Toland (1670-1722), zunächst Katholik, dann Protestant, schrieb einen "theologisch-politischen Traktat: Gründe für die Einbringung der Juden in Großbritannien und Irland". Die christliche Aufklärung bereitete den Boden vor, der zur Emanzipation führen sollte. Das Fazit dieser Position formulierte - mit theologischen Gründen - der Mathematiker und Philosoph Blaise Pascal: "Die, die ihres Glaubens nicht sicher sind, nehmen Anstoß daran, daß die Juden nicht glauben" (wie die Christen).

Der hugenottische Offizier Isaac de la Peyrère (1596-1676) schrieb 1655 sein Buch "Rückruf der Juden". Dort heißt es: "Die heilige Schrift zeigt uns aber nicht nur, daß die Juden die ersten erwählten und als Gottes Kinder angenommenen Menschen waren." So wie die Jakobskinder auch Josef in Ägypten nicht als ihren Bruder erkannten, so erkennen zur Zeit die Juden auch Jesus "nicht als ihren Bruder". Die Heiden sind "Angenommene der angenommenen Judenfamilie". Nach der Erwähnung der Tatsache, daß das Heil von den Juden kommt (Joh. 4, 22), fragte la Peyrère: "Nun dieser Besitz des Heiligen Landes: Ein friedlicher, fester, ewiger Besitz von einer durch Menschen nicht zu begrenzenden Dauer - ein wirklicher und aktueller Besitz, in den die Juden wieder eingesetzt werden müssen. Dieser Besitz kann nicht zugrunde gehen, denn Gott hat ihn versprochen und zugesichert. Diese Besitznahme, sage ich, wird notwendigerweise bei der zweiten Staatsgründung der Juden stattfinden. Sie wird der Rückruf der Juden sein. Alsdann wird Gott mit starker Hand und ausgestrecktem Arm wiederkehren, um sein Volk in die Freiheit zurückzuführen."

Mit Nachdruck ist von Gotthold Ephraim Lessing zu sprechen (1729-1781). 20 Jahre alt, schrieb er den Einakter "Die Juden". Zwei Straßenräuber sind als Juden verkleidet. Der Schock für das geneigte Publikum war und wurde, daß es Christen und Deutsche waren, während der Retter ein Jude war: "Ich bekam also... den Einfall, zu versuchen, was es für eine Wirkung auf der Bühne haben werde, wenn man dem Volk die Tugend da zeigte, wo es sie ganz und gar nicht vermutete", schreibt Lessing. Er fand mit diesem Stück ungeheuren Widerspruch in der Mehrheitsgesellschaft, aber Resonanz auf der jüdischen Seite.

Moses Mendelssohn (1729-1786) wurde sein Gesprächspartner und Freund. Er vertrat eine Position, die die jüdische Identität in ihrer klaren

Kontur bewußt vertrat und nicht die Toleranz aufgrund eines Minimalkonsenses zu schaffen versuchte. Er war als Philosoph und wissenschaftlicher Gesprächspartner anerkannt. Er war ein Anwalt gegen die weitergehenden Diskriminierungen und Verfolgungen der Juden. Lessings Ringparabel schuf ein neues Denkmodell, die Beziehungen zwischen den drei abrahamitischen Religionen, den Religionen des Buches, zu verstehen: Gott allein wird ausmachen, wer den wahren Ring besitzt.

Die peinliche Aufforderung von Lavater an Mendelssohn, doch mit einer solchen Auffassung zum Christentum überzutreten, wurde von einem großen Teil des gelehrten Publikums damals als deplaziert empfunden. Gerade die christliche Aufklärung wollte Lavaters Voraussetzung, daß Toleranz ein Monopolbesitz der Christen sei, nicht akzeptieren. Dieser christliche Flügel kämpfte dafür, daß sich nicht eine Religion als normativ für die anderen verstand. Mendelssohn schrieb:

"O! Ihr meine Nebenmenschen, die ihr Kinder eines anderen Glaubens seid, bedenket, daß das Leben einen sehr geringen Werth hat, wenn es nicht mit allen Rechten und Vorzügen des geselligen Menschen verbunden ist. Schmach und die äußere Verachtung sind demjenigen, der sie nicht verdienet, zuweilen härter als der Tod und diese folgen einem Bekenner des Judenthums auf allen Tritten nach. Von aller bürgerlichen Ehre entfernt, und zur niedrigsten der Stufen hinabgestoßen, die die Stände des gesitteten Lebens unterscheiden, können wir die Talente und Fähigkeiten, die uns die milde Natur in so reichem Maße, als ihren übrigen Kindern gegeben, weder ausbilden, noch anwenden, weder zu unserem, noch zu unserer Nebenmenschen Besten recht gebrauchen. Wo die liebreichste Toleranz herrscht, da wird sie in Ansehung unser am wenigsten ausgeübt... Man thut alles mögliche, uns zu unnützen Bürgern zu machen und wirft uns vor, daß wir nicht nützlich genug sind. Wer die Zunge oder die Feder rühren kann, bewegt sie zur Verspottung eines Volks, das man durch alle möglichen Anstalten hat verächtlich zu machen gesucht..."

In eindeutiger Klarheit wird hier noch einmal jene Verlogenheit aller Vorurteile entlarvt: Ihre Träger produzieren, was sie kritisieren. 1783 schreibt der Pfarrersohn und Kriegsrat Christian Wilhelm von Dohm: "Über die bürgerliche Verbesserung der Juden". Er schickt das Büchlein an Mendelssohn. Eine christliche Begründung wählt er als Ausgangspunkt seiner Argumentation gegen die Rechtlosigkeit der Juden. Es müsse bewiesen werden, daß die jüdische Religion "schädlich" sei, daß sie Gebote enthalte, die im Widerspruch zur Gerechtigkeit und zur Menschenliebe stehen. Dies könne aber nicht bewiesen werden. Die Bücher Mose verdienten allen Respekt. Was hier sich durchsetzt, ist die Berufung auf die Urbegriffe der Bibel: Gerechtigkeit und Menschenliebe. Dohm stellt klar, was negativ an den Juden gefunden wird, sei eine Folge der jahrhundertelangen

Unterdrückung. Der Vorwurf, Christusmörder zu sein, beruhe auf einem Vorurteil. Auch die Juden haben Anspruch auf "Liebe", deshalb sind gleiche Rechte für sie zu verlangen. Politisch und gesellschaftlich muß sich auswirken, was religiös begründet ist. Die Argumentation fordert öffentliche Ämter für sie und eine umfassende gesellschaftliche Reform.

Der Göttinger Orientalist und Theologe Michaelis fürchtet die Verdrängung der deutschen Bauern und Handwerker. Auch sei mit keinen jüdischen Soldaten zu rechnen, da sie ja am Sabbat nicht angreifen, sondern sich nur zur Verteidigung wehren dürften. Juden sähen außerdem den Staat als etwas vorübergehendes an, weil sie eine messianische Hoffnung hätten, die auf Erneuerung des Himmels und der Erde, also auf die Überwindung aller irdischen Reiche ziele. Also könnten sie keine guten Patrioten sein!

Immanuel Kant folgt in seiner Schrift "Die Religion innerhalb der Grenzen der reinen Vernunft" (1793, II, 2) dem überlieferten Urteil, hier handele es sich um eine abgestorbene Religion. Kant tritt für Gewissensfreiheit ein. Obwohl er ein Freund Mendelssohn ist, schreibt er in seiner "Anthropologie in pragmatischer Ansicht" (1800) von den Juden als "einer Nation von Betrügern", sie teilten einen alten Aberglauben.[12]

2.2 Christlicher Zionismus

Im 19. Jahrhundert hatte der christliche Zionismus realisierbare Chancen, sich auch in kleinen christlichen Siedlungen im Heiligen Lande zu verwirklichen. Wichtiger war aber eine gedankliche Auseinandersetzung. Ich erwähne als Beispiel Lord Ashley, Earl of Shaftesbury, der in seinem Tagebuch am 24.3.1838 notiert: "Ich bin einigermaßen ängstlich im Bezug auf das Geschick des jüdischen Volkes. Alle Voraussetzungen scheinen für eine Rückkehr zu sprechen. Der Weg der Könige aus dem Osten ist vorbereitet. Können sich die 5 Weltmächte dazu entschließen, den Juden Sicherheit des Lebens und des Eigentums zu verbürgen, so würden sie in schnell wachsender Zahl zurückkehren." Hintergrund dieser Ideen waren die Kämpfe zwischen Türkei und Ägypten und die neuaufflammenden Interessen der europäischen Großmächte, die eine Generation vor der Berliner Konferenz die Welt strategisch neu unter sich aufteilten. 1841 entsteht eine Denkschrift anglikanischer Christen und schottischer (reformierter) Christen, die dem Premierminister Palmerston folgendes unterbreitet: "Wir er-

---

[12] I. Kant, Werke (Hrsg. von W. Weischedel), Darmstadt 1956, Bd. 4, S. 517f.

lauben uns Euer Gnaden in Erinnerung zu bringen, daß das Land Palästina vom Herrn des Weltalls den Nachkommen Abrahams zum ewigen, unveräußerlichen Eigentum vor etwa 4000 Jahren verliehen wurde." Daraus erwächst die Forderung, England solle die Rolle des Kyros übernehmen und für eine Rückkehr der Juden aus dem Exil der Diaspora sorgen.

Die englische Schriftstellerin George Elliot (1819-1880), Mitglied der methodistischen Gemeinde, korrespondiert mit ihrer Schriftstellerkollegin Harriet Beecher-Stover (der Verfasserin von Onkel Toms Hütte, einer antirassistischen Botschaft). In diesem Briefwechsel spricht sie sich sowohl für die Wiedergutmachung der schwarzen Sklaven als auch für die Wiederherstellung Israels für die Juden aus. Zu einer wichtigen Gestalt des christlichen Zionismus wird der englische Botschaftspfarrer William Hechler. Theodor Herzl erwähnt ihn in seinen Tagebüchern. Er schreibt 1884 ein Buch über "Restauration of Jews". Als er Herzls Buch über den Judenstaat liest, fühlt er sich bestätigt. Herzl ist zunächst skeptisch. Er vermutet in dieser Form von Philosemitismus eine besondere Art des Antisemitismus. Hechler war aber, ehe er Botschaftspfarrer wurde, Prinzenerzieher des evangelischen Großherzogs von Baden. Über ihn hoffte Herzl auf Kontakte zum Kaiser, dem Onkel des Großherzogs. Hechler schreibt in diesem Vermittlungsdienst: "Königliche Hoheit waren derjenige, der als erster unter den deutschen Fürsten in Versailles den König Wilhelm zum Kaiser ausrief. Wenn Sie, königliche Hoheit, nun auch an der zweiten großen Staatsgründung dieses Jahrhunderts sich beteiligten! Die Juden würden zu einer Grande Nation werden."

Nicht zu vergessen ist in diesem Zusammenhang die durch eine lebendige alttestamentliche Erziehung und Predigt verursachte Offenheit des Lord Balfour für das jüdische Volk. Dieser Philosemitismus, dem jede antisemitische Attitüde, wie sie sich im neuzeitlichen Philosemitismus als Lippendienst findet, abgeht, ist zu unterscheiden von dem Philosemitismus, der nach 1945 in einigen evangelikalen Kreisen aufbricht. Die erste, die hier zu erwähnen ist, ist Mater Basilea Schlink. Sie schrieb 1956 "Israel - Gottes Frage an uns". Hier spricht sich ebenso eine Solidarität mit Israel aus, aus der Schuld erwachsen, und die Endzeithoffnung für Israel wie für die Kirche. Hesekiel 37, das Bild von den Totengebeinen, die lebendig werden, sieht sie im Staat Israel erfüllt. In einer ersten Stufe werden die Totengebeine lebendig, es kommt zu einer neuen physischen Anwesenheit im Erez Israel, dann in einer zweiten Stufe kommt es zu einer "geistlichen

Rückkehr Israels zu seinem Gott".*13* In diesem Konzept ist eine Idealisierung Israels zu sehen, die in massive Beckmesserei an der Gesellschaft des Staates Israels umschlagen konnte, als dort kein Verbot des Abtreibungsrechtes oder Scheidungsrechtes durchgesetzt wurde. Für Mater Basilea ist der Staat Israel der Ort, wo das Gottesreich anbricht, wenn Israel seinen Messias erkannt haben wird. Die Singularität Israels besteht darin, daß es der einzige Staat der Welt ist, der sich auf die Heilige Schrift gründet. Er ist nicht nur Zeichen der Treue, sondern realer Anbruch der Endzeit.

1973 wird in Düsseldorf die Israel-Hilfe gegründet. Sie setzt sich für die Rückführung der Juden in ihr Land und für eine Stärkung des Staates Israel ein. Er wird zum Beweis für die bevorstehende Wiederkunft Christi und zur Bedingung, damit Christus kommen kann, nach den Juden alle Völker dort zu versammeln. Israel spielt eine instrumentelle Rolle für eine christliche Geschichtskonzeption. Es wird nicht um seiner selbst willen gesehen und ernstgenommen. Die Zeitschrift Ludwig Schneiders "Nachrichten aus Israel" vertritt dieses Konzept, das zutiefst judenmissionarisch ist und auch in Deutschland, den Niederlanden und der Schweiz sowie Skandinavien mit judenmissionarischen Tönen wirbt. Die Instrumentalisierung Israels wird darin deutlich, daß es heißen kann: "Jerusalems Geschichte wird mit dem Maßstab der Ewigkeit, mit der Bibel und Gottes Wort gemessen. Politische und gesellschaftliche Ereignisse dürfen uns deshalb nicht überraschen, weil sie prophetisch vorausgesagt sind." Der Herausgeber der Zeitschrift NAI Ludwig Schneider erklärt, daß seit 3000 Jahren die Stadt Jerusalem in bisher 39 Kriegen umkämpft wurde. Der schrecklichste Krieg stünde noch bevor. Jerusalem als Wohnstadt Gottes bei den Menschen sei Schauplatz des "Kampfes zwischen Licht und Finsternis". Zu keiner Zeit seien die Aussagen der Propheten so aktuell geworden wie in der Gegenwart. Die moslemischen Staaten mit ihrem Fanatismus bereiteten intensiv den Heiligen Krieg gegen Jerusalem vor, erklärt Schneider immer wieder.*14* War über jahrhundertelang im Pietismus wie in der liberalen oder orthodoxen Theologie die Zerstörung Jerusalems ein Instrument, an dem die Christen die Verwerfung Israels studieren konnten, so ist Jerusalem jetzt ein Instrument für diese Art von Christen, ihre spezifische Geschichtsspekulation mit "Beweisen" zu untermauern. Die Propheten werden zu Wahr-

---

[13] Darmstadt-Eberstadt 1956. Petrus Huygens, Israel, Kassel 1959, hat diese eschatologisch-instrumentalisierende Position der Evangelikalen am ausführlichsten begründet.

[14] Idea-spektrum 50/1994, S. 11. Man vergleiche die laufenden Ausgaben der Monatsschrift "Nachrichten aus Israel", hg. von Ludwig Schneider in Jerusalem.

sagern und bleiben nicht Wahrheitssager. In Jerusalem ist diese Position in der christlichen Botschaft (Christian Embassy) vertreten. Sie findet häufig die offizielle Unterstützung der israelischen, vor allem der früheren konservativen Regierungen, weil mit dieser Position eine große Hilfe beim Einwanderungsprogramm nach Israel gegeben wird. Mit einem Kostenaufwand von 2,6 Mio. DM wurden 20 Flüge finanziert, mit denen 4000 Juden ins Heilige Land aus der früheren Sowjetunion gebracht wurden.

3. Ökumenische Verlegenheiten und Neuansätze

3.1 Am Anfang war die Tat, aber selten

In den 20er Jahren beginnen neue Begegnungen zwischen Juden und Christen in einem gemeinsamen Kampf gegen Antisemitismus und Rassismus, der sich vor allem in der Diskriminierung der Schwarzen und der Juden zeigt. Am Anfang des neuzeitlichen jüdisch-christlichen Dialoges steht neben dieser Praxis die Hilfe für in Deutschland gefährdete Juden. Im März 1943 kommt es zur bisher einzigen Vereinbarung zwischen dem Jüdischen Weltkongreß und dem im Aufbau befindlichen Ökumenischen Rat der Kirchen in Genf. Promotoren dieser Begegnung waren zwei aus Berlin vertriebene Juristen, Dr. Gerhart Riegner, Generalsekretär des Jüdischen Weltkongresses und Dr. Adolf Freudenberg, nach seinem Abschied aus dem Dienst als Diplomat evangelischer Pfarrer und Flüchtling in Genf. Dort waren seit 1942 sichere Informationen eingegangen, daß die systematische Ausrottung des jüdischen Volkes begonnen habe. Sowohl geflüchtete KZ-Häftlinge wie auch Dietrich Bonhoeffer und sein Schwager Hans von Dohnany bekräftigen durch ihre Beobachtung bei den systematischen Deportationen in Berlin diese Informationen. Die gemeinsame Erklärung von Jüdischem Weltkongreß (JWK) und Ökomenischem Rat der Kirchen (ÖRK) beginnt:

"Die Sekretariate des ÖRK und des Jüdischen Weltkongresses verfügen über höchst zuverlässige Berichte, die zeigen, daß die von den Nazi-Behörden organisierte Kampagne einer genau vorbedachten Ausrottung der Juden... jetzt ihren Höhepunkt erreicht."

Als Konsequenzen werden verlangt:

a) "Unmittelbare Rettungsaktionen" müssen "Vorrang haben vor dem Studium der Regelung nach dem Kriege".
b) "Die Rettungsaktion sollte die neutralen Staaten instandsetzen, den Juden, die ihre Grenzen erreichen, vorübergehend Asyl zu gewähren."

c) "Deutsche Zivilpersonen in Nord- und Südamerika sollten gegen Juden aus den von Deutschland besetzten Ländern ausgetauscht werden."[15]

1943 ist das Jahr, in dem Dietrich Bonhoeffer verhaftet wird, in dem Helene Jakobs und Gertrud Luckner, die Juden zu retten halfen, ins KZ kamen, in dem Visser t'Hooft und Freudenberg von Genf aus sich gegen die Zumutung von Hans Asmussen wehren, ein Schuldbekenntnis nach dem Kriege nur priesterlich vor Gott und nicht vor der Öffentlichkeit abzulegen.

3.2 Ökumenisches Lernen nach der Schoah

Im Februar 1946 erklärt der noch in Bildung begriffene Ökumenische Rat der Kirchen folgendes:

a) Man versichert die Judenchristen der Tatsache, daß "in Zeiten von Verfolgung oder anderer Not... die Kirche stets ihre Zuflucht bleibt."

b) Zum anderen wird der "tiefe Abscheu" ausgesprochen, daß das "jüdische Volk Opfer wurde bei dem Versuch der Nazis, die europäische Judenheit auszurotten".

Mitgefühl mit den Opfern wird ebenso ausgesprochen wie die Dankbarkeit gegenüber den wenigen Christen, die geholfen haben. In einem Schuldbekenntnis wird "bußfertig das Versagen der Kirchen bekannt". Der Antisemitismus verleugnet Geist und Lehre Christi.[16]

Als es dann 1948 zur offiziellen Gründung des Ökumenischen Rates der Kirchen in Amsterdam kommt, gibt es einen Ausschuß für "das christliche Verhalten gegenüber den Juden". Dieser Ausschuß legt der Vollversammlung eine Erklärung vor,[17] die diese allen Mitgliedskirchen zur Weiterbearbeitung gibt: "Kein Volk in dieser seiner (Gottes) Welt hat bitterer an der Unordnung der Welt gelitten als das jüdische." Es wird an die 6 Millionen Ermordeten erinnert, um dann fortzufahren: "Gott hat uns mit den Juden in einer Solidarität besonderer Art verbunden, indem er in seinem Heilsplan unser beider Bestimmung miteinander verknüpfte. Wir rufen alle Kirchen auf, diese Sache zu der ihrigen zu machen, wenn wir sie an den Ergebnis-

---

[15] Der ausführliche Text steht in Martin Stöhr/Klaus Würmell (Hrsg.), Juden, Christen und die Ökumene. Adolf Freudenberg 1894-1994, Frankfurt 1994, S. 92f.

[16] Text in: R. Rendtorff/H. H. Henrix (Hrsg.), Die Kirche und das Judentum. Dokumente 1945-1985, Paderborn-München 1988, S. 324f.

[17] Text a.a.O. S. 325-329.

sen unser allzu kurzen Beschäftigung mit ihr teilnehmen lassen." Zur besonderen Rolle Israels als des jüdischen Volkes wird ausgeführt:

"Im Heilsplan Gottes hat Israel eine einzigartige Stellung. Es war Israel, mit dem Gott durch die Berufung Abrahams Seinen Bund schloß. Es war Israel, dem Gott Seinen Namen kundtat und Sein Gesetz gab. Es war Israel, dem er Seine Propheten mit der Botschaft von Gericht und Gnade sandte. Es war Israel, dem er das Kommen Seines Messias verhieß. Durch die Geschichte Israels bereitete Gott die Krippe, in der er den Erlöser der Menschheit, Jesus Christus, bettete, als die Zeit erfüllt war. Die Kirche empfing dies geistliche Erbe von Israel und steht deshalb unter der Verpflichtung, es im Licht des Kreuzes zurückzugeben. Wir haben deshalb den Juden in demütiger Überzeugung zu verkünden: 'Der Messias, auf den ihr wartet, ist gekommen'."

Zugleich wird von einem dreifachen Versagen gesprochen: Es fehlten Liebe und soziale Solidarität, der Antisemitismus wurde hingenommen und aus dem Juden ein Feindbild gemacht, als sei er der Feind Christi. Die Überlegungen finden ihre Fortsetzung in einer Bejahung der Judenmission, um dann auf die Gründung des Staates Israel, die wenige Wochen zuvor erfolgt war, hinzuweisen. Hier heißt es: "Wir erwarten jedoch von den Nationen, daß sie dieses Problem nicht als eine Sache politischer, strategischer oder wirtschaftlicher Zweckmäßigkeit behandeln, sondern als eine sittliche (moral) und eine geistige (spiritual) Frage, die das religiöse Leben der Welt im Innersten berührt." Auf eine politische Erörterung des neu entstandenen Staates Israel und des Problems der arabischen Vertriebenen oder Flüchtlinge wurde nicht eingegangen. Es wird als Problem erwähnt mit dem Zusatz, wie die Beurteilung von Recht und Unrecht auch ausfalle,... "die Kirchen haben die strenge Pflicht, für eine Ordnung in Palästina zu beten und zu arbeiten, die so gerecht ist, wie das inmitten unserer menschlichen Unordnung nur sein kann: Sie müssen nach Kräften unterschiedslos Hilfe für die Opfer dieses Krieges bereitstellen, sie müssen darum bemüht sein, die Nationen dahin zu beeinflussen, daß sie weit großherziger als bisher eine Zuflucht für displaced persons bereitstellen".

Im Gegensatz zum Vatikan wurde die Existenz des Staates Israel durch den ÖRK nie in Frage gestellt, aber die Kirchen haben die hier 1948 mehr rätselhaft als klar angesprochene "Sache" nicht zu der "Ihrigen" gemacht. Das hat drei Gründe. Einmal war die Mehrheit der Weltchristenheit nicht europäisch und nordatlantisch. Sie fragte, ob das Thema einer gescheiterten Koexistenz von Juden und Christen in Europa zum Thema der Weltchristenheit werden müsse. Gab es auf der Südhalbkugel der Erde nicht wichtigere Fragen, z. B. den Rassismus in den von Europa beherrschten Kolonien Afrikas, Asiens und die Elendsituation Lateinamerikas? Waren von daher die Themen Gerechtigkeit, Befreiung und Frieden - allesamt biblische Themen! - nicht wichtiger?

Zum anderen gab es in Genf keine Koordination der Überlegungen zur Problematik des jüdischen Volkes in bezug auf das Christentum. Die theologische Abteilung (Faith and Order) war vor allem an Fragen der christlichen Identität und Einheit interessiert. Die politische Abteilung (CCIA) gab ihre manchmal sehr kurzatmigen Erklärungen für die unter dem Nahostkrieg leidenden Menschen ohne jede theologische Reflexion von sich, und die Dialogabteilung war nicht in der Lage, sowohl mit der theologischen wie mit der politischen Abteilung zu kooperieren.

Das Thema Israel wurde in den Vollversammlungen des Ökumenischen Rates der Kirchen immer wieder aufzugreifen versucht. 1954 (2. Vollversammlung) in Evanston war das Thema "Die christliche Hoffnung". Ein Absatz über die damit verbundene bleibende Hoffnung des jüdischen Volkes wurde auf Einspruch einer arabischen Minderheit aus dem Abschlußtext entfernt. Ein in Bristol 1967 ausgearbeiteter Text, der 1969 in Canterbury angenommen wurde, stand unter der Überschrift: "Biblische Auslegungen und ihr Einfluß auf christliche Haltungen in Bezug auf die Situation im Nahen Osten." Hier sollten folgende Fragen beantwortet werden: "Wenn man, auf der Grundlage von Gottes Verheißungen im Alten Testament, bejaht, daß die Juden ein Recht darauf haben, in dem Land zu leben, schließt das ein, daß sie auch ein Recht auf ihren eigenen Staat haben?... Wenn ja, würde das bedeuten, daß Christen den Staat Israel aus theologischen Gründen unterstützen sollten?" Es werden auf diese Fragen drei verschiedene Antworten gegeben. Die arabischen Christen sagten, daß alle Verheißungen an Israel in Christus erfüllt seien. Von der Orthodoxie wurde vor jeder Theokratie gewarnt, die man in Israel aufkommen sah. Von den afrikanischen und asiatischen Staaten wird auf die wichtigeren Fragen der Gerechtigkeit und des Rechtes für die Armen und Ausgebeuteten, die millionenfach sterben, hingewiesen.

Liest man den Text aus Bristol sorgfältig durch, so fällt auf, daß hier in der Tat (vgl. die Erwähnung von Buber und Rosenzweig) rein west- und mitteleuropäisch argumentiert wird. Das nachbiblische lebendige Judentum in seinen vielen Strömungen ist nicht im Blick. Aber hier taucht zum ersten Mal der Begriff für das jüdische Volk und seine Erhaltung auf, der die folgenden Debatten mitbestimmt. Es ist als "ein Zeichen der Treue Gottes zu sehen"[18]. Zu den immer wiederholten Absagen an den Antisemitismus und die Aufgabe der Kirche, diesen Antisemitismus zu bekämpfen, kommt (seit Neu-Delhi, 1961) die Absage an die Mission. Sie wird als falsche Alternative zum Gespräch dargestellt. Es geht um Zeugnis. Und die Christen dürfen nicht vergessen, welche Entfremdung zum jüdischen Volk dadurch eingetreten ist, daß es eine christliche Diskriminierung der Juden gab. Der spezifisch christliche Antisemitismus sei durch eine falsche Darstellung des Kreuzestodes Christi, durch eine falsche Darstellung der Pharisäer, des Gesetzes oder des sogenannten Legalismus im Alten Testament entstanden. Ungehorsam gegenüber Gott gebe es nicht nur im Alten, sondern auch im Neuen Testament. Es bestehe eine fortdauernde Bedeutung des jüdischen Volkes für die Kirchen.

Die Kommission Kirche und jüdisches Volk, eine Spezialkommission des Ökumenischen Rates der Kirchen, hat 1988 in einem Zwischenbericht, der entgegengenommen, aber kaum öffentlich diskutiert wurde, erklärt, daß fünf Punkte im Konsens wichtig seien:

a) Der Bund Gottes mit dem jüdischen Volk besteht, und die Christen danken Gott für den spirituellen Reichtum, den sie dadurch mit dem jüdischen Volk teilen.

b) Jeder Antisemitismus und alle Formen, Verachtung des jüdischen Volkes zu lehren, müssen überwunden werden.

c) Die lebendigen Traditionen des Judentums sind eine Gabe Gottes, und wir anerkennen mit Paulus die weiterbleibende Berufung des jüdischen Volkes und der Verheißungen, die ihm als Zeichen von Gottes Treue gegeben sind.

d) Proselytismus ist mit dem Christentum unvereinbar. Den Glauben als Waffe zu benutzen, ist gegen den Geist Christi.

e) Juden und Christen haben von ihrer jeweils singulären Perspektive aus eine gemeinsame Verantwortung als Zeugen in der Welt für Gottes Gerechtigkeit und Frieden. Und als Gottes Partner haben sie im gegenseitigen Respekt und Kooperation für Gerechtigkeit, Versöhnung und die Integrität der Schöpfung zu arbeiten.[19]

In Holland wird (21.5.49) die bleibende Erwählung Israels ebenso betont (in den Kategorien von Karl Barth), wie die Aussage, daß Israel den "Weg, auf dem der Mensch das Gesetz zu seiner Selbstrechtfertigung

---

[18] A.a.O., S. 356.
[19] Vorlage für den Exekutiv-Ausschuß des ÖRK, Genf, Sept. 1991.

handhabt und sich damit der beschämenden und befreienden Predigt der Gnade verschließt". So lebt Israel unter den Völkern als "Zeichen und Spiegel des Gerichtes Gottes". Aber der entscheidende Beitrag der holländischen Kirchen ist in deren Kirchenordnung von 1951 ausgesprochen, wo unterschieden wird zwischen der von Christus gebotenen Mission unter den Völkern und dem gebotenen Gespräch mit Israel - ein Gespräch, das aufgrund der gemeinsamen Bibel notwendig und möglich ist.[20]

3.3 Katholische Kirche

Die gemeinsame Synode der Bistümer in der Bundesrepublik Deutschland (Würzburg 1974) erklärte, daß im Blick auf die katholische Kirche festzustellen sei, daß einzelne geholfen hätten, doch wir waren "aufs Ganze gesehen doch eine kirchliche Gemeinschaft, die zu sehr mit dem Rücken zum Schicksal des verfolgten jüdischen Volkes weiterlebte"[21]. Von daher gibt es "eine besondere Verpflichtung... auf ein neues Verhältnis der Christen zum jüdischen Volk und zu seiner Glaubensgeschichte hinzuwirken". Einmal geht man zurück zu Nostra Aetate 1965, wo die grundlegende Erneuerung der Beziehung zwischen Juden und Christen durch das zweite vatikanische Konzil beschlossen worden war. Zum anderen geht man nicht soweit, wie die französische Bischofskonferenz, die 1973 in ungewöhnlicher Klarheit Nostra Aetate für die katholische Kirche weitergedacht und weitergeschrieben hatte. Dort heißt es, es sei die "jüdische Existenz" und nicht nur Gedanken über das jüdische Volk, die es zum "rigorosen und anspruchsvollen Partner in Konfrontation mit den Christentum machten".[22]

Nicht die Juden sind die dauernd Angesprochenen, die auf christliche Fragestellungen, Themen und Argumentationsfiguren zuerst zu antworten hätten. Die Christen sehen sich konfrontiert mit Fragen, die durch die Fortdauer der Existenz des jüdischen Volkes gestellt werden. Es sind dies die Tatsachen, daß die Kirche von dem Ölbaum Israel "sich nährt, auf dem die Heiden als Zweige des wilden Ölbaums aufgepfropft wurden". Die Rückkehr zu den biblischen Quellen bedeutet,

a) die permanente Berufung des jüdischen Volkes nicht zu vergessen;

---

[20] Dokumente S. 445-447.
[21] A.a.O., S. 244f.
[22] A.a.O., S. 149ff.

b) die antijüdischen, dem Geist Christi widersprechenden Klischees in der Kirche zu überwinden, vor allem den Vorwurf, das jüdische Volk sei schuld am Tode Jesu;

c) die Überwindung der falschen Alternativen von christlicher Religion der Liebe und jüdischer Religion der Furcht oder von pharisäischer versus christlicher Lehre.

Das Dokument wendet sich gegen eine Straftheorie, die die jüdische Diaspora nicht mit den Augen der eigenen jüdischen Tradition sieht. Es wird an Jeremia 29 erinnert. Der Zerstreuung wird ein positiver Sinn gegeben, nämlich "den göttlichen Namen unter den Nationen zu heiligen". Es wird an die Landverheißung ebenso erinnert, wie an die schon in biblischen Zeiten beginnende Diaspora-Existenz. Das jüdische Volk lebte immer in zwei Brennpunkten, im Lande Israel und in der Diaspora. Obwohl "Situationen schweren Unrechts" nicht zu übersehen sind, "kann das Weltgewissen dem jüdischen Volk... nicht das Recht und die Mittel auf eine politische Existenz unter den Völkern versagen". In keinem katholischen Dokument - auch nicht in Nostra Aetate - wird der Staat Israel erwähnt. Die französische Bischofskonferenz geht hier 1973 am weitesten. Erst vor kurzem wurde der Staat Israel vom Vatikan anerkannt.

Es werden zwei Bedingungen für eine neue und vertiefende Begegnung zwischen Juden und Christen genannt: "a) Daß alle Christen stets den Juden achten, welches auch seine Art sei, als Jude zu leben. b) Daß bei Begegnungen zwischen Juden und Christen jedem das Recht zugestanden wird, wohl auch seinen Glauben zu bezeugen, ohne deshalb in den Verdacht zu geraten, eine Person auf illoyale Weise ihrer Gemeinschaft abspenstig machen zu wollen, um sie der eigenen Gemeinschaft zuzuführen."[23] Hinter dieser Absage an eine Gewalt als Definitionsgewalt über andere und an jede Mission steckt der Grund, "daß das jüdische Volk in seiner Eigenschaft als Volk Gegenstand eines 'ewigen Bundes' war, ohne den der 'neue Bund' nicht bestehen könnte". Das jüdische Volk und die Kirche haben beide eine universale Sendung, befinden sich in einem Zustand "gegenseitigen Sich-in-Frage-Stellens" (Rö. 11, 5; Dt. 32, 21) und in einer ebenso unterschiedlichen wie gemeinsamen messianischen Hoffnung.

---

[23] A.a.O., S. 155.

4. Die Ablösung dogmatischer Konstrukte durch politische

4.1 Die Christliche Friedenskonferenz (CFK)

Die Christliche Friedenskonferenz war bis zu ihrer gewaltsamen Ausrichtung an den außenpolitischen Interessen der Sowjetunion 1968 ein wichtiges ökumenisches Forum. Dort trafen sich seit 1958, in den Hochzeiten des Kalten Krieges, Christen aus Ost und West und vor allem aus der Zweidrittelwelt und den reichen Ländern des Westens. Es war ein Forum, auf dem sich die großen Kirchen Osteuropas offiziell mit den historischen Friedenskirchen und Friedensbewegungen des Westens begegneten.

Nach dem Junikrieg 1967 veröffentlichte der Leitungskreis der CFK ein Pädoyer dafür, historische, theologische und aktuell-politische Argumente strikt auseinanderzuhalten. Die theologische Reflexion wird im überkommenen Muster (als sei es beliebig, was auch immer Christen über Gottes Volk denken) zur Seite geschoben, wenn es heißt: "Was auch immer Christen als Volk des Neuen Bundes von der Treue Gottes zum Volk des Alten Bundes zu bezeugen haben, darf sie nicht hindern zu erkennen: Der Staat Israel ist ein moderner, säkularer Staat wie jeder andere, dessen Handeln an den Maßstäben der internationalen Verpflichtung gemessen werden muß, den Frieden zwischen den Völkern zu bewahren." Es wird davor gewarnt, dem Krieg des Staates "eine religiöse Verklärung zu geben, die daran vorbeigeht, daß auch alle anderen Völker der Erde, gleich welcher Religion oder Rasse, unter der Verheißung und dem Gebot Gottes stehen". Vietnam, Griechenland, Santo Domingo und Indonesien (Osttimor) sind Beweise, wie Israel, daß "die konservativen Mächte in der ganzen Welt sich den Befreiungsbewegungen der Völker widersetzen".[24]

Die theologische Reflexion wird aufgerufen, um sofort als belanglos außer Kraft gesetzt zu werden. (Es ist dieselbe Denkfigur, die der Berliner Neutestamentler Adolf Deißmann 1914 veröffentlichte: Die Theologie muß schweigen, da wir "in einem Menschheitsbeben, das mit Strömen deutschen Blutes drei Weltteile düngt... nicht imstande (sind), den Krieg und die Relgion zum Thema akademischer Thesen zu machen." Das könne man der Generation überlassen, "die in diesem Kriegsjahr geboren wird; mag sie der einst wieder alles kostbare Gedankenmetall, über das deutscher Glaube, deutscher Geist und deutsche Männlichkeit verfügen, den Stahl und das Gold Luthers, Kants, Bismarcks hineinwerfen in die brodelnde

---

[24] Vgl. die Dokumentation des Konfliktes, S. 346ff.

Masse der internationalen gelehrten Kriegsdiskussion..."[25]) Die Gegenerklärung von (bis 1968) in der CFK engagierten Theologen (H. Gollwitzer, K. Immer, E. Wilm, E. Wolf u. a.) widerspricht: "Die Christenheit muß bezeugen, daß Gottes Treue auch heute über dem Volk Israel in Kraft geblieben ist. Auch das israelische Volk im säkularen Staat Israel steht unter dieser Verheißung und kann darum mit anderen Völkern nicht ohne weiteres auf eine Stufe gestellt werden. Christliche Erkenntnis, die nicht von Gottes Bund mit Israel ausgeht, wird den Aussagen der Bibel und den politischen Realitäten nicht gerecht und droht dem Antisemitsmus zu verfallen."[26] Es wird an die völkerrechtlich im UNO-Beschluß von 1947 verankerte Gründung des Staates Israel ebenso erinnert wie an das öffentlich "erklärte Ziel der arabischen Staaten... der Völkermord an Israel".

Die arabischen Staaten müssen "endlich die Existenz Israels anerkennen. Dies muß man auch von denen fordern, wenn man die Errichtung des Staates Israels 1948 als ein Unrecht an den arabischen Staaten vorzieht. So wie vom deutschen Volk erwartet werden muß, daß es die Existenz der Oder-Neiße-Grenze anerkennt, so muß auch von den arabischen Staaten die Anerkennung der Grenzen Israels gefordert werden."[27] Von den arabischen Staaten muß eine "radikale Änderung der feudalistischen Sozialstruktur" erwartet werden. Die Aggressoren im Vietnamkrieg werden mit arabischen Aggressoren verglichen.

4.2 Veränderungen in der innerdeutschen Debatte

Die innerdeutsche Diskussion war durch vier Funktionen geprägt:

a) 1965 erscheint die Ostdenkschrift, die die Anerkennung der Oder-Neiße-Grenze fordert.
b) Die Aufnahme diplomatischer Beziehungen zwischen der Bundesrepublik Deutschland und Israel.
c) Die Auseinandersetzung um den von den USA fortgesetzten Kolonialkrieg Frankreichs gegen Vietnam.

---

[25] Deutsche Reden in schwerer Zeit, gehalten von den Professoren an der Universität Berlin (von Wilamowitz-Moellendorff, Roethe, von Gierke, Delbrück, Lasson, von Harnack, Kahl, Riehl, Kipp, Sehring, Deißmann, von Liszt), Berlin 1914. S. 284f.
[26] Dokumentation, S. 348.
[27] A.a.O., S. 348. H. Gollwitzer hat die Position einer linken Israelsolidarität in seinem Buch "Vietnam, Israel und die Christenheit", München 1967, deutlich gemacht. Es waren die Gruppen, die, wie z. B. DIS, gegen Bundeskanzler Erhard 1965 mit anderen Gruppen der deutschen Gesellschaft die Aufnahme diplomatischer Beziehung mit Israel gefordert hatten.

d) Der beginnende Studentenprotest, der zeitgleich mit dem Sechstagekrieg Juni 1967 die Ermordung des Studenten Benno Ohnesorg auf einer Antischah-Demonstration brachte.

e) Die von der Springerpresse betriebene Heroisierung Israels als der "Preußen des Nahen Ostens" und die Kriminalisierung der protestierenden Studenten waren ein Faktor, bei Teilen der Linken eine Distanzierung zu Israel und eine Identifikation mit unter israelischer Besatzung lebenden Arabern einzuleiten, die ihrerseits ihre palästinensische Identität zu entwickeln begannen und ihren Kampf als einen Kampf gegen Kolonialismus und Imperialismus verstanden.

An dieser Stelle muß die Arbeit Helmut Gollwitzers gewürdigt werden. Er griff die 1930 von Nikolaj Berdjajew geprägte Formel auf, daß die "Judenfrage eine Christenfrage" sei. "Nirgendwo bei den heidnischen und islamischen Völker ist ihm (dem Juden) so Fürchterliches angetan worden wie bei den christlichen Völkern".[28]

Gollwitzer argumentiert vom gemeinsamen Gott und von der in Römer 9-11 unaufhebbar festgehaltenen Prärogative Israels her. Er formuliert die Lehre aus Auschwitz so: "...daß man Christ nur sein kann in unlöslicher Verbundenheit mit Israel und daß man, um Antisemit sein zu können, mit dem Christentum brechen muß".[29]

Zwei "gegensätzliche Hilfen" haben wir für unsere Neuorientierung: "Einmal die Erinnerung an das, was von deutscher Seite begangen worden ist... Und zum anderen die neue Wirklichkeit des Staates Israel."[30] Die Ermordung Israels und das Leben Israels (im Staat Israels und in der Diaspora) verlangen neue theologische und politische Wege der Christenheit.

Dieser Vortrag gab - gegen mancherlei Widerstände - den letzten Anstoß zur Gründung der Arbeitsgemeinschaft Juden und Christen, die 1961 zum ersten Mal auf dem Berliner Kirchentag an die Öffentlichkeit trat.

Helmut Gollwitzer nannte, Karl Barth folgend, der von einer traditionellen Israeltheologie herkommt und die Landverheißung spiritualisiert, 1962 den Staat Israel "ein weiteres und neues Zeichen der Erwählung und providentieller Gnade und Treue Gottes zu dem Samen Abrahams". Gollwitzer betonte, es hätten sich erwähltes Volk und verheißenes Land wiedergefun-

---

[28] Gollwitzer H., in: Israel und wir Deutsche, Vortrag auf dem Münchener Kirchentag 1959. Abgedruckt in: Forderungen der Freiheit, München 1962, S. 249-255.
[29] A.a.O., S. 251.
[30] A.a.O., S. 252.

den. Noch bleibe die Frage nach dem Lebensrecht für die Palästinenser (auch Abrahams Samen durch Ismael!) offen.

Im Oktober 1975 nahmen Christen aus westlichen, orthodoxen und arabischen Kirchen an einer Konsultation in Cartigny (eingeladen durch den ÖRK) teil. Sie hielten folgenden ökumenischen und internationalen Konsens fest: "Rückzug der Israelis aus 1967 besetzten Gebieten, das Recht aller Staaten, das heißt Israels und der arabischen Staaten, in Frieden in sicheren und anerkannten Grenzen zu leben, die Anerkennung des Rechts des palästinensischen Volkes auf Selbstbestimmung."[31] Ein eindrückliches Plädoyer für einen Dialog zwischen Juden und Christen und zwischen Juden, Christen und Muslimen des Nahen Ostens folgte. "Das könnte ein einzigartiger Beitrag für Versöhnung und Frieden in Jerusalem und im Nahen Osten sein, sowie für Frieden in der Welt als solcher."[32]

4.3 Zionismus gleich Rassismus?

Ausgerechnet am 10. November 1975 beschloß die UNO in einer großen Koalition aus kommunistischen und lateinamerikanischen Diktaturen sowie islamischen Ländern, daß "Zionismus Rassismus" sei. Noch im selben Monat erklärte der Bund der Evangelischen Kirchen in der DDR seinen Protest. Er tat dies in einem Staat, in dem es antizionistische Propaganda gab und der den Staat Israel nicht anerkannte. Die DDR-Kirchen wiesen daraufhin, daß man als Christen mit dem Volk Israel in die Geschichte Gottes gestellt sei, daß man als Deutsche das Existenzrecht des jüdischen Volkes in erschreckendem Maß verneint habe, und man sich als DDR-Kirchen in besonderer Weise dem Programm zur Bekämpfung des Rassismus verpflichtet fühle, also widersprechen müßte.

Der Ökumenische Rat der Kirchen erklärte durch seinen Generalsekretär Philip Potter: "Der Zionismus ist geschichtlich eine Bewegung zur Befreiung des jüdischen Volkes von Unterdrückung, einschließlich rassischer Unterdrückung." Es wird auf die Vielfalt des historischen Zionismus hingewiesen und auf die von der UNESCO festgelegte Definition von Rassismus. Vor allem aber wird kritisiert, daß der Versuch, Zionismus mit Rassismus gleichzusetzen, die verheerende Wirkung habe, die sowieso schon explosive Lage in Nahost noch zu verschärfen."[33]

---

[31] Dokumentation, S. 379.
[32] A.a.O., S. 382.
[33] A.a.O., S. 383.

4.4 Aus der arabischen Diskussion

Schon vorher, 1963, hatte Bischof Georges Khodr in seinen "Theologischen Reflexionen zum Palästinakonflikt" geschrieben: "Das größte Ärgernis besteht für unsere Kirche darin, daß sich andere Christen Theologien aufgrund der drei Eroberungskriege des Staates Israel aufbauen, die dieser 1948, 1956, 1967 geführt hat, ohne daß sie dabei ein moralisches Urteil über das Entstehen dieses Staates abgeben. Für jeden, der die Tatsachen kennt, besteht das ethische Problem darin, daß der Ursprung dieses Staates durch die ungeheuerliche Ungerechtigkeit der Vertreibung der Mehrzahl eines Volkes aus einem Land gekennzeichnet war. Wer aufgrund dieser Tatsachen versucht, zu theologischen Aussagen zu kommen, der hat bisher stets 'Geotheologien' produziert - ein Begriff, den der große jüdische Theologe André Neher gebraucht. Wenn ich mich nicht täusche, dann hat nicht einer dieser Theologen den ungerechten Charakter der Entstehung Israels verurteilt. Vielmehr sind es nie die Kirchen, sondern stets die Vereinten Nationen gewesen, die Israel für seine Angriffe auf Nachbarländer zur Rede gestellt haben. Hier beginnt alles im politischen Bereich und endet in einer Mystifizierung, wobei die Mystifizierung des Landbesitzes wesentlich ist. Dagegen sagt die Schrift aus, daß die Sanftmütigen das Erdreich besitzen werden. Diese Verheißung ist uns als eine der Seligpreisungen des Gottesreiches gegeben... Da der Heiland ans Kreuz gehängt worden ist, gehört die Erde seither denen, die leiden, seien es nun Juden oder Heiden. Das Blut der Armen heiligt die Erde. Wer weiß, daß er Gottes bedarf, ist ihr Verwalter."[34]

5. Neuansätze

5.1 EKD-Studien

1950 hatte die Evangelische Kirche in Deutschland durch ihre Synode festgehalten, daß Jesus aus dem Volke Israel stamme, daß die bleibende Erwählung Israels nicht aufgehoben sei, daß die Kirche Schuld trage für den Frevel am jüdischen Volk, daß sie gegen Antisemitismus und ein Aufrechnen von Schuld einzutreten habe sowie Verantwortung für die jüdischen Friedhöfe trage. Nicht zuletzt vorangetrieben durch die Arbeitsgemeinschaft Juden und Christen beim Deutschen Evangelischen Kirchentag

---

[34] Abgedruckt in: Paul Löffler, Arabische Christen im Nahostkonflikt, Frankfurt 1976, S. 68f.

werden langsam, sehr langsam, solche Gedanken in die theologische und politische Diskussion eingebracht. Es kommt 1969 zur Gründung der Studienkommission der Evangelischen Kirche, die ihrerseits 1975 die erste EKD-Studie Christen und Juden I veröffentlicht. Noch versteht sich hier die Kirche als "Volk Gottes", ein Gedanke, der auch im zweiten vatikanischen Konzil und, daraus sich begründend, in den Befreiungstheologien der 70er und 80er Jahre eine große Rolle spielen wird.

Entscheidend in der EKD-Denkschrift ist aber die Aussage: "Der heutige Staat Israel ist eine politische Größe; er stellt sich aber zugleich in den Rahmen der Geschichte des erwählten Volkes." Im Blick auf den Nahostkonflikt heißt das konkret: "Zugleich haben Christen sich aber nachdrücklich für einen sachgemäßen Ausgleich zwischen den berechtigten Ansprüchen beider, der palästinensischen Araber und der Juden, einzusetzen. Weder dürfen allein den palästinensischen Arabern die Folgen des Konfliktes auferlegt sein, noch darf allein Israel für die Auseinandersetzung verantwortlich gemacht werden. Darum müssen an den Bemühungen um einen dauerhaften Frieden im Nahen Osten auch die mitwirken, die nicht unmittelbar beteiligt sind. Der Mitarbeit an dieser Aufgabe können sich Christen, gerade auch in Deutschland, nicht entziehen. Sie werden dabei auch den Kontakt zu den arabischen Christen verstärken müssen, die durch den Konflikt in eine besonders schwierige Lage gebracht worden sind." Wie die Programme des Evangelischen Kirchentages zeigen, hat die Arbeitsgemeinschaft Juden und Christen seit 1967 regelmäßig auch Veranstaltungen zum Nahostkonflikt, meistens mit Vertretern aus arabischen Ländern, verantwortet. Auch die Studienkommission der EKD hat den Aspekt der Gerechtigkeit für das palästinensische Volk und die Mitverantwortung der Christen im Nahen Osten nicht außer Acht gelassen. Die EKD-Studie 1991 Christen und Juden II verstärkt noch einmal diese Gedanken: "Die fortdauernde Existenz des jüdischen Volkes im Land kann ohne den Schutz eines Staates nicht gesichert werden. Darüberhinaus hat ein jüdischer Staat auch die Bedeutung eines Zufluchtsortes für Juden aus aller Welt. Wenn Christen für das Lebensrecht des jüdischen Volkes im Lande der Väter eintreten, respektieren sie, daß die Verbindung von Volk und Land für das Judentum unabdingbar ist. Insofern der Staat Israel dafür eine unentbehrliche Sicherungsfunktion hat, bejahen Christen diesen Staat. Insofern der Staat Israel aber ein säkularer Staat in der Völkergemeinschaft ist, unterliegt er hinsichtlich seiner Grenzen und seiner Politik gegenüber nichtjüdischen Bevölkerungsteilen gleichen Kriterien wie alle anderen

Staaten auch. Christen müssen sich in ihrem Verhältnis zu Israel dieser doppelten Beziehung bewußt sein. Einerseits ist nicht von ihnen gefordert, Entscheidungen von israelischen Regierungen kritiklos hinzunehmen, wenn ein anderer Staat in vergleichbarer Situation kritisiert werden würde. Andererseits treten Christen allen Versuchen entgegen, die das Lebensrecht des jüdischen Volkes im Land Israel in Frage stellen."[35]

5.2 Die Evangelische Kirche im Rheinland

Die Synode der Rheinischen Kirche wird 1980 in ihrem historisch zu nennenden Beschluß vier Einsichten für ein neues Verhältnis zu Israel formulieren:
- Die Schuld der Christen am Holocaust;
- die bleibende heilsgeschichtliche Bedeutung Israels;
- der Hinweis auf die Zeichen der Treue Gottes, die sich in der fortdauernden Existenz des Volkes Gottes, in der Heimkehr in das Land der Verheißung und in der Errichtung des Staates Israel zeigen;
- die Bereitschaft von Juden, mit Christen zusammenzuarbeiten trotz Holocaust.

Juden und Christen stehen je in ihrer Berufung "als Zeugen Gottes vor der Welt und vor einander". Die Absage an die Judenmission ist konstitutiv. Allzuoft ist hier der Hinweis auf das Zeichen der Treue Gottes als ein B e w e i s oder als eine theologische Legitimation des Staates Israels, ja gar seiner jeweils wechselnden Politiken verstanden worden. Das ist weder bei den Vorläufern dieses Ausdrucks noch im rheinischen Synodalbeschluß gemeint gewesen. Zeichen sind Hinweise, sie zeigen über sich hinaus auf eine tiefere Wirklichkeit.

6. Schluß

Die Herausforderung im Blick auf Israel besteht darin, eine falsche Option zu korrigieren. Diese Provokation verdankt sich nicht nur der histori-

---

[35] Friedrich Wilhelm Marquardt, Die Juden und ihr Land, Hamburg 1975 und Rolf Rendtorff, Israel und sein Land, München 1975, gehören neben Peter von der Osten-Sacken zu den Vordenkern dieser Resultate in den beiden EKD-Studien. Die historische, politische und spezifisch deutsche Problematik des Nahostkonfliktes wird bearbeitet in: H. Becker u.a., Der schwierige Weg zum Frieden. Der israelisch-arabisch-palästinensische Konflikt, Gütersloh 1994 (GTB 977).

schen Erfahrung christlicher Judenverachtung und christlichen Judenhasses, sondern auch dem Grund, daß schon im Neuen Testament zweideutige Aussagen zu Israel vorhanden sind. Die Christenheit muß sich entscheiden, ob sie Paulus nach Röm. 9-11 folgt oder nach 1. Thess. 2, 13-16, ob sie den Satz des Johannesevangeliums (4, 22), daß das Heil von den Juden komme oder den Satz (8, 44), daß diese Teufelskinder seien, ernstnimmt. Die frühe Christenheit hat den Mehrheitsweg der Judenverachtung eingeschlagen, die Reformation ist ihr darin treu geblieben. Philosemitismus und Aufklärung gelang es nicht, den christlichen Judenhaß zu überwinden. In ambivalenter Weise hatten sie selbst daran Anteil bzw. machten gegen eine rassistisch, national oder ökonomisch argumentierende Judenfeindschaft wehrlos. Glauben wir an keinen Geschichtsfatalismus, so ist auch festzuhalten, daß Judenverachtung und Judenhaß in der Christenheit nicht essentiell sind. Sie können und müssen also überwunden werden. Vielleicht gilt von dieser Aufgabe wie von der Aufgabe der sozialen Gerechtigkeit, die Martin Buber 1928 mit seinen Freunden auf einer Versammlung der religiösen Sozialisten analysierte: "Wir dürfen das nicht eine Illusion nennen, woran wir unsere Kräfte noch nicht erprobt haben."[36]

---

[36] Sozialismus aus dem Glauben, Zürich-Leipzig 1929, S. 93.

Norbert M. Giovannini

Zwischen Emanzipation und Verfolgung - jüdisches Leben in Heidelberg

Im Rahmen einer Ringvorlesung zum Thema "Christen und Juden" über die Geschichte der Juden und der jüdischen Gemeinden in Heidelberg zu sprechen, ist schon deshalb von Interesse, weil Orts- und Regionalgeschichten mehr darstellen als die speziellen und besonderen Anwendungsfälle und Widerspiegelungen der eigentlichen, der großen Geschichte. In Wirklichkeit setzt sich gelebte Geschichte aus beidem zusammen: den umfassenden gesellschaftlichen und kulturellen Trends und der unendlichen Vielfalt des gelebten Lebens und Handelns in kleinen und kleinsten Bezügen. Es darf deshalb nicht überraschen, wenn vieles, was in den anderen Vorträgen dieser Reihe dargestellt wurde und wird, hier nun in der Nahsicht kenntlich gemacht, konkretisiert und personalisiert werden kann. Ein noch recht unbekanntes Stück Heidelberger Geschichte kann damit zugleich vermittelt werden.[1]

---

[1] Meine Darstellung stützt sich auf zahlreiche Vorarbeiten. Zur kurpfälzischen und badischen Geschichte des Judentums seien genannt die älteren Arbeiten von *Leopold Löwenstein*, (Geschichte der Juden in der Kurpfalz, Frankfurt am Main 1895), *Adolf Lewin*, Geschichte der badischen Juden seit der Regierung Karl Friedrichs 1739-1909, Karlsruhe 1909, und insbesondere *Berthold Rosenthal*, Heimatgeschichte der badischen Juden seit ihrem geschichtlichen Auftreten bis zur Gegenwart, Bühl/Baden 1927. Die Heidelberger Geschichte ist mit Schwerpunkt auf das 19. und 20. Jahrhundert dargestellt in Norbert Giovannini, et al. (Hrsg.), Jüdisches Leben in Heidelberg, Heidelberg 1992. Eine umfassende, epochenchronologisch angelegte Veröffentlichung mit dem Titel "Heidelberg und seine jüdischen Mitbürger", ist vom Stadtarchiv Heidelberg für das Jahr 1996 angekündigt. Ich danke dem Leiter und den Mitarbeiter/innen des Stadtarchivs, daß sie mir Gelegenheit gegeben haben, in die zu dieser Veröffentlichung eingereichten Artikel Einsicht zu nehmen. Insbesondere den Artikeln von *Franz Josef Ziewes*, Die Juden im mittelalterlichen Heidelberg, *Werner Kauß*, Im Spannungsfeld zwischen Emanzipation und Antisemitismus. Die Heidelberger Juden in den Jahren 1802-1862, *Susanne Kühn*, Geschichte der Heidelberger Juden 1862-1918 und *Udo Wennemuth*, Geschichte der Juden in Heidelberg in der Weimarer Republik, verdanke ich wertvolle Hinweise. Mein besonderer Dank gilt Hans Martin Mumm für seine stets kritische Begleitung.

Zwei Vorbemerkungen noch: Meine Sicht ist die Außensicht des Historikers. Ich bin nicht Mitglied einer jüdischen Gemeinde und was wir über das Innenleben der jüdischen Gemeinschaft wissen, ist eher spärlich. Aber das kollidiert durchaus nicht mit der Themenstellung dieser Vortragsreihe, denn es geht um ein Verhältnis. Ein Verhältnis von Juden zu Nichtjuden, deutschen Juden zu deutschen Nichtjuden in teils schwierigen Bezügen und in solchen, die sich hoffnungsvoll entwickelt haben.

Und dem soll die zweite Vorbemerkung gelten. Beim Sprechen über deutsch-jüdische Geschichte ist eine gewisse Beklommenheit angesichts dessen, was der jüdischen Gemeinschaft in Deutschland angetan wurde, nicht zu vermeiden.

Aus unserem Land stammen nicht nur die folgenreichsten Kampfschriften antisemitischer Ideologen, sondern auch deren mit unbegreiflicher Konsequenz exekutierte Praxis, die planmäßige Verfolgung und Ermordung vieler Millionen jüdischer Menschen

Jüdische Geschichte ist die Geschichte unsäglicher Leiden und Verfolgungen. Daran ist nicht zu rütteln. Es hieße aber, diese Geschichte zu verbiegen und zu verarmen, wenn wir ihre zweite Seite vernachlässigten. Dabei handelt es sich um das historisch sehr verschiedenartige Bemühen, um einen modus vivendi, um ein produktives Miteinander, um Toleranz, Akzeptanz, Aufklärung und Normalität. Zu benennen sind die zahllosen Manifestationen einer Erfolgsgeschichte, das Ansehen, die Reputation und die bedeutsamen Beiträgen zur wirtschaftlichen, wissenschaftlich-kulturellen und politischen Entwicklung Deutschlands seitens der jüdischen Mitbürger und Mitbürgerinnen. Zu nennen ist auch - insbesondere im lokalen Umfeld- der jüdische Mittelstand und seine Integration in die geselligen und kulturellen Lebenswelten der Dörfer und Städte.

Dieser Strang der Geschichte soll gerade deswegen nicht in den Schatten gestellt werden, um den unfaßlichen Kulturbruch, den das NS-Regime mit seiner Rassenpolitik und seiner Vernichtungspraxis bewirkt hat, scharf und eindeutig zu erfassen.

Fünf Phasen jüdischer Geschichte in Heidelberg

Die Geschichte von Juden und Nichtjuden in Heidelberg läßt sich grob in fünf, recht deutlich voneinander trennbare, Abschnitte gliedern.

1. Wir haben erstens eine völlig abgeschlossene, zeitlich abgetrennte mittelalterliche Geschichte. Sie beginnt irgendwann im 13. Jahrhundert,

wobei wir Ansiedlungen in den davor liegenden Jahrhunderten, etwa von Juden, die im Gefolge römischer Truppen hier in die Gegend gekommen sind, mangels jeglicher Kenntnisse nicht berücksichtigen können. Von der mittelalterlichen Epoche ist so gut wie nichts übrig geblieben. Als 1693 die Truppen Ludwig XIV. die Stadt zerstörten, ist das Archiv der Stadt in Flammen aufgegangen. Ebenso wurden alle Bauwerke, die wir auf dem berühmten Merian-Stich der mittelalterlichen jüdischen Gemeinde zuordnen können, zerstört. Die mittelalterliche Epoche endete abrupt 1390, als Kurfürst Ruprecht II. rücksichtslos die Enteignung und Vertreibung der Juden aus seiner Residenzstadt und der Pfalz dekretierte - und das gleich auf "ewiglich".

2. Erst im Lauf des 17. Jahrhunderts kommt es erneut zur Ansiedlung von Juden. Nach dem 30jährigen Krieg und seinen Verheerungen wird deren fiskalisches und wirtschaftliches Können wieder gebraucht; es entstehen in Mannheim und Heidelberg und vielen anderen Pfälzer Orten Gemeinden, die teilweise mit beträchtlichen Privilegien ausgestattet waren.[2] Dem Status nach sind die zur Ansiedlung gerufenen Juden indes nach wie vor "Schutzjuden", d.h. vom Wohlwollen ihrer Fürsten Abhängige, die ihr Bleiberecht teuer erkaufen mußten.

3. Auf diese zweite Phase folgt seit 1803 die Phase der Emanzipation. Heidelberg und die rechtsrheinische Pfalz werden Teil des späteren Großherzogtums Badens, einer Creation Napoleons, der in diesen neugeschaffenen Mittelstaaten die Einführung fortschrittlicher, bürgerlicher Verfassungen durchsetzt.

Von dem ersten Judenedikt 1808 bis zur vollständigen staats-, wirtschafts- und ortsbürgerlichen Gleichstellung im Jahre 1862 reicht der Kampf des badischen Judentums um Gleichberechtigung. Ein Kampf, in dem das Land Baden seit den fünfziger Jahren eine entschiedene Vorreiterrolle einnahm. Über 1862 hinaus findet dann das statt, was in Bezug auf das deutsch-jüdische Verhältnis als Assimilation bezeichnet wird. Die Juden empfinden sich als Teil dieser deutschen Gesellschaft, verstehen sich zu Recht als integrierte Bürger und Bürgerinnen, tragen in Gewerbe, Industrie und Finanzwirtschaft ebenso wie als Ärzte, Anwälte und Wissen-

---

[2] Hierzu die Artikel von Hundsnurscher und Cser in der angekündigten Veröffentlichung des Heidelberger Stadtarchivs. Zum Vorgang der Wiederansiedlung vgl. B. Rosenthal 1927, S. 101-105; zum Umland und zu Mannheim Karl Otto Watzinger, Geschichte der Juden in Mannheim, 1650- 1945, Stuttgart 1987 S. 15 ff. und Joachim Hahn, Erinnerungen und Zeugnisse jüdischer Geschichte in Baden-Württemberg, Stuttgart 1988.

schaftler zur Gestaltung des bürgerlichen Zeitalters bei. Ebenso wie im lokalen Rahmen ein jüdisches Honoratiorentum entsteht, sind die zahlreichen jüdischen Wissenschaftler um die Jahrhundertwende Teil der hochdifferenzierten akademischen Gemeinschaft innerhalb und im Umkreis der Universität - und dies trotz eines latenten, in Heidelberg wenig spürbaren Antisemitismus. Die jüdische Gemeinde bis Ende der zwanziger Jahre ist eine in ihrer Mehrheit assimilierte, deutsch-jüdische Gemeinde, die zionistische Strömung ist eindeutig in der Minderheit, ebenso das orthodoxe Judentum, das sich mit eigenem Rabbiner und eigener Synagoge seit den zwanziger Jahren verselbständigte.

4. Die vierte Phase, die zwölf Jahre nationalsozialistischer Herrschaft, sind bestimmt durch zunehmende Entrechtung, durch die sogenannte "Arisierung" von Wirtschaft, Berufen und des öffentlichen Dienstes, durch offene Diskriminierung, die Emigration, die Verfolgung, die Deportationen und die Ermordung zahlreicher Mitglieder der jüdischen Gemeinde.

5. Nach 1945 beginnt wieder ein neues Gemeindeleben, mithin der Versuch, jüdisches Leben in Deutschland zu leben.

Die mittelalterliche Gemeinde

Im Blick zurück über die Jahrhunderte erscheint die mittelalterliche Geschichte der Juden in Heidelberg recht turbulent. 1217 warnte ein Regensburger Rabbi seine Glaubensgenossen vor dem Leben in Heidelberg, 1298 rottete ein marodierender Ritter, mit dem wenig vertrauenerweckenden Namen Rindfleisch, die Judengemeinden zwischen Neckar und Main nahezu ganz aus. Möglicherweise als Folge einer Ritualmordbeschuldigung verfolgt Pfalzgraf Rudolf II. 1343 die jüdischen Gemeinden in seinen linksrheinischen Territorien. Eine Urkunde des Klosters Schönau nennt 1301 den Juden Anselm, "Unser Jude zu Heidelberg" als Zeugen beim Verkauf des Ortes Sandhofen. Zur Zeit der Pest, um 1348/49, werden wiederum fast alle Judengemeinden zerstört, darunter auch die Heidelberger.

Pfalzgraf Ruprecht läßt die aus Speyer und Worms, den Zentren des ashkenasischen Judentums in Mitteleuropa, flüchtenden Juden gegen teures Entgelt in die Mauern seiner Stadt, und es folgen 42 Jahre relativ ungestörter Entwicklung einer typisch mittelalterlichen Gemeinde. Sie war groß genug, um Grund- und Hausbesitz zu erwerben und eine verhältnismäßig stattliche Synagoge in der Unteren Straße bauen zu lassen.[3] Gegenüber der Peterskirche wurde ein Friedhof eingerichtet[4] und Moses Nürnberger, der reichste jüdische Untertan, dessen Haus in der Unteren Straße aus Stein gebaut war, bekam die Aufgabe übertragen, die Judensteuer einzutreiben. Eine Godelieb war Hof- und Leibarzt des Fürsten, ein Lebelang erhielt 1365 das Privileg, eine Schule zu errichten. Zeitweilig unterhielt Isaak ha Levi von Beilstein eine Talmudhochschule in der Stadt. Ein Ghetto bestand nicht, auch wenn der Name Judengasse (das ist die heutige Dreikönigsstraße) und das Judentor zum Neckar hin dies nahelegen würden.[5]

Die Größe der mittelalterlichen Gemeinde können wir nur schätzen. Vermutlich bestand sie um 1380 aus etwa 80 Personen, was bei 5000 Einwohnern der Residenzstadt einen jüdischen Bevölkerungsanteil von 1,6 % bedeutet.

Der Grund- und Hausbesitz der Juden in Heidelberg scheint so attraktiv, daß er die Begehrlichkeit des kurfüstlichen Hofes weckte. 1386 hatte Ruprecht I., der den Juden wohlgesonnen war, die Universität gegründet und deren Studenten angewiesen, die Juden am Ort in Ruhe zu lassen. Sein Neffe und Nachfolger Ruprecht II. beschloß im Herbst 1390, die Heidelberger Juden schlichtweg aus der Stadt zu jagen und ihre Besitztümer zu konfiszieren.

Nutznießer dieser Vertreibungsaktion waren die Universität und ihre Professoren, die Gebäude und Grundstücke als Vorlesungs- und Wohnräume zur Verfügung gestellt bekamen.

Um dem ganzen buchstäblich die Krone aufzusetzen, wurde das Synagogengebäude im Dezember 1390 zur Marienkapelle "umgewidmet" und ein Dachreiter aufgesetzt, der auf dem Merian-Stich gut zu erkennen ist.[6]

---

[3] Barbara Löslein, Geschichte der Heidelberger Synagogen, Kunsthistorisches Institut der Universität Heidelberg, Veröffentlichungen zur Heidelberger Altstadt Heft 26, hg. von Peter Anselm Riedl, Heidelberg 1992, S. 12-20, Hannelore Künzl, Die mittelalterliche Synagoge, in: Giovannini et al. (Hrsg.), 1992, S.275-280.

[4] Hans Martin Mumm, Die jüdischen Friedhöfe, in: Giovannini et al. (Hrsg.), 1992, S. 297-299.

[5] Ghettos entstanden erst im 15. Jahrhundert.

[6] Bei Ziewes findet sich der Hinweis auf das Patrimonium der Kapelle, das in nuce ein antijüdisches Programm enthielt: Dreifaltigkeit - Jungfrau Maria und Stefanus Protomartyros, der christliche Märtyrer, der von den Juden zu Tode gesteinigt worden war.

Tatsächlich hatte Ruprecht II. seinen Vertreibungsbeschluß sehr grundsätzlich formuliert. Die Juden sollten "auf ewiglich" aus der Pfalz verschwinden.[7]

M. Merian, Großes Stadtpanorama, 1620 (Ausschnitt),
Nr. 26: Marienkapelle (ehemalige Synagoge)

---

[7] "Dass ewiclich kein jude oder judynne in slossern un lande der pfaltz und herzogtum obgenant wonen, sesshaftig oder blibehafftig sin sol", heißt es dann in einer Urkunde von 1401, Löwenstein, 1895, S. 19.

Die jüdische Gemeinde im Absolutismus

Gemessen an der Halbwertzeit politischer Bekundungen heutzutage hat diese Entscheidung relativ lang und gründlich gewirkt. Nahezu 260 Jahre hindurch war das Judentum aus Heidelberg, und - wenn auch nicht vollständig - aus der Pfalz vertrieben gewesen, so daß sich keine neuen Gemeinden mehr bildeten. Erst die Verheerungen des Dreißigjährigen Krieges veranlaßten die Kurfürsten, erneut die Ansiedlung von Juden auf pfälzischem Gebiet zu betreiben.

Sie, die immer Geldbedarf hatten, bedienten sich gerne des wirtschaftlichen Know-how der Juden. Dafür zeigten sie sich großzügig bei der Ausstellung von Schutzbriefen und der Zuteilung von Privilegien, die nicht selten den Argwohn und Neid der eingesessenen christlichen Bevölkerung weckten. Ein Schwerpunkt der Wiederansiedlung der Juden in der Pfalz war Mannheim, wo sie sowohl Gewerbefreiheit wie Religionsfreiheit zugestanden bekamen und die außergewöhnliche Erlaubnis, einen Friedhof im Stadtgebiet anzulegen.[8] Aber auch in Heidelberg versammelte sich wieder eine kleine Gemeinde, die aus fünf Familien bestand, die alle Oppenheimer hießen. Sie füllten die kurfürstliche Kasse durch Recognitions- und Schutzgelder auf und bekamen den Geldhandel übertragen.

Nach der völligen Zerstörung Heidelbergs im pfälzisch-orléanschen Erbfolgekrieg 1689 und 1693 war der Zuzug von Juden wiederum stark gefragt, so daß die Gemeinde langsam anwuchs. Ein Charakteristikum dieser Epoche an der Schwelle zur Neuzeit ist die unverminderte Gültigkeit mittelalterlicher Rechts- und Besitztitel. So waren die Juden "Schutzjuden", die ihre Bleiberechte erkaufen mußten. Zugleich waren sie ein enorm wirtschaftsaktiver Faktor, eben weil sie nicht eingebunden waren in die Enge der Gilden und Zünfte. Das merkantilistische Wirtschaftskonzept und die absolutistische Selbstdarstellung bedurften weitgesteckter Finanzierungsanstrengungen. Hierzu war die Mitwirkung der reichen jüdischen Familien mit ihren europaweiten Beziehungen unerläßlich. Konsequent verteidigten und schützten daher die Kurfürsten ihre Heidelberger und Mannheimer Juden, wenn sich die städtische Handwerkerschaft wieder lauthals über die wirtschaftliche Ausbreitung der Juden beklagte. Einigen

---

[8] Watzinger, 1987, S. 15. Erwähnenswert ist, daß sich im Unterschied zu Heidelberg in der Mannheimer Judenschaft zahlreiche Getreide-, Vieh- und Weinhändler sowie einige Handwerker befunden haben.

wenigen war es auch möglich, ihre Söhne auf die Universität zu schicken und sie dort zu Medizinern ausbilden zu lassen.[9]

Zu welchem Wohlstand "Schutzjuden" gelangten und mit welchem Selbstbewußtsein sie ausgestattet waren, mag der Umstand erhellen, daß Kurfürst Karl Philipp, als er seine Residenz nach Mannheim verlegte und der Bau des dortigen Schlosses noch nicht abgeschlossen war, im Haus des Emanuel Oppenheimers residierte. Dessen Vater, Samuel Oppenheimer, nahm am kaiserlichen Hof in Wien die Funktion des Oberhofmilitzfaktors ein und galt als einer der wohlhabendsten und einflußreichsten Männer seiner Zeit.

1734 ernannte der Kurfürst den in Heidelberg geborenen, ingeniösen Geldbeschaffer Josef Süß Oppenheimer zum pfälzischen Oberhofkriegsfaktor und betraute ihn mit der Einrichtung der kurpfälzischen Münze. Oppenheimer war zugleich Finanzrat des Herzogs Karl Alexander von Württemberg. In der Literatur und der antisemitischen Propaganda ist er als der "Jud Süß" doppelt präsent. Wilhelm Hauff und Lion Feuchtwanger haben ihm gegensätzliche und überaus problematische literarische Denkmäler gesetzt. Als Prototyp des gerissenen Finanzjongleurs und des skrupellosen Machtmenschen zählt er zum Stammvokabular des Antisemitismus. Mit suggestiver Raffinesse hat 1940 der deutsche Regisseur Veit Harlan im Auftrag des Reichspropagandaministeriums das Motiv des "Jud Süß" im gleichnamigen Propagandafilm verwertet.

Dort, wo die mehr oder weniger armselige Stadtbürgerschaft jedoch unmittelbar aufeinander traf, entwickelten sich alsbald Dauerkonflikte zwischen den zünftigen Handwerkern und Krämern und den jüdischen Händlern, die ihre Waren in offenen, zu ebener Straße gelegenen Läden feilboten und in ihrem Geschäftsgebaren durchaus unkonventionelle Methoden einschlugen. Die Metzger in Mannheim und Heidelberg ereiferten sich beispielsweise darüber, daß die jüdischen Metzger den Rindviehhandel an sich gezogen hätten und das Fleisch billiger als die christlichen Metzger verkaufen würden. Im Rahmen dieser Proteste wurde dann in Heidelberg 1711 auch einer der geschlachteten Ochsen aus dem Haus des Feist Openheimer gestohlen, und an die Armen in der Stadt verteilt, woraufhin ein Trupp Juden dann die Metzger verprügelte und der Kurfürst den

---

[9] Karl Henning Wolf, Die Heidelberger Universitätsangehörigen im 18. Jahrhundert, Studien zu Herkunft, Werdegang und sozialem Beziehungsgeflecht, Heidelberg 1991, insbesondere S. 171 ff. Die Matrikel von 1662 bis 1704 sind allerdings verloren gegangen, der erste Eintrag eines jüdischen Studierenden stammt von 1724.

christlichen Metzgern noch zusätzlich eine Schadensersatzzahlung aufbrummte.

Interessant ist auch, daß die Mannheimer Juden sich beispielsweise weigerten, ihren Hausbesitz auf eine bestimmte Stadtgegend zu beschränken, als Kurfürst Karl Theodor mit der Idee eines Judenghettos liebäugelte.

Mit Ausnahme der Hauptstraße ließen sich auch die Heidelberger Juden im gesamten damaligen Stadtgebiet nieder, die wenigsten jedoch in der Judengasse.

Unverkennbar bestand aber schon damals in der Judenschaft ein erheblicher Wohlstandskontrast zwischen den reichen jüdischen Familien und der jüdischen Unterschicht, die z.T. in bedrückender Armut lebte. Dieser flachte im Laufe des 19. Jahrhunderts ab, behielt aber durch Verarmungstendenzen im Landjudentum und wirtschaftliche Krisen eine dauerhafte Brisanz.

Von der Heidelberger Gemeinde wissen wir, daß seit 1704 im Haus ihres wohlhabendsten Mitgliedes, Feist Oppenheimer, in der Merianstraße Gottesdienste abgehalten wurden.[10]

Das war ein recht unglückseliger Standort. Denn durch den dynastischen Wechsel zur pfalz-neuburgschen Linie der Kurfürsten wurde die Pfalz um die Wende zum 18. Jahrhundert kräftig rekatholisiert und die Jesuiten übernahmen das geistliche Regiment. Genau gegenüber dem Haus des Feist Oppenheimer errichtete der Jesuitenorden seine Kirchen- und Klosteranlage mit der Jesuitenkirche als geistlichem Zentrum. Überdies dominierte der Orden zunehmend die nahegelegene Universität bis zu deren vollständigem wissenschaftlichen und wirtschaftlichen Niedergang.[11]

Alsbald beschwerte sich der Klerus über "die geschreyvolle Judenschuel" und bat den Kurfürsten, ihn von der "sehr unruhigen, überlästigen und inconventienten Nachbahrschafft" der Juden zu befreien"[12]

Das Haus des Gemeindevorstehers Feist Oppenheimer ist auch mehrfach das Ziel von Angriffen durch Studenten und Bürger gewesen. Einige Gemeindemitglieder beschlossen, ein Gebäude am Neckar, östlich der Heuscheuer und am Ende der Großen Mantelgasse gelegen, zu kaufen. So jedenfalls hoffte man, den jesuitischen Anfeindungen zu entkommen. Gegen den Widerstand des inzwischen verarmten Feist Oppenheimer und sei-

---

[10] Löslein, 1992, S. 21-24.
[11] Eike Wolgast, Die Universität Heidelberg, 1386-1986, Berlin 1986.
[12] Zit. n. Barbara Löslein, Geschichte der Heidelberger Synagogen vom 17. Jahrhundert bis zur Gegenwart, in: Giovannini et al. (Hrsg.), 1992, S. 283.

Zwischen Emanzipation und Verfolgung 197

ner Gefolgsleute wurde 1714, im "Haus zur Blauen Lilie" wie es zuvor hieß, eine Synagoge eingerichtet. Über zwei Jahrzehnte zankte sich die Gemeinde über diesen Ankauf und den zu seiner Finanzierung erforderlichen Privilegienverkauf bis hin zur Spaltung in zwei einander spinnefeinde Lager.

"Haus zur Blauen Lilie" (Foto: Archiv Stadt Heidelberg)

1737 erzwang die Regierung den Ankauf des Gebäudes durch die Gemeinde und beendete damit den "Synagogenstreit".
Das "Haus zur Blauen Lilie", möglicherweise zuvor ein Gasthaus, und einige angrenzende Gebäude in diesem stark überbauten Areal, sind dann bis zum Neubau einer Synagoge das Gemeindezentrum der Heidelberger

Juden geblieben. Es wurde mehrfach renoviert und umgebaut, Kernstück war die schlichte, einstöckige Synagoge, die aber von außen als solche nicht erkennbar war.

Seit 1702 konnte die Gemeinde den Friedhof am Klingenteich belegen, ein von ihr erworbenes Grundstück außerhalb des bewohnten Stadtbezirks, das von keiner Seite aus einsehbar sein durfte, worauf beim Verkauf seitens der Regierung viel Wert gelegt wurde. In den 175 Jahren, in denen der Klingenteichfriedhof genutzt wurde, haben etwa 500 Beerdigungen stattgefunden. Um 1876 hat eine Bürgerinitiative gesundheitliche Bedenken gegen den Friedhof geltend gemacht und seine Schließung gefordert.

Wahrscheinlich waren die Initiatoren der Bürgerinitiative, darunter der Jurist Bluntschli, nicht ganz ohne Interesse an den Baugebieten entlang der Klingenteichstraße. Bestand nicht die Befürchtung, daß die Nähe zu einem "Judenfriedhof" den künftigen Wohnwert beeinträchtigte?[13]

Emanzipation und Integration: Das 19. Jahrhundert

Für das Judentum im deutschen Südwesten beginnt das 19. Jahrhundert mit einer fundamental neuen Konstellation.

Napoleon ordnete die an Frankreich angrenzenden Lande neu. Die kleine Markgrafenschaft Baden erhielt die rechtsrheinische Pfalz und der neue Mittelstaat wird alsbald Großherzogtum, versehen mit einer fortschrittlichen Verfassung, die von der französischen Verfassung das Prinzip der Gleichheit aller Staatsbürger ableitete (sofern diese nicht Frauen waren, keinen festen Wohnsitz hatten, keine Steuern zu zahlen imstande waren - oder alles drei zusammen).

Schon 1802 hatte die Heidelberger Gemeinde eine Petition verfaßt, die sie weitsichtig an den badischen Markgrafen adressierte. Sie forderte darin: entweder die Emanzipation aller Juden, oder wenigstens die Bürgerrechte in der Rheinpfalz, mindestens aber die Stadtbürgerrechte in Heidelberg.

Nun ist es paradox, daß die Zuerkennung der Rechte genau umgekehrt stattgefunden hat: 1808, im 6. Konstitutionsedikt, werden die Juden den anderen Staatsbürgern gleichgestellt: "Die Angehörigen der jüdischen Na-

---

[13] Ein kurzes Intermezzo stellte die Begräbnisstätte am Hopfengarten in der Plöck dar, die auf kurfürstlichen Befehl 1702 aufgelöst werden mußte. Der Klingenteichfriedhof ist ausführlich dokumentiert in Benno Szklanowski, Der alte jüdische Friedhof am Klingenteich in Heidelberg 1702-1876, Neue Hefte zur Stadtentwicklung und Stadtgeschichte, 3/1984, hg. von Günther Heinemann.

tion können in keiner Hinsicht mehr unter leibeigene oder erbpflichtige Leute gezählt werden, sondern sie sind als erbfreie Staatsbürger zu behandeln und genießen alle oben bestimmten allgemeinen staatsbürgerlichen Rechte."[14]

Das Judenedikt von 1809 machte den mosaischen Glauben zu "einem konstitutionsmäßig aufgenomenen Religionsteil des Landes" und die Rabbiner wurden, soweit sie Standesbücher führten, Staatsbeamte. Nur ein Recht wollte man den Juden partout nicht zubilligen: das Ortsbürgerrrecht in den Städten und Gemeinden . Dort sollten sie noch als Schutzbürger gelten, waren vom kommunalen Wahlrecht ausgeschlossen und die Gemeinden konnten ihren Zuzug ausschließen, wie das in Freiburg bis in die siebziger Jahre des letzten Jahrhunderts Jahre galt, oder hohe Aufnahmegelder verlangen.

Das jüdische Schulwesen unterstand zudem der Rechtsaufsicht der christlichen Kirchen. Die Beschäftigung von Juden als Beamte war nahezu ausgeschlossen. Bis zur Jahrhundertmitte war der Übertritt zu einer christlichen Konfession auch die Voraussetzung für eine akademische Karriere.

Diese Diskriminierung als Bürger zweiter Klasse war sicher einer der vielen Kompromisse der badischen Verfasssungs- und Parlamentsgeschichte. Bis in die sechziger Jahre des vorigen Jahrhunderts wurde im Landtag und vor allem in dessen zweiter Kammer vehement und in wechselnden Koalitionen um die "Judenfrage" gestritten.

Bemerkenswert ist jedoch auch, daß im konkreten Fall die Gemeinden durchaus bereit waren, wohlhabenden jüdischen Familienvätern mit einem einigermaßen sicheren Broterwerb das Gemeindebürgerrecht zu erteilen. Bis in die fünfziger Jahre hatten die meisten Heidelberger Juden das Ortsbürgerrecht erteilt bekommen, aber eben erteilt als eine besondere Gratifikation.[15]

Ideologischer und sozialer Kern der "Judenfrage" im 19. Jahrhundert

Der ideologische Kern des Problems, das sich in dieser Emanzipationsdebatte des 19. Jahrhunderts stellte, bestand einmal darin, daß das

---

[14] Adolf Lewin, 1909, S. 83.
[15] Siehe hierzu Watzinger, 1987, S. 26, Hans Martin Mumm, Denket nicht, Wir wollen`s beim Alten lassen. Die Jahre der Emanzipation 1803 bis 1862, in: Giovannini et al. (Hrsg.), 1992, S. 21 ff. und der Aufsatz von Werner Kauß, in: Heidelberg und seine jüdischen Mitbürger, Heidelberg, 1996.

aufgeklärte Rechtsdenken ersichtliche Schwierigkeiten mit der jüdischen Religion hatte. Waren die Juden eine Religionsgemeinschaft wie viele andere, oder waren sie das Volk der Kinder Israels, ein Volk im Volk sozusagen mit gespaltener Loyalität? Was war mit den Sitten und Gebräuchen, den religiösen Vorschriften? Waren sie vereinbar mit der bürgerlichen Existenz? Hier kam das antijüdische Vorurteil kräftig zum Tragen. Die teils wohlwollend, teils aggressiv vorgetragenen Empfehlungen der antijüdischen Pamphletisten dieser Zeit empfehlen den Juden nichts weniger, als ihre Religion am besten ganz aufzugeben oder soweit christlich zu "zivilisieren", daß der Unterschied zur christlichen Religion nicht mehr auffällt. Im Chor dieser Stimmen sind auch zahlreiche Hochschullehrer vertreten, darunter Jakob Friedrich Fries, der Heidelberger und spätere Jenaer Philosoph mit seinen Kampfschriften: "Über die Ansprüche der Juden auf das deutsche Bürgerrecht" und "Über die Gefährdung des Wohlstandes und Charakters der Deutschen durch die Juden."[16]

Für den protestantischen Theologen Heinrich Eberhard Gottlob Paulus war die jüdische Religion ein im Grund atavistisches Relikt aus vorchristlicher Zeit und wer sich zu ihr bekannte, der mochte privat durchaus ein angenehmer Mensch sein, zum protestantischen Staatsbürger oder staatsbürgerlichen Protestanten fehlte ihm jedoch der entscheidende Reifeschritt.

"Die Judenschaft, so lange sie wirklich im rabbinisch-mosaischen Sinne jüdisch seyn zu müssen glaubt, kann deswegen nicht Staatsbürgerrechte bei irgend einer anderen Nation erhalten, weil sie selbst eine abgesondert bestehende Nation bleiben will und es für ihre Religionsaufgabe hält, daß sie eine solche von allen Nationen, unter denen sie Schutz gefunden hat, immer geschiedene Nation bleiben müsse."[17]

Paulus's schlichte Devise und zugleich Empfehlung war: " Christlich zu seyn ist unleugbar unter den erreichten Kulturstufen die beste."

Neben diesem ideologischen Antijudaismus existierte, als der eigentlich materiale Grund der Zurücksetzung, ein definitives wirtschaftliches Ressentiment gegen die Juden. Vereinfacht ausgedrückt, es gab immer zwei

---

[16] Veröffentlicht in den Heidelberger Jahrbüchern 1816. Fries war einer der Hauptredner des Wartburgfestes und erhielt nach seinem dortigen Auftritt ein mehrjähriges Lehrverbot.

[17] Paulus H.E.G., Die jüdische Nationalabsonderung nach Ursprüngen, Folgen und Verbesserungsmitteln. Allen teutschen Staatsregierungen und landständischen Versammlungen zur Erwägung gewidmet, Heidelberg 1831. Zum akademischen Antisemitismus in Heidelberg vgl. N. Giovannini/Chr. Jansen, Judenemanzipation und Antisemitismus an der Universität Heidelberg, in: Giovannini et al. (Hrsg.), 1992, S. 155- 199.

stereotype Behauptungen, die gleichzeitig gegen die Juden ins Feld geführt wurden. Erstens, sie seien steinreich, leben vom Wucher und großen Geldgeschäften und hielten die Fäden der Wirtschaft in der Hand. Diese Behauptung findet sich in der gesamten antijüdischen und antisemitischen Traktateliteratur bis in das heutige neonazistische Schrifttum. Zweitens wird die dem diametral entgegengesetzt Behauptung aufgestellt, nach der Juden arme, mehr oder weniger an der Untergrenze lebende Pauper sind, die sich von Not- und Trödelhandel ernähren oder als Wanderjuden und Vaganten eine noch tristere Existenz fristen.

Die Vorstellung, daß Juden religiös zweitwertig sind und wirtschaftlich eben auch -von ein paar superreichen Finanzjongleuren abgesehen- eine inferiore Randexistenz führen, veranlaßte die badischen Regierungen eine fast modern anmutende Konzeption zu entwickeln, eine Art volkswirtschaftliches Erziehungskonzept für die Juden, um diese stufenweise zu vollwertigen Staatsbürgern zu emanzipieren. Im Jargon der Zeit hieß dies -in unverkennbarer Anspielung auf Luthers reformatorische Hauptschrift- "bürgerliche Verbesserung der Juden", wobei die radikale Seite den Juden empfahl, ihr Judentum aufzugeben, während der verhältnismäßig fortschrittliche badische Staat eine Vorstellung entwickelte-, die Juden aus dem Stand der Trödler, Nothändler und Antiquare zu ordentlichen Handwerkern heranzubilden.

Das war nun gut reformerisch gedacht, hinkte aber schon damals hinter der Zeit her. Das traditionelle, in Zünften eingeschlossene Handwerk als Entwicklungsutopie anzupreisen, konnte ein nur sehr beschränkt attraktives Ziel darstellen. Zu sehr litten die Handwerker selbst Not, zu eng waren die handwerklichen Produktionsweisen auf die lokalen Absatzmärkte beschränkt. Großhandel, Manufaktur und das Fabrikwesen galten als die zeitgenössischen Utopien, mit denen bürgerlicher Wohlstand zu erwerben war.

Es überrascht daher nicht, daß trotz staatlicher Offerten und Fördergelder nicht allzuviele der städtischen Juden den Umweg über das Handwerk wählten, um aus dem zweifellos miserablen Zustand des Nothändlertums in den Bereich der seriösen Handelstätigkeit mit ordentlicher Buchhandlung und ebenso ordentlichem Umsatz vorzustoßen. Sie gingen den direkten Weg und handelten sich damit erwartungsgemäß die Feindseligkeit einiger Handwerkerzünfte ein. Um dies an Zahlen zu illustrieren: 1801 teilt Gemeindevorsteher Flehinger den Nahrungserwerb von 35 Familienoberhäuptern mit. Danach sind neun Nothändler, drei handeln mit alten Büchern, drei mit neuen, einer mit Eisenwaren und vier andere mit nicht näher definiertem, vier weitere handeln mit Geld und Wertpapieren, einer, der Bankier Zimmern, mit Waren und Wechseln, zwei sind Kostgeber und ein einziger ist Handwerker und das in einem vermutlich nicht zünftig organisierten Handwerk, der Siegelmacherei. 15 Jahre später sind zwei Schneider und zwei Bürstenbinder dazugekommen und 1832 sind es erst neun, die als Handwerker, Lehrlinge und Gesellen registriert sind.[18]

Die eigentliche Veränderung der wirtschaftlichen Subsistenz und des sozialen Status bei den Juden ist im Bereich des Handels erfolgt. Dort ist man zügig aus dem armseligen Not- und Trödelhandel zu ordentlicher Geschäftsführung, zum billigen (Auftrags-)Einkauf von Waren, zum Ladengeschäft und zur offensiven Werbung übergegangen. Teilweise so intensiv, daß die verschiedenen Handwerkereingaben gegen den unlauteren Wettbewerb der jüdischen Händler auch die Unterschriften einzelner Juden trugen, die wirtschaftlich an den Rand gedrängt worden waren.

In den engen Gassen der Heidelberger Altstadt sammelte sich viel sozialer Sprengstoff, dem in den Jahren 1819, 1832 und 1848 durch gewalttätige Attacken auf Wohn- und Geschäftshäuser der Heidelberger Juden Ausdruck gegeben wurde.

Die erste dieser pogromartigen Ausschreitungen ist unter dem Namen 'Hepp-Hepp-Unruhen' in die Geschichte eingegangen. 'Hepp-Hepp' war der Kampfruf der Demonstranten, die demolierend und randalierend in die Judenhäuser gezogen sind. Daß hier nicht einfach "Pöbel" und Stadtarmut am Werk war, wie es die städtische Obrigkeit gerne gehabt hätte, sondern an führender Stelle auch Handwerksgesellen und Lehrlinge, angeheizt von ihren Meistern, ergibt sich schon aus den Angriffszielen. Es waren nicht einfach die reichen Juden, sondern -in unserem Sprachgebrauch Mittelständler, deren Geschäfte die Handwerkerinteressen berührten. Im Fall von 1848, als das Haus des Kleiderhändlers Leopold Ehrmann angegriffen und die im Haus lagernden Kleidervorräte zerstört wurden, waren es Verstöße gegen die engen Zunftvorschriften, indem die Juden Kleider in größeren Stückzahlen produzieren ließen und zum Verkauf anboten.[19]

Erst in den Jahren nach der gescheiterten Revolution 1848 und mit Beginn der sog. "Neuen Ära" in Baden kam Bewegung in die "Judenfrage",

---

[18] Hinweise bei Mumm, Denket nicht, Wir wollen's beim Alten lassen, Heidelberg 1992 und Werner Kauß, Heidelberg und seine jüdischen Mitbürger, Heidelberg 1996.

[19] Hans Martin Mumm, Denket nicht, Heidelberg 1992, S. 27-30, ders., Freiheit ist das, was wir nicht haben, Jüdinnen und Juden in der Revolution von 1848, in: Giovannini et al. (Hrsg.), 1992, S. 62-70.

die dann 1862 in der Verkündung des Gesetzes zur bürgerlichen Gleichstellung der Juden gipfelte.

Liberale Gemeindereform, Honoratiorentum und Assimilation

Von diesem Zeitraum an bis zum Beginn der nationalsozialistischen Zeit sind die Heidelberger Juden nicht nur gleichberechtigte Bürger und Bürgerinnen und Bewohner dieser Stadt. Sie sind auch zunehmend zu einem in alle Bereiche integrierten Teil der Stadtbevölkerung geworden, als Unternehmer, Geschäftsinhaber, Universitätsangehörige, als Anwälte, Ärzte und Architekten ebenso wie als Angestellte in zahlreichen Betrieben. Was sich herausbildete war eine bürgerliche Normalität, verstärkt auch durch den Zuzug vom Land und durch einen bis zur Jahrhundertwende stetig ansteigenden Anteil jüdischer Akademiker an der Universität. Bürgerliche Normalität und Wohlhabenheit findet auch darin seinen Ausdruck, daß sich die jüdischen Bevölkerungsanteile in Altstadt, Weststadt Bergheim und Neuenheim konzentrierten, wohingegen die teilweise erst später eingemeindeten Vororte so gut wie keine jüdischen Einwohner verzeichneten.[20]

Diese Epoche weitgehender "Normalität" - trotz allen Antisemitismus, den es seit den Gründerjahren gab und der in diversen nationalistischen Vereinigungen, in Studentenverbindungen, in der nationalen Presse existierte - läßt sich beispielhaft an einigen ortsgeschichtlichen Ereignissen beschreiben: Zunächst am Wandel der jüdischen Gemeinde selbst. 1823 beantragte der Lehrer Karl Rehfuß den Gottesdienst außerhalb der Synagoge und in deutscher Sprache halten zu dürfen. Rehfuß verstand sich als Teil einer innerjüdischen Reformbewegung, zu der auch der Gelehrte Simon Wolff gehörte, der in Heidelberg studiert hatte und in Mannheim eine jüdische Privatschule eröffnete. Mannheim bot den Heidelberger Reformern beträchtlichen Rückhalt, so daß es dort schon 1870 zu einer Trennung der Gemeinde in einen liberalen und einen orthodoxen Flügel kam.[21]

Dies konnte in Heidelberg vermieden werden, wenngleich der Konflikt zwischen den verschiedenen Strömungen vehement ausgetragen wurde.

---

[20] Eine Ausnahme macht der Ort Rohrbach, 1927 eingemeindet, in dem eine kleine jüdische Gemeinde, überwiegend sehr arme Leute, existierte, die eine eigene Synagoge unterhielten und einen Religionslehrer beschäftigten.

[21] Zur Reformbewegung und dem gemeindeinternen Liberalismus in Mannheim siehe Watzinger, 1987, S. 25, S. 31-34.

Rehfuß unterrichtete in Heidelberg in der jüdischen Volksschule (die seit Mitte des 18. Jahrhunderts bestand und 1822 als israelitische Bezirksstiftungsschule in der Blauen Lilie eingerichtet wurde, wo Rehfuß mit seiner Familie im Nebengebäude auch eine Lehrerwohnung bezog), war publizistisch tätig (unter anderem mit Lehrbüchern für den jüdischen Unterricht) und promovierte schließlich an der Universität, weil er hoffte, der Konflikte mit der Gemeinde müde, seine Ziele in einer neuzugründenden Privatschule umsetzen zu können. Dazu ist es nicht mehr gekommen. 1842 starb Karl Rehfuß nach zermürbenden Konflikten innerhalb der Gemeinde, die sich häufig genug auf den Konflikt mit seinem gelehrten Konkurrenten, dem Rabbiner Salomon Fürst, zuspitzten.

Überraschenderweise übernahm Fürst dann ziemlich bald Rehfuß' Reformen, darunter auch eine Art Konfirmation und eine Synagogenordnung, die das Singen in der Synagoge erlaubte und das Mitsprechen beim Vorbeter zum Entsetzen aller orthodoxen Gemeindemitglieder unter (Geld-)strafe stellte.

Die jüdische Volksschule existierte bis 1870.[22] Im Februar des Vorjahres hatte eine Bürgerversammlung über die Abschaffung der Konfessionsschulen beraten. Im Juni 1869 entschieden die evangelischen und jüdischen Einwohner Heidelbergs nahezu einstimmig für eine gemischte Volksschule, die Katholiken waren mehrheitlich dagegen. In der Großen Mantelgasse wurde seither nur noch jüdischer Religionsunterricht erteilt.

Bemerkenswert hinsichtlich der Integration der jüdischen Gemeinde ist auch der Neubau der Synagoge. Da die Gemeinde stark gewachsen war (um 1875 hatte sie ca. 850 Mitglieder), war das Synagogengebäude zu eng geworden und wohl auch baulich in keinem guten Zustand mehr. Deshalb wurde es 1875 abgerissen und ein Neubau erstellt. Bezeichnend ist, daß die Gemeinde Hermann Behagel als Architekten beauftragte. Behagel war Vorstand der Evangelischen Kirchenbauinspektion, also der offizielle Kirchenbaumeister der evangelischen Kirche. Behagels Pläne liegen zahlreichen evangelischen Kirchen in Heidelberg und der Region sowie einer stattlichen Reihe von Villen und Schulgebäuden zugrunde.

---

[22] In zwei Haushalten (Herz Carlebach und David Zimmern) wurden Privatlehrer beschäftigt. In den fünfziger Jahren eröffnete das Ehepaar Reckendorf eine Privatschule für Mädchen, bzw. ein Pensionat für Knaben, angeblich Kinder englischer Juden, die zum Sprachunterricht nach Heidelberg geschickt worden waren. S. Kühn, Geschichte der Heidelberger Juden 1862-1918, Heidelberg 1996, erwähnt weitere Privatschulen in den siebziger Jahren.

Die Christuskirche in der Heidelberger Weststadt vermittelt uns einen ungefähren Eindruck vom Baukonzept, das Behagel in der zeitgleich entstandenen Synagoge verwirklichte. Die Synagoge wurde bis 1936 mehrfach renoviert und umgebaut und zeigte als Besonderheit, bzw. als Ausdruck des reformierten Ritus, eine Orgelempore an der Ostseite.[23]

In diesen Zeitraum der 70er Jahre fällt auch der Wechsel von Rabbiner Fürst zu seinem Nachfolger Hillel Sondheimer, der bis 1899 der Gemeinde vorstand. Ist Salomon Fürst im Laufe seines Lebens religiös gesehen immer liberaler geworden, so fing der religiös liberale Sondheimer schon mit weitergehenden Reformen an. Unter anderem schlug er 1895 vor, die zweiten jüdischen Feiertage abzuschaffen und stieß damit auf heftigen Widerstand konservativer Gemeindemitglieder. Auch im Politischen kannte er wenige Berührungsängste. Er engagierte sich bei den Nationalliberalen und unterzeichnete u.a. auch einen Wahlaufruf seiner Partei für den konservativen Kandidaten Menzer, der zugleich Parteigänger der antisemitischen Stöcker-Partei war. Die von ihm verfaßten Religionsgeschichten für den Schulunterricht stehen ganz in der geistigen Tradition Moses Mendelsohns (1729-1786), der auf allgemeine und religiöse Bildung hin orientiert war.

Insgesamt erfolgte im Zeitraum der Jahrhundertwende in der Heidelberger Gemeinde der Durchbruch zu einem liberalen, städtischen, durch und durch assimilierten Judentum, neben dem sich die orthodoxe Strömung nicht leicht behaupten konnte.[24] Für die Orthodoxie standen einzelne Persönlichkeiten wie Jonas Simon, der um 1902 ein "frommes Erziehungsheim" einrichtete und zum Mittelpunkt des Vereines jüdischer Akademiker wurde. 1917 geht auf seine Initiative die Gründung eines Thorabundes zurück. Einfluß hatte auch der aus Rußland stammende Gelehrte Salman Baruch Rabinkow, der um 1907 als Begleiter zweier Petersburger Studenten nach Heidelberg kam und hier, nahezu mittellos, in einem Zimmer in Neuenheim eine private Thora- Schule betrieb, d.h. in seiner Person verwirklichte.[25]

In den zwanziger Jahren entstand dann unter Leitung des Talmudisten Lipmann Ragow ein "Verein gesetzestreuer Juden" und 1929 war die Gruppe der Orthodoxen durch Zuzüge aus dem Osten so gewachsen, daß

---

[23] Löslein, 1992, S. 54-73.
[24] Hinweise zu dieser Epoche verdanke ich dem Artikel von Susanne Kühn für die demnächst erscheinende Veröffentlichung des Stadtarchivs.
[25] Peter Honigmann, Der Talmudistenkreis um Salman Baruch Rabinkow, in: Giovannini et al. (Hrsg.), 1992, S. 265-273.

ein Rabbiner beschäftigt und eine kleine Synagoge eingerichtet werden konnte. Diese wurde 1932 in einem Hinterhaus in der Plöck eröffnet.

Eine Spaltung der Gemeinde und die auch wirtschaftliche Verselbständigung der Orthodoxen ist offenbar nicht beabsichtigt worden, denn beide Gemeindeteile wurden auch in den folgenden Jahren durch einen gemeinsamen Haushalt verwaltet. Bei der Einweihung des orthodoxen Bethauses waren auch der Rabbiner und der Gemeindevorstand der Hauptgemeinde anwesend. Nach der Zerstörung der großen Synagoge 1938 richtete die Gemeinde die ebenfalls demolierten Räume in der Plöck wieder ein und feierte dort - vermutlich gemeinsam - die Gottesdienste.[26]

Seit den achtziger Jahren des vorigen Jahrhunderts bestand auch ein kleiner zionistischer Flügel in der Gemeinde. Damals hatte der Mathematikdozent Hermann Schapira den Bund ZION gegründet, später fand der Zionismus auch und vor allem Anhänger unter den Studierenden. Die zionistische Strömung ist jedoch, ebenso wie das orthodoxe Judentum, in Heidelberg nicht dominierend gewesen.[27] Dies hatte seine Ursache in der grundständigen Orientierung der Gemeindemehrheit dieser Epoche.

Es ist die unmißverständliche Orientierung auf Integration in die soziale, wirtschaftliche und kulturelle Umwelt der deutschen Gesellschaft. Dies läßt sich optisch sehr eindrucksvoll an den Grabsteinen des neuen jüdischen Friedhofes demonstrieren. Dort wird die traditionelle Formensprache mehr und mehr abgelöst durch Angleichungen an Gräbergestaltung und Dekorationen des nebenliegenden christlichen Friedhofes, wenngleich man auch anerkennen muß, daß der kunstgewerbliche Edelkitsch und der Pomp einiger christlicher Grabresidenzen vor dem jüdischen Friedhof halt gemacht haben. Familiengräber, polierte Steine, lateinische Buchstaben und deutsche Inschriftentexte verdeutlichen die Abkehr von einem als unpassend empfundenen Separatismus selbst in dem sensiblen Bereich der kultischen Manifestationen.

Die wirtschaftliche Seite dieses Integrations- und Assimilationsprozesses ist die enorme unternehmerische Initiative einzelner jüdischer Familien

---

[26] Der orthodoxe Gemeindeflügel war organisiert im Verein gesetzestreuer Juden, der u.a. ein koscheres Speiselokal in der Stadt unterhielt (das dem orthodoxen Mannheimer Rabbiner Unna unterstellt war) sowie Geschäftsräume in der Altstadt. Seit 1929 war Hermann Mayer als Rabbiner bestellt.

[27] Eine noch aufzuhellende Beziehung bestand offensichtlich zwischen Zionisten und orthodoxem Gemeindeflügel. Der aus Rußland stammende Buchhändler Herbert Großberger war sowohl Vorsitzender der Ortsgruppe der Zionistischen Vereinigung für Deutschland, Mitglied im badischen Oberrat und Gestalter des orthodoxen Bethauses in der Plöck.

und ein relativ stabiler Pool von kleinen und mittelgroßen Handelsgeschäften, sowie flankierend eine bemerkenswert große Zahl jüdischer Akademiker, Ärzte und Anwälte. Es ist in diesem Zusammenhang sicher nicht verfehlt, von der Herausbildung einer regelrechten jüdischen Honoratiorenschicht zu sprechen, also einer relativ stabilen Gruppe wohlhabender Bürger und Bürgerinnen, die im wirtschaftlichen und gesellschaftlichen Leben präsent waren. Als Beispiel sei die Familie Reis erwähnt, die sich Ende der 1850er Jahre noch als Lumpen- und Papiersammler und Händler in der Stadt um Aufnahme bemühten. Nachdem sie mit Verzögerung das Bürgerrecht erhalten hatten, gründeten sie 1876 in Bergheim eine Kunstwollefabrik, die mehr und mehr florierte und zum Ärger der Bergheimer eine ziemliche Dreckschleuder gewesen sein muß.

1908 ist einer der Besitzer, der Chemiker Julian Reis, Bezirksvorsitzender des Verbandes süddeutscher Industrieller. Drei Brüder leiten neben ihm die Firma. Eduard Reis ist seit 1878 Mitglied der Stadtverordnetenversammlung, später im Vorstand der Handelskammer und seit 1906 Stadtrat. Überhaupt ist bemerkenswert, daß ein beträchtlicher Teil des kommunalpolitisch aktiven Honoratiorentums auch vertreten ist in den Gemeindeinstitutionen, vor allem dem Synagogenrat, oder den zahlreichen Hilfs- und Unterstützungsvereinen.

Bis zur Jahrhundertwende ist diese jüdische Honoratiorenschicht nationalliberal und überaus konservativ. " Bedeutend sei", äußerte der Mathematikhistoriker und Nationalliberale Moritz Cantor, " daß die Macht in den Händen der staatserhaltenden Parteien bleibe". Erst nach der Jahrhundertwende finden wir einige jüdische Namen in den Parteikreisen der Fortschrittspartei und - nach dem ersten Weltkrieg - der liberalen DDP. Unter ihnen ist der Besitzer der Herrenmühle Moritz Oppenheimer. Erst in der Weimarer Republik finden sich, nicht ohne Zusammenhang mit einem beträchtlichen Zuzug linksorientierter Studenten, auch einige SPD-Mitglieder unter den prominenten Heidelberger Juden, darunter der Staatsanwalt und Richter Hugo Marx, der Philosophiedozent und Pastor Hans Ehrenberg und die Schriftstellerin Selma Wolff-Jaffé.

Auf nahezu allen Ebenen läßt sich der Umfang der bürgerschaftlichen Integration der Heidelberger Juden darstellen. Erwähnenswert ist beispielsweise, daß 1907 der Staatsrechtler Georg Jellinek zum Rektor der Universität gewählt wurde.[28]

Beigetragen zur Schwächung der jüdischen Glaubensgemeinschaft hat die zunehmende Zahl von Mischehen, die zwischen 1927 und 1929 der Zahl rein jüdischer Eheschließungen gleichkam. Viele der jüdischen Akademiker waren nur noch formell Mitglieder der jüdischen Gemeinde oder konvertierten aus den verschiedensten Gründen.

Eine der wenigen autobiographischen Quellen, die uns ein wenig vom Innenleben der Gemeinde und von dieser Epoche nahebringen kann, ist die vorzügliche Autobiographie von Hugo Marx.[29] Darin finden wir auch eine eindrucksvolle Schilderung der turbulenten Diskussion, die 1919 in der Gemeinde um die Frage entfacht wurde: Werden und sollen sich die Juden an der Wahl zur Nationalversammlung beteiligen? Diese Frage war letztlich eine Frage der Orientierung. Sind wir Juden Deutsche? Ist hier unsere nationale Heimat? Nehmen wir Teil am Aufbau dieses aus Kriegsniederlage und halber Revolution entstandenen demokratischen Staates - oder sind wir auf die Heimkehr ins Land der Väter orientiert? In diesem Konflikt zwischen Zionisten und Integrationsjudentum standen sich der junge Jurist Hugo Marx und der zionistische Aktivist Nahum Goldmann gegenüber, der viele Jahrzehnte später Präsident des Jüdischen Weltkongresses wurde. An diesem Abend war - wenig überraschend - Hugo Marx mit seinem Plädoyer für Hiersein und Hierbleiben der Sieger.[30] Er sprach für eine Mehrheit, die sich, auf eine für ihn damals schon zweifelhafte Weise, als vaterländische Deutsche empfand. Viele von ihnen waren Kriegsteilnehmer und hatten in diesem Krieg als deutsche Soldaten mit der für uns heute kaum mehr vorstellbaren Überzeugung und Begeisterung - und mit erheblichen Opfern - teilgenommen. Das Vaterländische mancher jüdischer Bekundungen mutet überzogen, überschwenglich, überangepaßt an.[31] Wir müssen allerdings berücksichtigen, daß die forcierten Bekundungen von Va-

---

[28] Der außerordentlich hohe Anteil jüdischer Akademiker ist dokumentiert in: Christian Jansen, Professoren und Politik. Politisches Denken und Handeln der Heidelberger Hochschullehrer 1914-1935, Göttingen 1992 und Norbert Giovannini/Christian Jansen, Judenemanzipation und Antisemitismus an der Universität Heidelberg, in: Giovannini et al. (Hrsg.), 1992, S. 155-200.

[29] Hugo Marx, Werdegang eines jüdischen Staatsanwalts und Richters in Baden 1892-1933. Ein soziologisch-politisches Zeitbild, Villingen 1965.

[30] Hugo Marx a.a.O., 1965, S. 132-133.

[31] Die überassimilatorischen Tendenzen des Centralvereins deutscher Staatsbürger jüdischen Glaubens sind auch damals schon in jüdischen Kreisen auf Ablehnung gestoßen.

terlandstreue auch eine Reaktion auf die gängigen antisemitischen und Dolchstoßlegenden waren, die in völkisch-nationalistischen Kreisen - und nicht nur dort - in die Richtung zielten, die Juden zu Schuldigen an Kriegsniederlage und Rätebewegung zu erklären.

Politisch sammelten sich viele Juden ganz dezidiert im "Centralverein deutscher Staatsbürger jüdischen Glaubens", dem Sprachrohr des politischen Judentums in der Weimarer Republik. An dessen Seite agierte der Reichsbund jüdischer Frontsoldaten, der in Heidelberg von Hauptlehrer Hermann Durlacher geleitet wurde und seit den zwanziger Jahren auch einen Jungturnbund umschloß.

Nicht ganz leicht zu dokumentieren ist die Integration in das gesellige- und das Vereinsleben der Stadt. Sicher auffällig ist das dichte Netz von Vereinen, hauptsächlich sozialer Art, im Rahmen der jüdischen Gemeinde: der israelitische Frauenbund, der jüdische Jugendbund, die Wohlfahrtsstelle und verschiedene Pfadfinderbünde. Aber dieses dichte Netz an Wohlfahrtseinrichtungen schloß die Teilnahme am Sport, am Kulturleben und an Geselligkeiten in anderen, auch vereinsmäßigen Zusammenhängen, nicht aus. Möglicherweise sind die jüdischen Mitbürger mehr unter sich geblieben (die wichtige Rolle der Familie sei hier nur erwähnt), aber von Aussonderung und Absonderung kann nicht die Rede sein. Eine Ausnahme bildeten die korporierten Studentenverbindungen, die damals mehrheitlich radikal antisemitisch gewesen sind. Dies veranlaßte seit 1980 jüdische Studierende, eine eigene waffen- und farbentragende Verbindung zu gründen, die später als Verbindung Bavaria bis 1933 existierte.[32]

Die Machtübernahme

Als am 30. Januar 1933 die Nationalsozialisten die Macht übernahmen, endete auch für die jüdischen Bürger Heidelbergs eine Epoche relativer Sicherheit und Normalität. Was sich in Heidelberg abspielte, unterscheidet sich nicht wesentlich von den Ereignissen in anderen Orten. Es war die systematische Zerstörung der Existenzgrundlagen, es waren Terror, Emi-

---

[32] Zur politischen Geschichte der Heidelberger Studentenschaft vgl. Norbert Giovannini, Zwischen Republik und Faschismus. Heidelberger Studentinnen und Studenten 1918-1945, zu den jüdischen Studentenverbindungen und Studierenden N. Giovannini, Jüdische Studentinnen und Studenten in Heidelberg, in: Giovannini et al. (Hrsg.), 1992, S. 201-220.

gration, Deportation und schließlich der Tod vieler und das Überleben weniger, die in Deutschland geblieben waren.[33]

Wir sollten uns hier zunächst die Größenordnungen vergegenwärtigen: Für das Jahr 1925 werden in der offiziellen Statistik 1354 Mitglieder der jüdischen Gemeinde angegeben, das sind 1,8% der Stadtbevölkerung. Etwa 500-600 sind in der Gemeinde aktiv gewesen, bekundete er damalige Rabbiner. 1933 sind es noch 1102 Glaubensjuden und 140 sog. Judenchristen, d.h. in einer Mischehe verheirate Juden. 1933, das Jahr der Machtübernahme durch die Nationalsozialisten, bezeichnet auch den Beginn der Emigration. Bis 1940 sind 63% der Heidelberger jüdischen Bürger/innen ausgewandert und emigriert. Zu einem Drittel haben sie in den USA, in England und in Palästina Asyl gefunden; das sind 879 Menschen. Aus der Altersverteilung läßt sich ablesen, daß es vor allem die jüngeren und mittleren Lebensalter waren, die sich für die Emigration entschieden.[34] Auswanderung und Flucht bedeuteten neben dem Verlust der vertrauten Lebenswelt häufig genug auch erheblicher materieller Verlust und ungewisser beruflicher Neuanfang. Für viele der Älteren kam dies alles kaum in Frage, ganz abgesehen davon, daß die horrenden Kosten, die das Regime den Auswanderungsbereiten aufbürdete, oft kaum aufzubringen waren. So verblieben in Heidelberg und den meisten anderen Orten Gemeinden, die zu beträchtlichen Teilen aus Älteren und Alten und den weniger Wohlhabenden bestanden.[35]

---

[33] Die nationalsozialistische Epoche und die Verfolgungsmaßnahmen gegen die jüdische Bevölkerung sind untersucht und dokumentiert von Arnold Weckbecker, Gedenkbuch an die ehemaligen Heidelberger Bürger jüdischer Herkunft. Dokumentation ihrer Namen und Schicksale 1933-1945, Heidelberg 1983; A.Weckbecker, Die Judenverfolgung in Heidelberg 1933-1945, Heidelberg 1983; ders., Gleichschaltung der Universität? Nationalsozialistische Verfolgung Heidelberger Hochschullehrer aus rassischen und politischen Gründen, in: Buselmeier et al. (Hrsg.), Auch eine Geschichte der Universität Heidelberg, Mannheim 1985, S. 273-293; A.Weckbecker, Phasen und Fälle der wirtschaftlichen "Arisierung" in Heidelberg 1933-1942, in: Giovannini et al. (Hrsg.), 1992, S. 143-154. Eindrucksvolle Dokumente enthält A. Weckbecker/Christian Peters (Hrsg.), Auf dem Weg zur Macht. Zur Geschichte der NS-Bewegung in Heidelberg 1920-1934, Heidelberg 1983 und der Sammelband von Jörg Schadt/Michael Caroli (Hrsg.), Heidelberg unter dem Nationalsozialismus, Heidelberg 1985.
[34] Hierzu die statistischen Darstellungen in Arno Weckbecker, Die Judenverfolgung in Heidelberg 1933-1945, in: J.Schadt/M.Caroli (Hrsg.), 1985, S. 399- 467, insbes. S. 446, 448 und 450.
[35] Eine genaue Aufschlüsselung nach Namen und Daten ist trotz einiger Ungenauigkeiten mit Hilfe des Gedenkbuches von Weckbecker (1988) möglich.

Mit Nachdruck bemühte sich die Gemeinde, Einrichtungen zur Selbstqualifizierung, beispielsweise in Handwerksberufen und im pflegerischen Bereich, zu schaffen und durch Unterstützungsfonds die Auswanderung auch finanziell zu ermöglichen.[36]

Wie an allen Orten in Deutschland wurden am 1. April 1933 die jüdischen Geschäfte durch eine großangelegte SA-Aktion "boykottiert". Die Aktion ist zu verstehen als der demonstrative Auftakt zu einer Kette von Aktionen der zunehmenden Enteignung und Beraubung. Die Stadtverwaltung Heidelberg unter Führung von Oberbürgermeister Carl Neinhaus tat sich in vorauseilendem Gehorsam damit hervor, daß sie Empfängern von Warengutscheinen, also den Sozialhilfeabhängigen, untersagte, diese in jüdischen Geschäften einzulösen; bei städtischen Angestellten wurden seit 1935 scharf überprüft, wo sie einkauften.[37]

Auf den Boykott, der viele Geschäfte in den Ruin trieb, folgte die geschäftsmäßig abgewickelte "Arisierung" jüdischen Besitzes. Betriebe und Geschäfte mußten von ihren Eigentümern verkauft werden, vorzugsweise an anerkannte NS-Parteigänger. Dabei wurden die häufig schon schwer angeschlagenen Betriebe meist weit unter Wert verkauft. Da das Vermögen der "Nichtarier", wie es jetzt hieß, treuhänderisch verwaltet wurde, reichte der Verkaufsertrag oft kaum, um die Kosten aufzubringen, die mit der Emigration verbunden waren.

Bis Anfang 1939 war der Vorgang der wirtschaftlichen "Arisierung" nahezu vollständig abgeschlossen, bis zum Sommer 1939 erfolgte dann die Zwangsveräußerung von Grundstücken und Wohngebäuden. Da zahlreiche Mietverhältnisse gekündigt worden waren, drängten sich die verbliebenen jüdischen Einwohner in einigen Häusern der Altstadt, Bergheims und der Weststadt, bzw. wurden zwangsweise in diese Wohnungen eingewiesen.

Parallel zur wirtschaftlichen "Arisierung" erfolgte der Ausschluß jüdischer Bürger und Bürgerinnen aus dem Rechtsleben, dem Gesundheitswesen sowie aus den berufsständischen Kammern. Zahlreiche Ärzte und Anwälte mußten ihre Kanzleien und Praxen schließen. Besonders kraß wirkte

---

[36] Hierzu Max Oppenheimer, Sozialer Zusammenhalt und kulturelles Ghetto. Die Lebenssituation Heidelberger Juden vom Beginn der nationalsozialistischen Machtübernahme bis zur Deportation, in: Giovannini et al. (Hrsg.), 1992, S. 107-117.

[37] Die Rolle der Stadtverwaltung, das Verhalten des bis 1933 parteilosen Verwaltungsbeamten Neinhaus und die Konfliktlinien zwischen diesem und der örtlichen Parteileitung untersucht seit Jahren Frank Moraw (Heidelberg im Nationalsozialismus, in: Heidelberg und seine jüdischen Mitbürger, erscheint voraussichtlich 1996).

sich die "Arisierung" an der Universität aus. Fast ein Drittel aller Hochschullehrer wurde bis 1938 aus dem Dienst entlassen und bekam die Lehrberechtigung entzogen. Dies betraf auch Dozenten, die längst nicht mehr im Dienst waren. Nach Berlin und Frankfurt war die Heidelberger Universität die am stärksten von rassistisch begründeten Entlassungen betroffen.[38]

Ein eigenes Kapitel ist die Herausdrängung jüdischer Lehrer und Schüler/innen aus dem öffentlichen Schuldienst. Von 1933 an wurden die jüdischen und "jüdisch versippten" Lehrkräfte an Heidelberger Schulen entlassen. Die Entlassungen erfolgten zunächst rabiat, wurden dann teilweise zurückgenommen, gelegentlich in Pensionierungen und Beurlaubungen umgewandelt, so lange von den Betroffenen geltend gemacht werden konnte, daß sie als Frontkämpfer im Ersten Weltkrieg gedient hatten. Nach Verkündigung der Nürnberger Gesetze erfolgten die Entlassungen jedoch ohne Einschränkung. Die jüdischen Volksschüler waren schon zuvor aus den Schulklassen ausgegliedert worden (s.u.).[39]

Die Rücksichtslosigkeit, mit der vorgegangen wurde, kann am Sonderfall des außerplanmäßigen (Volksschul-)lehrers Karl Pringsauf aufgezeigt werden. Seine Frau war Jüdin, deshalb galt er als "jüdisch versippt". Bis Juli 1937 ließ man ihn unterrichten, dann wurde er zur Ruhe gesetzt und im Januar 1938 entlassen. Im September 1938 nahm sich Frau Pringsauf das Leben. Folglich war Pringsauf nicht mehr "jüdisch versippt", sondern wieder zum "Arier" geworden und erhielt zum 2. März 1939 erneut eine Anstellung als außerplanmäßiger Lehrer.

Bereits 1935 hatte das Stadtschulamt Heidelberg angeordnet, "daß sämtliche israelitischen Schüler die Pestalozzischule (d.i. die heutige Landhausschule) zu besuchen hätten, d.h. aus ihren bisherigen Klassen herausgenommen und zu einer oder mehreren Judenklassen zusammengeschlossen werden sollten. Lehrer Durlacher unterrichtete zunächst alleine zwei Gruppen mit insgesamt 51 Kindern, im Jahr darauf wurden ihm einige entlassene Gymnasialprofessoren als Ergänzungslehrkräfte zur Verfügung gestellt. In der Pogromnacht vom 10. November 1938 wurde das Inventar der "Judenklasse" vernichtet, die jüdischen Lehrer erhielten Hausverbot und die Lehrerschaft der Pestalozzischule lehnte es einmütig ab, weiter mit jüdischen Kindern und Kollegen unter einem Dach zu un-

---

[38] Dorothee Mußgnug, Die vertriebenen Heidelberger Dozenten. Zur Geschichte der Ruprecht-Karls-Universität nach 1933, Heidelberg 1988
[39] Weckbecker, Die Judenverfolgung in Heidelberg 1983-1945, Heidelberg 1983, S. 71-95.

terrichten. Durlacher war ins KZ Dachau gebracht worden, kam im Januar 1939 zurück und unterrichtete weiter, unterstützt von dem 30jährigen Rabbiner Dr. Hans Zucker. Im Laufe des Jahres 1939 wurde dann die jüdische Volksschulabteilung aufgelöst. Mit einigen der Kinder, die er unterrichtet hatte, wurde Durlacher nach Gurs deportiert. Er starb 1942 in Auschwitz.

In der Nacht vom 9. zum 10. November 1938 wurde die Synagoge in der Lauerstraße niedergebrannt und zahlreiche Geschäfte und Privatwohnungen jüdischer Bürger demoliert. Die zentral geplante Aktion wurde von der örtlichen SA durchgeführt, die auch die Rohrbacher Synagoge in Brand setzte. Die Schäden dieser sog. "Reichskristallnacht" und den Abriß der Synagogenruine hatte die jüdische Gemeinde zu tragen.

Trotz dieser bedrückenden Umstände, unter denen die verbliebenen jüdischen Mitbürger nun lebten, trotz der enormen Isolation und ständigen Diskriminierung und Demütigung, die ihnen im Alltag zugefügt wurden, rissen die Bemühungen nicht ab, die Ghettosituation zu gestalten und zu beleben, sich gegenseitig Lebensmut und Hoffnung zu vermitteln, nicht zuletzt durch kulturelle Aktivitäten und einer im Versteckten praktizierte Gemeindearbeit. Max Oppenheimer hat dieses dichte Geflecht einer jüdischen Vereinskultur unter dem Nationalsozialismus eindringlich geschildert.[40]

Am 22. Oktober 1940 erfolgte die große Deportation nach Frankreich in das in den Pyrenäen gelegene Internierungslager Gurs. 282 Menschen wurden auf dem Marktplatz zusammengetrieben.[41]

Das Durchschnittsalter der Deportierten lag weit über 50 Jahre. Viele der Älteren überlebten die ersten Wochen und den rauhen Winter 1940/41 nicht. Kälte, Frost, Schlamm, miserable hygienische Verhältnisse und der kaum vorstellbare Schock des tagelangen Transports in Eisenbahnwagen, die Angst um Angehörige und das eigene Schicksal machte viele hilflos, schwach und mutlos.

---

[40] Siehe Anmerkung 36.
[41] Insgesamt sind 310 Heidelberger Juden und Jüdinnen an diesem Tag deportiert worden. Einige von ihnen hatten sich außerhalb Heidelbergs aufgehalten. Insgesamt erfaßte die Oktoberdeportation ca. 7500 Personen aus Baden und der Pfalz. Die Deportation kann als "Generalprobe" und Auftakt der nachfolgenden Massendeportationen beurteilt werden. Eine ausführliche Dokumentation in R. Erhard Wien (Hrsg.), Oktoberdeportation 1940, Konstanz 1990.

Zu den wenigen Heidelberger Dokumenten der Oktoberdeportation gehört das von Max Oppenheimer herausgegebene Tagebuch seines Bruders, der von Gurs aus in den Osten deportiert wurde und wenige Tage vor der Befreiung Buchenwalds gestorben ist.[42]

Bis ins Frühjahr 1945 folgten weitere Deportationen, die 80 Heidelberger Juden und Jüdinnen erfaßten. 23 Personen überstanden die NS-Jahre in Heidelberg, zwei Drittel der Deportierten, darunter alle, die " in den Osten" verschleppt wurden (also in die Vernichtungslager), starben an den Folgen der Lagerhaft oder wurden direkt ermordet.[43]

Für den April 1945 war eine weitere Deportation angekündigt. Sie sollte auch die letzten noch in Heidelberg lebenden Juden erfassen, darunter die Ehefrau des Philosophen Karl Jaspers. Seit Jahren hatte das Ehepaar Jaspers für diesen Fall zwei Giftampullen bereit liegen. 14 Selbstmorde verzeichnet die Statistik der jüdischen Gemeinde von 1933 bis 1944. Am 30. März übernahmen amerikanische Truppen die Stadt Heidelberg. Gertrud Jaspers und einige wenige haben zwölf angstvolle Jahre äußerlich unbeschadet überlebt.

Die Nachkriegsgemeinde

Daß es in Deutschland überhaupt wieder jüdische Gemeinden geben wird, war nach dem Ende der NS-Herrschaft und der Befreiung Deutschlands durch die aliierten Truppen nicht so ohne weiteres selbstverständlich. Tatsächlich hat es in den USA, in Palästina, später in Israel und andernorts viele Stimmen gegeben, die ein Weiterleben in Deutschland für Juden für nahezu ausgeschlossen hielten, ja fast einen Makel darin sahen, im Land der Mörder und Täter, der Konzentrationslager, der Mitläufer sich wieder niederzulassen.[44] Gegen alle diese Bedenken und gegen einen starken Trend zur Auswanderung, der bei vielen Überlebenden bestand, haben sich

---

[42] Max Ludwig (d.i. Max Oppenheimer), Das Tagebuch des Hans O. Dokumente und Berichte über die Deportation und den Untergang der Heidelberger Juden, Heidelberg 1965.
[43] Eine detaillierte Aufgliederung der Verfolgungsschicksale ist nicht möglich, da in etwas über 300 Fällen keine Informationen vorliegen. Nach den Zählungen Weckbeckers (1985) sind von 1386 Personen, die als Juden, bzw. in NS-Terminologie als Nichtarier in Heidelberg gezählt wurden, von 1933-1945 107 im Inland verstorben, 879 ausgewandert, 17 wurden vor 1940 ausgewiesen, 360 sind deportiert worden und 23 überlebten im Inland (z.T. als jüdische Partner in sog. "privilegierten Mischehen").
[44] Erica Burgauer, Zwischen Erinnerung und Verdrängung - Juden in Deutschland nach 1945, Reinbek bei Hamburg 1993.

jedoch sehr rasch wieder einige Gemeinden gegründet, in Heidelberg bereits im Frühsommer 1945.

23 Heidelberger, die hier überlebten, 15 der im Februar 1945 nach Theresienstadt Deportierten, dazu 30 KZ-Überlebende und etwa 50 Personen, die im Laufe der ersten Nachkriegsjahre nach Heidelberg zurückkehrten, bildeten den Grundstock der neuen, der Nachkriegsgemeinde. Diese stand vor beträchtlichen Problemen. Die Überlebenden, darunter viele ältere Menschen, die körperlich und psychisch angeschlagen, großenteils verarmt und soweit sie von auswärts kamen, ohne sichere Bleibe waren, bedurften dringender Unterstützung. In diese Situation traf eine fast gleich große Zahl jüdischer Flüchtlinge, die als "displaced persons" bezeichneten ehemaligen KZ- Häftlinge, sowie polnische Juden, die auf erneuter Flucht in den Westen waren.

Sie waren zunächst in Auffanglagern in der amerikanischen Zone gesammelt worden, strömten dann aber in die Städte, in denen noch ein Zuzug möglich war. Die meisten beabsichtigten alsbald auszuwandern. Zunächst mußte auch für sie gesorgt werden, denn die Ausreiseverfahren zogen sich häufig über Monate hin.

Die kleine Nachkriegsgemeinde war so rasch auf über 300 Mitglieder angewachsen. Trotz aller Auswanderungspläne zögerten viele dann doch vor dem Schritt ins neuerlich Ungewisse. Noch 1949 bestand die Gemeinde zur Hälfte aus eben diesen displaced persons, einige wenige brachen das Experiment Auswanderung auch bald wieder ab und kehrten zurück.

Es waren vielfach die Älteren, die schon Gebrechlichen, die hier geblieben sind. "Die jüdischen Gemeinden begannen als Altengemeinden", resümiert ein Autor in den sechziger Jahren und dies ohne jede Abwertung, sondern eher mit einem Unterton der Besorgnis. Würden die Gemeinden der Überlebenden zugrunde gehen an Überalterung und das Judentum auf deutschen Boden sozusagen ein biologisches Ende nehmen?[45]

Wir müssen jedenfalls allen Respekt vor der Initiative einiger Gemeindemitglieder haben, die Schlimmes erlebt hatten und sich nun daran machten, das Gemeindeleben - und vor allem die Fürsorgeeinrichtungen - wieder zu beleben. Viele der älteren Generation fanden darin eine neue Lebensaufgabe. Als Beispiel möchte ich Rositta Oppenheimer-Kramer erwähnen, die Anfang der 50er Jahre das Amt der Gemeindevorsitzenden

---

[45] Harry Maor, Über den Wiederaufbau der jüdischen Gemeinden in Deutschland seit 1945, Diss. Univ. Mainz 1961.

übernahm. 1940 mit ihrer Familie nach Frankreich deportiert, überlebte sie die fünf Jahre Internierungslager Gurs, wohingegen ihr Mann Leopold und der Sohn Hans Bernd in den Osten deportiert wurden und dort umgekommen sind.[46] Rositta Oppenheimer hatte in den Weimarer Jahren schon im sozialen Dienst der Gemeinde gearbeitet und die Gemeinde im Jugendwohlfahrtsausschuß der Stadt vertreten. Nach ihrer Rückkehr aus Frankreich lag der Schwerpunkt ihrer Arbeit wiederum auf Fürsorge und Betreuung vornehmlich der älteren Gemeindemitglieder. Im Gemeindezentrum richtete sie ein Altersheim ein und stellte eine Frauengruppe auf die Beine, die die Fürsorgearbeit auch praktisch leistete. Sehr energisch hat sie die Interessen ihrer Gemeinde gegenüber der Stadtverwaltung zur Geltung gebracht, was wohl auch nötig war. Da waren Entschädigungsfragen zu klären, Wiedergutmachungen, wie das euphemistisch hieß, da mußte mit der Stadt verhandelt werden, wegen der Friedhöfe, die teilweise verwüstet waren, wegen der Leichenhalle, die renoviert werden mußte, wegen der Mauer am alten Friedhof, die zusammengebrochen war. Das Geld und die Bereitwilligkeit der Stadt, das alles zu richten, war nicht besonders üppig vorhanden. Manche Dokumente dieser Zeit sind quälend zu lesen, zeugen von krasser Unkenntnis und wenig verstecktem Ressentiment gegen die immer wieder "Forderungen"erhebenden Juden.

Gerade weil Heidelberg von Bombenangriffen weitgehend verschont geblieben war, mußte die Stadt in großem Maß Flüchtlinge aufnehmen. Dennoch soll nicht der Eindruck erweckt werden, als habe es nicht Solidarität, konkrete Hilfe und auch städtischerseits die Bemühung gegeben, auf die berechtigten Bedürfnisse und Wünsche der jüdischen Gemeinde einzugehen. Nur ohne Unterstützung von außen ging das nicht. Da waren zunächst amerikanische Hilfsorganisationen, wie die Jewish Restitution Sucessor Organisation, die juristische Unterstützung bot und der JOINT (American Joint Distribution Committee), der Nahrungsmittelpäckchen schickte. Ganz entscheidend für die Gemeinde war die Hilfe der amerikanischen Armeerabbiner. Sie richteten eine provisorische Synagoge in der Klingenteichstraße ein und veranlaßten die Stadt, der Gemeinde schon im September 1946 ein Gebäude in der Weststadt auf dem Gelände der heutigen Synagoge zur Verfügung zu stellen, in dem ein Gemeindezentrum mit Synagoge eingerichtet werden konnte. Die Armeerabbiner gestalteten auch

---

[46] Siehe Anm. 42.

die Gottesdienste, z.T. gemeinsam mit denen für die amerikanischen Besatzungssoldaten und ihre Familien.

Villa Julius, Häuserstraße 10-12 im Jahre 1925

Materielle Hilfe kam von seiten des "Hilfskomitees für die Opfer des Nationalsozialismus", in dem Pfarrer Maas und zwei Mitglieder der Gemeinde wirkten. Maas hatte sich ausdrücklich als Vertreter der rassisch Verfolgten in das Komitee wählen lassen, das eine quasi öffentliche Funktion bei der Anerkennung der Verfolgten als Opfer des Nationalsozialismus hatte.

Die Gemeinde selbst, das darf nicht verwundern, war in der Öffentlichkeit wenig präsent. Einmal belasteten sie die internen Aufgaben, zum anderen wirkte sich auch die komplizierte Situation der Nachkriegszeit aus, die ein vorsichtiges Taktieren und Lavieren erforderte. Das Traumatische der jüngsten Vergangenheit wurden die Gemeindemitglieder nicht mehr los. Zeitweilig war auch der Bestand der Gemeinde gefährdet und die Zusammenlegung mit der Mannheimer Gemeinde wurde erörtert.

Seit 1952 hatte der Landesrabbiner seinen Sitz in Heidelberg, zehn Jahre später erhielt die Gemeinde mit Nathan Peter Levinson einen eigenen Rabbiner. Levinson wirkte in der Gemeinde 25 Jahre lang, seit 1964 war er auch Landesrabbiner von Baden und von Hamburg.

Levinson, ein streitbarer, in Glaubensfragen und auch in politischen Fragen unbeugsamer Gelehrter, richtete seine energischen Initiativen nicht nur auf die Gemeindearbeit. Mit gleicher Tatkraft mühte er sich auch um die konkrete christlich-jüdische Zusammenarbeit. Dies betraf überregional die Gesellschaften für christlich-jüdische Zusammenarbeit, in deren Koordinierungsrat er Mitvorsitzender war, die Einrichtung des "International council of Christians and Jews" im Martin-Buber-Haus in Heppenheim und die Mitwirkung an der Gründung der Hochschule für Jüdische Studien. Daß er in Hermann Maas in Heidelberg einen kongenialen Partner beim Bemühen um christlich-jüdischen Dialog hatte, bedarf keiner besonderen Erläuterung.

Wie dringlich dieser Dialog war und woran er häufig genug auch scheiterte, wird aus den Jahresberichten der Gesellschaft für christlich-jüdische Zusammenarbeit aus den sechziger Jahren deutlich. Das Unbehagen an den mehr und mehr ritualisierten "Wochen der Brüderlichkeit", an dem "Gedenktage-Erinnern", veranlaßte die Gesellschaft, Vortrags- und Diskussionsveranstaltungen in Heidelberger Schulen durchzuführen. Die Erfahrungen mit diesen Informations- und Diskussionsangeboten waren sehr unterschiedlich, z.T. aber auch so kraß erschütternd, daß sie zunächst nur mit großen Vorbehalten weitergeführt wurden. Das Schlimmste mögen nicht einzelne verbale Entgleisungen oder auch Attacken gewesen sein, sondern die bedrückende Unwissenheit und die Lebendigkeit längst überwunden geglaubter Vorurteile, die die Gespräche zutage förderten.

Anfang der 70er Jahre kam es dann in der Gemeinde zu einem Generationswechsel. Die Befürchtungen, die Gemeinde könnte zu klein und damit nicht mehr lebensfähig sein, erwiesen sich als unbegründet. Eine wichtige Rolle spielten dabei neu zugezogene Gemeindemitglieder, die an der Universität arbeiteten. In den folgenden zwei Jahrzehnten entwickelte sich die Gemeinde stetig mehr zur Akademikergemeinde (was sie vielleicht heute nicht mehr ist), junge Familien kamen hinzu und vor allem wieder Kinder und Jugendliche.

Die ersten Überlegungen zum Bau einer neuen Synagoge stammen aus den 70er Jahren. Aus der Tatsache, daß das Gemeindezentrum in der Weststadt erst 1994 fertiggestellt wurde, läßt sich ablesen, daß die Errichtung eines neuen Gemeindemittelpunktes mit erheblichen Komplikationen verbunden war. Komplikationen, die sich in erster Linie dem - wie sich später herausstellen sollte nicht gerechtfertigten - großen Vertrauen zu verdanken war, das die jüdische Gemeinde Werner Nachmann, dem Vorsitzenden des Zentralrats der Juden und des badischen Oberrats, entgegengebracht hatte. Nachmann hat dieses Vertrauen durch erhebliche Finanzmanipulationen mißbraucht. Geschädigt wurde neben vielen anderen auch die Heidelberger Gemeinde, denn der spätestens mit dem Abriß des bisherigen Gemeindezentrums in der Weststadt 1977 fällige Neubau blieb nahezu zehn Jahre im Bereich der Ankündigungen und Versprechungen. Erst im Zusammenhang mit der Aufdeckung von Nachmanns Unterschlagungen und seinem Suizid erfolgte eine gemeindeinterne Umwälzung und das Projekt wurde unter neuen realistischen Vorgaben angepackt und schließlich realisiert.

Die heutige jüdische Gemeinde Heidelbergs gehört mit etwas über 400 Mitgliedern eher zu den mittelgroßen jüdischen Gemeinden in Deutschland. In den letzten Jahren hat sich die Zahl der Gemeindemitglieder mehr als verdoppelt, bewirkt durch den Zuzug von Gemeindemitgliedern aus der ehemaligen Sowjetunion . Dies hat zu zahlreichen Spannungen innerhalb der Gemeinde und aktuell auch zu einer, gegen den orthodoxen Kurs des Gemeindevorstands gerichteten, bzw. durch diesen ausgelösten, Abspaltung von Gemeindemitgliedern geführt.

Unzweifelhaft treffen hier unterschiedliche Konzeptionen von Ritus, Religiosität und Lebensgestaltung, aber auch ein unterschiedliches Verständnis von Toleranz gegenüber verschiedenen Strömungen des Judentums aufeinander. Für viele Gemeindemitglieder ist dies ein schmerzlicher Prozeß, der nicht weniger schmerzlich dadurch wird, daß sich in ihm vieles wiederholt, was seit dem letzten Jahrhundert mit der Zuwanderung des osteuropäischen Judentums in die westlich-assimilierten Gemeinden an Konfliktstoff regelmäßig entsteht.

Die heutige Gemeinde verfügt seit 1994 über eine - architektonisch sehr gelungene - Synagoge in der Weststadt, verbunden mit einem Gemeindezentrum und einem Wohntrakt. Im Eigentum der Gemeinde befinden sich zwei Friedhöfe, der alte jüdische Friedhof am Klingenteich und der neue jüdische Friedhof, der ursprünglich neben dem Bergfriedhof angelegt wurde und inzwischen von diesem umrundet ist.

Mit zwei Einrichtungen ist Heidelberg darüber hinaus auch ein Zentrum des gelehrten Judentums und des Studiums, einmal durch die 1979 gegründete Hochschule für Jüdische Studien und das 1987 wiedergegründete, seit 1990 in Heidelberg ansässige Zentralarchiv zur Erforschung der Geschichte der Juden in Deutschland.

Die Stadt Heidelberg hat einiges getan, das Wissen um die jüdische Geschichte in dieser Stadt aufzuzeichnen und zu dokumentieren. Zu Erwähnen ist die Ausstellung anläßlich des 50jährigen Gedenkens der Zerstörung der Synagoge 1986, die schon erwähnte ausführliche Dokumentation der Verfolgungsschicksale im Nationalsozialismus durch Arno Weckbecker und eine akribische Dokumentation der noch vorhandenen Grabstellen auf dem Klingenteichfriedhof.

Von jüdischer Seite wird in diesem Zusammenhang zurecht das Engagement des früheren Heidelberger Oberbürgermeisters Reinhold Zundel hervorgehoben. Seiner Initiative verdankt die Stadt auch die seit 1983 bestehende, sehr lebendige und die anderen Partnerstädte miteinbeziehende Partnerschaft mit der israelischen Stadt Rehovot.

Im Zuge dieser Städtepartnerschaft sind auch zahlreiche Kontakte zu Mitgliedern der jüdischen Vorkriegsgemeinde wiederaufgenommen worden. Für das Heidelberger Jubiläumsjahr 1996 ist geplant, ehemalige jüdische Heidelberger und Heidelbergerinnen von Seiten der Stadt Heidelberg zum Besuch einzuladen.

Vielleicht werden sie von Heidelberg den Eindruck mit nach Hause nehmen, daß dies ein Ort ist, in dem Juden und Nichtjuden ganz selbstverständlich ihren Platz haben und das Miteinander tägliche Wirklichkeit geworden ist. Angesichts der deutsch-jüdischen Geschichte ist dies ohne Zweifel schon sehr viel wert.

Lothar Steinbach

Der Holocaust und die Erinnerung

"Es ist schwer zu erkennen, aber das war hier. - Ja. Da waren gebrennt Leute. Viel Leute waren hier verbrannt. Ja, das ist das Platz. - Wer hier hereingekommen, zurück hat er schon kein Weg gehabt mehr.- Die Gaswagen sind hier reingekommen, da, hier waren zwei große Öfen, und nachher haben die hier die reingeschmissen, in die, in den Ofen, und das Feuer ist gegangen zum Himmel.- Ja, ja. Das war furchtbar. - Das kann man nicht erzählen. Niemand kann das nicht bringen zum Besinnen, was war so was da hier war. Unmöglich. Und keiner kann das nicht verstehen.- Und jetzt glaub ich auch, ich kann das auch schon nicht verstehen... Das war immer so ruhig hier. Immer. Wenn die haben da jeden Tag verbrannt zweitausend Leute, Juden, es war auch so ruhig. Niemand hat geschrien. Jeder hat seine Arbeit gemacht..."[1]

Können wir das Unsägliche überhaupt erzählen, das Unvorstellbare verstehen, das Unbegreifliche begreifen[2], das Ungeheuerliche des Holocaust in der Erinnerung präzisieren, die Aporie angesichts von Auschwitz in Worte kleiden? Claude Lanzmann läßt in seinem Film Shoah die Orte des Geschehens in Bildern zu uns sprechen, Chelmno, Treblinka, Auschwitz, sie durch die Stimmen von Überlebenden, Opfern wie Tätern, ins Leben rufen, den Zuschauer das Unbeschreibliche von den Gesichtern seiner Gesprächspartner ablesen. Unter dieser grünen Wiese in Chelmno, die die Filmkamera ins Visier nimmt, befanden sich 1942 trichterförmige Gräben, in die Lastkraftwagen der deutschen Blitzkriegsstrategen und Besatzer die auf der Fahrt vergasten Juden abluden. In das Wasser des ruhigen Flusses wurde die Asche der verbrannten Leichen gestreut.

---

[1] Lanzmann Claude, Shoah, Düsseldorf 1986, S. 20f.; vgl. zu diesem Zitat ferner: Lothar Steinbach, Sozialgeschichte, Arbeitergeschichte, erinnerte Geschichte. Anmerkungen zu Erträgen neuerer Oral-History-Forschungen in der deutschsprachigen Historiographie, in: Archiv für Sozialgeschichte, Bd. 28/1988, S.599/600.

[2] So der Titel eines Themenheftes zur Zeitgeschichte, hrsg. vom Museumspädagogischen Zentrum München: Das Unbegreifliche begreifen. Rundgang durch die KZ-Gedenkstätte Dachau. München 1995. - Zum Thema Gedächtnisorte und Geschichtspolitik generell vgl. die Untersuchung des Hamburger Politologen Peter Reichel, Politik mit der Erinnerung. Gedächtnisorte im Streit um die nationalsozialistische Vergangenheit, München 1995, zu Dachau bes. S.149ff.

Simon Srebnik, der Erzähler und Überlebende des Holocaust, war damals ein Junge von dreizehneinhalb Jahren. Sein Vater wurde vor seinen Augen im Ghetto von Lodz erschossen, seine Mutter in einem der Gaswagen von Chelmno umgebracht. Simon, einem Kommando von "Arbeitsjuden" zugeteilt, hatte mit anderen die Vernichtungseinrichtungen zu bedienen. In der Nacht des 18. Januar 1945, zwei Tage vor dem Einmarsch der roten Armee in Kulmhof, wie der Ort im Warthegau in seiner germanisierten Version hieß, sollte auch Simon durch Genickschuß getötet werden. Die Kugel traf nicht ins Herz. Als er wieder zu sich kam, kroch er zu einem Schweinestall. Ein polnischer Bauer gewährte ihm Unterschlupf. Einige Monate später brach Simon Srebnik mit anderen Überlebenden nach Israel auf. Dort hat ihn Claude Lanzmann 1985 für seine Filmproduktion "Shoah" ausfindig gemacht.

Als Zeitgeschichtler, der sich seit Jahren dem belasteten und belastenden Kapitel Nationalsozialismus zugewandt hat, wähle ich einen Quereinstieg zum Thema Holocaust und die Erinnerung. Ich möchte zugleich aber auch einen Einblick gewähren in die Kammern geschichtswissenschaftlicher Erkenntnis. Die Tatsache, daß Claude Lanzmann ein Filmer und eben kein Historiker ist, schmälert weder den Ertrag seiner Erinnerungsdokumentation noch deren heuristische Leistung für die Historie. Sein Film ist eine beeindruckende Filmproduktion ohne Soap-opera-Effekte, eine audio-visuell "erinnerte Geschichte" sozusagen, und deshalb anders als die amerikanische Fernsehproduktion "Holocaust"[3], die, nach ihrer Ausstrahlung vor deutschem Publikum, eben gerade wegen der emotionalen Wirkung des Mediums Film das Geschichtsbewußtsein einer ganzen Nation irritierte und die bisherige Schwerpunktsetzung der Geschichtsforschung beschämte.

Daß ich von Shoah, Holocaust und Auschwitz[4] als Synonymen spreche, berührt gleichwohl ein und dasselbe Faktum: den an Juden begangenen

---

[3] Am 22., 23., 25. und 26.1.1979 wurde die amerikanische Fernsehserie Holocaust über alle zusammengeschalteten Dritten Programme der ARD vom Westdeutschen Rundfunk mit einer jeweils anschließenden Live-Diskussion ausgestrahlt. Vgl. hierzu: Peter Märthesheimer/Ivo Frenzel, Im Kreuzfeuer: Der Fernsehfilm Holocaust. Eine Nation ist betroffen, Frankfurt a.M. 1979; ferner: Martin Broszat, Holocaust und die Geschichtswissenschaft, in: Hermann Graml/Klaus-Dietmar Henke (Hrsg.), Nach Hitler. Der schwierige Umgang mit unserer Geschichte, Beiträge von Martin Broszat, München 1986, S. 271-286.

[4] Das griechische Wort "Holocaust", das zum ersten Mal im Jahre 1944 von einem amerikanisch-jüdischen Publizisten benutzt wurde, im Deutschen ein Fremdwort ist und erst seit dem Holocaust-Film zur Kennzeichnung der Massenvernichtung von Juden in den national-

Massenmord durch Deutsche. In anderen Veröffentlichungen zur Holocaustforschung wird die Semiotik um die Begriffe Genozid[5] und Judäozid[6] erweitert. Doch nicht um die Begrifflichkeit geht es mir, um das Phänomen als solches: die Erinnerung an Auschwitz stellt sich für uns Deutsche jedem Versuch einer positiven Identitätskonstruktion quer.

Diese These erhellt möglicherweise die auffälligen Zäsuren der thematischen Schwerpunktsetzungen innerhalb der westdeutschen Zeitgeschichtsforschung, von der ostdeutschen wird an anderer Stelle noch die Rede sein. Es bedurfte des äußeren Anstosses eines Medienereignisses, um der Geschichtswissenschaft einen "schwarzen Freitag" zu bescheren, wie der "Spiegel" den Hollywood-Film damals kommentierte, ja, um neue Akzente zu setzen und Kontroversen, auch wenn sie lediglich fünf Jahre nach dem Impetus des Holocaustfilmes in den sogenannten "Historikerstreit"[7] mündeten, offen auszutragen. Nie wird die Historie den Makel aus der Welt schaffen, zuweilen auch politische Geschichtsschreibung zu sein. Und die Geschichtspolitik in der alten *Bundesrepuklik* leistete ihr Vorschub. Diese tat sich von Anfang an schwer, mit der NS-Erblast umzugehen. Auf der Suche nach einer Relativierung des kategorischen Erinnerungsimperativs von Auschwitz - im Hebräischen heißt Erinnern "zachor!", auf Deutsch:

---

sozialistischen Vernichtungslagern von Auschwitz, Chelmno, Sobibor, Treblinka u.a. in den deutschen Sprachgebrauch aufgenommen wurde, ist die englische Übersetzung des hebräischen Begriffs der "shoah", "der im Judentum die nationale Katastrophe durch die nationalsozialistische Vernichtungspolitik" meint. Vgl. hierzu: Raphael Lemkin, Axis Rule in Occupied Europe. Carnegie Endowment for International Peace, Washington DC 1944; den Hinweis darauf bei: Herbert A. Strauss, Der Holocaust. Reflexionen über die Möglichkeiten einer wissenschaftlichen und menschlichen Annäherung, in: Herbert A. Strauss/Norbert Kampe (Hrsg.), Antisemitismus. Von der Judenfeindschaft zum Holocaust, Bonn 1985, S. 215 ff.; ferner: Lutz Niethammer, Erinnerungsgebot und Erfahrungsgeschichte. Institutionalisierungen im kollektiven Gedächtnis, in: Hanno Loewy (Hrsg.), Holocaust: Die Grenzen des Verstehens. Eine Debatte über die Besetzung der Geschichte, Reinbek b. Hamburg 1992, S.23; ferner: Märtesheimer/Frenzel, a.a.O., S.35 ff.

[5] Vgl. jüngst: Norbert Frei, Auschwitz und Holocaust. Begriff und Historiographie, in: Loewy 1992, S. 101ff.

[6] So z.B. Hans Mommsen, Erfahrung, Aufarbeitung und Erinnerung des Holocaust in Deutschland, in: Loewy 1992, S. 93 in Anlehnung an eine Formulierung des Princetoner Historikers Arno J. Mayer; von "Judäozid" spricht auch Manfred Messerschmidt in seinem Beitrag: "Das Heer als Faktor der arbeitsteiligen Täterschaft", in: Loewy 1992, S. 166 ff.

[7] Aus der umfangreichen Literatur zur Debatte um den "Historikerstreit", vgl. z.B.: Hans-Ulrich Wehler, Entsorgung der deutschen Vergangenheit? Ein polemischer Essay zum "Historikerstreit", München 1988; sowie: Richard Evans, Im Schatten Hitlers? Historikerstreit und Vergangenheitsbewältigung in der Bundesrepublik, Frankfurt a. M. 1991.

"Erinnere Dich!"- konnte das institutionalisierte kollektive Gedächtnis nicht einfach auf eine Identitätsreserve zurückgreifen, wie sie der DDR-Außenminister Oskar Fischer noch im Spätsommer 1988 verkündete: "Die DDR ist ein antifaschistischer deutscher Staat, in dem Rassismus, Antisemitismus und Faschismus mit ihren Wurzeln ausgerottet sind.... Regierung und Volk der DDR werden den Opfern der Nazibarbarei, darunter den über sechs Millionen ermordeten jüdischen Bürgern, stets ein ehrendes Gedenken bewahren. Die Jugend unseres Staates wird konsequent im antifaschistischen Geist erzogen..."[8]

So einfach hatte man es also bei der Identitätsfindung in der *Bundesrepublik* nicht, den langen Schatten der NS-Vergangenheit durch den Griff in das Füllhorn einer sinnstiftenden Ideologie abzuschütteln. Dem eben erst Vergangenen konnte eine prunkende Fassade entgegengesetzt werden, der den historischen deutschen Ort Auschwitz unkenntlich und kleiner werden ließ. Mit dem erfolgreichen Wiederaufbau und dem weltweit bestaunten Aufstieg zur Wirtschaftsgroßmacht boten sich die Identifikationsmuster an, die man brauchte: man schuf sich eine bessere Vergangenheit für die Zukunft. Mehr noch: Es entwickelte sich, soziologisch gesehen, in der Nachkriegszeit der Typus einer "Erlebnisgesellschaft"[9], d.h. einer Orientierung der Individuen an den Erlebnisangeboten einer marktwirtschaftlich gesteuerten Industriegesellschaft mit einer Tendenz zur Individualisierung bei gleichzeitiger Enthistorisierung der Lebenswelten. Mit anderen Worten: Der Verlust an Geschichtsbewußtsein gehorcht dem Prinzip, daß sich ein Jeder der Geschichte nach eigenem gusto bediene. Was sperrig ist an ihr, wird abgehobelt oder gar nicht erst in den Blick genommen. Die kollektiven Erinnerungsanstrengungen waren denn auch in den Nachkriegsjahren höchst zwiespältig und nicht gerade immer vorbildhaft für die Ausbildung von kritischem Geschichtsbewußtsein: Anstrengungen der Entnazifizierung und der Reeducation, der Gewissensentlastung und des Schuldbekenntnisses, der Verdrängung und der Vergegenwärtigung, der vordergründigen Entschädigung der Opfer und der schleppenden Bestrafung der Täter.

---

[8] Zit. nach: Olaf Groehler, Der Umgang mit dem Holocaust in der DDR, in: Rolf Steininger, Der Umgang mit dem Holocaust. Europa-USA-Israel, Wien 1994, S. 244.
[9] Der Begriff "Erlebnisgesellschaft" ist der kultursoziologischen Studie von Gerhard Schulze entnommen: Die Erlebnisgesellschaft. Kultursoziologie der Gegenwart, Frankfurt a. M. 1993.

Es gibt in der bundesrepublikanischen Geschichtspolitik genügend Beispiele dieses doppelbödigen Umgangs mit ihrer Vorgeschichte: die Amnesie und Anamnese, die Erinnerungsverweigerung und Erinnerungsbereitschaft, die Persilscheinpraxis und Enttarnungspraktiken, die Verjährungsdebatten und Strafverfolgungen[10], die Schlußstrich-Mentalität[11] bis hin zur Auschwitz-Lüge[12] und die Schuldanerkenntnis bis hin zur Übernahme der "Kollektivverantwortung".[13] Auch der innerdeutsche Systemkonflikt half bei der Entlastung des westdeutschen Geschichtsgewissens und trotzte sogar dem entschiedenen Widerspruch der Achtundsechziger gegen die Verdrängungsstrategien ihrer Vätergeneration. In der bissigen Formulierung von Günter Gaus: "Die Bewohner des äußersten Glacis der westlichen Festung USA, die Deutschen hier, konnten mehrheitlich das Buch über ihre jüngste Vergangenheit schließen, die Volksseuche (des Nationalsozialismus, d. Vf.) als Einzelfälle abhaken, die Wiedergutmachung als

---

[10] Die zwischen 1960 und 1979 aufgelegten Verjährungsdebatten im Deutschen Bundestag sind von der Forschung bisher kaum angemessen gewürdigt worden, vgl. Peter Steinbach, Nationalsozialistische Gewaltverbrechen. Die Diskussion in der deutschen Öffentlichkeit, Berlin 1981, S. 54 ff.; der Frankfurter Auschwitz-Prozeß des Jahres 1963 hat sicherlich einen Markierungspunkt in der Verjährungsdebatte und der juristischen Strafverfolgung gesetzt. Die Art und Weise aber, wie in der neu errungenen westdeutschen Rechtsstaatlichkeit die verbrecherische Praxis des NS-Staates buchstäblich zu den Akten gelegt worden war unter Berufung auf den rechtsstaatlichen Grundsatz "individueller Straftatzurechnung", "Unrechtsbewußtsein" und "Befehlsnotstand", verwies diese Fragen in die Unverbindlichkeit der Bewältigungsliteratur, vgl. hierzu: Günter Gaus, Die Welt der Westdeutschen. Kritische Betrachtungen, Köln 1986. - Immerhin hatten die NS-Prozesse vor deutschen Gerichten eine positive Bilanz für die Quellenanreicherung (Zeugenbefragungen, Spurensicherungen und Tatrekonstruktionen) als Grundlage der Erforschung des Holocaust, doch auch hier mußte sich die Historikerzunft beschämen lassen. Die Interviews mit überführten Tätern, vierzehn Jahre nach ihrer Verurteilung, führten nicht Historiker, sondern Fernsehjournalisten, die damit das "Getuschel über Auschwitz" durch publizistische und mediale Aufklärung konterkarieren, vgl. die von dem Fernsehjournalisten Ebbo Demant herausgegebenen Gesprächsprotokolle in Vorbereitung einer vom Südwestfunk Baden-Baden produzierten Filmdokumentation "Lagerstraße Auschwitz": Auschwitz -"Direkt von der Rampe weg...". Kaduk, Erber, Klehr: Drei Täter geben zu Protokoll, Reinbek b. Hamburg 1979.
[11] Zur Schlußstrich-Mentalität haben auch populärwissenschaftliche und Hitler mythisierende Darstellungen wie etwa Sebastian Haffners Buch, Anmerkungen zu Hitler, 1978, oder Filmpräsentationen wie Joachim Fests "Hitler, eine Karriere" beigetragen.
[12] Vgl. Wolfgang Benz, Die "Auschwitz-Lüge", in: Steininger, 1994, a.a.O., S. 103 ff.
[13] So die Formulierung des ersten Bundespräsidenten der Bundesrepublik Theodor Heuss, vgl. Peter Steinbach, Vergangenheit als Last und Chance. Vergangenheitsbewältigung in den 50er Jahren, in: Jürgen Weber (Hrsg.), Die Bundesrepublik wird souverän 1950-1955, Paderborn 1987, S. 342 ff.

materielle Frage bürokratisieren. Die Gegenwart versöhnte durch die Gemeinsamkeit mit den Amerikanern in der Feindschaft zum Kommunismus; eine Übereinstimmung, die für die Westdeutschen einen starken Gefühlstrieb aus dem Motivbündel der Hitlerei wieder freisetzte: Alles war doch nicht falsch gewesen"[14]. Eine *Bundesrepublik* also, in der, wie im "Historikerstreit" geschehen, die Singularität von Auschwitz mit den "asiatischen Greueln" der Stalinisten aufgerechnet wurde, eine Republik, die viele ihrer Denkbeschränkungen aus dem Blick über die Elbe ableitete. Ein arbeitsteiliges Verfahren der Erinnerungspolitik im Kalten Krieg, wenn man so will: in der Antitotalitarismustheorie des Westens hatte man die Gegenwaffe zur Faschismustheorie des Ostens gefunden.

Abgesehen von den großen Forschungseinrichtungen in Hamburg und München, dort dem Institut für Zeitgeschichte unter der Regie seines einstigen Nestors Martin Broszat[15], und deren einschlägigen Veröffentlichungen[16] zu den "übergreifenden Strukturen" im Nationalsozialismus, ist die eigentliche Holocaustforschung[17] in der westdeutschen Geschichtswissenschaft, wie gesagt, verspätet, jedenfalls auffällig spät, in den Ende siebziger und Anfang achtziger Jahren angelaufen, wenn man einmal von der Veröffentlichung von Gutachten unter dem Titel "Anatomie des SS-Staates", wie sie das Frankfurter Gericht im Auschwitz-Prozeß beim Institut für Zeitgeschichte angefordert hatte, absieht. Es kommt nicht von ungefähr, daß die großen Monographien zur Wannsee-Thematik der "Endlösung" überwiegend nicht in Deutschland geschrieben wurden: Hans Günther Adlers *Theresienstadt* (1955), Gerald Reitlingers *Endlösung* (1956), Hannah Arendts *Eichmann in Jerusalem* (1964), Zygmunt Bau-

---

[14] Günter Gaus, a.a.O., S. 36.
[15] Vgl. Hermann Graml/Klaus-Dietmar Henke (Hrsg.), Nach Hitler. Der schwierige Umgang mit unserer Geschichte. Beiträge von Martin Broszat, München 1986.
[16] Von den "älteren" Untersuchungen ist an erster Stelle zu nennen: Eugen Kogon, Der SS-Staat. Das System der deutschen Konzentrationslager, Frankfurt a. M. 1946; Alexander Mitscherlich/Fred Mielke, Das Diktat der Menschenverachtung. Eine Dokumentation, Heidelberg 1947; Wolfgang Scheffler, Judenverfolgung im Dritten Reich. 1933 bis 1945, Berlin 1960; Hans Buchheim/Martin Broszat/Hans-Adolf Jacobsen/Helmut Krausnick, Anatomie des SS-Staates, 2 Bde, Olten u. Freiburg 1965.
[17] In den Vereinigten Staaten gibt es im Zusammenhang mit der starken Ausdehnung der Jewish Studies Departments und der Ethnicity und Ethnic-Studies-Bewegung kaum eine bedeutende Universität ohne einen Lehrstuhl für jüdische Zeitgeschichte. Es versteht sich von selbst, daß an den Universitäten in Israel, insbesondere an der Gedenk-, Archiv- und Forschungsstätte Yad Vashem, die "Holocaustforschung" ein zentraler Bestandteil der Erforschung der jüdischen Geschichte überhaupt ist.

manns *Dialektik der Ordnung* (1992/1989) oder Raul Hilbergs *Vernichtung der europäischen Juden* (dt. 1982/engl. 1961!). Manches von dem, was in den frühen Veröffentlichungen an Informationen über die menschenverachtenden Greuel der Nationalsozialisten bereitgestellt wurde, versank bald in "den Tiefenschichten des kollektiven Gedächtnisses"[18]. Denn zwei Problemstellungen überragten die Forschungsschwerpunkte zum Nationalsozialismus: die seit dem ersten Weltkrieg nie endende Kollektivschuldfrage und das -wie Hans Mommsen es nannte - "tief erschütterte Kontinuitätsbewußtsein"[19], jene bisweilen geradezu zwanghafte Suche nach dem rettenden Identitätsanker. Das deutsche Trauma vom Nichtwissenwollen[20] übertrug sich auf das Bedürfnis nach Verschonung vor den Fakten. Und es gab Historiker wie Politiker, die sich diesem kollektiven Bedürfnis bereitwillig anpaßten. Wo aber die Historiker aufklärten wie im Falle der Anatomie des SS-Staates, distanzierten sie sich von der "moralisch-emotionalen Betrachtungsweise"[21] und machten sich die "Strenge der Gerichtsverfahren" zum Maßstab ihrer forschenden Rationalität mit dem Ergebnis, daß der Mord an den Juden wesentlich von der Täterseite her beschrieben wurde. Wohl denn, es war ja auch die längst fällige Einlösung eines Desiderats der Geschichtsforschung, mit beachtlichen Erträgen. Jetzt wurde die "deutsche Katastrophe" nicht mehr nur beklagt und beschwiegen, sondern beschrieben und belegt. Und um aus der Unverbindlichkeit der Abstraktion herauszutreten, bedurfte es der schonungslosen Aufklärung durch Anschauung, wie es am Beispiel einer Indizienbeschreibung eines bundesdeutschen Gerichts vom 23. Februar 1973

---

[18] Norbert Frei, a.a.O., S. 102.

[19] Vgl. Hans Mommsen, Haupttendenzen nach 1945 und in der Ära des Kalten Krieges, in: Bernd Faulenbach (Hrsg.), Geschichtswissenschaft in Deutschland, München 1974, S. 113 ff. Vgl. neuerdings: Bernd Faulenbach, Probleme des Umgangs mit der Vergangenheit im vereinten Deutschland. Zur Gegenwartsbedeutung der jüngsten Geschichte, in: Werner Weidenfeld (Hrsg.), Deutschland. Eine Nation - doppelte Geschichte. Materialien zum deutschen Selbstverständnis, Köln 1993, S. 175 ff.

[20] Vgl. dazu: Lothar Steinbach, Ein Volk, ein Reich, ein Glaube? Ehemalige Nationalsozialisten und Zeitzeugen berichten über ihr Leben im Dritten Reich, Bonn/Berlin ²1983, 1995; ferner: Volker Ullrich, "Wir haben nichts gewußt"- Ein deutsches Trauma, in: 1999, Heft 4, 1991, S. 11-46.

[21] So das gemeinsame Vorwort, in: Hans Buchheim u.a., Anatomie des SS-Staates, Bd. l, S. 11.

deutlich wird.[22] Der Bericht des deutschen Richters spricht eigentlich für sich selbst; er beschreibt eine der Exekutionen von Juden in der Nähe von Riga am 30.November und 8. Dezember des Jahres 1941 wie folgt:

"...Es handelt sich um ein sandiges, leicht hügeliges Gelände, das mit lichtem Baumbestand bewachsen ist ... Im Zentrum dieses Geländes befand sich ein kleines Waldstück, in dem sich die eigentliche Exekutionsstätte mit den vorbereiteten Gruben befand, die für etwa 30000 Leichen berechnet waren. Die aus Richtung Riga auf der Landstraße Riga-Dünaburg anmarschierenden *Judenkolonnen* mußten von der Straße aus nach links auf einen Feldweg abbiegen, der auf das Wäldchen zuführte. Sie wurden dabei in einen dichten Absperrschlauch getrieben, den SS-Einheiten sowie Angehörige der Kompanie *z.b.V.* Riga und lettische Einheiten bildeten... Die Juden wurden gezwungen, in der Nähe des Waldrandes zunächst ihr Gepäck abzulegen, dessen Mitnahme ihnen nur deshalb gestattet worden war, um ihnen vorzutäuschen, es handele sich bei dieser Aktion um eine Umsiedlung. Im weiteren *Vorrücken* mußten sie dann ihre Wertsachen in aufgestellte Holzkisten legen und nach und nach ihre Kleidungsstücke - zuerst die Mäntel, dann die übrige Oberbekleidung und die Schuhe - bis auf die Unterwäsche ausziehen und je nach Art der Kleidungsstücke auf bestimmte Haufen legen. - An diesem Tag (30. November 1941) betrug die Lufttemperatur in Riga - gemessen in 2 m Höhe über dem Erdboden - morgens um 7.00 Uhr minus 7,5° Celsius... Am Vorabend, dem 29. November 1941, maß die Schneedecke dort durchschnittlich etwa 7 cm... Bis auf die Unterwäsche entkleidet, mußten die Juden auf dem schmalen Weg in gleichbleibendem Fluß auf die Gruben *zurücken*... Gelegentlich stoppte die *Zuführung* zu den Gruben, wenn sich die Juden bei der Kleiderablage zu lange aufgehalten hatten... In diesen Fällen griffen die Aufsichtsführenden ein und sorgten für ein gleichmäßiges *Vorrücken*, weil befürchtet wurde, daß die Juden unruhig werden könnten, wenn sie sich zu lange in unmittelbarer Nähe der Gruben aufhielten... In den Gruben mußten sich die Juden mit dem Gesicht nach unten nebeneinander hinlegen. Aus kurzer Entfernung ... wurden sie durch Genickschüsse aus Maschinenpistolen, die auf Einzelfeuer gestellt worden waren, getötet. Die nachfolgenden Opfer mußten sich unter Ausnutzung des vorhandenen Raumes und der entstandenen Lücken auf die soeben vor ihnen Erschossenen legen. Gehbehinderte, Alte und Kinder wurden von den kräftigen Juden in die Gruben geführt, von ihnen auf die Leichen gelegt und von den Schützen, die in der großen Grube auf den Getöteten standen, erschossen. Auf diese Weise füllten sich die Gruben nach und nach..."[23]

---

[22] Riga-Prozeß (59) 9/72, Urteil vom 23.2.1973; vgl. Text in Gerald Fleming, Hitler und die Endlösung. "Es ist des Führers Wunsch...", Wiesbaden/München 1982, S. 89-91 sowie: Herbert A. Strauss, a.a.O., S. 225/6.

[23] Die Kursivsetzungen bei einzelnen Wörtern und Begriffen wie *Zurücken, Vorrücken, z.b.V.* etc. wurden von mir zur Kenntlichmachung der militarisierten "Sprache des Dritten Reichs" vorgenommen. Es sind in diesem Zusammenhang gleichsam die Vernichtungskürzel der "LTI", vgl. hierzu im folgenden meine Ausführungen über Victor Klemperer!

An Ungeheuerlichkeit und Unglaublichkeit des Geschehens, das hier in juristisch-deutscher Akribie dargelegt wird, ist dieser Bericht kaum zu überbieten. Er weckt beim Lesen und Zuhören das Gefühl der Ratlosigkeit und Hoffnungslosigkeit angesichts einer solchen Beweisaufnahme. Dabei handelt es sich noch nicht einmal um Auschwitz selbst, sondern um die Vorgeschichte der systematischen Einrichtung einer verbrecherischen deutschen Vernichtungsmaschinerie, die so grauenhaft war, daß man zögert, darüber zu sprechen. (Als ich diese Geschichtsquelle wiedergelesen hatte, fragte ich mich, ob ich an diesem Vortrag weiterschreiben könne!) "Keiner kann das nicht verstehen", sagte Simon Srebnik im Gespräch mit Claude Lanzmann. Wie sollte man auch dieses "atopón" - wie es die Griechen nannten-, dieses "Ortlose" der Erinnerung, in den Schematismen unserer Verstehenserwartung unterbringen können![24] Hier kann die wissenschaftliche Erforschung des Holocaust nicht frei von Emotionen sein, wie überhaupt die Historie keine gänzlich emotionslose Wissenschaft ist,[25] denn es geht ihr nicht nur um die Vergegenwärtigung des Geschehenen an sich, sondern um Einsichten in die Gegenwärtigkeit unserer Vergangenheit. Und da stellt sich mir die Frage, wie wir mit diesem Schatten einer Vergangenheit umgehen können, wobei ich mit *"Wir"* unsere Eltern und Großeltern, die Deutschen von 1933 bis 1945, semantisch und syntaktisch mit einschließe. Im geschichtsdidaktischen Sinne ist dies mein eigentliches Thema! Wir hätten von Berufs wegen ein anormales Verhältnis zur Geschichte, wenn wir unsere Erkenntnisziele als Historiker nicht auch nach der Verpflichtung richteten, die wir verspüren, nicht nur Geschichte zu erforschen, sondern Geschichtserkenntnisse wertend zu vermitteln. Dabei läßt sich gerade das Kapitel Nationalsozialismus nicht ausklammern, wenn wir nach unserer geschichtlichen Identität suchen und uns erinnern. Mit *Erinnern* meine ich zum einen das Inne-werden von lebensgeschichtlicher Erfahrung im Sinne Diltheys, - unsere "historische Kompetenz" und reflexive Fähigkeit, vergangenes Geschehen unter einem gemeinsamen Gesichtspunkt der Gegenwart zu integrieren, aber andererseits auch das Erin-

---

[24] Vgl. dazu: Lothar Steinbach, Sozialgeschichte, Arbeitergeschichte, erinnerte Geschichte, a.a.O., S. 561.
[25] Vgl. hierzu die kritischen Ausführungen von Christian Meier in Auseinandersetzung mit Joachim Fests These: "Nach 40 Jahren historischer Forschung über den Charakter des NS-Regimes und demokratischer Erprobung sollte die Gesellschaft der Bundesrepublik imstande sein, über solche Themen offen, kontrovers und zur Sache zu debattieren", in: Christian Meier, Vierzig Jahre nach Auschwitz. Deutsche Geschichtserinnerung heute, München ²1990, Anm. 14, S. 140.

nert-werden, das sowohl von außen wie von innen ausgelöst werden kann, ein Prozeß also, der die Bewußtheit wie das Vergessen gleichermaßen beinhaltet.

Auch wo die historische Hermeneutik im Angesicht des Holocaust stumm und sprachlos bleibt, stellt sich der Zeitgeschichtsforschung die Aufgabe, unentwegt aufzuklären, nach weiteren Spuren zu suchen und Quellen sicherzustellen. An dieser Stelle setzen neuere Untersuchungen an, sofern sie sich auf die Rolle der "Wehrmacht" im nationalsozialistischen Vernichtungs-und Weltanschauungskrieg und des Heeres als "Faktor der arbeitsteiligen Täterschaft" beziehen.[26] Lange war das Thema "Wehrmacht und Nationalsozialismus" in einer Tabuzone verblieben, bis die Forschung darüber aufklärte. Im Erinnerungsjahr 1995 fand eine Ausstellung dazu in Hamburg statt, in Freiburg im Breisgau ist sie für dieses Jahr vorgesehen. Doch kaum hat das Jahr begonnen, ist ein Skandal perfekt und der sogenannte "Historikerstreit" der achtziger Jahre scheint zurückzukehren, zumindest nicht "vergehen" zu wollen. Der Leiter des Militärarchivs, Oberst a.D. Manfred Kehrig, gerät bundesweit in die Schlagzeilen. Er hatte nämlich das Geleitwort zu einem Buch geschrieben, das behauptet, Hitler sei mit seinem Krieg gegen die Sowjetunion 1941 einem "Vernichtungskrieg" Stalins "nur durch Zufall" zuvorgekommen. Kehrig gibt also mit seinem Vorwort einem seit Jahren in der rechtslastigen Literatur anhängigen Skandal im Gewande einer geschichtswissenschaftlichen Abhandlung die offizielle Weihe. Der 65jährige Autor der wissenschaftlich längst widerlegten Präventivkriegsthese namens Joachim Hoffmann [27] wiederum hatte selbst mehr als drei Jahrzehnte am Freiburger Militärwissenschaftlichen Forschungsamt gearbeitet. In der inkriminierten Abhandlung widmet er sich in verklausulierter Sprache auch dem "Auschwitzproblem" und betont unverfroren, daß er für die "Gasangelegenheit" letztlich keine verläßlichen Quellen habe aufspüren können. Bei der Zahl von sechs Millionen ermor-

---

[26] Zur Rolle der "Wehrmacht" im Vernichtungsapparat des Nationalsozialismus vgl. vor allem: Christian Streit, Keine Kameraden. Die Wehrmacht und die sowjetischen Kriegsgefangenen 1941-1945, Stuttgart 1978; Helmut Krausnick/Hans Heinrich Wilhelm, Die Truppe des Weltanschauungskrieges. Die Einsatzgruppen der Sicherheitspolizei und des SD 1938-1942, Stuttgart 1981; Gerd R. Ueberschär/Wolfram Wette (Hrsg.), "Unternehmen Barbarossa". Der deutsche Überfall auf die Sowjetunion 1941, Paderborn 1984; Manfred Messerschmidt, Das Heer als Faktor der arbeitsteiligen Täterschaft, in: Loewy (1992), S. 166 ff.

[27] Der Titel des Buches: "Stalins Vernichtungskrieg".

deter Juden handle es sich nur um "eine Zahl der Sowjetpropaganda". Doch zurück zur seriösen Forschung!

Die einfachste Formel, die in Generalsmemoiren bald nach 1945 zielbewußt benutzt worden ist und bis heute nachwirkt, besagt, daß die Mitwirkung des Heeres an der Vernichtungspolitik im Osten grundsätzlich nicht stattgefunden habe. Und obwohl der sogenannte "Barbarossaerlaß" und der "Kommissarbefehl" und dessen Weitergabe an die deutschen Soldaten des nationalsozialistischen "Weltanschauungskrieges" bestens belegt sind, stieß ich bei meinen eigenen Forschungen und der Frage: "Was haben Sie davon gewußt" in den meisten Fällen auf schweigende Ablehnung. Die militärische Literatur schwieg sich konsequent über den Charakter des Vernichtungskrieges aus.[28] Für die Gralshüter der unbefleckten Ehre der Wehrmacht waren kritische Fragen nach ihrer Geschichte und der Rolle des Heeres unerwünscht. Wie sollte in solchem Klima die Nähe zum Holocaust aufgeklärt werden können? Der "Historikerstreit" kam zupaß, weil die deutschen Historiker - wie der einstige Marinerichter Hans Filbinger sich ausdrückte - endlich im Begriff waren, "Remedur zu schaffen". Nun war die Vorstufe der "Endlösung" beileibe nicht eine Folge von logistischen Problemen, die Mitwirkung des Heeres, die eroberten Gebiete im Osten "judenfrei" zu machen, andererseits in allen Gremien des NS-Herrschaftsapparates beschlossene Sache. Generaloberst von Brauchitsch bezeichnete die Beihilfe des Heeres bei den Vernichtungsmaßnahmen der SS-Einsatzgruppen als notwendige volkspolitische Lösung zur "Sicherung des deutschen Lebensraumes". Wo der Soldat Zeuge wurde, sollte er schweigen. Aber es war gar nicht zu vermeiden, daß Soldaten Zeugen, in manchen Fällen auch Mittäter von SD- (Sicherheitsdienst der SS) und Polizeiaktionen wurden. In der einschlägigen Forschung gilt es als erwiesen, daß die Stadien zum Judäozid - u.a. Verbot der Emigration der Juden aus Frankreich und Belgien wegen der "bevorstehenden Endlösung"; Mitteilung Himmlers an Rudolf Höß, den Kommandanten von Auschwitz, im Sommer 1941, daß Hitler die Endlösung der Judenfrage befohlen habe und daß nunmehr sämtliche Juden zu liquidieren seien - in der mündlichen Weitergabe des Liquidationsbefehls an die Führer der "Einsatzgruppen" und "Einsatzkommandos" sowie die militärischen Befehlshaber mit der

---

[28] Mansteins Buch Verlorene Siege kann als Beispiel gelten. Vgl. hierzu und zum folgenden die Ausführungen von Manfred Messerschmidt, der im übrigen selbst jahrelanger Mitarbeiter im Militärwissenschaftlichen Forschungsamt in Freiburg war; ders., Das Heer als Faktor der arbeitsteiligen Täterschaft, a.a.O.

Einleitung des Unternehmens "Barbarossa" erfolgte. Himmlers berüchtigte Formulierung im Befehl an die 1. SS-Kavallerie-Brigade im Gebiet der Pripjet-Sümpfe vom 27. Juli 1941 lautete: "Alle Juden müssen erschossen werden, Judenweiber sind in die Sümpfe zu treiben". Wo "einheimische" Hilfspolizeikräfte - wie in Litauen oder der Ukraine - sich für die deutschen Vernichtungsaktionen verdingten, war in der Tarnsprache der Nationalsozialisten von "Selbstreinigungsaktionen" die Rede.[29] Logistische Zwänge gab es also nicht, im Gegenteil. Christian Streit konnte mit Recht feststellen, daß im Rahmen der Liquidierungspraxis Himmler sicher sein konnte, daß das Heer auch der nun bald einsetzenden entscheidenden Wendung gegen die Juden im Reich und im deutschen Machtbereich nichts entgegensetzen würde.[30] Je erbitterter der Partisanenkrieg im Osten geführt wurde, desto stärker entwickelte sich noch ein anderer Legitimationsstrang für die Liquidierungsmaßnahmen, die Gleichung: Jude = Partisan. Generaloberst von Reichenau sprach von der Notwendigkeit der harten Sühne "am jüdischen Untermenschentum" und bezeichnete den deutschen Soldaten als "Träger einer unerbittlichen völkischen Idee" und "Rächer für alle Bestialitäten, die deutschem und artverwandtem Volkstum zugefügt wurden"[31]. Eine besonders aufschlußreiche Quelle sind die sogenannten Monatsberichte der "Kommandanten" des entsprechenden Wehrmachtsbefehlshabers. Unter "Kampfhandlungen und Partisanen" wird für die Zeit vom 11. Oktober bis 10. November 1941 gemeldet: "Gesamtzahl der Gefangenen: 10940, davon 10431 erschossen" bei eigenen Verlusten von 2 Toten und 5 Verwundeten. Der Charakter der Kampfhandlungen läßt sich aus dem Zahlenverhältnis erschließen, der Bericht selber liefert die Aufklärung, denn unter der Ziffer "zur politischen Lage, Juden" lesen wir: "Da sie nach wie vor mit den Kommunisten und Partisanen gemeinsame Sache machen, wird die restlose Ausmerzung dieses volksfremden Elements durchgeführt...."[32]

Hier zeigt sich am Einzelbeispiel der Gesamtzusammenhang: Die geschilderten Vorgänge beruhten auf Grundsatzbefehlen von oben, die von der Heeresgruppe und Armeeführung gedeckt und logistisch unterstützt wurden. Für die Ermordung von Juden, Frauen, Kindern und Säuglingen

---

[29] Vgl. Generalfeldmarschall Wilhelm Ritter von Leeb, Tagebuchaufzeichnungen und Lagebeurteilungen aus zwei Weltkriegen. Hg. von G. Meyer, Stuttgart 1976, S. 288.
[30] Streit, Keine Kameraden, S. 127.
[31] Vgl. Ueberschär/Wette, a.a.O., S. 285 f.
[32] Messerschmidt, a.a.O., S. 181.

verfing kein noch so an den Haaren herbeigezogener "Sicherheitsvorwand", der Feldkommandant sprach die politische Tendenz deutlich aus: "diese Brut müsse ausgerottet werden". In den Biographien und Monographien der einstigen Militärs ist über diese Zusammenhänge allerdings nichts zu finden. Die Aktionen als solche sind aber vom Holocaust nicht zu trennen.

Die historische Forschung stützt sich auf Quellen; dies ist ein Grundsatz, der jedem Geschichtsstudenten eingehämmert wird. Die Interpretation der Quellen ist Sache der historischen Hermeneutik. Zeugnisse ergeben sich aber nicht immer von selbst; wir müssen nach ihnen suchen, und manchmal sind wir auch auf die Zufallsüberlieferung angewiesen.

Die Vorgeschichte der Judenvernichtung unter dem Nationalsozialismus begann spätestens 1933. Und eigentlich müßten wir beim Quellenstand von 1995 alle unsere Vorlesungen umschreiben, wenn sie nur auf die Grundlagen der archivalischen Geschichtswissenschaft rekurrierten. Die "Erfahrungsgeschichte" oder anders gesagt: die Rekonstruktion historischer Lebenswelten[33] ist ja nun schon seit mehreren Jahren am Werk, mehr oder weniger ob ihrer Wissenschaftlichkeit bzw. Unwissenschaftlichkeit von der altangestammten Historikerzunft hierzulande anerkannt. Oral History als Methode und Biographieforschung sind die Stichworte, die subjektive Geschichtserfahrung und die Vorstellungen, die die Zeitgenossen von ihrer Wirklichkeit hatten und mit der kollektiven Geschichte verbinden, sind die anerkannten Forschungsziele. Vielleicht hatte dieser "neue Trend" damit zu tun, daß die bisherige Sozialgeschichtsforschung zu abstrakt, zu linear an den Erfahrungen der Menschen und ihren Lebenswelten vorbeigeschrieben hatte und erst jetzt auf Grund ihrer mangelnden didaktischen Ausstrahlung ihre bisherigen Forschungsansätze durch den Weichspülgang des kulturgeschichtlichen und phänomenologischen Ansatzes schickt.[34]

Nun sind gerade die erfahrungsgeschichtlichen Quellen von ganz anderer Qualität als die archivalischen Überlieferungen. Mit Recht wurde gesagt, daß in letzteren die "Authentizität der persönlichen Betroffenheit an-

---

[33] Vgl. hierzu neuerdings: Rudolf Vierhaus/Roger Chartier, Die Rekonstruktion historischer Lebenswelten, in: Hartmut Lehmann, Göttinger Gespräche zur Geschichtswissenschaft, Bd. 1, Göttingen 1995.

[34] Siehe die Besprechung des Beitrages von Vierhaus/Chartier, Die Rekonstruktion historischer Lebenswelten, in: Michael Jeismann, FAZ, 22. Nov. 1995, Nr. 272/S. N 5.

gesichts der Monströsität der Massenvernichtung" oftmals fehle[35]. Die andauernd zwiespältigen Erinnerungen der Deutschen im Umgang mit ihrer Geschichte und der Singularität von Auschwitz aber erwecken den Eindruck, als überlasse man die Individualisierung der Erinnerung "den unmittelbar Betroffenen, den Juden selbst", wie Konrad Kwiet diese Schonungsattitüde schon für die sechziger Jahre zutreffend beschrieben hat.[36] Gleichwohl sind die Erzählungen der Opfer, die im Kern ja alle Überlebensgeschichten sind, weil sie noch erzählt werden können, ob nun in Form von autobiographischen oder interviewgestützten Berichten, unschätzbare Zeugnisse für die leidvollen lebensgeschichtlichen Erfahrungen während der Verfolgung bis hinein in die Konzentrations-und Vernichtungslager. Gerade im Multi-Gedenkjahr 1995, in dem sich die schleppend zustandegekommene, jetzt gesamtdeutsche Erinnerungskultur gleichsam noch einmal feierlich-rituell aufbäumte, ehe sie durch das allmähliche Versiegen der Quellen an politischer Bedeutung zu verlieren droht, sind neue Zeugnisse von außergewöhnlicher Überzeugungskraft ans Tageslicht geholt worden. Ich meine die Tagebücher von Victor Klemperer.[37]

Schon vor Jahren hatte ich in einem Forschungsbericht in der Einschätzung der Quellenproduktionen durch Oral History die Bemerkung getroffen, daß wohl kein Historiker die Primärquelle des Tagebuchs, jene zeitnahe, unmittelbare, beabsichtigte wie unbeabsichtigte Beschreibung von Tagesgeschehen, Alltagssituationen, Stimmungen, Gefühlen und Erfahrungen vor Ort, für ein Linsengericht von hohlen Informationen eintauschen würde, die aus mündlicher Befragung durch das historische Interview stammen. Die "mémoire individuelle" (Maurice Halbwachs) verweigert sich ohnehin der Lebenswelt des Alltags, des Gewohnten, Selbstverständlichen und "Unbefragten".[38] Victor Klemperers Aufzeichnungen zwischen 1933 und 1945 lieferten erneut den Beweis, wenn es eines solchen noch bedurft hätte.

Zeugnis abzulegen bis zuletzt, über das Leben als Jude im "Dritten Reich", über Mitläufertum und Sprachverfall: das hielt der Dresdener Ro-

---

[35] Niethammer, Erinnerungsgebot und Erfahrungsgeschichte, in: Loewy, a.a.O., S. 32.
[36] Konrad Kwiet, Die NS-Zeit in der westdeutschen Forschung 1945-1961, in: Ernst Schulin (Hrsg.), Deutsche Geschichtswissenschaft nach dem Zweiten Weltkrieg (1945-1965), München 1989, S. 196.
[37] Victor Klemperer, Ich will Zeugnis ablegen bis zum letzten. Tagebücher 1933-1941. 2 Bde, Berlin 1995.
[38] Vgl. Steinbach, Sozialgeschichte, Arbeitergeschichte, erinnerte Geschichte, a.a.O., S. 588.

manist Victor Klemperer für seine Erinnerungspflicht. Daß seine Tagebücher heute erst, 35 Jahre nach seinem Tod, in einer 1534 Seiten umfassenden Gesamtausgabe publiziert vorliegen, hat sicherlich auch einen deutsch-deutschen Hintergrund. Sie schlummerten jahrzehntelang wohlverwahrt im Archiv der Sächsischen Landesbibliothek Dresden, obwohl Victor Klemperer mit seinem bereits 1947 veröffentlichten Buch "LTI", der bis heute unübertroffenen Kritik der "Lingua Tertii Imperii", der enzyklopädischen und politisierten Sprache des "Dritten Reiches", kein Unbekannter war. Schon damals hatte Klemperer über sein Tagebuch angemerkt: Es "war in diesen Jahren immer wieder die Balancierstange, ohne die ich hundertmal abgestürzt wäre. In den Stunden des Ekels und der Hoffnungslosigkeit, ... in eigener Bedrängnis, in Momenten äußerster Schmach, bei physisch versagendem Herzen - immer half mir diese Forderung an mich selber: beobachte, studiere, präge dir ein, was geschieht - morgen sieht es schon anders aus, morgen fühlst du es schon anders; halte fest, wie es eben jetzt sich kundtut und wirkt."[39]

In den Notizen aus dem Jahre 1933, wo Klemperer über ein durch die Nationalsozialisten und ihren Hang zur populistischen und plebiszitären Volksbeeinflussung narkotisiertes, deutsches Bewußtsein sich ausläßt, lesen wir: Millionen Deutscher würden "besoffen" gemacht, selbst in den "Konzentrationslagern" stimmten sie bei den sogenannten "Wahlen" mit "Ja", "denn ganz Deutschland zieht Hitler den Kommunisten vor. Und ich sehe keinen Unterschied zwischen beiden Bewegungen; beide sind sie materialistisch und führen in Sklaverei"(Bd.1, S.69)[40], "beide mißachten und negieren die Freiheit des Geistes und des Individuums"(Bd. l, S.75).

Diese und andere Bemerkungen Klemperers, wären sie vor der Wende, die ja keiner, schon gar nicht auf den Tag genau, voraussah, veröffentlicht worden, paßten natürlich nicht in das politische Geschichtsbild der DDR, das "in schroffer Schwarzweißzeichnung die *Bundesrepublik* (der sechziger und siebziger Jahre, d. Vf.) zum Hort von Judenmördern stempelte, die DDR zum alleinigen Erbe des Antifaschismus verklärte", wie es Olaf Groehler jüngst in seinem Aufsatz: "Erblasten: Der Umgang mit dem Ho-

---

[39] Victor Klemperer, LTI. Notizbuch eines Philologen. Leipzig ³1975, S. 15. vgl. ferner: Rezension der Klemperer Tagebücher von Volker Ullrich, in: Die Zeit, Nr. 42, 13. Okt. 1995, S. 29/30.
[40] Vgl. hierzu ferner: Klemperer, Bd. l, S.75, 98, 112f., 122, 125, 292 ff.

locaust in der DDR" formuliert hat.[41] Die Geschichtspolitik in der DDR führte denn auch von Anfang an zu grotesken Verirrungen und Verwirrungen: nicht nur strukturell, sondern auch personell reklamierte die DDR für sich, einen grundlegenden Bruch mit der Vergangenheit vollzogen zu haben. Immerhin befanden sich in den Führungsgruppen des SED-Staates nicht wenige Kommunisten, die bereits vor 1933 und danach im Exil oder im Untergrund gegen die Nazis gekämpft und/oder unter ihrer Herrschaft im Gefängnis bzw. Konzentrationslager überlebt hatten. Das schloß aber die Integration und den Aufstieg "gewendeter" Alt-Nazis in den Parteikadern der SED nicht aus, und auch nicht, daß die kommunistischen Antifaschisten gegen sozialdemokratische und "bürgerliche" Antifaschisten und Antistalinisten vorgingen, wie neuere Untersuchungen über den sogenannten "gesäuberten Antifaschismus" in der DDR belegen.[42] Und mehr noch: Eine Legitimationsfunktion für den antifaschistischen Gründungsmythos der DDR übten in umgekehrter Richtung die zahlreichen jüdischen Remigranten der ersten und zweiten Generation aus, die sozusagen "das Urgestein einer neuen sozialistischen Intelligenz" für die SED-Herrschaft gebildet hatten und als neue Sinnstifter und antifaschistische Legitimationsspender, vor allem im Bereich der Kunst und Kultur, aber auch der ideologischen SED-Parteiarbeit, eine Rolle spielten. Dieser Mythos war von erheblicher innen- und außenpolitischer Wirkung, wobei allerdings die jüdische Identität dieser Remigranten, die mit Namen wie Arnold Zweig, Hanns Eisler, Wolf Biermann, Stefan Heym, Stephan Hermlin, Jurek Bekker, Jürgen Kuczinsky, Konrad Wolf, Joachim Kunert, Gregor Gysi u.a. verbunden sind, offiziell beschwiegen oder verdrängt wurde. Hier stehen

---

[41] Groehler Olaf, Erblasten: Der Umgang mit dem Holocaust in der DDR, in: Loewy (1992), S. 124. Wichtig erscheint mir in diesem Zusammenhang die zusammenfassende Bemerkung Groehlers: "Die entscheidenden Ursachen für diese letztendlich unzureichende Auseinandersetzung mit Holocaust und Antisemitismus sind nach meiner Überzeugung jedoch weniger aktueller Politik oder ideologischer Selbstverblendung geschuldet als vielmehr dem Scheitern der kommunistischen Utopie. Die Annahme, veränderte sozialökonomische Verhältnisse würden einen neuen Menschentypus hervorbringen, der neuen sozialen Verhaltensweisen verpflichtet wäre und veränderte Charakterzüge aufweisen würde, der gleichsam die alten Feindbilder rassistischer Vorurteile wie Schlacke der Vergangenheit von sich abwerfen würde, erwies sich als illusionär und realitätsfern. Vor allem die Art und Weise, wie der neue Mensch undemokratisch gezeugt werden sollte, erwies sich in allzuvieler Hinsicht als ein Rückgriff auf Handhabungen und Methoden, die man doch gerade überwinden wollte." (ebd., S. 126).
[42] Niethammer Lutz (Hrsg.), Der "gesäuberte" Antifaschismus. Die SED und die roten Kapos von Buchenwald. Dokumente, Berlin 1994.

noch Forschungen an, die uns jetzt nicht weiter interessieren können, denn ich möchte zurückfinden zu dem Ausgangspunkt der Tagebücher Victor Klemperers.

Die erste Tagebucheintragung datiert vom 14. Januar 1933, zwei Wochen nach der "Machtergreifung" Hitlers, die letzte vom 10. Juni 1945, als Victor Klemperer als einer der wenigen überlebenden Dresdener Juden in die zerstörte Stadt zurückkehrt. Daß er überhaupt überlebt hat, verdankt er einem einzigen Umstand: er ist mit einer "arischen" Frau verheiratet, gehört also zu der Kategorie der in Mischehe lebenden Juden, die nicht deportiert wurden, sofern sich die Ehe aufrechterhalten ließ. Victor Klemperer, Professor für Romanistik an der TH in Dresden und Vetter des nicht weniger bekannten Dirigenten Otto Klemperer, ist 51 Jahre alt, als er seine Aufzeichnungen beginnt. Über den Unrechtscharakter des NS-Staates läßt er von Anfang an keinen Zweifel: "Ich kann das Gefühl des Ekels und der Scham nicht mehr loswerden. Und niemand rührt sich; alles zittert, verkriecht sich", schreibt er am 17. März (1933) in sein Tagebuch angesichts der Boykottmaßnahmen gegen Juden. "In einer Apotheke irgendeine Zahnpasta mit Hakenkreuz", "Goebbels als Reklameminister", "Hindenburg" nur noch eine "Marionette", dem schon am 30. Januar die "Hand geführt wurde", der Tag des "Staatsaktes in Potsdam", verbunden mit "fürchterlichsten Pogrom-Drohungen" nebst "gräßlichen, mittelalterlichen Judenbeschimpfungen"(21. März) Aber Klemperer spürt auch schon, "eigentlich ist es furchtbar leichtsinnig", was er da seinem Tagebuch anvertraut (17. März) "Ich für mein Teil werde niemals wieder Vertrauen zu Deutschland haben", schreibt er, obwohl er sich innerlich immer als Deutscher fühlte. Er hat Vorahnungen: "Eine Explosion wird kommen - aber *wir* werden sie vielleicht mit dem Leben bezahlen, wir Juden. Entsetzlich ein Pronunciamento der Dresdener Studentenschaft, es sei gegen die Ehre der deutschen Studenten, mit Juden in Berührung zu treten".(3. April) Oder am 20. April 1933: "...heute der Volksfeiertag, Adolfs des Führers Geburtstag... Ich glaube jetzt fast, daß ich das Ende dieser Tyrannei nicht mehr erlebe... Ich bin schon nicht Arier, sondern Jude und muß dankbar sein, wenn man mich am Leben läßt..." Und am 25. April: "...Das Schicksal der Hitlerbewegung liegt fraglos in der Judensache. Ich begreife nicht, warum sie diesen Programmpunkt so zentral gestellt haben. An ihm gehen sie zugrunde. Wir aber wahrscheinlich mit ihnen". In einem Kabarettstückchen leistet sich einer einen Scherz, der in damals Kopf und Kragen kosten konnte, und Klemperer hält diesen Sarkasmus in seinem Tagebuch fest:

"Eine Dame will Dauerwellen onduliert haben. 'Bedauere', sagt der Friseur, 'darf ich nicht'. - 'Weswegen?' - 'Sie sind Jüdin, und einem Juden wird in Deutschland bei Strafe kein Haar gekrümmt.'..."(28. August 1933)

Ende April 1935 wird Victor Klemperer aus dem Staatsdienst entlassen. Seine Veranstaltungen hatten nur noch wenige Studierende besucht. Austrocknen nennt man die Methode. "Nach jedem Kolleg, jeder Seminarübung habe ich Furcht. Wenn doch ein Verräter unter meinem halben Dutzend wäre. Ich hebe nie den Arm beim Hereinkommen: ich lasse mir im Seminar und in ein paar Plauderminuten hinterher leicht ein gefährliches Wort entrutschen...."(16. Januar 1934) An anderer Stelle: "...mir wird von diesem Händeaufheben buchstäblich übel, und daß ich mich immer wieder daran vorbeidrücke, wird mir noch einmal den Hals brechen..." (15. Febr. 1934). Keiner seiner einstigen Kollegen kümmerte sich um ihn, er wurde gemieden wie eine "Pestleiche" (19. Oktober 1935). Dennoch denkt Klemperer, anders als manche seiner Geschwister und Freunde, noch nicht an Emigration. Für den assimilierten, evangelisch getauften Juden kommt Palästina als Auswanderungsziel nicht in Betracht; für die Zionisten[43] empfindet er nicht gerade Sympathien.

Erst nach dem Pogrom vom 9. November 1938 entschließen sich die Klemperers schweren Herzens zur Emigration in die USA. Doch es ist schon zu spät. Vom amerikanischen Konsulat in Berlin erfahren sie, daß nichts mehr geht, und auch bei der Jüdischen Gemeinde in Dresden macht man ihnen kaum Hoffnung. So fügen sie sich in ihr Los, und fast spürt man etwas wie Erleichterung, als 1941 ein generelles Auswanderungsverbot für Juden erlassen wird: "Alles Schwanken hat nun ein Ende. Das Schicksal wird entscheiden", notiert Klemperer am 27. Juli 1941 in sein Tagebuch.

Bereits vor 1939 sieht sich Victor Klemperer, wie alle seine jüdischen Leidensgefährten, verfolgt und gepeinigt. Ihm wird die Benutzung der Bibliothek verboten, ihm wird der Führerschein entzogen. Das trifft ihn

---

[43] Die Kritik am Zionismus schwächt Klemperer in den Kriegsjahren allerdings ab, am 13. Juni 1934 jedoch notiert er noch in sein Tagebuch: "... Mir sind die Zionisten, die an den jüdischen Staat von anno 70 p.C. (Zerstörung Jerusalems durch Titus) anknüpfen, genauso ekelhaft wie die Nazis. In ihrer Blutschnüffelei, ihrem 'alten Kulturkreis', ihrem teils geheuchelten, teils borniterten Zurückschrauben der Welt gleichen sie durchaus den Nationalsozialisten. Der Witz, man habe Hitler in Haifa ein Denkmal errichtet mit der Inschrift 'Unserem Herführer', hat eigentlich eine tiefe und unwitzige Berechtigung. Gedanklich ist er auch ihr Heerführer. Das ist das Phantastische an den Nationalsozialisten, daß sie gleichzeitig mit Sowjetrußland und mit Zion in Ideengemeinschaft leben..." (Klemperer, Tagebücher, Bd. 1, S. 111/12).

hart, denn die Fahrten der Klemperers in die Umgebung von Dresden waren eine der wenigen Ablenkungen in einem immer reduzierteren Leben gewesen. Im März 1939 wird Victor Israel Klemperer (wie er sich seit April 1938 nennen muß) aufgefordert, vom Landratsamt die neue Kennkarte mit dem großen J auf der Vorderseite abzuholen.

Nach dem Beginn des Krieges wird die Schlinge noch enger gezogen. Eine schikanöse Verordnung jagt die andere. Juden dürfen nach acht Uhr nicht ausgehen, sie dürfen nicht mehr telefonieren, kein Theater, kein Kino, keine Restaurants besuchen, nur den Vorderperron der Straßenbahn benutzen, nicht mehr mit dem Elbdampfer fahren, keine Haustiere halten - 31 Bestimmungen, die Klemperer aufführt -, und der bisher "schlimmste Schlag": seit dem 19. September 1941 müssen sie den "Judenstern" tragen. In diesem bürokratischen Sadismus erkennt Klemperer auch den entscheidenden Unterschied zu allen bislang bekannten Formen des staatlichen Terrorismus: "Es ist nichts Spontanes dabei, es ist alles methodisch organisiert und angeordnet, es ist 'kultivierte' Grausamkeit, und es geschieht heuchlerisch, im Namen der Kultur und verlogen. Bei uns wird nicht gemordet..."(14. August 1942) Und Klemperer berichtet bereits von der "Brutalität" der Transporte nach Theresienstadt. "Auf kein Alter, keine noch so völlige Gelähmtheit, keine Schmerzen" werde "im geringsten Rücksicht genommen." (ebd.)

Ende Mai 1940 war das Ehepaar Klemperer aus seinem Haus vertrieben und in eines der Dresdener "Judenhäuser" eingewiesen worden. "Das ist gewiß auch ein Stückchen LTI" - schreibt Klemperer - die Juden sagen: er wohnt in der 32, in der 41(Altenzeller Straße): - nacktes Elend, Durcheinandergewimmel, unordentliche Räume, provisorisch oder im Aufbruch verstopft und unausgepackt..." (8. August 1942). Der ständige Wechsel zwischen Hoffen und Bangen, seit Ende 1941 die Furcht vor Deportationen und der "Alpdruck der ganzen Judenheit" (24. März 1942), das Grauen vor Razzien durch die Gestapo - all dies ist im Spiegel dieser Tagebuchblätter auf beklemmende Weise festgehalten.

Im Mai und Juni 1942 werden auch Klemperers mehrfach von Gestapo-Rollkommandos heimgesucht. Sie werden beschimpft, bespuckt, geprügelt, die Wohnungseinrichtung wird demoliert, Bücher entwendet und vernichtet. Klemperer hat sich das Entsetzliche bislang nicht vorstellen können, doch nach dem letzten Überfall notiert er: "Jetzt weiß ich, jetzt ist das Grauen immer in mir... Ich vergleiche dies Todesgrauen mit dem im Felde... tausendmal gräßlicher ist das als alle Furcht 1915. - Und immer die

Angst, immer das Zum-Fenster-Laufen, ob auch kein Auto...." (19. Juni 1942). Immer auch die grenzenlose Angst, daß seine Eintragungen entdeckt werden. Bei einer Haussuchung waren einige Bücher aus dem Regal gezerrt worden. "Wäre das griechische Lexikon darunter gewesen", schreibt Klemperer, "wären die darin liegenden Manuskriptblätter herausgefallen und hätten dadurch Verdacht erregt, so war das fraglos mein Tod...Ein Notizzettel auf dem Schreibtisch enthielt die Chiffre KDF. Nicht 'Kraft durch Freude', sondern "Kunst der Fingerfertigkeit".... Aber er schrieb weiter. "Das ist *mein* Heldentum. Ich will Zeugnis ablegen, und exaktes Zeugnis!" (27. Mai 1942, Mittwoch mittag).

Das war das eine, was ihn durchhalten ließ. Das andere war der Beistand seiner Frau Eva. Sie teilte alle Demütigungen mit ihm und bewahrte ihn vor dem Schlimmsten, dem Transport in ein Vernichtungslager. Sie schaffte die eng handschriftlich beschriebenen Notizblätter in regelmäßigen Abständen aus dem Hause zu einer befreundeten Ärztin nach Pirna, wo sie in einem Koffer aufbewahrt wurden.

Victor Klemperer berichtet freilich nicht nur vom eigenen Leid, sondern auch vom Schicksal anderer, ihm nahestehender Menschen. Seine Aufmerksamkeit erstreckt sich auf alle "Kleinigkeiten und Stimmungen des Alltags"(6. Juli 1940); es wird deutlich, wie fragmentiert die Öffentlichkeit im "Dritten Reich" war: "Vox populi zerfällt in zahllose voces populi" (17. März 1940). Seine minutiösen Beobachtungen korrigieren alle Pauschalverdikte und Kollektivverurteilungen. Das gilt auch für den bis heute wundesten Punkt in der Geschichte des "Dritten Reiches", die Reaktion der deutschen Bevölkerung auf die Judenverfolgung. Als Klemperer gezwungen ist, den "Judenstern" öffentlich zu tragen, da kann er die Reaktionen der anderen gewissermaßen am eigenen Leib testen: Bekundungen der Sympathie bis hin zu Äußerungen eines fanatischen Judenhasses. Am meisten Solidarität erfährt er von einfachen Leuten. Arbeiter in einer Dresdener Fabrik für Briefumschläge und Papierbeutel, in der er 1943 zur Zwangsarbeit verpflichtet wird, nehmen ihm schwere Lasten ab. Auch der Firmenchef - eine Art Oskar Schindler - stellt sich vor die bei ihm beschäftigten Juden: "Eigentümlich, wie sich in ihm humanste Gesinnung und ziemlich skrupelloses Kriegsgeschäft vertragen" (23.August 1943).[44]

---

[44] In seinem Buch LTI beschreibt Klemperer den relativen Freiraum der jüdischen Zwangsarbeiter in der "Fabrik für Briefumschläge und Papierbeutel" wie folgt: "...(Bei) Thiemig & Möbius... ging es gar nicht sonderlich nazistisch zu. Der Chef gehörte der SS an, aber er tat für seine Juden, was irgend möglich war, er redete höflich mit ihnen, er ließ ihnen manch-

Aber Victor Klemperer weiß auch: "...jede Bagatelle führt in die Klauen der Gestapo und damit in den sicheren Tod", und in Klammern fügt er hinzu: "(Ins Gefängnis und von da zum 'Selbstmord' oder zum 'Fluchtversuch' mit Erschießung oder nach Auschwitz mit verschiedenen Todesursachen)"(ebd., Bd. l, S.421).

Die Reaktionsmuster der Deutschen auf den organisierten Judenhaß lassen sich nicht schichten- und generationsspezifisch zuordnen: der Pimpf, von dem Klemperer auf offener Straße angepöbelt wird: "Du Lump, warum lebst du noch? oder die zwei würdigen, grauhaarigen Lehrerinnen, die demonstrativ auf ihn zugehen und ihm die Hand schütteln: "Sie wissen schon, warum!" (8. Mai 1942), die Beschimpfungen der arischen Frauen, die in Mischehe leben: "Du Judensau wirfst ja doch nur Junge, um sie zu Hetzern großzuziehen!" (ebd.), gegen das "anständige Verhalten" von anderen. Und dann immer wieder die messerscharfen Beobachtungen Klemperers in den Kriegswintern der Jahre 1942 und 1943, Anspielungen auf die Durchhaltereden Hitlers und die Einwirkung der LTI : "Es ist toll, es ist sich überschlagende Tyrannei, es ist äußerste Unsicherheit, wenn ein längst mit aller Diktatorgewalt Ausgestatteter noch einmal fordert, was er schon besitzt. Bis zum letzten Wahnsinn gesteigert ist diesmal die Konzentration des Hasses. Nicht England oder USA oder Rußland - *nur*, in allem nur und einzig *der Jude*". Und inwieweit, so muß man sich fragen, waren Klemperers Sprachbeobachtungen nicht auch eine explizite Geistesgeschichte? "Ich muß immer daran festhalten:" - schreibt er (am 28. April 1942) - "in lingua veritas. Die Veritas gehört der Geistesgeschichte an; die Lingua bietet eine allgemeine Bestätigung des interessierenden Faktums". Möglicherweise liegt hier ein weiterer Grund dafür vor, daß die Tagebücher zu DDR-Zeiten nicht veröffentlicht wurden: Sie sperren sich gegen ein schablonenhaftes Verständnis von Antifaschismus, das es erlaubte, die ge-

---

mal etwas aus der Kantinenküche zukommen. Ich weiß wahrhaftig nicht, was mich entschiedener oder dauernder tröstet: wenn es ein Endchen Pferdewurst gab, oder wenn ich einmal 'Herr Klemperer' oder gar 'Herr Professor' tituliert wurde. Die arischen Arbeiter, unter die wir Sternträger verstreut waren - nur beim Essen und während der Luftwache wurde die Absonderung durchgeführt; bei der Arbeit mußte das Plauderverbot uns gegenüber die Isolierung ersetzen, aber niemand hielt es ein -, die Arbeiter waren erst recht nicht nazistisch gesinnt, sie waren es mindestens im Winter 1943/44 nicht mehr. Man fürchtete den Obmann und zwei oder drei Frauen, denen man Denunziationen zutraute, man stieß sich an oder warnte sich durch Blicke, wenn einer dieser Anrüchigen auftauchte; aber waren sie außer Sicht, dann herrschte sofort wieder kameradschaftliche Zutunlichkeit..." (Klemperer, LTI, S. 101).

sellschaftlichen Gruppen im NS-Staat fein säuberlich und pauschal nach gut und böse auseinanderzudividieren.

Eines sollte man freilich nicht meinen: die Tagebücher könnten etwa zur Entlastung des deutschen Gewissens in Bezug auf Judenverfolgung und Judenvernichtung beitragen. Sie bestätigen vielmehr, daß das Wissen vom Holocaust, das heißt von der Ermordung der Juden, weit stärker verbreitet war, als bislang vom individuellen wie kollektiven Gedächtnis zugegeben wurde. Victor Klemperers arische Ehefrau Eva wurde im April 1942 an der Tramhaltestelle von einem Bekannten, der auf Fronturlaub und jetzt in "Gefreitenuniform" war, angesprochen. Sie ging mit ihm in ein Lokal, und er erzählte bei einem Glase Bier. Wörtlich lesen wir im Tagebuch: "...Er ist als Fahrer bei der Polizeitruppe mehrere Wintermonate (bis Weihnachten) in Rußland gewesen. Grauenhafte Massenmorde an Juden in Kiew. Kleine Kinder mit dem Kopf an die Wand gehauen, Männer, Frauen, Halbwüchsige zu Tausenden auf einem Haufen zusammengeschossen, ein Hügel gesprengt und die Leichenmasse unter der explodierenden Erde begraben..."(19. April 1942) Manches sickerte durch über die Existenz der Vernichtungslager "im Osten". Klemperer, zur Zwangsarbeit "abgestellt", tauschte mit seinen jüdischen Arbeitskameraden Informationen aus. Der Name Auschwitz fällt zum erstenmal in einer Eintragung vom 16. März 1942: "Als furchtbarstes KZ hörte ich in diesen Tagen Auschwitz (oder so ähnlich) bei Königshütte in Oberschlesien nennen. Bergwerksarbeit, Tod nach wenigen Tagen..." Und gleich danach die Eintragung: "Nicht unbedingt und sofort tödlich, aber 'schlimmer als Zuchthaus' soll Buchenwald bei Weimar sein..." Erst im Herbst 1942 enthüllt sich Klemperer die wahre Bedeutung von Auschwitz als "ein schnell arbeitendes Schlachthaus" (17. Oktober 1942), ohne daß er schon Genaueres darüber erfahren hätte wie die Deportierten dort umgebracht wurden. Sicher war ihm, daß es ein anderer Tod sei als in den "normalen" KZs, denn: "Die Asche wird nicht übersandt" (8. Januar 1943).

Noch aber bringt er Auschwitz nicht in Verbindung mit dem Getuschel über Vergasungen, das ihm von allen Seiten zugetragen wird. Die "ungemeine Depression der Judenheit" hält an, schreibt Klemperer am 6. März 1943. Er weiß um die Gefahr, in der er sich befindet, daß er "jedes Blatt wegsteckt" bei dem geringsten Außengeräusch, aber auch, daß die vielen "Evakuierten" seiner Umgebung nicht mehr zurückkommen. Er empfand einen tiefen Schock bei der Proklamation Hitlers vom 27. Februar 1943, von der er sagte, sie drohe noch unverhüllter mit der Ermordung aller Juden als selbst die letzte Goebbelsrede. Und noch heftiger war der Schock, als eine Karte an eine jüdische Freundin an seine Adresse zurückkam: "Blaustempel darauf 'zurück', Bleistiftnotiz 'Abgewandert'. Beachte zu LTI: 'Abgewandert' für abgewandert *worden*. Harmloses Wort für 'vergewaltigen', 'vertreiben', 'in den Tod schicken'. Gerade jetzt ist nicht mehr anzunehmen, daß irgendwelche Juden lebend aus Polen zurückkehren. Man wird sie vor der Räumung töten. Übrigens wird längst erzählt, daß viele Evakuierte nicht einmal erst lebend in Polen ankommen. Sie würden im Viehwagen während der Fahrt vergast, und der Waggon halte dann auf der Strecke am vorbereiteten Massengrab..." (27. Februar 1943).

Das ganze Ausmaß des mit Auschwitz zusammenhängenden Vernichtungskomplexes vermag Klemperer nicht zu durchschauen, aber Auschwitz steht im Tagebuch immer wieder als Synonym für Massenmord, und bis Ende 1944 hat sich für ihn zur Gewißheit verdichtet, was er unter dem 24. Oktober 1944 mit folgendem Wortlaut in sein Tagebuch einträgt: "Am Sonntag abend war Konrad ein paar Minuten bei uns. Er äußerte sich ... furchtbar pessimistisch über das Schicksal der in die Hitlerhand gefallenen Juden, der polnischen, ungarischen, balkanischen und der in den Osten deportierten deutschen und anderen Westjuden". Nach Soldatenberichten zu schließen, müsse man annehmen, "daß vor den Rückzügen alles ermordet worden ist, daß wir niemanden wiedersehen werden, daß sechs bis sieben Millionen Juden... geschlachtet (genauer: erschossen und vergast) worden sind. Die Lebensaussichten für uns kleinen Judenrest hier in den Klauen der verzweifelnden Bestien hielt er auch für gering - *auch*, insofern er darin ähnlich urteilt wie die Dresdener Judenheit überhaupt..."(Bd. 2, S. 606).

Man fragt sich, warum diese schrecklichen Wahrheiten, über die wir aus der Sicht Klemperers Zeugnis erhalten, den Deutschen, denen das Schicksal der Juden nicht gleichgültig war, entgangen sein sollte. Doch die meisten wollten nichts wissen, obwohl sie viel darüber wußten, und was und wieviel sie gewußt haben, wollen sie im nachhinein nicht gewußt haben.[45] Danach befragt, antworten viele ausweichend oder sie holen stereotyp ihren Alibijuden aus den Niederungen ihres Gedächtnisses hervor. Man hat zwar immer nichts gesehen, aber einiges eben doch. Und so half der ordensgeschmückte SA-Mann dem "wackeligen" alten Mann, der Jude war,

---

[45] Vgl. hierzu Lothar Steinbach, Bewußtseinsgeschichte und Geschichtsbewußtsein. Reflexionen über das Verhältnis von autobiographischer Geschichtserfahrung und Oral History, in: BIOS, Zeitschrift für Biographieforschung und Oral History, Heft 1,1995, S. 98/99.

im Treppenhaus des Bürgerhauses in München die Einkaufstasche tragen, wenn man seiner Erinnerung glauben darf. Oder man sah eben den Lastwagen, auf dem dichtgedrängt Menschen mit kahlgeschorenen Köpfen abtransportiert wurden, doch auf die Interviewer-Frage "Wohin denn wohl?" die beängstigend stumpfe Antwort: Man habe sich nichts dabei gedacht. Auch in Klemperers Tagebuch tauchen diese Prototypen der nichtwissenden Deutschen auf.

Für die Klemperers bedeutet die Zerstörung Dresdens am 13. und 14. Februar 1945 die Rettung. In dem allgemeinen Chaos entschließen sie sich zur Flucht. Als erstes trennt Victor Klemperer den gelben Stern vom Mantel ab. Auch diese letzten Teile des Tagebuchs sind von hohem dokumentarischem Wert. Sie zeigen eine Gesellschaft im Zusammenbruch und wie sich die individuelle wie kollektive Erinnerung den neuen Verhältnissen anpaßt. Hakenkreuz und Hitlergruß verschwinden, "Führer"-Bilder werden verbrannt, keiner ist je Nazi gewesen, und niemand hat etwas von der Ermordung der Juden gewußt. "Das 3. Reich ist schon so gut wie vergessen, jeder ist sein Feind gewesen, *immer* gewesen; und über die Zukunft macht man sich die unsinnigsten Vorstellungen..." (11. Mai 1945).

Trotz der erdrückenden Befunde über die Vorgeschichte des Holocaust, bleibt die Rekonstruktion der Wahrheit über Auschwitz den Erinnerungen der Überlebenden vorbehalten.[46] Die größte Sorgfalt, die die SS-Kommandos und der Sicherheitsdienst darauf verwandten, daß kein Zeuge überlebte und kein Zeugnis überdauerte, hat nicht vermocht, daß es der perfektesten Vernichtungsmaschinerie der neueren Geschichte gelungen wäre, alles Beweismaterial dem Erdboden gleichzumachen. Eine dauerhafte Verankerung dieser historischen Grunderfahrung in unserer hierzulande noch schwach ausgebildeten Erinnerungskultur ist deshalb nur in zweifacher Weise leistbar: der Verknüpfung von Individualerfahrung mit schonungsloser wissenschaftlicher und medialer Aufklärung. Dann bleibt Auschwitz auch kein bloßer Fixpunkt, der uns - wie Saul Friedländer gemeint hat - nur "Mythen und Schatten" liefert, aber keine Informationen, die wir zu verständlichen Realitätsbildern zusammensetzen könnten.[47] "Nur was nicht aufhört *wehzutun*, bleibt im Gedächtnis" (Nietzsche).

Insofern sind die Überlebenszeugnisse aus dem Film "Shoah" im doppelten Sinne von dokumentarischem Wert: Es sind Dokumente der Ver-

---

[46] Vgl. hierzu Primo Levi, Die Untergegangenen und die Geretteten, München ²1995, S. 12/13.
[47] Saul Friedländer, Kitsch und Tod. Der Widerschein des Nazismus, München 1984, S. 82 f.

nichtung anderer, der die Überlebenden um ein Haar entronnen sind, und gleichzeitig authentische Dokumente des Überlebens, das sie von der Wortlosigkeit der "Untergegangenen" unterscheidet. "Jenseits allen Mitleids und aller Empörung, die sie hervorrufen", müßten sie kritisch gelesen werden, wie Primo Levi mit Recht meinte.[48] Es sind Erinnerungen der Wunden, Erinnerungen an existenzielle Bedrohungen, Erinnerungen an Traumata. Und es ist gerechtfertigt, die Frage aufzuwerfen, ob Claude Lanzmann mit der Unerbittlichkeit, mit der er die Interviews filmerisch in Szene setzte und diese von der Kamera einfing, die überlebenden Opfer des Holocaust nicht gezwungen hat, ihre lebenslangen Verletzungen ein zweites Mal zu durchleiden. Denn wer so tief verletzt worden ist, neigt dazu, die Erinnerung daran zu verdrängen, um den Schmerz zu mildern; und derjenige, der diesen Schmerz zugefügt hat, drängt seine Erinnerung in die Tiefe des Bewußtseins ab, um sich von ihr zu befreien oder ein bequemes Gedächtnis zu konstruieren.[49]

Lanzmann kümmert sich in seinem kategorischen Dokumentations-und Aufklärungsimperativ, wie es scheint, nicht um die Empfindungen seiner Gesprächspartner. Wo sie eigentlich Schutz vor weiterer Verletzung bräuchten, preßt er das Faktum der Ungeheuerlichkeit ihrer Geschichtserfahrung aus ihrem Gedächtnis heraus. Kamera und Tonband werden nicht abgestellt, auch wenn die Erzähler, die Überlebenden des Holocaust, in Tränen ausbrechen und darum bitten, die Aufzeichnung abzubrechen. Interviewer und Interviewte sitzen in derselben Falle: die Vergegenwärtigung der Erinnerung verhindert sie zugleich. Claude Lanzmann fragt an zweiter Stelle in seinem Film einen "anderen Überlebenden", der heute in Israel lebt: L: "Was ist in Chelmno in ihm gestorben?" Ü.: "Alles ist gestorben. Alles ist gestorben, aber man ist nur ein Mensch, und man will leben. Deshalb muß man vergessen. Er dankt Gott für das, was geblieben ist, und dafür, daß er vergißt. Und daß niemand mehr darüber spricht". L.: "Findet er es gut, darüber zu sprechen? Ü.: "Es ist nicht gut, für mich ist es nicht gut." L.: "Warum spricht er dann trotzdem darüber?" Ü.: "Er spricht, weil er jetzt gezwungen ist zu sprechen, aber er hat Bücher über den Eichmann-Prozeß bekommen, bei dem er Zeuge war, und er liest sie nicht ein-

---

[48] Primo Levi, a.a.O., S. 13.
[49] Vgl. hierzu auch Lutz Niethammer, Diesseits des "Floating Gap". Das kollektive Gedächtnis und die Konstruktion von Identität im wissenschaftlichen Diskurs, in: Kristin Platt/Mihran Dabag (Hrsg.), Generation und Gedächtnis. Erinnerungen und kollektive Identitäten, Opladen 1995, S. 15.

mal". L.: "Hat er als Lebender überlebt oder ..." Ü.: "An Ort und Stelle hat er es wie ein Toter erlebt, weil er nie glaubte, daß er überleben würde, aber er ist lebendig." L.: "Warum lächelt er die ganze Zeit?" Ü.: "Was soll er Ihrer Meinung nach tun, weinen? Einmal lächelt man, einmal weint man. Und wenn man lebt, lächelt man besser..."

Wenn Simon Srebnik eingangs davon spricht, das könne keiner *verstehen, was da war*, dann meint er verstehen in einer zweifachen Bedeutung: der Außenstehende, der Unbeteiligte, der Fragende kann nicht nachvollziehen, kann sich nicht vorstellen, was der Betroffene erlebt hat, was ihm geschehen ist; aber auch, daß es unmöglich ist, dem anderen, der dies nicht erlebt hat, verständlich zu machen, warum er, der Sicherinnernde und Erzählende, überlebt hat. Hier driftet die Erinnerung, vielleicht auch aus Scham, überlebt zu haben, wie Primo Levi es an sich selbst erfahren hat, ins Unbewußte ab. Wenn die Wunde in der kommunikativen Erinnerung wieder heraufbeschworen wird, sucht das Gedächtnis Zuflucht in Atempausen oder bleibt verschlossen und sprachlos.[50]

Claude Lanzmanns Film "Shoah"[51] ist wegen seines Settings - auch von überlebenden Opfern - kritisiert worden, weil er die Erinnerungen einiger der interviewten Überlebenden an dem damaligen Geschehens- und heutigen Gedächtnisort nachgestellt und inszeniert habe. Ich sehe das anders. Claude Lanzmann hat einen Film gemacht, um individuelle, erfahrungsgeschichtliche Erinnerung zu dokumentieren und vor dem Absinken in die Grauzonen des kollektiven Gedächtnisses zu bewahren. Durch seine Dreharbeiten vor Ort hat er der Oral History vor Augen geführt, wie fragmentierte, individualisierte Erinnerungen durch die im Interview evozierte Rückwanderung in die verschwommenen raum-zeitlichen Dimensionen des Bewußtseins Konturen gewinnen, - ein bislang noch kaum erforschtes

---

[50] Primo Levi hat die Frage aufgeworfen, ob die Scham der Überlebenden daher komme, "daß du an Stelle eines anderen lebst" (Primo Levi, a.a.O., S.82) vgl. ferner ebd., S.79/80 die Passage: "Wie ich in Auschwitz überleben konnte?"

[51] Vgl. hierzu Gertrud Koch, Die Einstellung ist die Einstellung. Visuelle Konstruktionen des Judentums, Frankfurt a. M. 1992; diess., Der Engel des Vergessens und die black box der Faktizität. Zur Gedächtniskonstruktion in Claude Lanzmanns Film Shoah, in: Anselm Haverkamp/Renate Lachmann (Hrsg.), Memoria. - Vergessen und Erinnern, München 1993, S. 67ff. Gertrud Koch spricht eigentlich eine Binsenweisheit aus: Die Erinnerung aus der "Teilnehmerperspektive" müsse mit Faktizität gefüllt werden. Denn die Shoah habe die psychische Ökonomie von Vergessen und Erinnern bei den Überlebenden gleichsam außer Kraft gesetzt, ihr Gedächtnis traumatisiert, zur blackbox eines "zeitvernichtenden Raumes" gemacht.

Feld der Mnemotechnik.[52] Insofern ist der Erinnerungsfilm Shoah eine Rekonstruktion von Bewußtseinsgeschichte aus der Betroffenenperspektive[53], die vor dem Hintergrund einschneidender lebensgeschichtlicher Erfahrungen kein Vergessen kennt. Nicht also wird Erinnerung hier konstruiert, sondern durch räumlich-visuelle und emotionale Impulse initiiert. Natürlich bleibt es gefilterte Erinnerung, aber ohne sie wäre die Faktizität von Auschwitz überhaupt nicht zu verstehen.

Der Film "Shoah" visualisiert den Prozeß der Erinnerung, all das, was die Oral History als "erinnerte Geschichte", nur eben mit dem Medium des Mikrophons, auch erforscht; er thematisiert die Probleme der Vermittlung von kommunikativer Erinnerung, indem er unsere stets eingeschränkte Imaginationskraft von Geschehenem geographisch und z.T. akustisch aktiviert und eben anders, als es in der normativen Vermittlung von Geschichtsbewußtsein über sakrale Gedächtnisorte und die Symbolisierung von kollektiver Erinnerung geschieht. Maurice Halbwachs hat in diesem Zusammenhang einmal von dem Auseinanderfallen von "mémoire involontaire" und "mémoire volontaire" gesprochen.[54] Weil die Menschen der Moderne immer mehr Geschichte verlieren und immer seltener mit ihren Erinnerungen leben, sich aus geschichtlichen Zusammenhängen herauslösen, sind Gedächtnisorte für unsere sich entwickelnde Erinnerungskultur unabdingbar. Aber das besagt nicht, daß die Symbolisierung von Vergangenem in Ikonen und Denkmälern eo ipso kritisches Geschichtsbewußtsein fördert. Ob in Treblinka durch 17 000 Granitblöcke, der Versteinerung von Erinnerung sozusagen, an einzelne jüdische Opfer oder an ganze jüdische Gemeinden erinnert wird, deren Leben in diesem und den anderen Vernichtungslagern ausgelöscht wurden, ob die hundert Holzapfelbäume im Babij-Jar-Park in Denver/Colorado an die über 30 000 Juden gemahnen, die in der gleichnamigen, heute nahezu erinnerungslosen Schlucht am Stadtrand von Kiew am 29./30.9.1941 von Deutschen umgebracht wurden, - immer wird die komplexe Geschichtserfahrung des Holocaust hier symbolisch reduziert, und immer bleibt der Satz von Simon Srebnik aus der

---

[52] Vgl. hierzu Jan Assmann, Erinnern, um dazuzugehören. Kulturelles Gedächtnis, Zugehörigkeitsstruktur und normative Vergangenheit, in: Platt/Dabag, a.a.O.
[53] Wobei ich mit "Betroffenenperspektive" existentielles und lebensgeschichtliches Betroffensein meine!
[54] Siehe im Anschluß an Halbwachs, Das kollektive Gedächtnis, Frankfurt a. M. 1985, die weiterführenden Überlegungen bei: Jan Assmann, Das kulturelle Gedächtnis. Schrift, Erinnerung und politische Identität in frühen Hochkulturen, München 1992, S. 34ff.

Unmittelbarkeit seiner Betroffenenperspektive gültig, daß man eigentlich nicht mehr zum Besinnen bringen könne, was hier war. Erst in einer gemeinsamen Anstrengung der Geschichtswissenschaft, die die erfahrungsgeschichtliche mit der strukturgeschichtlichen verbindet und umgekehrt, wird die Historie ihrer didaktischen Aufgabe gerecht: aus der Erforschung von Bewußtseinsgeschichte kritisches Geschichtsbewußtsein zu schaffen, das kommunikative Gedächtnis als einen festen Bestandteil in das kulturelle Gedächtnis zu integrieren.

Horst Hörner

Die Pädagogik Martin Bubers anhand seiner Briefe

Als Martin Bubers "Briefwechsel aus sieben Jahrzehnten" 1975 bei Lambert Schneider in Heidelberg erschien, schrieb Hermann Levin Goldschmidt in der Neuen Züricher Zeitung vom 12. 9. 1975: "Doch obgleich die Größe Bubers auch der Unzulänglichkeiten dieser Ausgabe spottet, mit der dem Verlag Lambert Schneider immerhin ein buchtechnisches Meisterwerk gelungen ist, werden wir hier nicht froh. Buber kommt viel zu wenig zum Wort, er kommt als Mensch, mit persönlichen Äußerungen, fast gar nicht zum Wort, und so bleibt, was trotzdem eine Stimme von heute und für morgen ahnen läßt, eine Stimme von gestern".[1]

In einem Beitrag der Universitas vom Mai 1974 heißt es über das Erscheinen von Bubers Briefwechsel: "Bubers Rede ist immer wieder als Wort an die Zeit zu verstehen, als Aufrüttelung, als Mahnung an die Mitmenschen, als ein Versuch, in der Wirrnis der Tage einen Weg zu zeigen. Bubers Wirken stellt sich sich uns dar als ein 'Zur-Stelle-Sein' wo gefragt wird. Das gilt ganz besonders von seinem Briefwechsel, der zur Zeit erscheint; zum Teil darum, weil er auch Fragen und Antworten von Zeitgenossen enthält und darunter viele sind, die selbst einen Weg zu zeigen versucht haben".[2]

Zwei sehr unterschiedliche Einschätzungen der dreibändigen, nahezu zweitausend Seiten umfangreichen Korrespondenz. Es stimmt, beim Lesen der Briefe hätten wir gerne mehr von Buber selbst erfahren. Briefwechsel ist aber immer Dialog und Gedankenaustausch. Da werden die Themen und Inhalte eben auch von den Briefpartnern bestimmt. Treffend in der Rezension der Universitas ist aber auch die Charakterisierung von Bubers Wirken als "ein Zur-Stelle-Sein, wo gefragt wird." Unter dieser Perspektive zu lesen vermittelt Einblicke in die Fragen und Probleme seiner Zeit, d.h. der Zeit von 1897-1965.

---

[1] Goldschmidt, Hermann Levin, Martin Bubers Briefwechsel. Neue Züricher Zeitung v. 12.9.75, S. 8.
[2] Otto Spear, Zur Situation der Zeit, Universitas 29, 1974, S. 525.

Es war zunächst nicht das dreibändige Briefwerk, das mich zur Beschäftigung mit Buber motivierte, sondern zunächst ein Brief, der mir bei meinen Forschungen über Ellen Key in der Handschriftenabteilung der königlichen Bibliothek in Stockholm in die Hände fiel. Dieser Brief von Martin Buber an Ellen Key, datiert vom 27.9. 1908, hat folgenden Inhalt:

"Liebe und verehrte Freundin.
Vielen Dank für Ihre lieben, guten Worte. Sie haben mir damit eine große Freude gemacht. Verständnis ist einem, der es wie ich nicht gewohnt ist, immer überraschend und schön; kommt es aber gar wie das Ihre, so stark, warm und fesselos, so greift es einem ans Herz, es tut Schlösser und Riegel auf und rührt das Geheimnis an. In diesem Buch ist zu viel von mir, als daß ich für ein Wort wie das Ihre nicht mit meiner Seele empfänglich sein müßte. Den Nachman Ihnen zu senden, hatte ich seinerzeit angeordnet. Es scheinen keine Exemplare mehr davon da zu sein. Wenn ich noch eines bekommen kann, schicke ich es Ihnen. Sonst sobald die neue Auflage erschienen ist, und bis dahin steht Ihnen eines meiner beiden Handexemplare zur Verfügung, wenn Sie wollen."[3]

Buber war damals 30 Jahre alt, Ellen Key 59. Die Popularität der schwedischen Pädagogin und Publizistin erreichte vor dem Ersten Weltkrieg in Deutschland einen ersten Höhepunkt, ihre Schriften wurden nahezu alle ins Deutsche übertragen und brachten ihr eine Reihe von Einladungen nach Deutschland und viele Anhänger.

Dieser Brief machte neugierig! Er ist wie ein Fragment, das der Ergänzung und der Auslegung bedarf. Offensichtlich ist dem Buberbrief ein Schreiben von Ellen Key vorausgegangen, auf das sich Buber bezieht. Nicht lange mußte man nach diesem Brief suchen. Er ist in dem oben erwähnten Briefwerk enthalten. Ellen Key[4] schreibt dort:

"Lieber Mensch - seitdem ich "Baalschem"[5] gelesen habe, sind Sie mir nur Mensch, gar kein Doktor; und auch sehr lieb! Dieses Buch war mir eine Offenbarung von nicht geahnten Tiefen - ja, doch, wohl geahnt, aber eine Bestätigung zu meiner Ahnung! Wie wunderbar ist alles dieses - wie schön haben Sie dieses Alles nachgedichtet! Wie gerne möchte ich, daß Ihr Verleger mir auch "Rabbi Nachman" sendet? (für eine eventuelle Besprechung). Ich habe nur arme Worte für den Reichtum, der durch dieses Buch mir zu Teil wurde. Wie tief wie ergreifend echt.

Und nun zum 2. Teil meines Briefes: bitte, bitte, lieber Martin Buber, lösen Sie mich von meinem Wort, diesen Herbst fertig zu werden, mit meinem Buch für die Ge-

---

[3] Vgl. Grete Schaeder (Hrsg.), Martin Buber. Briefwechsel aus sieben Jahrzehnten, Bd. 1, 1972, S. 266 f.
[4] Der Brieftext ist wörtlich übernommen; auf sprachliche Korrekturen und auf richtige Zeichensetzung wurde zugunsten von Authentizität bei E. Key's Briefen bewußt verzichtet.
[5] Im Originaltitel: Die Legende des Baalschem, Frankfurt a.M. 1908.

sellschaft. Es ist so vieles, welches ungünstig gewirkt hat! Also dieses Buch will ich langsam, ruhig schreiben! Und ich muß noch ein halbes Jahr dafür haben. Gebt mir Frist bis 1. April 1909! Bitte!

Ich kann einfach nicht zur Ruhe kommen durch so vieles. Sei mir nicht böse. Nein, Sie wissen ja, daß nur derjenige die tiefen Stimmen hört, welcher sich das eine geben kann - ich will nicht wie Rabbi Arje[6] meine zwei Ohren verschiedene Wege zuwenden! Schreib mir ein gutes Wort und glaub an meine tiefe Sympathie!"[7]

Mitunter gleichen Briefe den aus der Tiefe des Meeres hervorragenden Spitzen von Eisbergen. Man weiß oft nicht, wie tief sie gründen, auf was sie sich beziehen. Manches klingt oft rätselhaft und bedarf der Auflösung. Sie sind an Menschen geschrieben, mit denen der Schreiber meist schon Berührung hatte, entweder persönlich, oder über Geschriebenes. Beim Lesen merkt man, daß sie an Eingeweihte adressiert sind und man selbst, weil nicht angesprochen, auf merkwürdige Weise draußen bleibt.

Um zu verstehen, was da mitgeteilt wird, müssen eine Reihe von Fragen geklärt werden: Wer ist Rabbi Nachmann? Wer ist Rabbi Arje? Welches Buch schreibt E. Key und für welche Gesellschaft, wie ist die unterschiedliche Anrede der älteren an den jüngeren zu verstehen? Und nicht zuletzt mit Blick auf unsere Thema: was hat das ganze mit Pädagogik zu tun?

Ellen Key, die mit Ihrem Buch "Das Jahrhundert des Kindes" gleichsam den Beginn der Reformpädagogik markiert und Martin Buber, auf dessen Schriften sich die Pädagogen bis heute immer wieder gerne berufen, was hatten sie sich zu sagen?

Tief beeindruckt war E. Key offensichtlich von Bubers "Baalschem". Ich erinnere: "Lieber Mensch - seitdem ich Baalschem gelesen habe, sind Sie mir nur Mensch, gar kein Doktor; und auch sehr lieb!" Was ist dies für ein Buch - enthält es Erkenntnisse und Botschaften, die pädagogisch fruchtbar werden könnten?

Baalschem schreibt Buber "das ist Meister des Gottesnamens"[8] und Träger dieses Namens ist Israel ben Elieser[9], ein Vertreter des Chassidismus, einer ostjüdischen Sekte. Chassid heißt ein Frommer. Chassidim ist eine Gemeinschaft von Frommen und Chassidismus eine mystische Bewegung, in der sich die Seelenkraft des Judentums auf einmalige Weise of-

---

[6] Figur aus "der Vogelsprache", eine Geschichte aus der Legendensammlung des Baalschem.
[7] Vgl. Grete Schraeder, Ebd. S. 265 f.
[8] Martin Buber, Die Legende des Baalschem, Zürich 1955, S. 7.
[9] Israel ben Elisier lebte etwa von 1700 - 1760 in Podolien und Wolhynien.

fenbarte.[10] "Die alte Kraft lebt in ihm, die einst, wie Jakob den Engel, mit starken Armen das Unsterbliche auf der Erde festhielt, auf daß es sich im sterblichen Leben erfülle."[11]

Stark verbreitet war der Chassisdismus in Galizien, wo Buber bei seinem Großvater aufwuchs und wo er sich im Sommer auf dem Gut seines Vaters aufhielt. Sein Vater nahm in des öfteren mit in das Städtchen Sadagora, dem "Sitz einer Dynastie von Zaddikim,"[12] d. h. von chassidischen Rabbis, von denen er erfuhr, "daß es der Welt um den vollkommenen Menschen zutun ist und daß der vollkommene Mensch kein anderer ist als der wahrhafte Helfer."[13] Insbesondere war es das Büchlein "Zewaath Ribesch", das Vermächtnis des Rabbi Israel Baalschem, wo er die chassidische Seele erfuhr, wo ihm Urjüdisches begegnete. Das Büchlein enthält eine Sammlung von Sprüchen und Legenden aus dem Leben wohl der bedeutendsten Vertreter des Chassidismus. "Baalschem" und "Rabbi Nachmann" hat Buber nachgedichtet. Sie sind zwischen 1906-1908 erschienen, auf sie nahm E. Key in ihren Briefen Bezug.

Kern der Lehre des Chassidissmus ist, "daß sie mit ihrer Frömmigkeit, mit ihren Beziehungen zum Göttlichen im irdischen Leben Ernst machen wollen, daß sie sich nicht mit gepredigter Gotteslehre und geübtem Gottesdienst begnügen, sondern das Miteinanderleben der Menschen auf der Grundlage der göttlichen Wahrheit aufzurichten versuchen."[14]

Im Gegensatz zu anderen mystischen Bewegungen will der Chassidismus keine Askese, sondern "Freude in Gott". Er ist eine Art Weltfrömmigkeit, kein Pietismus. "Er nimmt das Jenseits ins Diesseits und läßt es in ihm walten und es formen, wie die Seele den Körper formt." In der Askese schrumpfen Geist und Seele. Nur in der Freude können sie sich erheben und wachsen. Nach Baalschem Tow ist "Gott in jedem Ding als dessen Urwesen und er kann nur mit der innersten Kraft der Seele empfangen werden."[15] Diese Kraft gilt es freizusetzen, damit es dem Menschen möglich wird, das Göttliche jederzeit und überall zu schauen.

---

[10] Vgl Martin Buber, Mein Weg zum Chassidismus, in: Martin Buber, Werke, München/ Heidelberg 1965, Bd. 3, S. 961f.
[11] Ebd.
[12] Ebd. S. 963.
[13] Ebd.
[14] Ebd. S. 961.
[15] Martin Buber, Die Geschichten des Rabbi Nachmann, Frankfurt/Hamburg 1955, S. 18.

Diese Schauen muß gelernt und gelehrt werden. In den Worten des Rabbi Nachmann, in seinem "Weltschauen", ist dies gleichnishaft formuliert.

"Weltschauen - Wie die Hand, vors Auge gehalten, den größten Berg verdeckt, so deckt das kleine irdische Leben dem Blick die ungeheuren Lichter und Geheimnisse, deren die Welt voll ist, und wer es vor seinen Augen wegziehen kann, wie man eine Hand wegzieht, der schaut das große Leuchten des Weltinnern."[16]

Wer sehen kann, der kann in allen Dingen Gott schauen. Diese Erfahrung wurde offenbar dem Rabbi Nachmann zuteil. "Das Boot," so schreibt Martin Buber über ihn, "das er, des Ruderns unkundig aber vertrauensvoll, auf den Fluß hinausfährt, führt ihn zu Gott, dessen Stimme er im Schilfe hört; und das Pferd, das ihn, ihm zu seinem Staunen gehorchend, in den Wald trägt, bringt ihn Gott näher, der von allen Bäumen ihn anblickt und mit dem jedes Kraut auf du und du ist. In allen Berghängen und in allen versteckten kleinen Tälern der Gegend ist er heimisch, und jedes ist ihm eine andere Art zu Gott zu kommen."[17]

Aus diesen Erfahrungen entwickelte Rabi Nachmann seine "Lehre von dem Dienste in der Natur", deren Grundthese lautet: "Wenn der Mensch gewürdigt wird, die Gesänge der Kräuter zu vernehmen, wie jedes Kraut sein Lied zu Gott spricht, wie schön und süß es ist, ihr Singen zu hören! Und daher tut es gar gut, in ihrer Mitte Gott zu dienen in einsamem Wandeln über das Feld hin zwischen den Gewächsen der Erde und seine Rede auszuschütten vor Gott in Wahrhaftigkeit. Alle Rede des Feldes geht dann in deine ein und steigert ihre Kraft. Du trinkst mit jedem Atemzug die Luft des Paradieses, und kehrst du heim, ist die Welt erneuert in deinen Augen."[18] Gott ist in jedem Ding. Auch die Seele ist von Gott, also kann sie auch das Göttliche in jedem Ding erkennen. Wer würde hier nicht an Goethe erinnert, an seine Worte in den Zahmen Xenien:

"Wär nicht das Auge sonnenhaft,
die Sonne könnt es nie erblicken;
Läg nicht in uns des Gottes eigne Kraft,
Wie könnt uns Göttliches entzücken?"[19]

---

[16] Ebd., S. 37.
[17] Ebd., S. 27.
[18] Ebd.
[19] Johann Wolfgang von Goethe, Sämtliche Werke. Gedichte 1, Zürich 1979, S. 629.

Wenn Gott in jedem Ding, dann gibt es nichts, "das böse und der Liebe unwürdig wäre."[20]

Für uns heutige Menschen mag das alles sehr fremd und konstruiert klingen, eine Art religiöse Naturromantik, Mystik eben, mit der wir nichts mehr anfangen können. Nach meinem Verständnis hat der Chassidismus Bubers pädagogische Denkhaltung wesentlich mitbestimmt. In "Reden über Erziehung" findet man Gedanken von Rabbi Nachmann wieder. In Schiflut, 'Von der Demut', heißt es: "Gott tut nicht zweimal das gleiche Ding... Jedermann soll wissen und bedenken, daß er in der Welt einzig ist in seiner Beschaffenheit, und kein ihm Gleicher war je im Leben, denn wäre je ein ihm Gleicher gewesen, dann brauchte er nicht zu sein. Aber in Wahrheit ist jeglicher ein neues Ding in der Welt und er soll seine Eigenschaft vollkommen machen, denn weil sie nicht vollkommen ist, zögert das Kommen des Messias."[21]

Diesen Gedanken griff Buber auf und entwickelte ihn 1925 vor der dritten Internationalen Konferenz in Heidelberg weiter. Seine Worte von damals lauteten: "Das Menschengeschlecht fängt in jeder Stunde an...In dieser Stunde, wie in jeder bricht in die Schichtung des Vorhandenen das noch Ungewesene ein, mit zehntausend Anlitzen, von denen keins bisher erschaut worden war, mit zehntausend noch ungewordenen, werdebereiten Seelen."[22]

Wie nach dem Chassidismus jedes Ding Gott in sich trägt, so ist auch Gott in jedem Menschen. Die Entwicklung des Menschen, seine Menschwerdung, kann man, so schreibt Buber in "Elemente des Zwischenmenschlichen" im aristotelischen Bilde der Entelechie fassen, "nur muß man darauf achten, daß das eine Entelechie des Schöpfungswerkes ist"[23], eine gottgewollte Entelechie für das jeweilige Menschenkind. Es geht hier nicht um die "Individuation allein"[24]...Nicht das Selbst als solches ist das Letztwesentliche, sondern daß der Schöpfungssinn des menschlichen Daseins sich je und je als Selbst erfülle."[25]

Zur Erfüllung des Schöpfungssinnes aber bedarf es des Beistandes der Mitmenschen. Hier, im "Einander-Beistehen zur Selbstverwirklichung des

---

[20] Ebd. S. 19.
[21] Martin Buber, Die Legende des Baalschem, Zürich 1955, S. 58 f.
[22] Martin Buber, Reden über Erziehung, Heidelberg 1964, S. 11.
[23] Martin Buber, Das Dialogische Prinzip, Darmstadt ⁷1994, S. 291.
[24] Ebd.
[25] Ebd.

schöpfungsgerechten Menschentums"[26] wird das Zwischenmenschliche zu seiner Höhe geführt. In der Verwirklichung des schöpfungsgrechten Menschentums liegt der eigentliche und tiefere Sinn seiner Pädagogik.

Ellen Key, die ältere Briefpartnerin, sah in Buber wohl mehr einen philosophischen Glaubensgenossen als einen Lehrer oder Vordenker. Der Chassidismus als eine Art Befreiungsbewegung aus der "Orthodoxie aristokratischer Talmudgelehrten" hin zu einer Lebensfreude in Gott, zeigt gewisse Parallelen zur geistlich-geistigen Entwicklung von Ellen Key. In seiner Key Biographie 'Ellen Keys väg från kristendom till livstro' schreibt Ulf Wittrock: "E. Key suchte sich einen Weg zu einem heiteren Christentum, zu einem Christentum mit einer optimistischen Auffasung über das Leben der Menschen. Anstatt der Macht der Finsternis und der Verderbtheit des Herzens sehnt sie sich nach einer Botschaft, die die Menschenseele als von Natur aus christlich begreift."[27]

In ihrem Buch "Das Jahrhundert des Kindes" polemisiert sie gegen den damaligen Religionsunterricht, um vom Christentum zu retten, was noch zu retten ist. "Das im jetzigen Augenblick demoralisierendste Moment der Erziehung ist der christliche Relgionsunterricht. Mit diesem meine ich in erster Linie Katechismus und biblische Geschichte, Theologie und Kirchengeschichte. Auch viele ernste Christen haben über den gewöhnlichen Unterricht in diesen Gegenständen gesagt, daß nichts besser beweist, wie tief die Religion in der menschlichen Natur eingewurzelt ist, als daß dieser Religionsunterricht sie nicht auszurotten vermochte."[28] An anderer Stelle begründet sie ihre negative Einschätzung folgendermaßen: "Der Glaube, unwiderruflich sündenbeladen zu sein, hat den Menschen dazu gebracht, es zu bleiben."[29] Stattdessen fordert sie "...sich vor dem Unendlichen und Geheimnisvollen innerhalb des irdischen Daseins und jenseits desselben zu beugen; die echten sittlichen Werte zu unterscheiden und zu wählen, von dem Bewußtsein des Menschengeschlechts durchdrungen zu sein, und von seiner eigenen Pflicht, sich um des Ganzen willen zu einer reichen und starken Persönlichkeit auszubilden; zu großen Vorbildern aufzublicken; das Göttliche und Gesetzmäßige im Weltall, im Entwicklungsverlauf, im Menschengeist anzubeten - dies sind die neuen Handlungen der Andacht,

---

[26] Ebd.
[27] Ulf Wittrock, Ellen Keys Väg från Kristendom till Livstro, Uppsala 1953, S. 48.
[28] Ellen Key, Das Jahrhundert des Kindes, Weinheim/Basel 1992, S. 202.
[29] Ebd. S. 219.

die neuen religiösen Gefühle der Ehrfurcht und Liebe, die die Kinder des neuen Jahrhunderts stark, gesund und schön machen werden."[30]

Ein weiteren Brief von Buber an Ellen Key scheint mir erwähnenswert. Der Brief trägt das Datum vom 21.6.1918. Hier sein Inhalt:

"Liebe Ellen Key. Ich erhalte die Nachricht, daß Sie etwas über mich schreiben wollen und Daten haben möchten. Es freut mich recht sehr, so zu erfahren, daß meine Bücher Ihnen nicht nur einzeln, sondern auch in ihrem Zusammenhang etwas sind; das freut mich noch tiefer, als daß Sie es der Öffentlichkeit mitteilen wollen. Und noch mehr würde es mich freuen, wenn ich Ihnen gegenübersitzen und mit Ihnen reden könnte, wieder, statt Ihnen zu schreiben - denn was ist alles Schreiben gegen die heilige Unmittelbarkeit zwischen Mensch und Mensch! Auch ließe es sich mündlich besser als brieflich sagen, was ich vor allem Ihnen sagen möchte: daß die Tatsache, daß es Menschen wie Sie gibt, mir das Leben erträglicher machen. Nun aber - Daten? Ich weiß nicht, was ich Ihnen mitteilen soll. In diesem Jahr bin ich vierzig geworden, aber ich fühle mich ganz am Anfang meiner eigentlichen Arbeit. Einiges Biographisches finden Sie in einem kleinen Büchlein, das ich Ihnen anbei sende: "Mein Weg zum Chassidismus" Aber worauf es ankommt, ist nicht die empirische Person, sondern die wesenhafte, und die steckt in den Büchern - wenn auch nur erst fragmentarisch. Welches von den Büchern haben Sie, welche fehlen Ihnen? Sobald ich es weiß, lasse ich Ihnen die fehlenden zugehen. Schreiben Sie mir bitte von sich: wie es Ihnen geht, was Sie tun und vorhaben. Wir leben in einem kleinen Landstädtchen, arbeiten und warten. Mein Junge, den Sie ja kennen, ist vor drei Monaten zum Heeresdienst eingezogen worden."[31]

Im gleichen Jahr (1918) veröffentlichte Ellen Key im Heft 3 von "Vår tid" (Unsere Zeit) "Martin Buber och judendomens förnyelse" (Martin Buber und die Erneuerung des Judentums), einen Aufsatz über Buber, in dem sie ihn als einen Menschen von tiefer Frömmigkeit, einen verantwortungvollen Kündiger seiner eigenen Glaubensüberzeugung, eine vielseitig gebildete Kulturpersönlichkeit und einen großen Meister des Wortes nannte.[32] In seinen Nachdichtungen der chassidischen Legenden sei es ihm gelungen, der geistigen Botschaft dieser Bewegung die angemessene Form zu geben. Bei dieser Arbeit habe er in seinen Adern das gleiche Blut gespürt wie die Schöpfer des Chassidismus, im psychologischen Neuhochdeutsch heißt das, er habe sich damit identifiziert. Bubers Schriften sind

---

[30] Ebd.
[31] Vgl. Grete Schaeder, in: ebd. S. 536.
[32] Joachim Israel, Martin Buber - Dialogfilosof och Sionist, Stockholm 1992, S. 172.

für Ellen Key "tiefe Brunnen für durstende Seelen", vor allem für diejenigen, die sich nach einer geistigen Erneuerung des Judentums sehnen.[33]

Der letzte Brief von Martin Buber an Ellen Key datiert vom 23. 3. 1925, wenige Monate vor Ellen Keys Ableben. In diesem Brief begegnen wir ihm als Pazifisten, in einer Haltung, die er nie, auch nicht in politischen Krisenzeiten, aufgab. Der Brief wurde als Begleitschreiben Bubers zu einem Manifest "der Internationalen der Kriegsdienstgegner" an Ellen Key geschickt und ist nicht nur von Buber sondern auch von "Professor Einstein" unterzeichnet. Mitunterzeichner des Manifests waren neben Buber und Einstein auch Bertrand Russel. Der Inhalt des Briefes lautet:

"Ich möchte das Manifest gegen den Kriegsdienstzwang ihrer Beachtung warm empfehlen. Hier ist ein Punkt, wo angesetzt werden kann, und das ist schon viel. Aber es ist auch der grundsätzlich entscheidende Punkt: es kommt zunächst darauf an, die Menschen, die in Wahrheit Krieg führen wollen, fundamental abzusondern. Erst wenn dies geglückt wäre, könnte man an das zweite herangehen: daß die Menschen, die es wollen, nur einander und nicht auch Unbeteiligte totschlagen dürfen: Zum Schluß käme dann das Dritte und Wichtigste - womit aber nicht angefangen werden kann."[34]

Buber blieb auch nach seiner Rückkehr nach Jerusalem im Jahre 1939 Pazifist und trat dort für einen binationalen Staat ein. 1942 gründete er den "Ichud" (Vereinigung), einen Verband, der sich für ein Zusammengehen mit den Arabern einsetzte.

Die Suche in den Briefen nach Bubers Pädagogik setzt einen sehr weiten Begriff von Pädagogik voraus. Wer hier bestimmte Anweisungen über die Organisation von Schule oder Erziehung erwartet, wird enttäuscht sein, versteht man unter Pädagogik aber Lebenshilfe, Orientierungshilfe bei der Sinnsuche, dann wird man immer wieder fündig. Aus zeitökonomischen Gründen kann hier nur auf wenige Briefe eingegangen werden in der Hoffnung, daß unsere Auswahl dabei dem Prinzip des Exemplarischen einigermaßen gerecht wird.

Einen relativ umfangreichen Briefwechsel führte Martin Buber mit Hermann Menachem Gerson. Gerson, 1908 geboren, war ein deutscher Jude, ein Anhänger und Jünger von Wyneken. Er versuchte, etwas vom Geist der deutschen Jugendbewegung auf den deutsch-jüdischen Wanderbund 'Kameraden' zu übertragen. Gerson selbst leitete eine Gruppe dieses Wan-

---

[33] Vgl. Ellen Key, Martin Buber och Judendomens Förnyelse, in: Vår tid. 1918, 3, S. 170-186. Für die arbeitsaufwendige Beschaffung dieses Beitrages danke ich an dieser Stelle Mirka Bialecka und Ulf Tiljander in Uppsala.
[34] Grete Schaeder, ebd. Bd. 2, S. 218.

derbundes, den 'Kreis'.³⁵ Mit dieser Gruppe, die sich ab 1932 'Werkleute' nannte, zog er 1934 nach Palästina und gründete dort den Kibbuz Hasorea, der sich 1938 einer marxistischen Bewegung anschloß. Später war Gerson am Lehrerseminar des Kibuzzim Oranin tätig und leitete dort ein Forschungsinstitut. Das Verhältnis von Buber zu Gerson dauert bis zu Bubers Tod. Es ist lebendiges Beispiel für Bubers dialogisches Prinzip, wenngleich nicht ohne Tragik, wie man sie nicht selten in der Entwicklung von Lehrer- Schülerverhältnissen antrifft.

Den ersten Brief an Buber schrieb Gerson als Sechzehnjähriger, als Suchender:

"Sehr verehrter Herr Martin Buber! Mein Name ist Hermann Gerson, ich bin stud.phil im zweiten Semster, hauptberuflich aber hier an der jüdischen Hochschule. Ich hatte den Plan, Rabbiner zu werden, bin mir aber wieder darüber unklarer geworden. Jedenfalls lerne ich hier. Erlauben Sie nun, daß ich Ihnen zunächst meinen Dank ausspreche für all das, was Sie in Ihren Werken mir geschenkt haben! Als langjähriger Anhänger der deutschen Jugendbewegung, im deutsch-jüdischen Wanderbund "Kameraden", als Wyneken Jünger bekam ich zuerst die Einleitung zum "Großen Maggid" und die "Drei Reden" in die Hand vor 2 Jahren, ohne sie damals natürlich ganz zu verstehen. Sie haben mich, der ich aus einem völlig unjüdischen Hause komme, dem Judentum zurückgegeben und mir damit den wesentlichen Inhalt meines Lebens gegeben. Aber mehr als das: Sie haben mir eine ganz neue Welt erschlossen, die Welt, in der man weder die platte Tageswirklichkeit noch rein ideelle Denkgebilde als die Wirklichkeit ansieht. Sie haben mich unterscheiden gelehrt zwischen noch so subtilen Philosophemen und dem Geiste, der nach Verwirklichung drängt. Und endlich - doch dies ganz zagend ausgesprochen: vielleicht bin ich durch Ihre Erweckung zu religiösem Leben gelangt. Wenn Sie es sagen: Gott ist keine Idee oder Projektion des Menschengeistes, dann glaube ich dies fest. So sind Sie mir zum entscheidenden Führer geworden. Wozu ich Ihnen all dies schreibe? - Ich durfte Sie Montag in Berlin zum ersten Male sehen und hören. Da fühlte ich mich so ganz anders, so viel persönlicher, schicksalhafter angesprochen als bei einem nur "guten" Vortrage. Und so faßte ich den Mut, mich an Sie zu wenden und eine Frage an Sie zu richten.- Ich glaube, es geschieht bisweilen, daß ein Führer einem anderen Lehre gibt - oder Thora ist. Nicht wissensmäßige Erweiterung allein meine ich damit, sondern etwas für den Beschenkten viel Lebensnotwendigeres, stärker Gestaltendes. Ich möchte nicht behaupten, so schlechthin Letztes von Ihnen empfangen zu haben; dies kann ich ja nicht von mir aus. Aber wenn Sie, nachdem Sie mich kennengelernt haben, von sich aus entscheiden könnten, und wenn ich dieser Prüfung standhalten könnte, - ich glaube sicher, das wäre für mich die Erfüllung. Also frage ich Sie danach, ob zu solcher Prüfung Ihrerseits ein Wille besteht."³⁶

---

³⁵ Grete Schaeder, ebd. Bd. 2, S. 100.
³⁶ Ebd. S. 270.

Ein Brief eines jungen Juden aus assimiliertem Hause, aufwachsend in unterschiedlichen Kulturen, auf der Suche nach Ich-Identität und in seiner Eigenschaft als Jugendführer bemüht, "theoretisch Angeeignetes"[37] umzusetzen und weiterzugeben. Ein ungewöhnlicher Brief, was das Anliegen betrifft. Buber solle prüfen, ob er ihm Thora, d. h.Weisung geworden ist, Wegweisung für die weitere Gestaltung seines Lebens. Ich weiß nicht, wie Lehrende von heute auf derartiges Ansinnen unbekannter Studenten reagieren würden. Buber reagiert nach einer Woche wie folgt:

"Werter Herr Gerson, Auf Ihre Frage kann ich Ihnen nur persönlich antworten, daß mein Sinn für Sie aufgeschlossen ist, daß also die Bereitschaft, der Sie nachfragen, besteht. Mehr als das läßt sich ja vorher nicht wissen. Wenn Sie etwa in den Weihnachtsferien die Reise hierher machen wollen und können, werde ich Ihnen gerne einen Vormittag widmen; nur die Vormittage darf ich meiner Arbeit entziehen. Sie müßten sich eine Woche vorher hier ansagen."[38]

Buber zeigt Gesprächsbereitschaft, er spürt wohl, daß hier echte Fragen, Existenzfragen nach Antwort drängen und lädt Gerson zu sich nach Heppenheim. Er sollte sich in ihm nicht getäuscht haben. In einem späteren Brief schreibt er ihm:

"Ich würde Sie sehr gerne wiedersehen - ich empfinde die Verbindung zu Ihnen durchaus nicht so "gering" wie Sie meinen, sehe ich doch jeden echten Schüler (die anderen sind peinlich) als eine unmittelbare Gabe Gottes an."[39]

Echte Schüler, eine Gabe Gottes, für die er sich immer wieder Zeit nimmt! Seine Sozialontologie, wie er sie in "Ich und Du", bzw. im "Dialogischen Prinzip" philosophisch entwickelte, lebte er auch im Umgang mit anderen.

Wenn man schon einem solchen Schüler wie Gerson die Tür öffnet, muß man damit rechnen, daß er immer wieder anklopft. Wenn man einem Schüler auf so existentielle und schwierige Fragen zu antworten versucht, muß man davon ausgehen, daß er keine Ruhe gibt, daß er Fragen stellt, auf die es immer schwieriger wird zu antworten.

In einem Brief vom 29.1.1927 bittet Gerson Buber um dessen Meinung zu sittlichen Maßstäben: "Echtheits- oder Wahrheitsethik", das ist hier seine Frage. Er will mit der Klärung dieser Frage den Relativismus überwinden.

---

[37] Ebd. Bd. 1, S. 100.
[38] Ebd. Bd. 2, S. 272.
[39] Ebd., S. 353 f.

"Ich meine so: Man legt sich beispielshalber vor die Frage: Gibt es Unsterblichkeit? Dann sehe ich zwei Maßstäbe, nach denen die Frage - soweit sie im Rationalen liegt - beantwortet werden kann. Der eine sagt, beantworte ich die Frage mit "Ja", so fühle ich mich dadurch gesteigert in meinem Lebensdrang. Und mehr: dieses "Ja" ist mir gemäß, entspricht meinen inneren Möglichkeiten. Daher spricht es mich derart an, daß ich danach wirklich leben kann. So fragt man hier nicht nach der Wahrheit des gegebenen Sachverhalts, sondern danach, ob er einem entspricht, ober er für einen echt, d. h. gemäß ist. Dann entsteht etwas wie das Wort von der "inneren Wahrhaftigkeit" in der Meißnerformel der Jugend 1913. Der andere Maßstab fragt eben nur nach dem objektiv wahren Sachverhalt, ohne Berücksichtigung seiner Echtheit für die Person."

Die Frage, die hier aufgeworfen wird nach Objektivität, nach allgemeingültigen Normen, nach Wahrheit schlechthin, ist charakteristisch für die skeptische Generation jener Zeit, die einerseits religiösem Glauben und Idealen verbunden, andererseits wissenschaftlichen Ansprüchen genügen möchte. Zur Echtheitsethik:

"Gibt es dann nirgendwo eine Wahrheit, sondern nur noch eine Wahrheit für mich oder Dich. Dies bedeutet den Verzicht auf fordernde Normen, gültig für jeden. Und dies ist doch wohl das Ende der Ethik überhaupt, die doch nicht nur beschreibend sein kann, sondern eben fordernd, normierend sein muß. Anderseits ist der Geist (Logisches Denken) heute etwas, womit man sich beschäftigt, nicht das schlechthin Fordernde." Aber, wo sind für uns heute diese absolut gültigen Maßstäbe? Ich persönlich glaubte sie schon zu sehen, doch dann sagen mir andere, dies wäre eben das mir Gemäße, in Wahrheit gäbe es so etwas nicht, sie spürten nichts davon."[40]

Die Mitwelt Gerson wird hier als provozierend erlebt, sie wird ihm zum Prüfstein seiner sittlichen Maßstäbe, die es argumentativ zu verteidigen gilt; aber auch die neue Wissenschaft, die den Gläubigen das Leben immer schwerer macht und sie vor die Alternative stellt, sich zwischen Glauben und Wissen zu entscheiden.

1927 erschien Freuds "Die Zukunft einer Illusion" wo er sich mit dem Glauben sehr kritisch auseinandersetzt, wo er gegen den Trost der religiösen Illusion wettert. Über diese Veröffentlichung wurde auch in Gersons Kreis von einem "älteren Führer" referiert und diskutiert.

"Er brachte eine Mischung von empiristischer Philosophie, Freudscher Illusionsanschauung und prometheischer Diesseitigkeit vor."

"Nun", so schreibt Gerson an Buber, "möchte ich Sie fragen: wie soll ich mich verhalten? Soll ich mich auf die Ebene rationaler Diskussion stellen oder in fester, bekennerhafter Form das Meinige behaupten. Ich stellte mich auf die Ebene der philosophischen Diskussion... Dabei mußte ich nun allerdings einsehen, daß ich an manchen Punkten keine rationale Antwort hatte. Aber ich glaube fest, das liegt mehr an meiner

---

[40] Ebd., S. 278 ff.

persönlichen unfertigen Bildung, als es in der Sache gegeben ist. Auch hier wüßte ich gerne Ihre Meinung: ob allgemein und prinzipiell eine Antwort möglich ist außer der - für den Religiösen gesicherten- Behauptung."[41]

Eine sehr schwierige Frage an den Lehrer Buber. Der junge gläubige Gerson sucht nach Argumentationshilfe zur Verteidigung seines Glaubens und hofft auf theologisch wissenschaftliche Nachhilfe von Buber. Was und wie kann dieser antworten? Er schreibt Gerson:

"Ich kann jetzt keine Briefe schreiben, Ihnen daher vorläufig nur dies sagen, daß es in Fällen wie der von Ihnen angeführten darauf ankommt, der Ratio mit rationalen Mitteln die Erfahrung ihrer eigenen unaufhebbaren Grenzen aufzunötigen - mehr als das ist hier weder erforderlich noch aber möglich. Ich hoffe aber bald einmal Zeit zu finden auf die Freudsche Schrift zu antworten; ich habe es schon seit einer Weile vor, komme aber bisher nicht dazu."[42]

Die angekündigte Auseinandersetzung mit Freuds Arbeit ist nie erfolgt. Diese Antwort hat wohl den Pragmatiker und sich politisch immer stärker engagierenden Gerson nur bedingt befriedigen können. 1934 geht Gerson nach Palästina. In seinem Abschiedsbrief an Buber schreibt er :

"Nun kommt es mir so recht zum Bewußtsein, daß dieser Brief zunächst einmal ein Abschiedsbrief ist: eine bestimmte Periode, die doch manches gebracht hat, ist zu Ende. Sie verstehen es recht, wenn ich Ihnen gerade jetzt von Herzen danken möchte; für alles, für viel mehr als ich jetzt so sagen kann. Für die Grundrichtung im Menschlichen und Jüdischen, die ich nur durch Sie erhielt; für die ganze Art, wie Sie in allem immer wieder für mich da waren. Meine Worte sind arm, aber Sie wissen es ja. Nun will ich auf anderem Felde versuchen, ein rechter Schüler zu bleiben."[43]

Gerson dann in Palästina: Pionierarbeit im Kibbuz, konfrontiert mit harter Arbeit, "mit einer grausam primitiven Realität"[44], in kuturell bedingte Konflikte zwischen Ost- und Westjuden verwickelt und dabei bemüht, den Buberschen Ansatz von "Ich und Du" umzusetzen.

1935 erhielt Buber einen Ruf nach Palästina. Der inzwischen an der politischen und ökonomischen Wirklichkeit des Landes ernüchterte und in gewisser Weise durch die Verhältnisse enttäuschte Schüler, schreibt seinem Lehrer einen warnenden und offenen Brief. U.a. heißt es dort:

"Ich will nochmals die Fraglichkeiten, die mir für Ihre Wirksamkeit hier zu bestehen scheinen, herauszustellen versuchen. Ich lege mir die Probleme vor, die sich bei einem Versuch von Ihnen, in breitere Kreise zu wirken ergeben würden. ... Es ist mir

---

[41] Ebd., S. 321 f.
[42] Ebd., S. 322.
[43] Ebd., S. 534.
[44] Ebd. Bd. 1, S. 102.

ganz plastisch geworden, wie tiefgehende Konsequenzen die verschiedene Herkunft (Ost- und Westjuden) hat. Wie die Situation eben eine ganz andere ist. Am greifbarsten in der Stellung zum Judentum: Die Ablehnung jeder historischen Verbindung, die manchmal grotesk-plumpe Formen annimmt; die völlige Formalisierung und Profanisierung des Nationalismus. Aber allgemeiner: der ganz weithin vorherrschende Rationalismus, mit Soziologismus vermischt. Man ist affekthaft gegen alles rational nicht Beweisbare vorbelastet, ist nicht bereit, den Blick auf solche Realitäten zu richten. Speziell gegen Sie ist ja in Kreisen der Arbeiterschaft -und hier sollte doch Ihre Wirksamkeit liegen - ein ungeheures, ständig bemerkbares Vorurteil wirksam. .... Ich erinnere Sie an unsere vielen Gespräche über die direkte religiöse Sprache Ihrer Reden. Ich glaube genau zu wissen, daß sie hier alles verhindern müßte - und Sie waren nie bereit, darauf zu verzichten. In Deutschland sagte ich Ihnen immer: Sie setzen bei Ihrem Sprechen von Gott eine bei den Hörern nicht vorhandene Wirklichkeit voraus und treffen sie daher nicht voll. .... Und zu all dem, nochmals: Die Voreingenommenheit gegen den Mystiker und zweifelhaften Zionisten Buber, der ein unwirkliches, romantisch verklärtes Judentum konstruierte, ist sehr groß. All das ist anders, sehr viel schwieriger als in Deutschland, wo die Situation mehr für ein Wort von Ihnen aufschließt. Und dennoch: wenn ich jetzt dauernd von Ihrer Tätigkeit lese, von all Ihren Bemühungen, frage ich mich oft: geschieht all das auf realem Grund? Gewiß, Sie sind der anerkannte geistige Sprecher, es sind viele von der Sprachgewalt eines Vortrages begeistert, - aber wer nimmts so ganz ernst und verbindlich?

Man kann über Palästina viel Kritisches sagen, aber eins ist sicher: die geistigen Anstöße wirken hier in einen realen Raum hinein. Jüdisches Sein ist eine Sache des Lebens; in Deutschland aber wird es leicht zu einer geistigen Konstruktion einer Funktionärsschicht."[45]

Das Vertrauen des Schülers in die Lehre des geistigen Führers gerät ins Wanken. Gerson spricht in diesem Brief weniger aus persönlicher Enttäuschung. Für den Philosophen und Mystiker Buber sieht er keine Chance, seine Wirkmöglichkeiten hält er für außerordentlich gering. Nach Hans Kohn, einer der Buber Biographen, "ist die wahre Situation des Erziehers die Vergegenwärtigung des Zöglings, die des Zöglings das Vertrauen zur Welt, weil es diesen Menschen gibt".[46] Man hat den Eindruck, daß das Vertrauen zur bisherigen geistigen Welt, aus der Gerson aufbrach, in den Fundamenten erschüttert ist.

Buber ging auf diesen Brief nicht näher ein. Er gab jedenfalls zu den offenen Vorwürfen und Bedenken keine differenzierte Stellungnahme ab. Er schrieb aber - und er schrieb sehr persönlich, nicht um sich zu verteidigen, sondern um dem Schüler zu zeigen, wie er sich selbst sieht:

---

[45] Ebd. Bd. 2, S. 542 ff.
[46] Hans Kohn, Martin Buber. Sein Werk und seine Zeit, Köln 1961, S. 284.

"Sie erörtern in Ihrem Brief ausführlich, mit gewissenhaftem Pro und Contra, die Frage meines "Wirkenkönnens" in Palästina. Die Frage scheint mir so nicht richtig gestellt, jedenfalls ist sie nicht meine Frage. Ich kann mich gar nicht damit befassen, ob ich irgendwo "wirken kann" so was ginge mir geradezu gegen die Scham. Wenn ich an ein Leben in Palästina denke, so denke ich eben daran, ob ich dort leben und arbeiten kann, nicht ob ich dort und darauf einwirken kann. Was sich dann etwa doch mit der Zeit als Wirkung ergeben könnte, mag als Epiphainomenon gelten; Gegenstand des Bedenkens, Motiv einer Planung kann es für mich niemals sein."[47]

Für Gerson ist es offensichtlich schwer zu verstehen, daß jemand, der solche Wirkung auf Menschen hatte wie Buber, nicht gesellschaftspolitisch gezielt bzw. als Führer nutzbringend eingesetzt werden kann. Bubers Wirken ist sein Leben und sein Denken, seine Auseinandersetzung mit der Bibel und mit Gott, so hat ihn Gerson selbst erlebt. Dies ist ihm aber jetzt angesichts der politischen Aufgaben in Palästina zu wenig. Er möchte mehr von ihm.

An Offenheit gewohnt - und trotz aller Kritik an seinem Lehrer immer noch von Buber akzeptiert, wird Gerson in seinem Brief vom 3.2.1937 noch direkter und - wie ich meine - sehr persönlich. Dort greift er den Sprachdenker Buber an. Zugegeben, daß Bubers Sprache schwierig erscheint. Man muß seine Sätze oft mehrmals lesen bis man ihren Gehalt und oft auch ihren tiefen Sinn erfaßt hat. Läßt sich das, was Buber zu sagen hat, nicht einfacher fomulieren, verständlicher sagen? Zunächst zu Gersons Kritik an der Sprache seines Lehrers.

"Wissen Sie es ging mir doch so mit Ihren Schriften in letzter Zeit, daß manches mich abstieß; weil mir das Gebrauchen großer Worte für gewisse Tatbestände nicht stets zwingend und notwendig erschien; weil ich mich manchmal fragte: Ist das voll im Angesicht der Wirklichkeit gesagt, wie ich mit ihr in den letzten Jahren zusammengeriet, was doch Buber gerade will. Ich weiß sehr wohl, daß manches da sehr subjektiv in meiner augenblicklichen Lebenssituation begründet ist. Aber dennoch will ich solche Dinge doch aussprechen, nicht wahr?"

Und nun zitiert Gerson eine Textstelle aus "Frage an den Einzelnen".[48] Dort, in dem Kapitel 'Der Einzelne und das Öffentliche Wesen', wo die Aufgabe des Einzelnen darin gesehen wird, die Menge umzusetzen ins Einzelne, stehen gleichsam als Trost Bubers Worte: "Und richtet er nicht viel aus, er hat Zeit, er hat Gottes eigene Zeit." Solche Formulierungen regen Gerson auf:

---

[47] Ebd., S. 550.
[48] Grete Schaeder, Bd. 1, S. 244.

"Es wehrt sich da etwas in mir. Ich weiß auch, daß man Geduld haben muß, daß es Verwirklichungsversuche gibt, in denen man nicht rasch nach dem Erfolg fragen darf. Aber dennoch: da man doch dem Wirklich-Werden einer Sache, einer Sozialgestalt oder so etwas hingegeben ist, bleibt drängendes Weiterwollen. Wenn ich diese Formulierung höre, habe ich den Eindruck, als meinte das dort Beschriebene zu sehr eine Art Selbsterlösung, das Heil einer Seele, was ihn auch zu diesem Tun treibt; zu wenig die Verwirklichung."

Die zweite Stelle, die Gerson im gleichen Text angreift, ist Bubers Erörterung des Gewissens.

"Sie deuten da auf eine Unterscheidung im Begriff des Gewissens hin, als sei sie ganz selbstverständlich und eingängig, keiner wirklichen Klärung bedürftig. Ich z. B. verstehe nun die gemachte Unterscheidung nicht. Dadurch aber bekommt das Ganze etwas Ärgerliches; die Worte 'geläufiges Gewissen' - 'Gewissen auf dem Grunde' bekommen etwas Leeres - man wird mißtrauisch; daß gerade so hohe Worte derart bloß hindeutend gebraucht werden, verstimmt. Wichtig ist mir zweierlei: daß alles Gesagte in seiner Wirklichkeit erfaßbar sei, daß die Art der Sprache sich nach Kräften an alle, nicht nur an eine dünne geistige Oberschicht wendet. Aber ein Buch, das durch seinen Gegenstand in schwierige Untersuchungen hineingedrängt wird, und das doch über lebenswichtige Dinge spricht, muß m.E. in einer Art Ethos des unbedingten Willens zu möglichster Klarheit und Einfachheit der Sprache geschrieben sein; in Ausrichtung auch auf die, welche ernsthaft verstehen wollen und doch es mit dem Verstehen schwer haben. Für diese Art Leser ist mit Hindeutung dieser Art nicht genug getan; Sie kommen ihnen nicht entgegen."[49]

Harte Worte für einen Lehrer. Ich denke wohl für jeden Lehrer, der versucht, geistige Sachverhalte in eine angemessene Sprachform zu bringen. Enttäuschend, wenn man sich bei aller Anstrengung des Begriffs nicht verstanden fühlt. Bubers Antwort blieb nicht aus, er bietet Verständnis- und Vermittlunghilfen durch Hinweise auf den jeweiligen Kontext an. Zur Wortwahl generell aber schreibt er:

"Im übrigen gehen Sie, so gut ich Ihr Ethos des unbedingten Willens zu möglichster Klarheit nachzufühlen und zu würdigen weiß, doch von einer unrichtigen Voraussetzung aus: daß nämlich für einen bestimmten selbstgedachten Gedanken verschiedene Sprachen möglich seien, gewissermaßen zur Auswahl stünden. Das ist eine Verkennung des Vorgangs des Selbstdenkens seiner Art und seiner Dynamik nach. Können Sie sich nicht vorstellen, daß mir selber arg genug daran gelegen ist, verstanden zu werden? Aber die ursprüngliche Art des Gedankens kann ich dabei nicht ändern."[50]

---

[49] Ebd., S. 635 ff.
[50] Ebd., S. 639.

Diesem Brief folgten noch vier weitere.[51] Über einen langen Zeitraum ruhte wohl die Korrespondenz ganz. Gerson hatte sich in der Zwischenzeit der marxistischen Bewegung des Haschomer Hazair angeschlossen, auch dadurch hatten sich die beiden entfremdet.

Der letzte Brief von Gerson an Buber soll aber nicht vorenthalten bleiben, zeigt er doch etwas von der späten Ernte pädagogischer Wegbegleitung und Dankbarkeit eines kritischen, mitunter rebellischen, vom Leben geprägten und inzwischen selbst zum Gelehrten gereiften Schülers. Gerson schreibt:

"Zu Ihrem Geburtstag möchte ich Ihnen meine herzlichen Glückwünsche schicken - vor allem Gesundheit und Schmerzfreiheit. Ich wünsche Ihnen und uns, daß es Ihnen auch weiterhin vergönnt sein möge, ein Lehrer und Lenker für die vielen Menschen zu sein, die zu Ihnen kommen, um sich Rat zu holen. Ich hoffe sehr, daß wir Sie im Frühjahr in Hasorea begrüßen können, anläßlich der Pflanzung des Waldes auf Ihren Namen.

Erlauben Sie mir bitte, heute etwas auszusprechen. Je älter ich werde, desto mehr spüre ich Ihren tiefen Einfluß auf meinen ganzen Lebensweg und meine Weltanschaung. Heute denke ich vor allem an die Wichtigkeit des Dialogs. Ich meine das sowohl als philosophische Haltung als auch als praktisches Prinzip, das im Alltag verwirklicht werden soll. Oft denke ich daran, daß ich Ihnen Dank schulde für das, was Sie mich gelehrt haben."[52]

In dieser Korrespondenz zwischen Gerson und Buber begegnen wir einer besonderen Art von Pädagogik. Pädagogik ist hier dialogisches Leben, als solche zeigt sie sich in einer Form und in einem Ausmaße, wie wir dies nur selten erleben. Wir begegnen hier Buber als Erzieher, der seinen Schüler "umfaßt" und dabei seine Arbeit von der Gegenseite her erfährt. Nach Bubers Vorstellung von Pädagogik "muß der Erzieher, ohne daß die Handlung seiner Seele irgendwie geschwächt würde, zugleich drüben sein, an der Fläche jener anderen Seele, die sie empfängt."[53] "Der Erzieher steht an beiden Enden der gemeinsamen Situation, der Zögling nur an einem. In dem Augenblick, wo auch dieser sich hinüberzuwerfen und von drüben zu erleben vermöchte, würde das erzieherische Verhältnis zersprengt oder es wandelte sich zu Freundschaft."[54] Der letzte Brief von Gerson scheint mir ein Beleg für dieses Finale einer pädagogischen Beziehung.

---

[51] Möglicherweise sind in dem Jerusalemer Archiv noch weitere vorhanden.
[52] Grete Schaeder, Bd. 3, S. 631 f.
[53] Hans Kohn, ebd., S. 284.
[54] Ebd.

In Martin Bubers Beschreibung des Chassidismus findet sich ein Satz, der gleichsam für Buber selbst charakteristisch scheint. Dieser Satz lautet: "Des Menschen Denken ist sein Sein: wer an die obere Welt denkt, ist in ihr."[55] Descartes 'cogito, ergo sum' wird hier modifiziert zu 'ergo sum, quod cogito' - ich bin, was ich denke. Die enge Verbindung von Exsistentia und Cogitatio ist nicht nur für Philosophen und Psychologen, sondern auch für Pädagogen ein vielversprechender Ansatz. Nun wir denken viel, vielerlei. Aber es gibt auch eine Kontinuität im Denken, Grundpositionen unseres In-der-Welt-Seins. Buber hatte die seine und hat sie bis zu seinem Lebensende beibehalten. Wenn wir sind, was wir denken, dann würden die Denkinhalte prägen. Wenn wir sind, was wir denken, dann werden wir auch, was wir denken werden - eine nicht ganz hoffnungslose Perspektive für Pädagogen.

---

[55] Martin Buber, Die Geschichte des Rabbi Nachmann, Frankfurt 1955, S. 19.

Trude Maurer

Das Leben der Juden in der deutschen Kultur

Als der Münchner Philipp Löwenfeld, in der Weimarer Republik ein bekannter, sozialdemokratischer Anwalt und Journalist, in den neunziger Jahren des 19. Jahrhunderts mit seinen Eltern und Großeltern im böhmischen Marienbad Ferien machte, speiste man in einem jüdischen Restaurant besonderer Art:

"Unsere Mahlzeiten nahmen wir in dem 'liberal-koscheren' Restaurant 'New York' ein, das früher einmal 'Baruch' geheißen hatte. Das streng orthodoxe Restaurant hieß 'Löwenthal'. Mein Großvater war nur sehr schwer zu überzeugen, daß er im 'New York' ohne Versündigung gegen seine Religion essen könne. Er glaubte nicht recht an die Rabbinatskontrolle, unter der das Restaurant angeblich stand. Seine Zweifel darüber, ob im 'New York' alles mit rechten Dingen zugehe, waren vor allem dadurch genährt, daß es dort manchmal Rehbraten gab. Da bekanntlich der gläubige Jude nur geschächtetes Fleisch essen darf, wollte er nicht verstehen, daß diese Rehe den Anforderungen der Religion entsprachen, weil er wußte, daß man Rehe in der Regel schieße. Es bedurfte starker Überredungskünste meiner Eltern, um ihn davon zu überzeugen, daß der Rehbraten im 'New York' von gefangenen und geschächteten Rehen herrühre. Immer wieder erkundigte er sich bei meinem Vater, ob wir ihn damit nicht in gottloser Weise hereinlegten. Ich glaube, so recht geschmeckt hat es ihm im 'New York' deshalb nie."[1]

Und *ich* glaube, daß Sie einen *solchen* Bericht gewiß nicht erwarteten, als Sie heute zu einem Vortrag kamen, der die Signalwörter "Juden" und "deutsche Kultur" im Titel führt. Denn meistens verbinden sich diese beiden Begriffe doch zur Wendung vom "Beitrag der Juden zur deutschen Kultur". Darüber allerdings möchte ich heute nicht sprechen. Denn wer immer sich, und sei es nur ganz von ferne, für die Geschichte der Juden in Deutschland interessiert, wer immer sich mit Theater, Musik, Literatur, bildender Kunst oder einer beliebigen Wissenschaft beschäftigt hat,

– kennt Heinrich Heine und Else Lasker-Schüler, vielleicht auch Berthold Auerbach und Jacob Wassermann;

---

[1] Ein Auszug aus Löwenfelds Memoiren ist abgedruckt bei Monika Richarz (Hrsg.), Jüdisches Leben in Deutschland. Bd. 2: Selbstzeugnisse zur Sozialgeschichte im Kaiserreich, Stuttgart 1979, S. 310-324, Zitat S. 311.

- kennt gewiß Jacques Offenbach, Giacomo Meyerbeer, Gustav Mahler, Arnold Schönberg und vielleicht auch Ignaz Moscheles;
- kennt aus der Geschichte des Theaters Sarah Bernhardt, Fritz Kortner und Ernst Deutsch;
- kennt Max Liebermann, vielleicht auch den Impressionisten Lesser Ury und *den* Gestalter jüdischen Familienlebens Moritz Oppenheim;
- kennt in den Wissenschaften den Kunsthistoriker Ernst Gombrich, den Philosophen Ernst Cassirer, den Soziologen Norbert Elias, den Nationalökonomen Franz Oppenheimer, die Nobelpreisträger für Medizin - Paul Ehrlich, Chemie - Richard Willstätter, Physik - Albert Einstein und James Franck.

Aber *wer* wollte sich anmaßen, die vielfältigen Leistungen so unterschiedlicher Persönlichkeiten zu ihrem *gemeinsamen* Beitrag zur deutschen Kultur zusammenzufassen und sie damit zugleich auf das Jüdische, so es sich denn ermitteln ließe, festzulegen und zu reduzieren?

Wenn auf den Beitrag der Juden zur deutschen Kultur hingewiesen wird, mag das gut gemeint sein - auch als posthume Rehabilitation derer, die zu Lebzeiten häufig gerade aufgrund ihres Judentums diffamiert oder diskriminiert wurden. Aber vor allem steht dahinter das unerträgliche Selbstmitleid der Deutschen, daß sie aller dieser Größen nun beraubt sind - wenn nicht durch eigene Mitwirkung, so doch durch die Gleichgültigkeit und das Wegsehen ihrer Vorfahren bei der nationalsozialistischen Judenverfolgung oder gar deren aktive Beteiligung daran.

Wenn ich Ihnen heute also vom "Leben der Juden in der deutschen Kultur" berichte, meine ich damit nicht die Spitzenleistungen, die herausragende Juden auf ihrem jeweiligen Arbeitsgebiet erbrachten. Sondern ich will von den vielen unbekannten Juden und ihrem alltäglichen Leben sprechen - neben und mit ihren christlichen Nachbarn.

Denn mit "Kultur" meine ich nicht jenen Bereich des gesellschaftlichen Lebens, der sich auf die kreative und künstlerische Arbeit bezieht, auch nicht jene Lebensart zwischen Humanität und *savoir vivre*, die wir als "Kultiviertheit" oder eben "Kultur" bezeichnen, sondern einen umfassenden und, im Vergleich zu den beiden genannten, wertneutralen Begriff.[2]

Dieser schließt neben den beiden anderen Bedeutungen auch noch Brauchtum, Sitten, Manieren, Religion und anderes mehr ein und integriert den Bereich der praktischen Daseinsbewältigung. Oder um es in eine schon klassisch gewordene Definition zu fassen: Kultur ist "jener Inbegriff von

---

[2] Formuliert in Anlehnung an Klaus P. Hansen, Kultur und Kulturwissenschaft. Eine Einführung, Tübingen/Basel 1995, S. 9-16.

Wissen, Glauben, Kunst, Moral, Gesetz, Sitte und allen übrigen Fähigkeiten und Gewohnheiten, welche der Mensch als Glied einer Gesellschaft sich angeeignet hat." So der britische Ethnologe Edward Burnett Tylor 1871.[3] Damit ist zugleich auf das Verhältnis zwischen dem Individuum und dem Kollektiv, dem es angehört, verwiesen - und ausgedrückt, daß manches, was ich im folgenden heranziehe, nicht nur als Aussage über die erfahrene Wirklichkeit zu verstehen ist, sondern zugleich auch den einzelnen, der es berichtet, charakterisiert - in seinen vielfältigen Beziehungen, die unter anderem durch die Partizipation an der deutschen *und* der überlieferten jüdischen Kultur, durch die Zugehörigkeit zu einer sozialen Schicht, einer weltanschaulichen Organisation und einer bestimmten religiösen Richtung innerhalb des Judentums bestimmt werden.

In diesem Sinn möchte ich Sie in die Lebenswelt der Juden im Deutschland des 19. und frühen 20. Jahrhunderts führen - und Ihnen dort, vor allem mit Hilfe autobiographischer Zeugnisse, vier Bereiche zeigen: Essen, Geselligkeit, kulturelle Interessen und Bildung, Synagoge und Gottesdienst.

Was also sagt uns der koschere Rehbraten über das Verhältnis der Juden zur deutschen Kultur? Er zeigt uns zum einen, daß Juden den Geschmack ihrer Umwelt übernahmen und deshalb neue Gerichte in ihren traditionellen Speiseplan integrierten. Aber dabei wollten jene, die religiös lebten, doch keine Verletzung der Speisegesetze, der Kaschrut, in Kauf nehmen: Das Reh gilt zwar als reines Tier, denn es ist ein Wiederkäuer und Paarhufer. Folglich darf sein Fleisch genossen werden, sofern das Tier geschächtet und das Fleisch entsprechend den rituellen Vorschriften weiterbehandelt wurde. Um den Rehbraten koscher zu machen, war neben der Zubereitung in einem rituell geführten Haushalt oder Restaurant also nur eine andere Tötungsart nötig als die übliche. Das setzte natürlich größere Planung und Organisation voraus als der Kauf des Fleisches von Haustieren beim koscheren Metzger oder Geflügelhändler. Deshalb war Rehbraten in jüdischen Privathäusern wohl relativ selten, wie man schon der Reaktion des erstaunten Großvaters entnehmen kann. Diese zeigt aber zugleich, wie der Wandel der Gepflogenheiten auch eine Frage der Generationen war. Der Großvater befürchtet, daß seine Kinder, wie manch anderer, die Speisegesetze nicht mehr beachten - aber in Wirklichkeit haben sie die Praxis ihrer Umwelt den eigenen religiösen Gesetzen angepaßt.

---

[3] Zitiert bei Hansen, Kultur, S. 15.

Ein anderes Beispiel für die Übernahme von Speisen der Nichtjuden sind die Spätzle, die die gemeinsam nach Palästina ausgewanderten Rexinger Juden noch in ihrer neuen Siedlung Shavei Zion zubereiteten. Doch während Spätzle im alten Zuhause für ihre christlichen Nachbarn ein typisches Sonntagsgericht waren, eigneten sie sich keinesfalls als Sabbatspeise: denn sie mußten ja frisch zubereitet werden.[4] In ihr Sabbatmenü integrierten die Juden aber eine andere regionale Spezialität: den schwäbischen Kartoffelsalat - und provozierten damit das Entsetzen ostjüdischer Durchwanderer.[5] Die Werktags-Spätzle zeigen schön, wie Juden sich ihrer Umwelt anglichen, dabei doch sie selbst blieben - und von ihren Nachbarn als "anders" wahrgenommen wurden.

Wie weit diese Angleichung gegangen war, belegt die Tatsache, daß man Braten aß, der im voraus zubereitet war und dann, mit der Hilfe christlicher Nachbarn, aufgewärmt wurde.[6] Das traditionelle Sabbatmahl dagegen war ein Tscholent oder Schalet. Das letzte Wort kennen Sie vielleicht aus Heines *Prinzessin Sabbat*, in dieser Passage eine Parodie auf Schillers *Ode an die Freude*:

"Schalet, schöner Götterfunken,
Tochter aus Elysium!
Also klänge Schillers Hochlied
Hätt' er Schalet je gekostet."

Und später:

"Schalet ist des wahren Gottes
Koscheres Ambrosia."[7]

Für Tscholent oder Schalet werden verschiedene Zutaten in einem Topf über Nacht im Backofen gegart - am Freitag vorbereitet, sind sie am Samstagmittag fertig. In Süddeutschland nannte man das "gesetztes Essen" - das z. B. Berthold Auerbach in seinen Kindheitserinnerungen erwähnt.[8] Und Julius Frank berichtet noch aus den neunziger Jahren des 19. Jahrhunderts, wie man in seiner fränkischen Heimat die angekochte Mahlzeit am Freitag-

---

[4] Beate Bechtold-Comforty, Spätzle und Tscholent. Aspekte schwäbisch-jüdischer Eßkultur, in: Menora. Jahrbuch für deutsch-jüdische Geschichte 1992, München - Zürich 1992, S. 121-142, hier S. 121-123.
[5] Bechtold-Comforty, Spätzle, S. 138.
[6] Bechtold-Comforty, Spätzle, S. 139.
[7] Heinrich Heine, Sämtliche Schriften, München/Wien 1976, Bd. 11, S. 125-129, hier S. 128.
[8] Berthold Auerbach, Der Knabe vom Dorfe. Kindheitserinnerungen aus Nordstetten, in: Thomas Scheuffelen (Hrsg.), Berthold Auerbach 1812-1882, Marbach 1986 (Marbacher Magazin Sonderheft 36), S. 4-27, hier S. 15.

nachmittag zum jüdischen Bäcker brachte, wo sie bei niedriger Hitze im Backofen fertig garte. Die Zutaten hatten sich bei Franks ziemlich verändert - Reis mit Huhn -, aber die Zubereitung und Bezeichnung war noch dieselbe: Gesetztes Essen.

Wurde hier mit der Art des Gerichts die Sabbatruhe eingehalten, so konnte das bei manchem Rezept aus jüdischen Kochbüchern der Jahrhundertwende offenkundig nicht mehr der Fall sein: Von sechzehn bis zwanzig Stunden in den siebziger Jahren war die Zubereitung des Schalet nun auf wenige Stunden verkürzt. Das zeigt eine ganz andere Wahrung der Tradition: Man hielt an den herkömmlichen jüdischen Speisen fest - beachtete aber *nicht* mehr die religiösen Gebote: Die Hausfrau arbeitete auch am Sabbat in der Küche.[9]

Insgesamt zeigen die jüdischen Kochbücher mehrere Formen der Angleichung an die Umwelt: Sparsames Essen für den Alltag und andererseits aufwendige Rezepte für Sabbat und Feiertage entsprachen sowohl bürgerlichen Gepflogenheiten wie der Erfahrung der jüdischen Vergangenheit: Bei aller Not war doch gutes Essen vorgeschrieben, um den Sabbat zu ehren. Aber die Internationalisierung der Speisen war wohl eher ein Ausfluß des Aufstiegs der Juden ins Bürgertum.[10] Andererseits deuten die Rezepte für "Ostern" nur auf eine *sprachliche* Anpassung: denn es handelte sich um typische Pessach-Speisen. Und den Namen des christlichen Festes fand man sogar in Kochbüchern mit detaillierten Anweisungen für die rituelle Haushaltsführung.[11]

Umgekehrt übernahm aber auch die Mehrheit einiges von der Minderheit: Bauersfrauen buken Bubele, eine Art Pflaumenkuchen, der als typisch jüdisches Rezept galt, und in einem hessischen Dorf kannte man eine "gesetzte Bohnensuppe", die vermutlich eine Variante des Schalet war. Wenn man die Bauern dann fragte, was sie da denn äßen, lachten sie und sagten: "Heut bin ich e Jud."[12] Und die Sabbatbrote, je nach Region Barches oder Berches genannt, waren auch bei Christen beliebt. Noch heute kann man sie im

---

[9] Marion A. Kaplan, The Making of the Jewish Middle Class. Women, Family, and Identity in Imperial Germany, New York/Oxford 1991, S. 73.
[10] Noch am Ende des 18. Jahrhunderts gehörten 80% der in Deutschland ansässigen Juden zur untersten, von der Hand in den Mund lebenden Schicht. Am Ende des 19. Jahrhunderts waren die deutschen Juden Teil des Bürgertums.
[11] Kaplan, Making of the Jewish Middle Class, S. 73.
[12] Max Dessauer, Aus unbeschwerter Zeit, Frankfurt 1962, S. 124, zitiert nach Utz Jeggle, Judendörfer in Württemberg, Tübingen 1969, S. 223.

schwäbischen Laupheim am Wochenende bei einem *notabene* christlichen Bäcker kaufen ...

Die Fülle von Kuchenrezepten und Empfehlungen für Einladungen zum Nachmittagskaffee, die man in den jüdischen Kochbüchern fand, führen uns bereits zum zweiten Bereich: der Geselligkeit. Das Kaffeekränzchen war bei Jüdinnen ebenso beliebt und verbreitet wie bei ihren nichtjüdischen Nachbarinnen - und konnte andererseits bei beiden Gruppen auch eine Art Pflichtübung sein: Denn man benutzte es auch zur Festigung oder Anknüpfung von beruflichen oder geschäftlichen Beziehungen der jeweiligen Gatten. Deshalb ist vorläufig noch unklar, ob es auch die freundschaftlichen Kontakte zwischen Jüdinnen und ihren christlichen Nachbarinnen stärkte. Generell ist aber festzuhalten, daß die Freizeitaktivitäten der Frauen - vom Konzert- und Theaterbesuch bis zur Badereise - einerseits der Pflege bürgerlicher Kultur und damit der Integration ins deutsche Bürgertum dienten, andererseits aber auch dem Zusammenhalt der jüdischen Frauen untereinander.

Wanderungen waren auch bei Juden ein beliebtes Freizeitvergnügen - nicht nur in der Jugendbewegung. Und von derartigen Unternehmungen kehrte man am Sonntag abend nicht nur "heilsam erschöpft" zurück, sondern auch mit dem Bewußtsein, deutsch zu sein und etwas für den Zusammenhalt der Familie getan zu haben.[13]

Der Sabbat und die jüdischen Feste waren gleichzeitig Familienfeiern. Ähnlich wie bei den Protestanten wurde die Religion privatisiert, hielt man sich für religiöse Feste an die Familie und machte - bei zunehmender Säkularisierung - die Familienfeiern schließlich zum Ersatz für religiöse Feste.[14] Doch war das nur die letzte Konsequenz - die für die religiösen Kreise des deutschen Judentums selbstverständlich nicht galt.

Was die außerhäuslichen, über die Familie hinausgehenden Formen der Geselligkeit betrifft, so entfalteten Juden ein reiches Vereinswesen, das dem der Christen kaum nachstand. Von den traditionellen Wohltätigkeitsvereinen

---

[13] Aus unveröffentlichten Memoiren von B. Katz zitiert bei Marion A. Kaplan, Freizeit - Arbeit. Geschlechterräume im deutsch-jüdischen Bürgertum 1870-1914, in: Ute Frevert (Hrsg.), Bürgerinnen und Bürger. Geschlechterverhältnisse im 19. Jahrhundert, Göttingen 1988, S. 157-174, hier S. 163.

[14] Marion A. Kaplan, Priestess and Hausfrau: Women and Tradition in the German-Jewish Family, in: Steven M. Cohen/Paula E. Hyman (Hrsg.), The Jewish Family. Myths and Reality, New York/London 1986, S. 62-81, S. 69, 76.

über Logen, Humanitätsvereine und literarisch-gesellige Vereinigungen[15] reichte es bis zu eigenen Sportvereinen und beruflichen Zusammenschlüssen wie dem Verein selbständiger Handwerker jüdischen Glaubens und dem Lehrerverein. Allein in Berlin gab es 1896 62 jüdische Vereine. Natürlich knüpfte man damit einerseits an die jüdische Tradition an, wie besonders die Vereine zur Ausstattung bedürftiger Bräute oder die Beerdigungsbruderschaften belegen.[16] Und andererseits gab ihre Ausschließung aus vielen allgemeinen Vereinen den Juden Anlaß, sich unter sich zusammenzuschließen. Aber letztlich bedeutet es doch, daß sie sich einer typischen Kommunikationsform ihrer deutschen, bürgerlichen Umwelt bedienten. Indem sie sich parallele Organisationen schufen, wurden sie dem Bürgertum ähnlich und blieben doch für sich.[17]

Wenn sie schließlich seit den späten achtziger Jahren des 19. Jahrhunderts im ganzen Reich Vereine für jüdische Geschichte und Literatur gründeten, wollten sie sich mit der Verbreitung solcher Kenntnisse nicht nur zum Kampf gegen den Antisemitismus rüsten, sondern zugleich dem "Indifferentismus und Abfall" steuern.[18] Sie setzten also Vereine, die nach Vorbildern ihrer nichtjüdischen *Umwelt* modelliert waren, zum Erhalt und zur Stärkung des *Judentums* ein, als es ihnen durch Antisemitismus und zunehmende Säkularisierung gefährdet schien und gewissermaßen einer zusätzlichen Begründung bedurfte.

Das gilt ebenso für die 1898 gegründete Gesellschaft für jüdische Volkskunde, in der sich - politische und religiöse Differenzen übergreifend - Vertreter aller Richtungen des deutschen Judentums zusammenfanden. In einem Fragebogen, den Rabbiner Max Grunwald bereits in der Vorbereitungsphase verschickt hatte, hieß es:

"Nichts steigert den Wert eines Gutes höher, als die Gefahr, es zu verlieren. Eine solche Gefahr droht nun heute einem jeden Volkstum in demselben Maße, als seine Eigen-

---

[15] Siehe als Beispiel die Beschreibung bei Curt Rosenberg, in: Richarz (Hrsg.), Jüdisches Leben 2, S. 298-309, hier S. 299f.
[16] Ihre Mitglieder besuchten Kranke, trachteten Sterbende mit einem Minjan zu umgeben, beteiligten sich an der Bestattung und versammelten sich während der sieben Trauertage im Trauerhaus.
[17] David Sorkin, The Transformation of German Jewry. 1780-1840, New York/Oxford 1987, S. 113-116.
[18] Aus dem "Jahrbuch für jüdische Geschichte und Literatur" 1912 (Mitteilungen Nr. 19 für 1911), S. 3 zitiert bei Diethard Aschoff, Die westfälischen Vereine für jüdische Geschichte und Literatur im Spiegel ihrer Jahrbücher (1899-1920), in: Peter Freimark/Helmut Richtering (Hrsg.), Gedenkschrift für Bernhard Brilling, Hamburg 1988, S. 218-245, hier S. 221.

art der alles ausgleichenden modernen Bildung zum Opfer fällt. (...) Und wenn anderswo moderne Bildung und Großstadtluft das Volkstum gefährden, wo wüten sie dann verheerender als im Judentum? Glaubensbrüder! So oft Israel der Väter Erbe bedroht sah, sammelte es sorgfältig und übersichtlich seine Schätze, den Seinen den Stolz am Besitze zu stärken und die Treue in seiner Verteidigung gegen den äußeren Feind. Unser gesamtes Schrifttum gibt davon beredte Kunde. Hier gilt es nun, nicht sowohl denkend zu schätzen und zu schützen, was unsere Väter lehrten, als liebend zu erfassen und zu erhalten, was sie lebten. Wie unser Schrifttum, so soll auch unser Volkstum uns ein Bollwerk werden nach außen und nach innen!"[19]

Um das Judentum vor Auflösung zu schützen, wollte man Informationen über jüdische Bräuche sammeln, diese erhalten und vielleicht gar wiederbeleben. Dazu diente wiederum das Vorbild analoger "deutscher" Vereine, an denen übrigens ebenfalls Juden mitwirkten.

Noch in der Speerspitze jener Bewegung, die das Judentum zu einer eigenen Nation erklärte, findet sich die Übernahme deutscher Kultur- und Verhaltensmuster: in den zionistischen Studentenverbindungen. Sie reagierten auf die Abweisung der nichtjüdischen Umwelt - und bedienten sich dabei ihrer Organisationsformen, ahmten Programm und Tätigkeitskreis deutscher, nationalistischer Studentenverbindungen nach.[20] Wie ihre ideologischen Gegner, die Anhänger des Centralvereins deutscher Staatsbürger jüdischen Glaubens, die für die Synthese von Deutschtum und Judentum eintraten, waren sie in ihrer Mehrheit der Religion entfremdet und wurzelten in der deutschen Kultur. Und für viele, nicht nur der ersten Generation, schlossen sich Nationaljudentum und Bindung an die deutsche Kultur auch gar nicht aus. Wie sagte doch der eingangs genannte Franz Oppenheimer, als er auf den von Kurt Blumenfeld durchgesetzten Beschluß reagierte, daß künftig jeder Zionist die Übersiedlung nach Palästina in sein "Lebensprogramm" aufzunehmen habe?

"Ich kann ganz gut zugleich jüdischnational und deutschnational sein. Man darf eben nicht Gegensätze konstruieren, wo keine vorhanden sind. (...) Herr Blumenfeld verlangt von uns, wir sollen in erster Linie Juden sein. Soll ich aber an erster Stelle schlafen oder essen oder arbeiten? Für mich ist alles wichtig. Ich bin ein guter Jude, ein ausgezeichne-

---

[19] Zitiert nach Christoph Daxelmüller, Jewish Popular Culture in the Research Perspective of European Ethnology, in: Ethnologia Europaea 16, 1986, S. 97-116, hier S. 100f. (Orthographie normalisiert). Zu dieser Gesellschaft und den kritischen Reaktionen darauf s. auch Christoph Daxelmüller, Die deutschsprachige Volkskunde und die Juden. Zur Geschichte und den Folgen einer kulturellen Ausklammerung, in: Zeitschrift für Volkskunde 83, 1987, S. 1-19, hier S. 6-12.

[20] Moshe Zimmermann, Jewish Nationalism and Zionism in German-Jewish Students' Organisations, in: Leo Baeck Institute Year Book 27, 1982, S. 129-153.

ter Deutscher, habe deutsches Kulturgefühl, jüdisches Stammesbewußtsein, märkisches Heimatbewußtsein."[21]

Nur nebenbei: Noch die Formulierung "Lebensprogramm" scheint mir deutsche Ordnung und Planung zu spiegeln. Oppenheimers deutsches "Kulturgefühl" aber führt uns weiter zum dritten Bereich, der Bildung und den kulturellen Interessen der deutschen Juden. Ich fange bei den Kindern an. Conrad Rosenstein, dessen Vater aus der Provinz Posen nach Berlin gekommen war und dort ein bescheidenes Engrosgeschäft für Friseurbedarf betrieb, berichtet aus der Zeit um 1920 von sich und seinen Freunden:

> "Wir Jungen lasen bereits die aufregenden Dramen des Helden Theodor Körner. Wir kratzten uns gegenseitig auf der Geige eine 'Bourrée' oder eine 'Sarabande' vor. Wir überboten uns mit dem Largo von Händel. Mama akkompagnierte."[22]

Körner, der in den Freiheitskriegen gefallen und dessen Tod im Ersten Weltkrieg nationalistisch-mythisch verklärt worden war, war der "Held" der kleinen Jungen - und deshalb lasen sie seine Werke. Außerdem widmeten sie sich mit Enthusiasmus der klassischen Musik, die übrigens auch die Eltern pflegten: Wöchentlich fand ein Kammermusikabend statt, an dem die Mutter zusammen mit einem preußischen Gymnasiallehrer und einem ungarischen Geschäftsfreund des Vaters musizierte. "Man spielte ganz ausschließlich Haydn, Mozart, Beethoven"[23] - also die deutschen Klassiker.

Und wenn einer seiner Freunde oder Verwandten mit dreizehn Jahren religionsmündig wurde und der kleine Conrad zur Bar Mizwa-Feier ging, gab ihm seine Mutter "ein Bändchen Fontane" als Geschenk mit - das nur wegen des Wohlstandes dieser Familien von den übrigen Geschenken abstach,[24] ansonsten in jüdischen Kreisen aber durchaus typisch war.

Fontane, der als Nachfahre hugenottischer Einwanderer ein überzeugter Preuße war und in seinen Romanen die preußische Gesellschaft so genau beschrieben hatte, war ein Lieblingsschriftsteller jüdischer Leser. Betty Scholem zum Beispiel berichtete ihrem Sohn Gerhard/Gershom immer wieder von ihrer Fontane-Lektüre: "Fontane ist wundervoll," heißt es z. B.

---

[21] Aus dem Protokoll einer Tagung zionistischer Vertrauensmänner in Berlin am 1. Mai 1913 zitiert bei Yehuda Eloni, Zionismus in Deutschland. Von den Anfängen bis 1914, Gerlingen 1987, S. 296.
[22] Conrad Rosenstein, in: Richarz (Hrsg.), Jüdisches Leben 2, S. 65-76, hier S. 75.
[23] Ebd., S. 73.
[24] Ebd., S. 75.

1926.[25] Und als sie 1939 schließlich emigrieren mußte, waren die einzigen Bücher, die sie mitnahm, Fontanes Werke - "u[nd] ich lese sie immer wieder."[26] Seine Popularität bei den deutschen Juden spiegelt sich übrigens auch in Fontanes Gedicht *An meinem Fünfundsiebzigsten*. Darin wundert er sich zunächst traurig darüber, daß der märkische Adel, den er so bewundert und poetisch verklärt hatte, keine Notiz von seinem Geburtstag nahm. Weiter heißt es:

>"Aber die zum Jubeltag kamen,
>Das waren doch sehr, sehr andre Namen,
>Auch 'sans peur et reproche', ohne Furcht und Tadel,
>Aber fast schon von prähistorischem Adel:
>Die auf "berg" und "heim" sind gar nicht zu fassen,
>Sie stürmen ein in ganzen Massen,
>Meyers kommen in Bataillonen,
>Auch Pollacks und die noch östlicher wohnen;
>Abram, Isack, Israel,
>Alle Patriarchen sind zur Stell,
>Stellen mich freundlich an ihre Spitze,
>Was sollen mir da noch die Itzenplitze!
>Jedem bin ich was gewesen,
>Alle haben sie mich gelesen,
>Alle kannten mich lange schon,
>Und das ist die Hauptsache ....
>'Kommen Sie, Cohn.' "[27]

Gewiß, mancher Jude mochte dieses Gedicht wie der Architekturhistoriker Julius Posener empfinden: als "eine Ohrfeige". Aber daß Fontane der Beifall der Juden auch hier noch "unwillkommen" gewesen sei,[28] halte ich für ein Mißverständnis. Im Gegenteil, scheint ihm doch gerade bei diesem Anlaß bewußt geworden zu sein, daß die wirkliche Lektüre seiner Werke wichtiger war als die Abstammung seiner Leser.

Diese Welt des jüdischen Bürgertums hat übrigens ein jüdischer Romancier beschrieben, der zu seiner Zeit sehr erfolgreich war und heute eigentlich eine Renaissance verdiente: Georg Hermann. Ähnlich wie die Romane Fontanes, dessen Bild über seinem Schreibtisch hing, sind auch die seinen

---

[25] Betty Scholem/Gershom Scholem: Mutter und Sohn im Briefwechsel 1917-1946, hrsg. von Itta Shedletzky in Verbindung mit Thomas Sparr, München 1989, S. 149. Vgl. außerdem S. 223, 486.
[26] Scholem/Scholem, Briefwechsel, S. 496.
[27] Fontanes Werke in fünf Bänden, Bd. 1, Berlin/Weimar 1975, S. 67, hier S. 68.
[28] Julius Posener, Fast so alt wie das Jahrhundert, Berlin 1990, S. 101.

reich an Gesprächen, welche eine Fülle literatur-, kunst- und gesellschaftskritischer Ansichten transportieren. Dieses Bildungsgut kennzeichnet eine bestimmte Zeit oder beschwört das Ideal einer Bildungsgemeinschaft aller Bürger, in die sich die Juden seit der Emanzipation integrierten. Hermanns berühmteste Romane, *Jettchen Gebert* und *Henriette Jacoby*, führen in die Zeit des Biedermeier. Die übrigen spielen zu seiner eigenen Zeit und schildern dabei eine "jüdische Bürgerwelt", die bei Hermann "nie in einer Außenseiterperspektive erscheint, sondern geradezu als Exempel positiver oder negativer Bürgerlichkeit schlechthin." Gerade *weil* es hier kaum etwas gibt, "was ausschließlich als 'jüdische' Eigentümlichkeit verstanden werden könnte",[29] zeigen die Romane ihre Helden als Angehörige des deutschen Bürgertums - die zugleich Juden sind.

Jettchens Onkel Jason, der jüngste der Gebert-Brüder, ist ein richtiger Büchernarr mit einer großen Bibliothek. Aber er ist nie ganz sicher, "ob eigentlich Bücher heilsam oder schlecht für uns sind." Manchmal kommen sie ihm nur wie ein "verwischter Abklatsch" des Lebens vor, und dann wieder scheint es ihm, "als ob die Bücher erst das Leben vertiefen und seinen Wahnsinn in Sinn verkehren; und als ob sich das Leben langsam nach den Büchern umformt."[30] Voltaire, Diderot und Lichtenberg sind seine geistigen 'Ahnen', von den zeitgenössischen Autoren verehrt er am meisten Jean Paul, Goethe, Heine und Börne. Sein älterer Bruder Salomon dagegen kann zwar noch gelegentlich ein Klassikerzitat in seine Rede einstreuen, doch die vom Vater geerbte Mendelssohn- und Lessing-Ausgabe bewahrt er nur noch pietätvoll auf. Er liest sie nicht mehr. Nach einer Zeit, in der das Bürgertum in erster Linie als eine Werte- und Bildungsgemeinschaft verstanden wurde,[31] in der Juden sogar in Dörfern Lesegesellschaften gründeten[32] und sich überhaupt vor allem durch Bildung dem deutschen Bürgertum angeglichen hat-

---

[29] S. dazu Hans Otto Horch, Über Georg Hermann. Plädoyer zur Wiederentdeckung eines bedeutenden deutsch-jüdischen Schriftstellers, in: Hans Otto Horch (Hrsg.), Judentum, Antisemitismus und europäische Kultur, Tübingen 1988, S. 233-253, hier besonders S. 238, 240, Zitat S. 241.

[30] Georg Hermann, Jettchen Gebert, Berlin 1986, S. 273. Diese und die folgende Beobachtung sind formuliert in Anlehnung an Horch, Hermann, S. 247f.

[31] S. dazu Michael Maurer, Die Biographie des Bürgers. Lebensformen und Denkweisen in der formativen Phase des deutschen Bürgertums. 1680-1815, Göttingen 1996.

[32] S. dazu Gunnar Och, Jüdische Leser und jüdisches Lesepublikum im 18. Jahrhundert. Ein Beitrag zur Akkulturationsgeschichte des deutschen Judentums, in: Menora. Jahrbuch für deutsch-jüdische Geschichte 1991, München/Zürich 1991, S. 298-336.

ten,[33] verkörpert das Brüderpaar in Hermanns Roman nicht nur zwei individuell-verschiedene Helden, sondern es kann auch für zwei konkrete Ausformungen der jüdischen Bildungsideologie stehen: Dem einen, Jason, bleibt Bildung das zentrale Anliegen, für den anderen ist sie - mit den Klassikerzitaten - gewissermaßen ritualisierter Bestandteil der eigenen Identität. Beide Traditionen blieben erhalten bis in die Weimarer Republik.[34]

Dabei belegt allerdings nicht nur der Anteil ihrer Kinder in weiterführenden Schulen, welchen Wert Juden auf Bildung legten. Vielmehr zeigen zahlreiche Autobiographien, wie Bildung und vor allem Beschäftigung mit Musik und Literatur auch in sozialen Schichten gepflegt wurden, die auf der nichtjüdischen Seite kaum ein solches Interesse daran nahmen. Damit kehre ich aus der fiktionalen Literatur zu den Erinnerungen aus dem wirklichen Leben zurück:

Julius Franks Mutter war die Tochter eines kleinen Textilhändlers. In ihrer Jugend verbrachte sie oft Monate bei ihrer verheirateten Schwester in einem fränkischen Winzerdorf. Dort machte sie der Vater einer Freundin, ein Weinhändler,

"der gebildeter war als die meisten seiner Kollegen, (...) mit den deutschen Klassikern bekannt, und sie verblüffte später oft ihre Kinder bei passender Gelegenheit mit Zitaten aus Goethe, Schiller, Lessing und Heine. Auf diese Weise erreichte ihre Bildung ein weit höheres Niveau als das, welches die Volksschule vermittelte. Ihr Interesse erstreckte sich auch auf Politik, etwas für ihre Zeit Außergewöhnliches, und obwohl es damals für eine Frau unmöglich war, sich auch nur im geringsten am öffentlichen Leben aktiv zu beteiligen, war sie eine leidenschaftliche Anhängerin der liberalen Sache. Noch unverheiratet, abonnierte sie das altdemokratische 'Würzburger Journal'. Als diese Zeitung in den ersten Jahren ihrer Ehe das Erscheinen einstellen mußte, ging sie zu den liberalen 'Münch[en]er Neuesten Nachrichten' über, die außer dem Forstmeister damals niemand im Dorfe las. Später wurde sie Leserin der 'Frankfurter Zeitung', dieser bedeutendsten aller deutschen Zeitungen."[35]

Diese Schilderung, die etwa in den 1870er Jahren beginnt, belegt zunächst, wie die Kultur auch auf dem Dorf gepflegt wurde.[36] Dabei weist sie

---

[33] Sorkin, Transformation of German Jewry, Kapitel 1-6, S. 3-139.
[34] S. als Beleg aus einer ganz anderen Quellengattung Trude Maurer Partnersuche und Lebensplanung. Heiratsannoncen als Quellen für die Sozial- und Mentalitätsgeschichte der Juden in Deutschland, in: P. Freimark/A. Jankowski/I. Lorenz (Hrsg.), Juden in Deutschland. Emanzipation, Integration, Verfolgung und Vernichtung, Hamburg 1991, S. 344-374, hier S. 351 f.
[35] Julius Frank, in: Richarz (Hrsg.), Jüdisches Leben 2, S. 190-200, hier S. 194.
[36] Zu den im jüdischen bürgerlichen Milieu selbstverständlichen Klavierstunden, die sogar auf dem Land und für Viehhändler nicht ungewöhnlich waren, s. Kaplan, Freizeit, S. 162.

uns in zwei Richtungen: auf die Pflege der Klassiker und auf die typische Zeitungslektüre der Juden. Ich folge erst dem letzten Weg und kehre dann zur Literatur zurück. Das Lesen liberaler Zeitungen, das vielfältig belegt ist, spiegelt natürlich die politische Haltung der überwiegenden Mehrheit der Juden. Fritz Frank, der mit dem gerade zitierten Julius wohl nicht verwandt war, berichtet über seinen Vater, welcher seinem Manufakturwarengeschäft im württembergischen Horb auch eine kleine Bankabteilung angegliedert hatte: Wenn er vom Haus Rothschild in Frankfurt einen Brief erhielt, "so schwang seine jüdische Seele unbewußt mit in Verwandtschaft mit dem alten Mayer Amschel. Aber noch eine andere und tiefere Seelenverwandtschaft band ihn an Frankfurt: Die Frankfurter Zeitung. Er hielt sie von ihrem Gründungsjahr an. Er las sie nicht nur, er glaubte ihr, er traute ihr, er liebte sie. Sie von Anfang bis Ende durchzulesen, war ihm tägliche Pflicht, schabbatliche und festtägliche Freude. Sie schuf mit den Jahren so sehr und ausschließlich seine politische Gesinnung, daß er beglückt war, in der Frankfurter immer seine Meinung bestätigt zu finden. Aufsätze, die ihm besonders schön, warmherzig oder klug erschienen, las er am Schabbatnachmittag Frau und Kindern vor. Er betrachtete sie nicht als jüdisches Blatt. Er freute sich, daß ihr Herausgeber Sonnemann hieß."[37]

Mit solcher Zeitungslektüre wurde die liberale Ideologie, die ja mit der Emanzipation des Bürgertums wie der Juden aufs engste verbunden war, weitergetragen - und durch Vorlesen auch der Familie vermittelt. Dabei konnten allgemein-politische Überzeugung und Stolz auf jüdische Leistungen - Sonnemann war wie Rothschild Bankier, außerdem aber auch Reichstagsabgeordneter - aufs schönste verschmelzen.

Wenn ich von Julius Franks Mutter nun wieder den *anderen* Faden aufnehme, die Lektüre der Klassiker, so führt uns ein Schüler-Aufsatz von 1905 schließlich zu einer tieferen Verbindung zwischen Judentum und deutscher Klassik. Walter Eliassow, dessen Vater noch im russisch-litauischen Kowno geboren war, aber immer die Zeitschrift des Centralvereins deutscher Staatsbürger jüdischen Glaubens "Im deutschen Reich" auf dem Schreibtisch hatte, dessen Mutter selbst aus Königsberg stammte, schrieb dort als Gymnasiast im Religionsunterricht bei dem liberalen Rabbiner Felix Perles einen Aufsatz über das religiöse Ideal in den Reden Jesajas. Vor allem beschäftigte er sich darin mit dem Bild vom ewigen Frieden. Und er schloß seinen Aufsatz mit den Worten:

---

[37] Fritz Frank, in: Richarz (Hrsg.), Jüdisches Leben 2, S. 169-180, hier S. 173.

"Was Schiller von der Hoffnung im allgemeinen sagt, gilt besonders von dieser höchsten, schönsten Hoffnung des Menschen auf ewigen Frieden:
'Es ist kein leerer, schmeichelnder Wahn,
Erzeugt im Gehirne des Toren,
Im Herzen kündet es laut sich an:
Zu was Besserm sind wir geboren!
Und was die innere Stimme spricht,
Das täuscht die hoffende Seele nicht.'

Eliassow selbst kommentierte das 42 Jahre später, 1957, in Israel: "Bei aller Bescheidenheit möchte ich doch heute sagen: Eine 'Symbiose' von jüdischem Prophetismus und deutscher klassischer Dichtung im Aufsatzheft eines vierzehnjährigen Jungen."[38]

Was an diesem Jungen, dessen Familie der Religion schon fernstand, zu beobachten war, läßt sich aber auch für das religiös gebundene deutsche Judentum feststellen - bei den Liberalen wie bei den Orthodoxen. Man verband Judentum und deutschen Idealismus. Das aber wurde ermöglicht durch den säkularen Charakter des deutschen Idealismus und seinen Gegensatz zu konfessionell bedingten Anschauungen und Institutionen. Bei offiziellen Anlässen konnte man aus dem Mund führender orthodoxer Persönlichkeiten talmudische Aussprüche in engstem Zusammenhang mit Zitaten von Schiller und Goethe hören. Und 1905 war im *Israelit*, der Wochenzeitung vor allem der Austrittsorthodoxie, zu lesen: "Wahrlich, einer Hedwig Tell und Gertrud Stauffacher fehlen nur die Sabbatlichter [-] und Schiller hätte das Idealbild jüdischer Hausfrauen gezeichnet!"[39]

Die Verbindung von deutscher Klassik und jüdisch-religiöser Tradition führt uns zum letzten Bereich, der Gestaltung von Synagoge, Gottesdienst und Rabbinat.

Als die sogenannte Reformbewegung im 19. Jahrhundert den Gottesdienst umgestaltete, ging es nicht nur um Äußerlichkeiten, wie es Barett, Talar und Bäffchen des Rabbiners vielleicht nahelegen könnten: Vielmehr beruhten die Neuerungen auf einem durch die begonnene Akkulturation hervorgerufenen veränderten Empfinden, und sie bewirkten eine Ästhetisierung, aber auch Individualisierung und Verinnerlichung der Religion. Doch auch die Orthodoxie vollzog eine gewisse Angleichung an Sprache und Ästhetik des protestantischen Gottesdienstes. Und obwohl sie im Gegensatz zur

---

[38] Alles nach Walter Eliassow, in: Richarz (Hrsg.), Jüdisches Leben 2, S. 365-369, hier S. 366.
[39] Alles nach Mordechai Breuer, Jüdische Orthodoxie im Deutschen Reich, 1871-1918. Sozialgeschichte einer religiösen Minderheit, Frankfurt a. M. 1986, S. 76, 84 f., Zitat aus Israelit 46, 1905, S. 759, dort S. 85.

Reform, die das Wesen des Glaubens betonte, auf der Einhaltung des Gesetzes bestand, verlagerte sie dabei doch den Nachdruck, der auf die verschiedenen Gebote gelegt wurde. So wurden z. B. die Speisegesetze noch skrupulöser gehandhabt als früher, die herkömmliche Geschlechtertrennung dagegen aufgelockert. Wie staunte etwa ein litauischer Rabbiner Anfang des 20. Jahrhunderts, als in deutschen orthodoxen Familien Männer und Frauen die religiösen Tischlieder bei den Sabbatmahlzeiten gemeinsam sangen - obwohl es nach religionsgesetzlichen Vorschriften Männern doch untersagt war, dem Gesang von Frauen zuzuhören.[40]

Über die Umgestaltung von Gottesdienst und häuslichem Leben hinaus hatte sich aber auch die Funktion des Rabbiners verändert. Seine frühere richterliche Funktion war durch die Emanzipationsgesetzgebung in zivilrechtlichen Angelegenheiten ja aufgehoben, also auf Fragen des Ritualgesetzes reduziert. Doch gaben sowohl die Reform- als auch die neue orthodoxe Bewegung dem Rabbiner mit Predigt in deutscher Sprache, Seelsorge und Religionsunterricht neue Aufgaben. Und dabei war er nun eigentlich immer ein "Herr Doktor" - hatte nicht nur am Rabbinerseminar, sondern außerdem auch an der Universität studiert. 1880 schrieb die orthodoxe *Jüdische Presse*: "Keine deutsche israelitische Gemeinde würde einen Rabbiner anstellen, der nur talmudisch gebildet wäre".[41] Und obwohl in orthodoxen Gemeinden der Schwerpunkt der Amtsausübung nicht auf der Predigt lag, ging Neubesetzungen des Amts oft ein "Rednerkrieg" oder eine "Predigtflut" voraus. Die traditionelle Zurechtweisung von der Kanzel war den Rabbinern in vielen Gemeinden nun förmlich untersagt. Was man erwartete, war Erbauung, höchstens Unterweisung. Und die Seelsorge, die die Orthodoxen von anderen Richtungen übernahmen, pflegten sie mit besonderer Hingabe. "Der moderne Rabbiner war Ratgeber, Helfer in der Not und Armenvater, er schlichtete Konflikte und nahm Beschwerden entgegen." Seine Gemeinde blickte zu ihm auf - aber nicht mehr als "Leuchte der Thora", d. h. aufgrund seiner talmudischen Gelehrsamkeit, sondern als Mann, der die Ideale der Gemeinschaft verkörperte und im Wirken für die Erhaltung und Verbreitung der Lehre und des Gesetzes seine höchste Aufgabe sah.[42]

Lassen Sie uns abschließend in die Synagoge in der Berliner Fasanenstraße einkehren, die 1912 eröffnet wurde und mit 2 000 Plätzen der schnell wachsenden Gemeinde in Charlottenburg diente. Sie war liberal und reprä-

---

[40] Dieses Beispiel ist angeführt bei Breuer, Jüdische Orthodoxie, S. 19.
[41] Jüdische Presse 11, 1880, S. 452, zitiert nach Breuer, Jüdische Orthodoxie, S. 225.
[42] Breuer, Jüdische Orthodoxie, S. 221-226, Zitat S. 223.

sentierte insofern die Mehrheit des deutschen Judentums, wenn es gewiß auch nicht überall so prächtig zuging wie hier. Conrad Rosenstein, den wir schon von seiner Lektüre und seinem häuslichen Musizieren her kennen, berichtet:

> "Hier wirkte für Jahrzehnte Oberkantor Magnus Davidsohn, ein ehemaliger Opernsänger, imposante Erscheinung, etwas steif, mit den Allüren eines Heldentenors, blondhaarig, feierlich-prunkvoll: eine Mischung aus Josua ben Nun und Parsifal. Er betrat den Altarraum, seine Bühne, stets erst nach dem Orgelpräludium. Eine goldglänzende Tür tat sich auf. Das Gesangbuch, alias Sidur, im Arm, eine sternförmige Priesterkappe auf dem Kopfe, den zusammengefalteten Gebetmantel wie einen Schal über die Schulter gelegt, wandelte er hocherhobenen Hauptes im Talar zu seinem Betpult: jeder Zoll ein Star. Beim Schabbatkiddusch [das heißt dem Segen über den Wein beim Gottesdienst am Freitagabend] pflegte er den silbernen Pokal hoch emporzuheben: es war eine Art Gralsszene. Dennoch kann nicht geleugnet werden, daß seine pathetische Rezitation eindrucksvoll war."

Rosenstein kritisiert also an der Ausgestaltung des Gottesdienstes die Theatralik. Indem die Gemeinde sich einen Opernsänger als Kantor engagierte, verlieh sie dem Gottesdienst Respektabilität, gab ihm den Anstrich bürgerlicher Hochkultur. Aber daß Rosenstein die Gestaltung des Kiddusch mit einer Gralsszene vergleichen konnte, zeigt bei aller Kritik daran vor allem, wie tief er selbst mit der deutschen Kultur vertraut, von ihr durchdrungen war. Als Rabbiner amtierte in der Fasanenstraße Juda Bergmann,

> "eine menschlich sehr anziehende, vielseitig gebildete Persönlichkeit, jedoch vom liberalen Stil weitgehend 'verdorben'. Man behauptete, er hätte seinen Sprechstil und seine Gesten seinem Schwiegervater abgelauscht, dem Rabbiner Dr. Rosenzweig von der Großen Synagoge. Er liebte den sanft-lyrischen Andachtsstil christlicher Prediger. Meine Anlage zu persiflieren nutzte ich als Schüler nicht selten aus, um diesen Rabbiner zu imitieren. Gewöhnlich erntete ich vollen Applaus bei meinen Zuhörern. Ich unterhielt ganze Gesellschaften damit. Es war wirklich betrübend zu sehen, wie sich dieser hoch gebildete Mann bequemte, fast hätte ich gesagt 'erniedrigte', dem Parvenütum des Kurfürstendamms einige Tränen der Sentimentalität abzuquetschen. Dr. Bergmann war Zionist. (...) Umso merkwürdiger war es, daß seine Gemeindemitglieder über Jahrzehnte von seiner Zionssehnsucht nichts gemerkt hatten. So etwas konnte man als Rabbiner seinen 'andächtigen Zuhörern' vorenthalten."[43]

Der Stil Bergmanns, den Rosenstein als Anpassung an die christlichen Prediger und den Geschmack des jüdischen "Publikums" kritisiert, d. h. letztlich auf die Übereinstimmung des ästhetischen Empfindens mit der Umwelt zurückführt, erschien ihm offenkundig nicht erst aus jahrzehntelan-

---

[43] Beide Zitate bei Rosenstein, in: Richarz (Hrsg.), Jüdisches Leben 2, S. 68f.

gem Abstand und auf dem Hintergrund zwischenzeitlicher Erfahrungen so bemerkenswert und unwürdig. Darauf verweisen seine Persiflagen schon als Schüler. Andererseits enthält die Passage aber auch eine kritische Spitze gegen die soziale Gruppe, die in der Fasanenstraße besonders hervortrat. Was Bergmann und seinen Kritiker Rosenstein dagegen einte, war die Hochschätzung der Bildung - sonst hätte der *eine* beim anderen diese Eigenschaft in wenigen Zeilen nicht gleich zweimal hervorgehoben.

Rosenstein beklagt, daß er das Judentum nur aus Bearbeitungen für die Jugend kennengelernt habe, der eigentliche Bibeltext ihm aber fremd geblieben sei. Ähnliches galt für seinen Synagogengesang - Nigun:

> "So war auch mein Nigun nur ein Mäntelchen, das ich bei Oberkantor Magnus Davidsohn zu schultern gelernt hatte. Meine Großmutter sagte deshalb ganz treffend: 'Er hat den Nigun. Nur fehlt ihm leider das hebräische Wort.' (...) Man suchte die innere Problematik mit Synagogenmusik zuzudecken. Das ästhetisch anfechtbare Trillern, Schluchzen, Säuseln, das unbedenkliche Herausschreien, diese Stilelemente des Nigun, vorgetragen durch oft großartige Naturtalente, das alles wurde abgelehnt und durch die romantische Kantilene Lewandowskis ersetzt. Doch gab's auch Birnbaum und Friedmann, unter den Neueren Kornitzer, Nadel und Bloch, ein ganzes Repertoire veredelter Synagogenmusik, das ein gebildeteres Publikum sehr gern annahm."[44]

Ihm selbst erscheint der traditionelle Synagogengesang "ästhetisch anfechtbar" - trotzdem kritisiert er die Schöpfungen der genannten Komponisten, weil die großartige Musik nur über die fehlende geistige Verankerung der deutschen Juden in ihrem Judentum habe hinwegtäuschen sollen. Ihrer Außenbezogenheit setzt Rosenstein die Haltung der Ostjuden entgegen, die sich ihres Judentums ganz selbstverständlich gewiß seien. Doch zeigt er mit seiner eigenen Bewertung wie mit der Charakterisierung der Musik vor allem, wie sehr diese ein Ausfluß der kulturellen Entwicklung der deutschen Juden war und insofern ihren Bedürfnissen - und das mag auch heißen: ihrem religiösen Bedürfnis als Juden - entsprach.

Die Juden in Deutschland hatten Teil an der deutschen Kultur - wie diese auch Teil von ihnen war. Und dafür bedurfte es, anders als etwa noch im 18. Jahrhundert, keiner besonderen Entscheidung und Anstrengungen. Die Juden lebten ganz selbstverständlich in der deutschen Kultur - und sie bereicherten sie. Das geschah nicht nur mit den Spitzenleistungen ihrer prominentesten Vertreter, sondern auch mit ihrer alltäglichen Existenz, Seite an Seite mit ihren nichtjüdischen Nachbarn. Darauf deuten z. B. die Speisen, welche Christen von den Juden übernahmen, oder die Mazze, die Juden, be-

---

[44] Rosenstein, in: Richarz (Hrsg.), Jüdisches Leben 2, S. 72.

sonders auf dem Dorf, zu Pessach ihren Nachbarn brachten - und dann vielleicht ihrerseits Ostereier erhielten oder gar an Weihnachten in die allgemeine Bescherung einbezogen wurden.[45] Diese Kontakte gaben dem Leben zusätzliche Farben, die in konfessionell einheitlichen Dörfern und Kleinstädten fehlten. Natürlich will ich mit diesen Beispielen das Zusammen- oder wohl eher Nebeneinanderleben nicht idealisieren und schon gar nicht den Antisemitismus ausblenden, aber doch auf einen Aspekt aufmerksam machen, der uns heute, nach der nationalsozialistischen Judenverfolgung, kaum noch vorstellbar scheint und uns *ohne* autobiographische Zeugnisse vielleicht nicht einmal mehr als Möglichkeit in den Sinn käme.

Wie Juden mit ihrem Leben die deutsche Kultur bereicherten, zeigen auch die Romane Georg Hermanns, die so viele Leser fanden und von jüdischen wie nichtjüdischen Kritikern gleichermaßen als authentische Schilderung des jüdischen bürgerlichen Milieus gewürdigt wurden.[46] Aber *Jettchen Gebert* und *Henriette Jacoby* zeigen nicht nur die deutsche bürgerliche Seite der Juden. Umgekehrt konnten sich Juden darin auch als Juden wiederfinden. So schrieb Siegfried Jacobsohn 1915 in der *Schaubühne* darüber: "Mein Volk in hundert Vertretern; mein Geschlecht bis ins vierte und fünfte Glied; mein Fleisch, meine Knochen und meine Nerven. Irgendwie steck' ich in jeder Figur. Dieser mein Anteil hilft jede vollenden. Ich dichte mit."[47]

Das verweist uns nun seinerseits darauf, daß die deutsche Kultur der Juden, so, wie sie sie im Alltag lebten, mit der ihrer christlichen Nachbarn nicht völlig identisch war. Vielmehr hatten sie aus der Verbindung der jüdischen Überlieferung in ihren verschiedenen Bestandteilen einerseits und der deutschen Kultur ihrer Umwelt andererseits etwas Neues, Eigenes entwikkelt, eine deutschjüdische Kultur, die ihr ganzes Leben durchdrang - und bis zur neuen Synagogenmusik reichte.

Dabei zeigen insbesondere auch die regionalen Varianten, etwa in Hessen, Bayern und Schwaben, daß diese deutschjüdische Kultur nicht nur das Ergebnis konsequenter Umsetzung aufgeklärter Forderungen nach Aneignung der deutschen Hochsprache und der deutschen Kultur allgemein war,

---

[45] Allgemein dazu Kaplan, Freizeit, S. 168. Als Beispiel noch aus den zwanziger Jahren des 20. Jahrhunderts: Liselotte Stern, in: Monika Richarz (Hrsg.), Jüdisches Leben in Deutschland. Bd. 3: Selbstzeugnisse zur Sozialgeschichte 1918-1945, Stuttgart 1982, S. 168-171, hier S. 169.

[46] Hermann, Horch, S. 252.

[47] Siegfried Jacobsohn, Alt-Berlin, in: Die Schaubühne 11, 1915, Bd. 2, S. 515-517, hier S. 516 (entdeckt und bereits zitiert von Horch, Hermann, S. 252).

sondern auch vom Nebeneinander und unmittelbaren Austausch gefördert und geformt wurde, d. h. von der Alltagskultur.

Wenn ich aber von einer deutschjüdischen Kultur spreche, so signalisiert das nicht nur die Angleichung der Juden an ihre Umwelt, sondern zugleich auch die Bewahrung des Eigenen - vielleicht in einer gewandelten Form, aber eben in *der* Form, die das Bewahren in gewandelten Verhältnissen möglich machte. Der Schnell-Schalet und die gesteigerte privat-familiäre Bedeutung religiöser Feste *erhielten* eigene Traditionen und damit die Beziehung zum Judentum. Hat man früher beobachtet, daß Frauen sich die Kultur der Umwelt rascher aneigneten, und daraus geschlossen, daß sie sich deshalb vom Judentum auch schneller entfernten als Männer, so haben die Forschungen der letzten Jahre den Blick darauf gelenkt, daß Frauen gerade durch ihre innerfamiliäre Wirksamkeit die Tradition länger pflegten als Männer - und damit auch das Netzwerk von Verwandten und jüdischen Freunden aufrecht erhielten, das seinerseits ebenfalls der Selbstbewahrung diente.

Bei all diesen Veränderungen zeigen sich aber auch vielfältige Unterschiede innerhalb des Judentums. Zwar war die Richtung der Entwicklung hin zu einer deutschjüdischen Kultur dieselbe, aber Stärke und Tempo differierten doch nach Generation, Geschlecht und Zugehörigkeit zu einer religiösen Teilgemeinschaft. Und auch das Ergebnis konnte unterschiedliche Ausprägungen aufweisen.

Schon der Reformbewegung wie auch der neuen Orthodoxie ging es um die *Bewahrung* des Judentums, die Erhaltung und Förderung jüdischen Selbstbewußtseins. Ähnlich waren am Ende des 19. Jahrhunderts auch in den Vereinen für jüdische Geschichte und Literatur sowie der Gesellschaft für jüdische Volkskunde bewußte und gezielte Bestrebungen zur Erhaltung des Judentums zu erkennen, und sei es in einer eher säkularen Gestalt. Aber auch die Ziele und Organisationsformen dieser Bestrebungen hingen aufs engste mit der deutschen Kultur zusammen.

Was sich in all diesen Phänomenen ausdrückte, war eine Entwicklung, die als Akkulturation beschrieben werden kann: Darunter versteht man "die Begegnung von Elementen verschiedener Kulturen und ihre Synthese zu einer neuen Einheit."[48] Dieser Begriff rückt, anders als früher, nicht mehr die Anpassung an das *Andere* ins Zentrum, um sie als Verlust des *Eigenen* zu

---

[48] Herbert A. Strauss, Akkulturation als Schicksal, Einleitende Bemerkungen zum Verhältnis von Juden und Umwelt, in: Herbert A. Strauss/Christhard Hoffmann (Hrsg.), Juden und Judentum in der Literatur, München 1985, S. 9-26, hier S. 9.

deuten, sondern macht darauf aufmerksam, daß aus der Verbindung der eigenen Kultur mit der Kultur der Umwelt eine neue, umfassende Synthese entstand.[49]

In diesem Sinn ist der koschere Rehbraten als eine Konkretisierung der Akkulturation zu verstehen: Durch langes Leben in Mitteleuropa hatten sich Juden den Geschmack der Umwelt angeeignet - und die Angehörigen ihrer wohlhabenden Schicht wollten deshalb auch das hier übliche Wild genießen; die Weltläufigkeit, die damit einherging - und die dieses vielleicht auch demonstrieren sollte -, zeigt sich auch im Namenswechsel des Restaurants, vom hebräischen "Baruch" zum Namen einer internationalen Metropole: "New York". Gleichzeitig bewahrten diese Juden aber das Wesentliche, Eigene: die Kaschrut. Mit ihrem Hineinwachsen in die deutsche Umwelt und der Bewahrung der eigenen Tradition hatten sie sich etwas Neues geschaffen: eine deutschjüdische Kultur, die vom koscheren Rehbraten über die Lektüre der Zeitschrift "Im deutschen Reich", der "Frankfurter Zeitung" und der Romane Fontanes bis zum Schiller-Schluß in Schulaufsätzen über Jesaja und der deutschen Predigt ihres Rabbiners und Seelsorgers reichte. Mit dieser Kultur waren die Juden trotz mancher Sorgen, aber noch *ohne* das schreckliche Wissen, das *wir* von ihrer Zukunft haben, in Deutschland "zu Hause".[50]

---

[49] Genauer zum Konzept der Akkulturation und ihrem Ergebnis, das als "Subkultur" gekennzeichnet werden kann, sowie zur Problematik der Begriffe "Assimilation", "Dissimilation" und "Symbiose" s. die beiden Schlußkapitel meines Forschungsberichts: Trude Maurer, Die Entwicklung der jüdischen Minderheit in Deutschland (1780-1933). Neuere Forschungen und offene Fragen, Tübingen 1992, S. 157-179.

[50] Hermann Gerson, Mitglied der zionistischen Jugendbewegung "Werkleute", schrieb noch 1935: "Es wird nie etwas geben, was mir die Bach-Messen und die George-Gedichte unnötig machte; ich *will* es gar nicht finden." Und später, in Palästina, schrieb er über Deutschland: "Wir fühlten uns wirklich zu Hause." Zitiert nach Peter Gay, In Deutschland zu Hause ... Die Juden der Weimarer Zeit, in: Arnold Paucker (mit Sylvia Gilchrist und Barbara Suchy, Hrsg.), Die Juden im Nationalsozialistischen Deutschland 1933-1943, Tübingen 1986, S. 31-43, hier S. 41.

Rachel Heuberger

Die Rolle der Frau im Judentum

Das Judentum in seinen mannigfaltigen Formen ist niemals eine statische Religion gewesen, sondern stellt eine Glaubens- und Lebensform dar, die stets auch von den wechselnden Geisteshaltungen und Praktiken seiner Mitglieder beeinflußt wurde. Im Laufe der Jahrhunderte sind die Geschlechterrollen unterschiedlich festgelegt worden, was wiederum Rückwirkungen auf das jüdische Religionsgesetz gehabt hat. Somit sind die Aussagen zur Rolle der Frau im Judentum immer vielschichtig und können stets nur bezogen auf den konkreten Lebenszusammenhang verstanden werden. Hinzu kommt, daß auch in den biblischen und nachbiblischen Schriften keine eindeutige Formulierung, sondern eine Vielfalt von gegensätzlichen Hinweisen zu finden ist.

Zudem bestehen heutzutage verschiedene Strömungen des Judentums, neben der Orthodoxie haben sich das Konservative und das Reformjudentum als zahlenmäßig größere Bewegungen entwickelt, in denen die jüdische Frau ganz andere religiöse und gesellschaftliche Funktionen einnimmt, als im orthodoxen Judentum. Dennoch bleibt die orthodoxe Ausrichtung als Ausgangsposition zur Beantwortung der Frage nach der Rolle der Frau im Judentum weiterhin relevant, denn es bildet die Grundlage für die modernen Entwicklungen.

Das Selbstverständnis jüdischer Frauen von heute und die gegenwärtigen Auseinandersetzungen um ihre Stellung innerhalb der jüdischen Gemeinschaft, ist nur nach Kenntnis der Rolle der Frau im traditionellen, d.h. im orthodoxen Judentum zu verstehen. Schließlich war das orthodoxe Judentum bis vor 200 Jahren die einzige Form jüdischer Religionsausübung und es bildet noch immer die normative Basis, an der sich alle Entwicklungen innerhalb des Judentums messen müssen. Auch die modernen jüdischen Frauen, seien sie religiös oder säkular, sind von dem über Jahrhunderte tradierten Bild der Frau und ihrer Rolle im orthodoxen Judentums geprägt und müssen sich mit diesem auseinandersetzen.

Das orthodoxe Judentum hat die Gleichberechtigung der Geschlechter nie propagiert, sondern weist Mann und Frau verschiedene Rollen zu, die als komplementär verstanden werden. Die Frauen werden als gleichwertige Wesen gesehen, gemäß dem Spruch in der Bibel: "Und Gott schuf den Menschen in seinem Bilde, im Bilde Gottes schuf er ihn; als Mann und Weib erschuf er sie" (1. Buch Mose, 1:27). Frauen haben jedoch andere Funktionen in ihrem Leben zu erfüllen als die Männer. Diese Funktionen sind in den heiligen Schriften - in der Thora und im Talmud, einem ausführlichen Gesetzeskompendium, festgelegt. Beide stellen für die orthodoxen Juden die Worte Gottes dar, die nicht verändert werden dürfen und deshalb heute ebenso Gültigkeit besitzen wie in früheren Zeiten. Anstehende Probleme müssen deshalb entweder durch Analogien oder im Licht der gegebenen Prinzipien und Regeln durch neue Kommentare gelöst werden.

Im Laufe der Jahrhunderte haben Rabbiner und Talmudgelehrte die biblischen Schriften und die grundsätzlichen Bestimmungen des Talmuds unentwegt interpretiert, analysiert und kommentiert und so aufeinander aufbauend und sich beziehend neue Erklärungen geliefert. Es entstand eine umfangreiche rabbinische Literatur: Responsen, klassische Gesetzeskommentare wie die des Maimonides, Anleitungen für die religiöse Praxis wie der Schulchan Aruch, aber auch ethische Erbauungsschriften, Gebete und biblische Legenden, die alle zusammen das jüdische Religionsgesetz, die Halacha, bilden und die theoretischen Grundlagen des heutigen orthodoxen Judentums ausmachen. Auf diese Weise hat sich jüdisches Leben nach den Gesetzen der Halacha bis zum heutigen Tag erhalten und dieses wiederum hat die Existenz des jüdischen Volkes jahrhundertelang gesichert. Im folgenden sollen deshalb die Aussagen der Halacha zur Stellung der Frau kurz dargelegt werden.

Die oben zitierte Bibelstelle begründet die prinzipielle Annahme des Judentums, derzufolge Männer und Frauen nicht als ungleich, sondern als unterschiedlich verstanden werden. Frauen werden als ein gesondertes "Kollektiv" angesehen, für die eigene Wertvorstellungen und andere Verhaltensregeln zu gelten haben als für die Männer.[1] So gesehen stellen Frauen das 'andere Geschlecht' im Sinne von Simone de Beauvoir dar. Die grundsätzliche theologische Auffassung im Judentum besagt, daß für "Gott keine Werthierarchien innerhalb der Menschen bestehen, und Frauen nicht

---

[1] Adin Steinsaltz, The essential Talmud, Northvale 1992, S. 137 ff.

minderwertiger sind als Männer...Andererseits repräsentiert der Ehemann eine Haltung, die sich auf das tägliche Leben und die soziale Realität gründet, in der es Unterschiede des...Lernens, und natürlich des Geschlechts gibt. Frauen sind den Männern in wirtschaftlicher Macht, sozialem Ansehen, gesetzlichen Rechten und religiöser Rolle und Bedeutung unterlegen."[2]

Somit ist zwar in absoluten moralischen und geistigen Kategorien das Leben der Frau gleich dem des Mannes, ihr konkretes Alltagsleben wird durch die Unterwerfung unter den Mann geprägt. Diese Spannung spiegelt sich bereits im 1. Buch Mose, in den zwei Schöpfungsmythen, wider. In der ersten Erzählung wird die Frau gleich dem Manne *"im Bilde Gottes"* (siehe oben) geschaffen, einige Kapitel weiter wird sie geschaffen, um die Bedürfnisse des Mannes zu erfüllen. Denn als Strafe dafür, daß die Frau Gottes Verbot mißachtete und die Frucht vom Baum der Erkenntnis aß, steht geschrieben: "Zum Weibe sprach er: Groß sollen sein die Schmerzen deiner Mutterschaft, in Schmerzen sollst du Kinder gebären, nach deinem Manne sei dein Verlangen und er wird über dich herrschen (1. Buch Mose, 3:17)."

Doch bereits der Schöpfungsbericht der Frau läßt sich auf verschiedene Art deuten. So heißt es: "Und Gott der Ewige bildete die Rippe, die er von dem Menschen (auf hebräisch Adam) genommen hatte, zu einem Weibe und brachte es dem Menschen. Da sprach der Mensch: Diesmal ist es Bein von meinem Bein und Fleisch von meinem Fleisch; diese soll Männin (auf hebräisch Ischa) heißen, denn diese ward vom Manne (Isch) genommen (1. Buch Mose, 2:22-23)." Daraus lesen Feministinnen heraus, daß auch der Mann erst mit der Schaffung der Frau seine eigentliche männliche Komponente erhielt. Zuvor war er nur Adam, ein undefiniertes Wesen aus Erde, nun ist er mit der Schaffung der Frau zum Mann bestimmt worden.

In ähnlichem Sinne deutet Adin Steinsaltz, der als bedeutendste lebende rabbinische Autorität gilt und eine neue Gesamtausgabe des Talmuds in Angriff genommen hat, diese Sprüche. Steinsaltz übersetzt das hebräische Wort "Zela" nicht wie üblich mit Rippe, sondern mit Seite und erklärt die Erschaffung der Frau als eine Trennung der beiden Geschlechtsmerkmale des Menschen. Adam war ursprünglich als androgynes Wesen, als eine Verbindung von männlichen und weiblichen Eigenschaften, geschaffen worden. Mit der Trennung der weiblichen "Seite - Zela", konnten sich

---

[2] Rachel Biale, Women and Jewish Law, New York 1984, S. 14.

auch die männlichen Merkmale herausbilden. Der Mann wurde somit nach der Frau und als Konsequenz ihrer Schöpfung erschaffen.

Diese Deutung, die eine Umkehr der bislang angenommenen Reihenfolge darstellt, zeigt, wie unterschiedlich die Texte auch im traditionellen Judentum interpretiert werden können und wie auf diese Weise eine neue Ausgangsbasis für zukünftige Neuorientierung geschaffen werden kann. Ein weiteres Beispiel stellt ein ganz anderer, sehr bekannter Text aus der hebräischen Bibel dar, das *"Lob der tüchtigen Frau"* aus den Sprüchen Salomons:

"Eine tüchtige Frau - wer mag sie finden ? Weit über Perlen geht ihr Wert. Das Herz ihres Gatten kann sich auf sie verlassen und an Gewinn wird es (ihm) nicht fehlen. Sie erweist ihm Gutes und nichts Böses während ihrer ganzen Lebenszeit. Sie trägt Sorge für Wolle und Flachs und schafft dann mit arbeitsfreudigen Händen. Sie gleicht den Schiffen eines Kaufmannes: von fernher beschafft sie den Bedarf für ihren Haushalt. Sie steht auf, wenn es noch Nacht ist, und gibt Kost heraus für ihre Hausgenossen und weist den Mägden ihr Tagwerk an. Sie faßt den Ankauf eines Ackers ins Auge und erwirbt ihn auch; vom Ertrag ihrer Handarbeit legt sie einen Weinberg an. Sie gürtet die Hüften mit Kraft und regt die Arme, ohne zu ermatten. Sie merkt, daß ihr Schaffen Segen bringt: auch nachts erlischt ihre Lampe nicht. Sie legt ihre Hände an den Spinnrocken und ihre Hände ergreifen die Spindel. Dem Elenden bietet sie ihre Hand (schenkend) dar und streckt dem Dürftigen ihre Arme entgegen. Sie braucht für ihre Hausgenossen vom Schnee nichts zu fürchten; denn ihr ganzes Haus ist in Scharlachwolle gehüllt. Sie fertigt sich Decken an; Linnen und Purpur bilden ihre Kleidung. Hochgeachtet ist ihr Gatte in den Toren, wenn er mit den Ältesten des Landes Sitzung hält. Seine Unterkleider fertigt sie an und verkauft sie, und Gürtel liefert sie dem Kaufmann. Kraft und Würde sind ihr Gewand, und so sieht sie dem kommenden Tage unbesorgt entgegen. Den Mund öffnet sie zu einsichtsvoller Rede, und freundliche Unterweisung liegt auf ihrer Zunge. Sie überwacht alle Vorgänge in ihrem Hause und ißt nie das Brot des Müßigganges. Ihre Söhne (oder Kinder) treten hin und preisen sie glücklich; ihr Gatte tritt hin und rühmt sie: 'Es gibt wohl viele Frauen die Tüchtiges geleistet haben, doch du übertriffst sie alle!' Anmut ist trügerisch und Schönheit vergeht, aber ein gottesfürchtiges Weib ist des Lobes wert. Laßt sie den Lohn ihres Schaffens genießen, und was sie geleistet hat, möge ihren Ruhm in den Toren verkünden!" (Sprüche Salomons 31, 10-31).

Diese Textstelle aus den Sprüchen Salomons, in denen den Frauen höchste Anerkennung gezollt wird, gehört zu den Gebeten, die traditionsgemäß von orthodoxen jüdischen Männern am Freitag abend gesungen werden, um den Schabbat einzuleiten. Sie sind integraler Bestandteil der jüdischen Religionspraxis und jedem Juden, der im Rahmen seiner Tradition aufwächst, nicht nur als Bibeltexte geläufig, sondern werden auch als eigenes Bekenntnis jede Woche neu bekräftigt. Man sollte meinen, daß durch das allwöchentliche Ritual, mit dem die im Text zum Ausdruck gebrachte Wertschätzung und Anerkennung der Frau von den Einzelnen stets von neuem wiederholt wird, auch die inhaltlichen Aussagen zum wichtigen Stellenwert der Frau im Laufe der Jahrhunderte zum jüdischen Allgemeingut hätte werden müssen.

Doch bereits diese Sprüche können als Beispiel dafür dienen, um das Dilemma der Stellung der Frau im Judentum zu verdeutlichen. Problematisch ist nicht nur, daß die Frau lediglich in ihrer traditionellen Rolle dargestellt, ihr Wert und Stellenwert somit nicht als solcher anerkannt wird, sondern von ihrer Pflichterfüllung abhängt. Viel weitreichender und für die eigentliche Einschätzung der Frauenrolle viel relevanter ist jedoch die Tatsache, daß die traditionelle jüdische Textauslegung diese Sprüche gar nicht als simples *"Lob der tüchtigen Frau"* versteht, sondern sie als Allegorie auf die Thora, die jüdische Glaubenslehre, interpretiert. Für viele waren daher wohl mit der *"tüchtigen Frau"* keineswegs die realen Frauen, sondern die Thora, die Lehre, gemeint, die lediglich in weiblicher Form charakterisiert wird, eine in den biblischen Texten geläufige Praxis, in denen auch der Schabbat, der jüdische Ruhetag, als Braut Gottes dargestellt wird.

Diese Textstelle in ihren verschiedenen Auslegungsmöglichkeiten stellt lediglich ein weiteres Beispiel dar und besitzt doch zugleich Symbolcharakter für die Einschätzung der Frauenrolle im Judentum. Denn so wie diese gibt es zahlreiche andere Textstellen, die von den jüdischen Männern über Jahrhunderte bis heute gänzlich verschieden interpretiert wurden und werden und damit auch die gesamte Bandbreite in der Einstellung zur Frauenrolle ermöglichen.

Diese dem Judentum inhärenten Gegensätze von religiöser Gleichwertigkeit und realer Diskriminierung, sowie die Möglichkeiten unterschiedlicher Schriftauslegung, haben im Laufe der Jahrhunderte im orthodoxen Judentum eine Eigendynamik entwickelt, in der der offensichtliche patriarchalische Charakter durch feministische Elemente, wie die hohe Achtung und vor allem Selbstachtung der orthodoxen jüdischen Frau, abgeschwächt wurde.

Grundlage der traditionellen jüdischen Religionspraxis sind die Mizwoth, die göttlichen Gebote. Während Männer und Frauen gleichermaßen alle Verbote (Du sollst nicht...) und Gebote (Du sollst...), die nicht an eine bestimmte Zeit gebunden sind, einhalten müssen, sind Frauen von jeder religiösen Pflicht befreit, die an eine bestimmte Zeit gebunden ist. Diese Regel ist im Babylonischen Talmud, Traktat Kiddushin 34a , niedergelegt, wo auch beispielhaft zeitgebundene Gebote aufgeführt werden, die von Frauen nicht erfüllt werden müssen. Dazu zählen u.a. das Gebot drei mal täglich zu beten, morgens Tefillin (Gebetsriemen) anzulegen, in der Sukkah (Laubhütte) zu essen, um nur einige zu nennen.[3] Begründet wird dies damit, daß Frauen zu sehr mit ihren Kindern und ihrem Haushalt beschäftigt seien, als daß sie Pflichten übernehmen könnten, die an feste Zeiten gebunden sind. Aus dieser Formulierung der Entlastung der Frau wurde in vielen Fällen sehr schnell ein Verbot, so daß sich die Festlegung des Talmuds, daß die Frau von bestimmten, nämlich den zeitgebundenen Geboten befreit ist, dahin umkehrte, daß den Frauen in manchen Fällen verboten wurde, diese Handlungen vorzunehmen, wie z. B. das morgentliche Anlegen der Tefillin (Gebetsriemen). Dies wiederum hatte weitreichende Folgen für die Rolle der Frau in der jüdischen Öffentlichkeit.

Bereits im gemeinsamen öffentlichen Gottesdienst zeigt sich die unterschiedliche Stellung der Geschlechter. Männer und Frauen sitzen getrennt, wobei die Männer den aktiven Teil der Gottesdienstgestaltung übernehmen. Nur sie stellen den Vorbeter und nur sie dürfen aus der Thora vorlesen, während die Frauen, meist hinter einem Vorhang oder auf einer Empore sitzend, dem Gottesdienst lediglich folgen können. Als Folge ihrer Befreiung vom Gebot des täglichen Gebetes werden Frauen auch nicht zum Minjan, der Mindeszahl von zehn Personen, gezählt, die für einen gemeinsamen Gottesdienst mit Kollektivcharakter anwesend sein müssen (Minjan bedeutet daher stets eine Gruppe von zehn Männern). Somit können Frauen im öffentlichen Gebet nach orthodoxem Ritus keinerlei Funktionen übernehmen und haben weder Pflichten noch Rechte, obwohl das Gebet zu den religiösen Pflichten eines jeden orthodoxen Juden, auch der Frauen gehört und eine zentrale Rolle im täglichen Leben spielt.[4]

Auf den ersten Blick erscheint die Tatsache, daß die realen Lebensumstände der Frauen in Betracht gezogen und ihnen deshalb in der alltäglichen Religionsausübung Erleichterungen gewährt wurden, indem sie nicht zu zeitlich gebundener Gebotsausübung verpflichtet sind, als eine an den Bedürfnissen der Frauen orientierte Einstellung. In der Realität diente die Befreiung der Frau von einem Teil der religiösen Pflichten im Laufe der

---

[3] Für eine ausführliche Erläuterung dieser Textpassage siehe: Rochelle L. Millen, An Analysis of Rabbinic Hermeneutics: B. T. Kiddushin 34a, in: Tamar M. Rudavsky (Hrsg.), Gender and Judaism. The transformation of tradition, New York 1995, S. 25-37.
[4] Adrienne Baker, The Jewish Woman in Contemporary Society. Transitions and Traditions, New York 1993, S. 48.

Geschichte jedoch stets dazu, sie von dem für orthodoxe Juden so essentiellen Bereich der Religionspraxis auszuschließen.

Frau und Familie

Während der Mann im Zentrum des religiösen Lebens steht, soll die Frau vor allem in der Familie wirken. "Die Ehre einer Frau ist im Inneren" heißt es, jede öffentliche Aktivität ihrerseits eigentlich unerwünscht. Heim und Familie wurden zu ihrer Domäne und zu einem Synonym für die Frau. Die Familie spielte stets eine zentrale Rolle im Judentum. Für die in der Diaspora zerstreuten Juden, die innerhalb fremder Kulturen und andersartiger Religionen als Minderheit lebten, war es die Familie, die den Juden als ihre Wurzeln diente, ihr Überleben ermöglichte und ihnen Sicherheit gab. Die Bedeutung der Familie als Vermittlerin religiöser und ethnischer Identität stärkte die Stellung der Frau, die innerhalb der Familie eine wichtige Rolle innehatte.

Der Frau oblag die Verantwortung für die Einhaltung der rituellen Speisegesetze, der Kaschrut, eines der Grundpfeiler des orthodoxen Judentums. Sie hatte nicht nur für die konkrete Durchführung der zahlreichen Regeln beim Kochen zu sorgen, sondern auch dafür, daß die Kinder diese Speisegesetze erlernten und einhielten, sowie die damit verbundene Vorbereitung für den Schabbath und die Feiertage. Zu den wichtigsten Mizwoth, die Frauen hierbei zu beachten haben, gehören die Vorschriften für die Challa (d.i. das Gebot beim Backen von Brot einen kleinen symbolischen Teigteil abzusondern in Erinnerung an die Tempelopfer) sowie das Anzünden der Schabbatlichter, die den Beginn des Schabbats symbolisieren. In beiden Fällen muß die Frau spezielle Segenssprüche hierfür aufsagen. Auch die Durchführung des Pessachfestes, an dem sich nichts Gesäuertes im Haus befinden darf (dies beinhaltet nicht nur Brot und Mehlspeisen, sondern alle gesäuerten Lebensmittel) erfordert ebenso wie alle anderen Gebote von den Frauen genaue Kenntnisse der komplizierten Details des Ritualgesetzes und überträgt ihnen eine wichtige Rolle in der Vermittlung der jüdischen Religionspraxis.

Auf diesem Hintergrund ist auch das in der Literatur weitverbreitete Klischee der *"jiddischen Mamme"* entstanden, der zur Selbstaufgabe bereiten Mutter, die sich in ständiger Sorge um ihre Kinder verzehrt. Essen und Liebe werden zu synonymen Attributen dieser Frau, einer Art Übermutter, die gleichzeitig jegliche Selbstständigkeit mit ihrem uneingeschränkten

Besitzanspruch bereits im Keim erstickt.[5] So konnte sich der Mythos der jüdischen Frau als die zentrale Instanz in der Vermittlung des Judentums an ihre Kinder entwickeln. Dies stellt allerdings eine grobe Vereinfachung dar, die einiger Einschränkungen bedarf. Denn erstens blieben das Lernen und Lehren stets die traditionelle Domäne des Mannes - in der Person des Vaters und des melamed (Lehrers) - und zweitens waren es zwar die Frauen, die religiösen Feiern im Hause ermöglichten, den Vorsitz behielten jedoch die Männer. Dennoch ist die Darstellung der Frauen als Trägerinnen und Vermittlerinnen von Kultur nicht falsch und war vor allem für das positive Selbstverständnis jüdischer Frauen konstruktiv. Denn hiermit wurde auch den Frauen gewisse Macht zugestanden und es fand schon früh eine allgemeine Anerkennung des Wertes der Mutterrolle statt, die sicherlich auch die Lehre durch das eigene Beispiel beinhaltete.[6]

Eine vorbildliche Frau hatte sich jedoch nicht nur um die Kinder und den Haushalt zu kümmern, sondern führte oftmals auch die Geschäfte, um auf diese Weise ihren Mann von den weltlichen Pflichten so weit wie möglich zu entlasten und ihm ein möglichst ungehindertes Thorastudium zu ermöglichen. Zu den herausragenden jüdischen Frauengestalten in Deutschland zählt Glückl von Hameln, die von 1645 - 1724 in Hamburg lebte und die der Nachwelt durch die Aufzeichnung ihrer Erinnerungen "Sichronot" als erfolgreiche Geschäftsfrau bekannt geworden ist. Glückl wurde 1645 als Tochter des Vorstehers der in Hamburg lebenden Juden geboren und heiratete mit 14 Jahren Chaim Goldschmidt aus Hameln (daher der Name). Mit ihrem Mann betrieb sie in Hamburg einen ausgedehnten Gold-, Perlen- und Juwelenhandel und zählte zu den höchstbesteuerten Mitgliedern der Gemeinde. Nach dem Tod ihres Mannes im Jahre 1689 führte Glückl die Geschäfte zuerst alleine fort und gründete auch eine Fabrik für Strümpfe. Im Jahre 1700 heiratete sie in Metz den Bankier Cerf Levy und verstarb dort 1724. In ihren Erinnerungen, die sie für ihre Kinder (sie hatte insgesamt 12) niederschrieb, werden nicht nur ihre geschäftliche Selbständigkeit und Fähigkeiten deutlich, sondern auch ihre Kenntnis der Bibel und des rabbinischen Schrifttums.

---

[5] Gladys Rothbell, The Jewish Mother, Social Construction of a Popular Image, in: Steven M. Cohen und Paula E. Hyman (Hrsg.), The Jewish Family, Myth and Reality, New York 1986, S. 123.

[6] Paula Hyman, The Jewish Family, Looking for a Usable Past, in: Susanna Heschel (Hrsg.), On Being a Jewish Feminist. A Reader, New York 1983, S. 21.

Die wirtschaftlichen Aktivitäten jüdischer Frauen im Laufe der Geschichte haben zwar zu einer Abschwächung der traditionellen Geschlechterrollen geführt, die zweitrangige Stellung der Frau im Leben der Gemeinde jedoch nicht beseitigt. Folglich nimmt die Frau im orthodoxen Judentum, im religiösen Leben der Gemeinde, eine zweitrangige Stellung ein. Sie ist von wichtigen Ämtern ausgeschlossen, so z.B. das des Rabbiners und wird vor Gericht in bestimmten Fällen nicht als Zeugin gehört. An den drei folgenden Themen soll die Diskrepanz zwischen den Grundsätzen des orthodoxen Judentums und den Forderungen der modernen Frauenbewegung exemplarisch dargestellt werden.

Frau und Thora-Studium

Die Handhabung der Zulassung von Frauen zum Thora- und Talmudstudium, dessen Kenntnis die Voraussetzung für religiöses Mitbestimmen und eigenverantwortliches Handeln bildet, ist ein klassisches Beispiel für die Rolle der Frau im Judentum durch die Jahrhunderte.

Limud Thora - das Thora-Studium ist jedem Juden als ständige Verpflichtung auferlegt. Grundlage hierfür bietet folgender Bibelspruch aus dem Buch Josua: "Das Buch dieses Gesetzes sei allezeit auf deinen Lippen, sinne darüber Tag und Nacht, daß du darauf achtest, alles zu halten, was darin geschrieben ist..." (Josua 1:8). Frauen werden jedoch von dieser Verpflichtung ausgenommen, da in den entprechenden Verse in den Fünf Büchern Moses, die sich auf das Lernen der Thora beziehen, stets das hebräische Wort für "Söhne" (Levanecha) benutzt wird. So steht geschrieben: "Schma Israel, Höre Israel! Der Ewige ist unser Gott, der Ewige ist Einer. Du sollst den Ewigen, Deinen Gott, lieben, mit deinem ganzen Herzen, mit deiner ganzen Seele und mit deinem ganzen Vermögen. Und diese Worte, die ich dir heute befehle, sollen dir im Herzen bleiben. Du sollst sie deinen Söhnen (in Hebräisch = Levanecha) einschärfen und von ihnen sprechen wenn du in deinem Hause weilest und wenn du unterwegs bist, wenn du dich niederlegst und wenn du aufstehst" (5. Buch Mose, 6, 4-8). Einige Kapitel weiter heißt es in den folgenden Versen: "So leget denn diese meine Worte an euer Herz und in eure Seele, bindet sie zum Zeichen an eure Hand, sie seien als Denkband zwischen euren Augen. Und lehret sie eure Söhne und sprich von ihnen, wenn du in deinem Hause weilest und wenn du unterwegs bist, wenn du dich niederlegst und wenn du aufstehst" (5.

Buch Mose, 11, 18-19). Allerdings wird in den Bibel-Übersetzungen ins Deutsche im allgemeinen der Begriff "Kinder" verwandt.

Die Aussagen der Gelehrten im Talmud sind hierzu widersprüchlich. Während sich einige für das Thorastudium von Frauen aussprachen und glaubten, daß auch die Töchter Thora lernen sollten, war Eliezer Ben Hyrcanus strikt dagegen und legte fest: "Derjenige, der seine Tochter Thora lehrt, lehrt sie die Lüsternheit" (Talmudtraktat Sotah 3:4). Obgleich Hyrcanus oftmals mit seiner Meinung eine Minderheitsposition unter den Talmudgelehrten seiner Zeit einnahm, wurde er in dieser Aussage allgemein anerkannt und befolgt. Gleichzeitig wird im Talmud durchaus auch eine Frau als Gelehrte erwähnt, und zwar Berurya, die Frau des Tannaiten Meir. Sie galt als Vorbild an Klugheit und Gelehrsamkeit und wurde sogar als Maßstab für die Schwierigkeiten des Gesetzestextes zitiert. So findet sich die folgende Stelle im Talmud, in der ein arroganter Schüler von seinem Lehrer zurechtgewiesen wird, indem dieser zu ihm sagt: "Selbst Berurya, die einmal 300 Gesetze von 300 Tannaiten an einem Tag lernte, brauchte für diesen Text lange Zeit, um ihn zu verstehen. Was läßt dich glauben, du könntest diese Stelle schneller studieren als sie."[7]

Im Laufe der Jahrhunderte gab es zwar bedeutende jüdische Gelehrte wie z.B. Maimonides, die eine kompromißbereitere Position eingenommen und die Absicht der Bibel dahingehend interpretiert haben, daß eine Frau (im Gegensatz zum Mann) nicht verpflichtet ist Thora und Talmud zu lernen, dazu allerdings aus freiwilligem Entschluß durchaus berechtigt ist. Letztendlich aber blieb die negative Einstellung zum religiösen Studium der Mädchen und Frauen bis ins 19. Jahrhundert die gängige Praxis. Frauen wurden in der Regel vom Studium der heiligen Schriften ferngehalten und nur wenigen gelang es, diese Diskriminierung zu durchbrechen.

In Folge der Aufklärung und den im 19. Jahrhundert auch für Frauen wachsenden Bildungsmöglichkeiten, änderte sich die Situation im orthodoxen Lager. Im Kampf gegen antireligiöse Strömungen und um zu verhindern, daß mehr und mehr Frauen sich säkularen Studien zu- und von der Religion abwandten, begannen nun auch bislang strikte Gegner einer formalen Mädchenerziehung umzudenken. Chafetz Chaim, eine allgemein anerkannte rabbinische Autorität, formulierte es zu Beginn des zwanzigsten Jahrhunderts folgendermaßen: "Früher, als eine Frau im Hause ihres Vaters wohnte ... schien keine Notwendigkeit zu bestehen, sie in der Thora

---

[7] Adin Steinsaltz, a.a.O., S. 138.

zu unterweisen; aber heutzutage, wenn Frauen nicht mehr auf das Haus beschränkt sind und ihnen die säkulare Erziehung offensteht, muß man sie Thora lehren, um zu verhindern, daß sie das Judentum verlassen und ihre traditionellen Werte vergessen."[8]

Mit dieser Stellungnahme wurde ein langjähriges Verbot nun geradezu zu einer Mitzwa, einem Gebot und fortan sollte das Thora-Studium allen Frauen, und nicht nur in Ausnahmefällen, offenstehen. Zunehmend wurden religiöse Schulen für Mädchen gegründet, in denen das Studium der heiligen Schrift ernsthaft betrieben wurde. Ein Beispiel hierfür ist das orthodoxe Schulwerk "Beth-Jakob", das vor knapp 100 Jahren in Polen gegründet wurde und heute ein weitverzeigtes Netz von schulischen Einrichtungen in zahlreichen jüdischen Gemeinden in aller Welt unterhält. Heute ist das Studium religiöser Schriften von Mädchen und Frauen zu einer Selbstverständlichkeit geworden. In einer Vielzahl von unterschiedlichen Lehrinstituten werden Frauen im Talmud unterrichtet und es gibt einige orthodoxe Frauen, deren Autorität in religionsgesetzlichen Fragen auch von der Orthodoxie anerkannt wird.

Frau und Scheidung

Am deutlichsten wird die Stellung der Frau als Objekt und nicht als gleichberechtigtes Subjekt in ihrem Rechtstatus sichtbar. Vor allem im Personenstandsrecht wird drastisch die Unterordnung der Frau unter den Mann deutlich und insbesondere bei einer Scheidung. Ehe und Scheidung gelten im Judentum, im Gegensatz zum Katholizismus, nicht als Sakramente, sondern sind im jüdischen Gesetz als rechtskräftige Verträge verankert. Die Ehe wird hierbei als Vertrag verstanden, der im gegenseitigen Einvernehmen zustande kommt und durch die Scheidung auf legitime Weise gelöst werden kann. Im Vergleich zum Islam wurden auch weitreichende Maßnahmen zum Schutze der Frau im Falle einer Scheidung getroffen. Das Problem liegt jedoch darin, daß nur der Mann die Scheidung aussprechen kann. Er ist es, der den Scheidebrief (Get) schreibt, diesen seiner Frau überreicht und sie damit freigibt. Eine Frau kann zwar die Scheidung verweigern, nicht jedoch sie durchführen. Ebensowenig kann eine Frau die Scheidung vom Rabbinatsgericht erlangen, sondern lediglich erwirken, daß der Scheidungsgrund anerkannt wird. Zu den anerkannten

---

[8] zitiert in: Moshe Meiselman, Jewish Woman in Jewish Law, New York 1978, S. 40 ff.

Scheidungsgründen zählt z. B. die Vernachlässigung der ehelichen Pflichten sowohl in materieller als auch in sexueller Hinsicht, die Beschränkung der persönlichen Freiheit der Frau oder die Aufhebung der Lebensgemeinschaft. Die konkrete Auslegung im Einzelfall bleibt den Richtern auf der Grundlage der talmudischen und rabbinischen Quellen überlassen.

In keinem Fall kann jedoch das rabbinische Gericht die Scheidung, die vom Ehemann ausgehen muß, aussprechen. Es kann lediglich versuchen, den Ehemann mit verschiedenen Zwangsmaßnahmen, bis hin zu seiner Inhaftierung, dahingehend zu beeinflussen, daß er den Scheidebrief, den Get, ausstellt. Eine getrennte Frau, die von ihrem Mann keinen Scheidebrief erhalten hat, ist eine Aguna - eine gebundene, angekettete d.h. unfreie Frau (Aguna kommt von dem hebräischen Wort Ogen, der Anker), die über ihr weiteres Leben nicht frei entscheiden und vor allem keine neue Ehe eingehen kann.

Die völlige Machtlosigkeit der Rabbiner in bezug auf das Schicksal der Agunot, der verlassenen Frauen, demonstriert offenkundig die Ungleichheit der Geschlechter im orthodoxen Judentum. In den letzten Jahren ist es verstärkt zu großen Protestaktionen von seiten der Frauen gekommen, denen sich auch die orthodoxen Frauen angeschlossen haben. So organisiert zur Zeit der International Council of Jewish Women eine weltweit durchgeführte Unterschriftensammlung für eine Petition, in der die Oberrabbiner von Israel aufgefordert werden, ein Religionsgericht einzuberufen, das sich mit den Mißständen im jüdischen Scheidungsrecht befaßt. Gleichzeitig hat die zunehmende Zahl von Agunot, von verlassenen Frauen ohne Scheidungsbrief (es gibt allein in Australien und im Staat New York etwa 15 000 - 20 000 Agunot) den orthodoxen Rabbinern die Dringlichkeit des Problems vor Augen geführt und einige von ihnen veranlaßt, Überlegungen anzustellen, wie dem Problem abzuhelfen sei. Verschiedene orthodoxe und konservative Rabbiner in den USA und England haben Vorstöße unternommen, die darauf hinauslaufen, an Stelle der Scheidung die Möglichkeit der Annullierung einer Ehe in Betracht zu ziehen, wenn der Ehemann der gerichtlichen Anordnung nach Ausstellung des Scheidebriefes keine Folge leistet. Auf eine andere Möglichkeit haben sich die orthodoxen Rabbiner Englands geeinigt, nämlich auf die Anerkennung des Prenuptual Agreement - PNA, eines Zusatzes zum jüdischen Ehevertrag, der mit diesem unterzeichnet wird. In diesem Vertrag, der im Februar 1996 in England in Kraft trat, verpflichtet sich der jüdische Ehemann ausdrücklich im Falle einer eventuellen Scheidung, den Get nicht zu verweigern. Bei

Nichteinhaltung soll der Ehemann mit finanziellen Bürden und dem Entzug von begehrten Gemeindeprivilegien bestraft werden.[9]

Doch bislang haben sich alle Refomvorschläge vor orthodoxen rabbinischen Gerichten -mit Ausnahme Englands- nicht durchsetzen können und das ungelöste Problem ist in seiner alten Schärfe erhalten geblieben. Vor allem im Staate Israel, in dem es keine Trennung zwischen Religion und Staat und keine Zivilgesetzgebung im Personenstandsrecht gibt, bilden die Fälle, in denen Frauen jahrelang auf die Scheidung warten müssen, obwohl sie von ihren Männern getrennt leben, weiterhin ein unlösbares juristisches Problem und natürlich und vor allem eine Ungerechtigkeit gegenüber den betroffenen Frauen, die in ständiger Qual leben.

Auch bei Unfällen mit Todesfolge, für die es keine Zeugen gibt, gilt der Mann nicht als tot, sondern lediglich als verschollen. Da laut jüdischem Recht die Ehe nicht durch eine gerichtliche Verschollenheits- oder Todeserklärung nach Ablauf einer bestimmten Frist gelöst werden kann, bleibt die Ehe der als verschollen geltenden Männer mit all den für die Frauen persönlichen Implikationen weiterhin bestehen.

Frauenwahlrecht

Bis zu Beginn dieses Jahrhunderts waren Frauen in jüdischen Gemeinden in ihren gemeindepolitischen Rechten eingeschränkt und durften bei Wahlen zum jüdischen Gemeinderat, dem Organ der Selbstverwaltung, weder wählen noch gewählt werden. Der Ausschluß von der politischen Mitbestimmung bei Gemeindeangelegenheiten beruhte auf einem Verbot des Maimonides aus dem 12. Jahrhundert. Maimonides selbst hatte sich damals auf eine frühere Bibelauslegung, einen Midrasch berufen. Dieser Midrasch widerum hatte die Bibelstelle, in der die Israeliten aufgefordert werden, sich einen König zu ernennen, dahingehend interpretiert, daß es sich hierbei nur um einen männlichen Herrscher handeln könne. Maimonides erweiterte das Verbot, indem er Frauen von jeglichen öffentlichen Ämtern ausschloß.

Eines der erklärten Ziele des 1904 in Deutschland von Bertha Pappenheim gegründeten jüdischen Frauenbundes war die Durchsetzung der Gleichberechtigung bei jüdischen Gemeindewahlen. Im Laufe der zwanziger Jahre konnte die politische Gleichberechtigung der Frau innerhalb der

---

[9] Odette Rosenberg, Die Tragik der Aguna, in: Jüdische Rundschau Maccabi, Nr. 51, 21. 12, 1995, S. 13 und Tanja Kröni, Fürs Leben - nicht zum Leiden gegeben, ebd., S. 15.

meisten jüdischen Gemeinden durchgesetzt werden, da in diesen mittlerweile die Mehrheit der Mitglieder der jüdischen Reformbewegung angehörte. In einer kleinen Anzahl von mehrheitlich orthodoxen Gemeinden blieb die Gleichberechtigung der Frauen jedoch bis zur endgültigen Vernichtung jüdischen Lebens in Deutschland durch die Nationalsozialisten verwehrt.

Jüdische Reformbewegung

Die jüdische Reformbewegung war zu Beginn des 19. Jahrhunderts in Deutschland entstanden und betonte die universalistisch-ethischen Doktrinen des Judentums. Das jüdische Religionsgesetz, mit seinen rigorosen Bestimmungen, wurde nicht als gottgegeben, sondern als eine historisch entstandene Tradition verstanden, die stets den Anforderungen der Zeit angepaßt werden mußte. Indem die Autorität des jüdischen Religionsgesetzes seine Gültigkeit verlor, konnte auch die Stellung der Frau neu definiert werden. In diesem Sinn hat die jüdische Reformbewegung das Religionsgesetz drastisch verändert und sich für die Gleichheit der Frau in der Religionsausübung ausgesprochen.

Allerdings wurden die Frauen den Männern damit in einem Bereich gleichgestellt, nämlich dem der Religionsausübung, der für diese religiöse Richtung in zunehmendem Maße an Wichtigkeit verlor. Eine der wichtigsten Neuerungen war die Aufhebung der Geschlechtertrennung in der Synagoge. In Reformsynagogen beten die Frauen gemeinsam mit den Männern, können am Chor teilnehmen und müssen dieselben Gebote und Verbote beachten. Und doch hat es auch in dieser Richtung des Judentums noch lange gedauert, bis substantielle Veränderungen vorgenommen wurden und Frauen Rabbiner werden konnten.

In Deutschland war Regina Jonas in den zwanziger Jahren die erste und für lange Zeit die einzige Frau, die an der Berliner Hochschule für die Wissenschaft des Judentums, dem Rabbinerseminar der Reformbewegung, das Rabbinerdiplom erhielt. Doch noch waren die Gemeinden nicht bereit, Frauen als Rabbiner einzustellen. Regina Jonas war deshalb an der Jüdischen Gemeinde in Berlin als Religionslehrerin angestellt, bis sie nach Auschwitz deportiert und dort ermordet wurde.

In den USA wurde 1972 die erste Frau am Hebrew Union College, dem dortigen Rabbinerseminar der Reformbewegung, als Rabbinerin ordiniert. Seither sind ihr zahlreiche Frauen gefolgt. Vor wenigen Jahren hat auch das Konservative Judentum diese Entscheidung getroffen. Im Jahre 1985 entschied das Jewish Theological Seminary, die Ausbildungsstätte der konservativen Rabbiner in den USA, Frauen als Rabbinerinnen zu ordinieren. Diesen beiden Strömungen, der Reform- und der Konservativen-Bewegung, gehören heute die Mehrheit der amerikanischen Juden an. In Israel dagegen hat immer noch die Orthodoxie als einzig anerkannte das Sagen.

Doch selbst im orthodoxen Lager haben sich Frauen in den letzten Jahren verstärkt zu Wort gemeldet und bislang nicht dagewesene Veränderungen herbeigeführt. Ein Beispiel hierfür ist die oben bereits erwähnte Zulassung von Frauen zum Thora- und Talmudstudium und die Anerkennung von einigen als Autoritäten auf diesem Gebiet. Ein anderes Beispiel ist die Tatsache, daß in Israel bereits orthodoxe Frauen beginnen, aktiv an den religiösen Entscheidungen auf kommunaler Ebene mitzuwirken. So wurde 1987 in der Entwicklungsstadt Yerucham eine Frau in den religiösen Rat der Stadt gewählt, während in Efrat eine Frau die Aufsicht über die Kaschrut, d.h. die Einhaltung der rituellen jüdischen Speisegesetze, in den kommunalen Einrichtungen erhielt. Im gleichen Jahr (1987) wurden zwei weibliche Stadträte von Tel-Aviv als Mitglieder in die Kommission gewählt, die den Oberrabbiner von Tel-Aviv-Yaffo bestimmen sollte. Während die Beteiligung der Frauen in den religiösen Gremien im Jahre 1987 noch Stürme der Entrüstung von seiten orthodoxer Rabbiner hervorrief und nur mit Entscheidungen des Obersten Gerichtshofes gegen den vehementen Protest der religiösen Kreise in Israel durchgesetzt werden konnte, wurden 1993 die zwei weiblichen Mitglieder in der Wahlkommission, die die beiden Oberrabbiner von Israel bestimmen sollte, bereits widerspruchslos akzeptiert.[10]

Vor allem aber versuchen orthodoxe Frauen auch im religiösen Bereich aktiver mitzuwirken. In diesem Kontext steht die Wiederbelebung jener frühen biblischen jüdischen Traditionen, in denen die Frauen durchaus eine wichtige Rolle in den rituellen Abläufen innehatten, die jedoch im Laufe der Jahrhunderte von den männlichen Rabbinern unterdrückt wurden. Hierzu gehört die Wiedereinführung des Neumondfestes, das ursprünglich monatlich als ausdrückliches Fest der Frauen gefeiert wurde und im Laufe der Zeit in Vergessenheit geriet, ebenso wie die rituellen Feierlichkeiten

---

[10] Alice Shalvi, The geopolitics of Jewish feminism, in: Gender and Judaism, The transformation of tradition, hg. Tamar M. Rudavsky, New York 1995, S. 239.

bei der Geburt einer Tochter, die Simchat Bat. Auch der rituelle Gehalt des Bar-Mizwah-Festes, dem Fest der religiösen Mündigkeit, die jüdische Mädchen mit zwölf Jahren erlangen, beginnt sich zu verändern. Analog dem Bar-Mizwa-Fest der Jungen, die mit 13 Jahren religiös mündig werden, bilden auch für Mädchen die religiöse Vorbereitung mit Thora-Studium und das Sagen einer Predigt, einer Drascha in der Synagoge, den Inhalt dieses Festes.

Manche Ritualgesetze, die in die Intimsphäre der Beziehung zwischen Mann und Frau eingreifen, werden heute in feministischer Weise uminterpretiert. So beispielsweise die Vorschrift, die den Geschlechtsverkehr zwischen Mann und Frau nur in einer bestimmten Zeit nach der Menstruation erlaubt, und auch dann nur, nachdem die Frau sich in der Mikweh, dem Ritualbad, rituell gereinigt hat. Diese Vorschriften der "Familienreinheit", wie sie im jüdischen Ritualgesetz heißen, zählen im orthodoxen Judentum zu den wichtigsten Geboten, ohne deren Einhaltung die Ehe und das Familienleben im Rahmen der Tradition nicht möglich sind. Die Vorschriften der Familienreinheit gehört mit den beiden bereits genannten Geboten der Challa und des Zündens der Schabbatlichter zu den drei Grundverpflichtungen jeder jüdischen Frau. Die orthodoxe Auffassung besagt, daß die Frau durch das Einhalten dieser Gebote Gottes Anwesenheit in ihre Familie trägt.

Der in allen westlichen Religionen vorhandene Konflikt zwischen einer Legitimation der Sexualität einerseits und dem asketischen Wunsch nach Verbot des Geschlechtstriebes andererseits, wird im Judentum dadurch gelöst, daß die sexuellen Beziehungen stark reglementiert werden, jedoch als wichtige und legitime Grundlage einer jeden Ehe anerkannt werden.[11] Einer der anerkannten Scheidungsgründe ist deshalb auch die Klage der Frau, daß ihr Mann seine sexuellen Pflichten nicht erfüllt. "Im Gegensatz zur weitverbreiteten Meinung, daß Sex das Recht des Mannes und die Pflicht der Frau darstellt, sieht das jüdische Religionsgesetz die ehelichen Beziehungen als Pflicht des Mannes und als Privileg der Frau".[12] Während aber die traditionelle Deutung der Reglementierung der sexuellen Beziehungen, d.h. nur in bestimmten Zeiten und nach Besuch der Mikweh, dahingehend lautet, daß eheliche Beziehungen heilig und rein sind, wenn sie gemäß Gottes Geboten in der richtigen Zeit und Art praktiziert werden, ar-

---

[11] Rachel Biale, a.a.O., S. 121.
[12] Jonathan Webber, Between Law and Custom: Woman's experience of Judaism, in: Pat Holden (Hrsg.), Women's religious experience, Beckenhan 1983, S. 161.

gumentieren orthodoxe Frauen heute, daß diese Vorschriften dem Schutz der Frau dienen. Sie verhindern, so deren Meinung, daß die Frau als Sexualobjekt des Mannes begriffen werden kann, die ihm sexuell immer zur Verfügung zu stehen habe.

Die gegenwärtige Ausgangslage ist somit für die jüdische Frau innerhalb der Orthodoxie gänzlich verschieden von der innerhalb der Reformbewegung. Während orthodoxe Frauen immer noch darum kämpfen, das traditionelle Rollenverständnis zu brechen, und ihre Positionen im Rahmen und in Einklang mit dem althergebrachten Religionsgesetz neu zu definieren, haben die Frauen in der Reformbewegung dies schon erreicht. Allerdings müssen sie sich weiterhin gegen ihre Diskriminierung im Alltag zur Wehr setzen. So beklagten sich die 79 amerikanischen Rabbinerinnen, die vor kurzem zu einer nationalen Konferenz in Oakland, USA zusammenkamen, darüber, daß weibliche Rabbiner immer noch keine Chance bekämen, in großen Gemeinden mit mehr als 1000 Mitgliedern tätig zu sein. Immer noch verdienen Frauen weniger als ihre männlichen Kollegen und erhalten weniger Aufstiegsmöglichkeiten. Gleichzeitig jedoch stellten die Konferenzteilnehmerinnen einen wachsenden Einfluß der Frauen auf das Rabbinat in den USA fest. Immer mehr Frauen lehrten an Rabbinerschulen und spielten in der Reformbewegung eine führende Rolle.

Nun geht es den Frauen in der Reformbewegung vor allem darum, das Judentum substantiell zu verändern und neue Rituale zu prägen. So sollen vor allem die Gebetstexte umgeschrieben und geschlechtsneutral formuliert werden und Frauen auch zeremoniell den gleichen Stellenwert erhalten wie die Männer. Sie wollen Signale für alle jüdischen Frauen und Mädchen setzen, am jüdischen Gottesdienst aktiv teilzunehmen. In der Zukunft wird sich zeigen, ob diese Signale auch von orthodoxen Frauen aufgegriffen und umgesetzt werden können.

In Deutschland hat sich das Judentum von dem vernichtenden Schlag durch die Nationalsozialisten noch nicht regeneriert. Die ca. 50 000 Juden und Jüdinnen, die heute hier leben, sind im Vergleich zur halben Million, die vor der Machtübernahme durch die Nationalsozialisten in Deutschland lebten und zu den kontinuierlich in anderen Ländern bestehenden jüdischen Gemeinden, eine 'quantité négligeable'. So sind die meisten Gemeinden in Deutschland heute zahlen- und identitätsmäßig nicht stark genug, um die unterschiedlichen jüdischen Strömungen mit ihrer ganzen Bandbreite an notwendigen Institutionen zu etablieren und zu unterhalten. Die Mehrzahl von ihnen sind deshalb sog. "Einheitsgemeinden", in denen die

Institutionen nach den orthodoxen Richtlinien geführt werden, um von allen Gemeindemitgliedern gleichermaßen genutzt werden zu können. Die überwiegende Mehrzahl der Gemeindemitglieder ist jedoch nicht religiös. Ihnen dienen die religiösen Einrichtungen vorerst hauptsächlich als Mittel zur Bildung einer Gruppenidentität, die ihnen das Gefühl einer kulturellen Heimat vermitteln soll.

In den letzten Jahren haben sich jedoch in verschiedenen Gemeinden Reformgruppen innerhalb der Gemeinde gebildet, die ihre eigenen Gottesdienste nach einem reformierten Gottesdienst abhalten. Während in kleineren Gemeinden durchaus bereits Reformrabbiner amtierten, haben sich diese Reformgruppen in den großen jüdischen Gemeinden, mit der Ausnahme von Berlin, bislang jedoch noch nicht mit eigenständiger Synagoge und festangestelltem Rabbiner konstituieren können. Eine völlige Neuerung für Deutschland stellte die Einstellung der ersten Rabbinerin in den Gemeinden Oldenburg und Braunschweig im August 1995 dar. Von der Rabbinerkonferenz in Deutschland, die der Orthodoxie verpflichtet ist, erstmals abgelehnt, von all denen, die auf Veränderungen im religiösen Leben hoffen, sehnlichst erwartet, wird sich in der Zukunft erweisen müssen, welche Auswirkungen dieser Einschnitt für das jüdische Leben und die Rolle der Frau innerhalb der jüdischen Gemeinschaft im heutigen Deutschland haben wird.

Albrecht Lohrbächer

Wer sind wir?
Vom Mut zum Lernen mit dem Judentum

Erlauben Sie mir zu Beginn eine fiktive Geschichte, die ich dem Heidelberger Neutestamentler, Gerd Theißen, verdanke:

Stellen wir uns einen Menschen vor, der drei W-Merkmale hat, d.h. er ist weiß, westlich und wohlhabend. Er ahnt, daß seine eigene Kultur sanierungsbedürftig ist. Er weiß nicht, was er seinen Kindern an Lebensorientierung mitgeben soll außer der trostlosen Devise: "Das Leben ist kurz, also versuchen wir, noch schneller an Geld zu kommen!". Unser Mensch ahnt, das, was man früher einmal "Seele" genannt hat, ist heute ein dunkles Loch, eine Leerstelle, eine Lücke. Einst waren die Menschen bemüht, in diesem Raum den Geist Christi wohnen zu lassen. Neue Geister haben nun seinen Platz eingenommen.

So macht er sich auf, um den Geist Christi zu entdecken. Er sucht auch in seiner eigenen Geschichte nach Spuren des wahren Gottes, der nicht in seine Geschichte von Herrschaft und Unterdrückung verwickelt ist. Er sucht in Europa eine Stadt auf, wo es noch Juden gibt, besucht dort einen weisen Rabbi und sagt: "Bei euch Juden suche ich den wahren Gott. Jahrhundertelang habt ihr als verfolgtes und unterdrücktes Volk Gott bezeugt; ihr habt bezeugt, daß der wahre Gott kein Gott der Herrscher und Unterdrücker ist. Jetzt habe ich neu entdeckt: Dieser Gott ist auch mein Gott!"

Unser Mann erfährt eine kühle Reaktion: "Jahrhundertelang habt ihr nichts von uns wissen wollen. Ihr habt euch schon so viel von uns angeeignet, ohne uns zu fragen: unsere Bibel, unsere Verheißungen, unsere Geschichte im Altertum. Jetzt wollt ihr auch noch in unsere Geschichte seit dem Ende des zweiten Tempels eindringen. Aber es ist nicht eure Geschichte. Ihr habt unsere Leiden nicht erlitten. Im Gegenteil: Ihr wart die Ursache unseres Leidens".

Unser Mann antwortet: "Aber wir sind doch eure Kinder! Das Christentum ist eine Tochterreligion des Judentums. Kann eine Mutter nicht ihren Kindern verzeihen?"

Der Weise lächelt und sagt: "Welche Mutter wird es nicht tun?" Doch dann wird er wieder ernst und fügt hinzu: "Bedenke: Die Mutter hat gerade einen Mordanschlag überlebt, den - um es vorsichtig auszudrücken - die Tochter hätte verhindern können..."

Unser Mann kehrt zurück. Er hat verstanden: Gott hat eine besondere Geschichte mit seinem Volk, das eine lange Leidensgeschichte hinter sich hat. Aber das ist nicht seine Geschichte. Vielmehr trennt ihn seine Geschichte von dieser Geschichte.[1]

Was ich Ihnen gerade vorgetragen habe, ist mir als Text zur Prüfung seit einigen Jahren ständig gegenwärtig: Eigentlich könnte diese Geschichte auch schon das Ende meines Vortrags sein: Wer die Antwort des weisen Juden verstanden hat, sucht nicht mehr, mit dem Judentum zu lernen: *und das aus Achtung vor Juden und dem Judentum!*

Nun glauben Sie mir kaum, daß ich diese Geschichte ganz wörtlich nehme, habe ich mich doch mit diesem Schlußvortrag innerhalb der Ringvorlesung auf das Thema "Vom Mut zum Lernen **mit** dem Judentum" ausdrücklich eingelassen. Woher also dieser Mut - trotz der sehr berechtigten Bedenken? Erlauben Sie mir auf dem schwierigen Weg zur Beantwortung der Frage folgende Schritte:

Zunächst werde ich beschreiben, wie bis heute Christen sich durchweg auf Kosten des Judentums definiert haben und noch definieren, und auch, wie die scheinbar vielen Gutmeinenden unter ihnen sich heute Antworten auf die Identitätsfrage geben. Ein zweiter Schritt wird die notwendige Konversion (ich verwende hier bewußt diesen in der christlichen Tradition für die Hinwendung zu Jesus oft benutzten Begriff anders) beschreiben, die einer Begegnung mit Juden und Judentum vorausgehen oder wenigstens einhergehen muß. In einem dritten Teil wird es dann um die Darstellung von wirklichen Lernschritten gehen, Schritte, die Mut verlangen, die aber zugleich auch Schritte sind, die befreiend für uns selbst sein können!

1. Christliche Selbstdefinition auf Kosten des Judentums

Wer sind wir? Schon in Teilen des Neuen Testaments und erst recht in den ersten Jahrhunderten, später verstärkt über die Dogmenbildung, die mittelalterliche Verfolgung der Juden, über die Reformation bis in unser Jahrhundert hinein, genauer: bis in unsere Tage hinein, war es immer klar, wer die Christen sind: Sie fanden ihr Bewußtsein, ihre Identität durch negative Abgrenzung vom Judentum, so z.B. von den Pharisäern, vom jüdischen Gesetz, vom 'alttestamentlich-jüdischen Gott'. Die Juden und das Judentum bildeten die negative, die dunkle Folie, auf deren Hintergrund sich das 'leuchtend Neue', das 'Lichte' des Christentums umso deutlicher abhob und abhebt. Man vergleiche nur die Figuren an den Pforten mittelal-

---

[1] Nach Gerd Theißen, Die offene Tür, München 1990, S. 50-52.

terlicher Dome und Münster: hier die Synagoge mit ihren entgleitenden, zerbrochenen Insignien, mit verbundenen Augen, von Gott verlassen, willentlich im Dunkel tappend, dort - zum Teil darüber stehend - die Kirche, mit Krone geschmückt, in voller Pracht, von Gott erwählt, im stolzen Bewußtsein ihres Wissens. Das war - und ist noch bei vielen Christen heute so - das Bewußtsein der Abgrenzung: Christen brauchen die Juden, um sich durch judenfeindliche Aussagen als die zu beschreiben, die alles besser, alles neu wissen!

Ich erlaube mir, das an einem typischen Beispiel aus den letzten Jahren zu illustrieren, andere liegen mir vor. Es ist ein Beispiel aus der Religionspädagogik. Es handelt sich um eine Folie, mit deren Hilfe das angeblich "Neue des Evangeliums" im Unterschied zum Alten, dem Alten Testament und dem Judentum, Schülern deutlich gemacht werden soll:

Das Neue des Evangeliums	
AT	NT
Oberste Richtschnur:	Oberste Richtschnur:
Das Gesetz	Der Mensch, das Liebesgebot
"... denn wir haben ein Gesetz!... " "... Auge um Auge, Zahn um Zahn... " "... du sollst deinen Freund lieben und deinen Feind hassen..."	"... leistet dem, der euch etwas Böses antut, keinen Widerstand, sondern wenn dich einer auf die rechte Backe schlägt, dann halte ihm auch die andere hin..." "... Ich aber sage euch: Liebet eure Feinde und betet für die, die euch verfolgen..."
Das Neue:	
Die Hoffnung auf einen neuen Himmel und eine neue Erde. "... denn die alte Welt ist vergangen...", "... das Zelt Gottes unter den Menschen...", "... Er wird in ihrer Mitte wohnen, und sie werden sein Volk sein; und Gott selbst wird unter ihnen sein..."	

Die Definition christlicher Identität auf Kosten der Juden hat für Juden, wie wir alle wissen, schreckliche Folgen gehabt. Sie hat aber auch zutiefst das Christentum, die Christen beschädigt. Sie hat zu einer tiefen Unfähigkeit umzukehren, Buße zu tun, geführt. Sie hat zu einer Sicherheit geführt, die nicht einmal die Erkenntnis von "Auschwitz" ernsthaft in Frage zu stellen vermochte. "Verblüffungsfestigkeit" hat Johann Baptist Metz, der bekannte katholische Theologe, diese christliche Grundhaltung genannt.

Wer sind wir? Eine erste Antwort ist damit gegeben, eine Antwort, die fragen läßt: Welchen Anteil an dem biblischen Erbe können Christen eigentlich noch haben? Es ist tatsächlich meine Furcht, Gottes Geduld mit uns könnte schon längst zu Ende sein! Wer gibt uns eigentlich die Gewißheit, daß uns nach dieser Geschichte all die Verheißungen, das Evangelium, die Gnadenzusagen noch gelten, wie sie Sonntag für Sonntag gepredigt werden, aber auch oft in säkularisierter Form Christen und christlich geprägte Menschen als Selbstbewußtsein vor sich her tragen?

Gutmeinende, solche, die meinen, gelernt zu haben, haben in den letzten Jahren aus dieser Abgrenzungsgeschichte Folgerungen gezogen. Wie selten in der christlich-jüdischen "Vergegnungsgeschichte" verwenden Christen heute besonders in ihren Liturgien, in ihrer Darstellung biblischer Inhalte, im Unterricht Material aus der jüdischen Tradition:

- da wird am Gründonnerstag ein Sederabendmahl gefeiert;
- da spielen Lehrer die Sederfeier mit ihren Schülern nach;
- da werden jüdische Gebete in christlichen Gottesdiensten gebetet, eingerahmt von unveränderten christologischen oder trinitarischen Aussagen;
- da werden christliche Feste und Feiern mit Texten aus der jüdischen Tradition 'angereichert';
- gleichermaßen haben viele jüdische Lieder Einzug in christliche Zusammenkünfte gehalten.

Daß in den genannten Beispielen das überlieferte antijüdische Selbstverständnis zwar versteckter, aber doch immer noch erkennbar vorhanden ist, erscheint leider ebenso klar: Die jüdische Wurzel, der jüdische Jesus dienen als Illustrationsmaterial, jüdische Traditionen werden allzu oft bedenkenlos benutzt, besser "ver-nutzt", um dann umso deutlicher bei den alten, das Judentum herabsetzenden Aussagen, bei der das Judentum überbietenden Botschaft zu bleiben.

Ein besonders markantes Beispiel aus der jüngsten Zeit mag dies illustrieren. Es handelt sich um einen Auszug aus einer Predigthilfe zum Reformationstag 1995, verschickt vom Gustav-Adolf-Werk in Baden an alle badischen Pfarrer. Darin schreibt der Autor zum Predigttext Jes 62, 6-7, 10-12:

"1. Das Erinnern Gottes.
'O Jerusalem, ich habe Wächter über deine Mauern bestellt, die den ganzen Tag und die ganze Nacht nicht mehr schweigen sollen. Die ihr den HERRN erinnern sollt, ohne

euch Ruhe zu gönnen, laßt ihm keine Ruhe, bis er Jerusalem wieder aufrichte und es setze zum Lobpreis auf Erden! (Jes 62)'
Wie fühlen wir Protestanten uns in diesem prophetischen Text zu Hause! Auf den Mauern Jerusalems, Zions, traditionelle christliche Chiffres für die Kirche, das "neue Zion", stehen die Wächter, die tags und nachts ihr Amt versehen.

2. Zeichen für die Völker

'Gehet ein, gehet ein durch die Tore! Bereitet dem Volk den Weg! Machet Bahn, machet Bahn, räumt die Steine weg! Richtet ein Zeichen auf für die Völker! Siehe, der HERR läßt es hören bis an die Enden der Erde: Saget der Tochter Zion: Siehe, dein Heil kommt! Siehe, was er gewann, ist bei ihm, und was er sich erwarb, geht vor ihm her! Man wird sie nennen 'Heiliges Volk', 'Erlöste des HERRN!', und dich wird man nennen 'Gesuchte' und 'Nicht mehr verlassene Stadt'. (Jes 62)'

Wenn wir schon in gesamtchristlicher Tradition Jerusalem und Zion als Typus für die Kirche verstehen und dies auch gerade aufgrund unsres Respekts der jüdischen Tradition gegenüber nicht aufgeben, sollten wir dies dann auch konsequent tun...".[2]

Trotz der verbalen Referenz gegenüber "der jüdischen Tradition" bleibt diese offensichtlich folgenlos. Die Enterbungs- und Substitutionstheorie, längst durch viele kirchliche Dokumente als klar judenfeindlich deklariert, wird munter ("konsequent tun") angewandt: Israel/Zion/Jerusalem sind Begriffe und Sachverhalte, die den Juden weggenommen und von der Kirche angeeignet wurden. Und die "Protestanten" fühlen sich (noch immer) ausdrücklich darin wohl![3]

Die oben erwähnte "Verblüffungsfestigkeit" der Christen hat heutzutage lediglich eine neue Variante erfahren, eine vielleicht erträglichere (?), eine vielleicht auch für Juden in ihrem christlichen Überlegenheitsgefühl weniger durchschaubare.....

Wer sind wir? Die moderne Antwortvariante auf diese Frage bleibt beim herkömmlichen Standpunkt stehen: Jesus hat den alten Bund hinter sich gelassen, die Christen sind eigentlich das neue Volk Gottes. Fromme Christen zeigen bei aller Freundlichkeit Israel und den Juden gegenüber immer wieder deutlich, daß die Juden ein echtes Defizit haben und darum Jesus als persönlichen Erlöser brauchen. Ein letztes Beispiel soll diese Position verdeutlichen; ich entnehme es der aktuellen Diskussion um die sog. 'Judenmission'. Nachdem ein führender Vertreter des sogenannten 'Evangeliumsdienstes für Israel' in einem Interview zunächst noch die

---

[2] Gustav-Adolf-Werk Baden, Predigthilfe zum Reformationstag 1995, hg. von GAW, Werk Baden, Karlsruhe 1995.
[3] Vgl. dazu EKD-Studie 2. Christen und Juden, Gütersloh 1991, S. 20ff.

bleibende Erwählung des jüdischen Volkes anerkannt hat, antwortet er dann auf die Frage:

> "Juden und Christen glauben aber doch an denselben Gott. Worin besteht eigentlich der Unterschied? - Es geht um die Heilsgewißheit. Bei einem Juden, der am Versöhnungstag Gott um die Vergebung der Sünden bittet, bleibt eine letzte Ungewißheit. Ein Christ, der Gott um Vergebung bittet, erlebt das Wunder, daß er der Vergebung seiner Schuld gewiß wird."[4]

So sind die scheinbare Aufgeschlossenheit dem Judentum gegenüber, die Übernahme von Halbwissen über das Judentum, die Wegnahme jüdischer Tradition letztlich nur die Fortsetzung jener "Vernutzungsgeschichte" der Christen im Verhältnis zu den Juden, in der christliche Theologen aus dem Judentum alles ihnen nützlich Erscheinende sich angeeignet, weggenommen und verchristlicht haben - und dabei ungeniert bei ihrer verblüffungsfesten Selbstgewißheit geblieben sind.

2. Die Konversion: Lernen mit dem Judentum

Wir stehen nach diesen Einsichten vor einer unausweichlichen Entscheidung: Christen kommen prinzipiell von der hebräischen Bibel und damit auch vom Judentum nicht los. Jesus war und bleibt Jude, ebenso wie Paulus, die beiden Hauptzeugen des christlichen Glaubens. Wer sie von ihrem Boden, ihrem Grund trennen will, verliert sie völlig, verliert auch das Neue Testament! Die Entscheidung besteht nun darin, zwischen zwei Alternativen zu wählen, die Geschichte der Abgrenzung vom Judentum, der negativen Darstellung des Judentums und damit die von Blut getränkte Geschichte fortzusetzen, Haß, Verachtung, Hochmut als eigentliche Grundlage christlichen Lebens und christlicher Lehre weiterhin zu praktizieren oder radikal vom verkehrten Weg sich abzuwenden, umzukehren, zu konvertieren, sofern Gott nach zweitausend Jahren uns Christen dazu noch eine Chance gibt!

Bei diesen Veränderungen christlicher Lehre und christlichen Lebens kann und darf es - ich wiederhole dies hier mit Nachdruck! - nicht darum gehen, sich etwas Wissen über das Judentum anzueignen, um dann das Judentum in herablassender Freundlichkeit "folkloristisch" zur Illustration christlicher Inhalte zu benutzen! Es kann nicht allein darum gehen, für Israel, den Staat und das Land, begeistert zu sein, um anschließend doch

---

[4] Martin Rösch in einem Interview mit "Das Deutsche Allgemeine Sonntagsblatt" vom 18. August 1995.

wieder die unauflösbare Verbundenheit jüdischer Identität mit dem Land für bedeutungslos zu erklären. Nein, die wirkliche Konversion beginnt mit dem "Lernen" - also der Haltung, die nicht besser weiß, sondern wissen, erfahren will, was der andere ist, wie der Jude/die Jüdin sich verstehen, was Judentum nach dem eigenen Selbstverständnis ist und nicht nach dem, was wir schon immer zu wissen meinen...

Wer wirklich von seinem verkehrten judenfeindlichen Weg umkehrt, wird sich einem schwierigen Lernweg, einer unbequemen Selbstprüfung stellen müssen.

LERNEN - ZUHÖREN - LERNEN - FRAGEN - LERNEN

Wenn wir an die Begegnung des Christen mit dem jüdischen Weisen in unserer eröffnenden Geschichte denken, so gibt es als Alternative nur diese Chance für uns Christen. So lauten denn die Fragen zur Selbstprüfung wie folgt:
- Bin ich bereit, mich in die Reihe der Lernenden, eine für das Judentum typische Grundhaltung, einzureihen - meine Erfahrungen sind da unwahrscheinlich positiv: Juden haben in der Regel ein Interesse an Lernenden, auch aus der Tochterreligion! Bin ich also bereit, das Judentum, wie es sich selbst sieht, kennenzulernen, also meine Informationen über das Judentum nicht aus zweiter Hand, also aus Darstellungen von Christen, die immer noch zuhauf erscheinen, sondern aus den jüdischen Quellen, im Gespräch mit Juden, zu beziehen?
- Bin ich bereit, mich offen und ehrlich der (notwendigen) Infragestellung meiner bisherigen Identität auszusetzen?

Die jüdische Gesprächspartnerin Edna Brocke, Essen, stellt uns diese Frage so: "Wer sind Sie, als Christ-von-den Heiden, der zu diesen Texten des Volkes Israel[5] und somit zu diesem Gott Israels ja lediglich über einen Juden namens Jesus Zugang hat? Worin besteht ihre reale, *existentiell* begründete Identität, jenseits der ideellen im Glauben?"[6]
- Bin ich dann auch bereit, alles bisher Geglaubte zunächst einmal in Frage zu stellen, im Lichte des Gelernten auf Judenfeindliches hin zu überprüfen? Z.B. meine Christologie; - z.B. meine Theologie, vor allem auch die Trinitätslehre; z.B. mein Selbstverständnis, zum Volk Gottes zu gehören?

---

[5] Gemeint ist das christliche Alte Testament.
[6] Edna Brocke, in: Das christlich-jüdische Verhältnis und der zweite Golfkrieg. Ein Briefwechsel mit Jürgen Moltmann, veröffentlicht in Kirche und Israel, 2/1991, S. 174, Neukirchen/Vluyn 1991.

-Bin ich bereit, überzeugt von der Unumkehrbarkeit der begonnenen Umkehr, mich auch in einen Konflikt mit sogenannten theologischen Autoritäten, ja mit meiner Kirche zu begeben?

-Bin ich bereit, alles, was ich sage, im Gespräch, im Unterricht, im Gottesdienst, im Gemeindekreis, auch in der (theoretisch möglichen) Anwesenheit von Juden zu sagen? Also alles so zu sagen, daß Juden in ihrer Existenz, in ihrer Tradition und Überzeugung nicht mehr, gedanklich wenigstens, ausgelöscht oder zum Anachronismus erklärt werden, sondern so zu sprechen, daß das Gespräch, besser das Lernen mit dem Judentum, als erste Notwendigkeit für das Christsein deutlich erkennbar wird?

Daß ein Großteil der Christen in Deutschland und ein beträchtlicher Teil auch der kirchlichen Funktionsträger von einem solchen Mut zum Lernen noch weit entfernt sind, diesen vielleicht auch gar nicht aufbringen wollen, zeigt die seit Monaten laufende Diskussion um die Frage einer Neuauflage der "Judenmission", ebenso der Streit um die jüngsten Veröffentlichungen von Jörg Zink über "Neue Zehn Gebote" und "Das Evangelium". Sie ist teilweise durchzogen von kirchlicher Halbherzigkeit, von einem 'Sowohl-als-auch' und auch von Solidarisierungen namhafter theologischer Lehrer, so z.B. Professor Jürgen Moltmann mit den judenfeindlichen Äußerungen von Jörg Zink, wie man sie kaum für möglich gehalten hätte. - All das macht überdeutlich, wie sehr christliche Theologie und christliches Selbstverständnis nach wie vor vom Überlegenheitsgefühl, vom Substitutionsgedanken, von der Enterbung des Judentums leben!

3. Lernschritte mit dem Judentum

Lassen Sie mich einige beispielhafte Lernschritte **mit** dem Judentum skizzieren; ich habe solche ausgewählt, die im Sinne der Konversion ein wirkliches Umdenken erfordern. Drei Schritte möchte ich Ihnen vorstellen, Schritte, die Mut erfordern, die aber auch zugleich für diejenigen, die sich dem unterziehen, ein neues, biblisch begründetes Selbstverständnis zur Folge haben.

3.1 Lernen, wie Juden sich selbst verstehen

Bundespräsident Roman Herzog hat kurze Zeit nach seinem Amtsantritt das Problem antisemitischer Einstellung bei Deutschen darin gesehen, daß sie immer noch nicht begriffen hätten, daß Juden kein Volk, keine Nation, sondern eine Religion seien, eine Religion wie auch die anderen Weltreligionen. Auch wenn dies gut gemeint war, so ist diese Sicht falsch. Lernen, wie Juden sich selbst verstehen, bringt eine jüdische Selbstdefinition zu Tage, die diese weit verbreitete Beschreibung Roman Herzogs als zwar gut gemeinte, aber typisch christliche Selbstgewißheit entlarvt: Judesein ist anders als Christsein durch die "Doppelmitgliedschaft"[7] zu beschreiben, d.h. jüdische Existenz ist sowohl definiert durch die Zugehörigkeit zu einem Volk, zu einer Nation, wie auch durch die Zugehörigkeit zur Religion. Ein Jude/eine Jüdin, der/die für sich eine religiöse Bindung ablehnt, bleibt durch das zweite konstitutive Element an sein/ihr Judentum gebunden: Er/sie ist Jude/Jüdin, weil er/sie eine jüdische Mutter hat und so zu einem Volk gehört. Entsprechend bindet diese Doppelmitgliedschaft Juden auch an das Land, an das Land Israel. Es fällt Christen trotz ihrer Berufung auf das biblische Zeugnis ungeheuer schwer, diese jüdische Bindung an ein Volk und an ein Land zu akzeptieren. Ein fast zweitausend Jahre lang wirksames Vergeistigungsdogma hat die Christen unfähig werden lassen, die noch Jesus und Paulus prägende materielle Bindung an Volk und Land ernst zu nehmen.

Wer sich mit Juden lernend einläßt, wird diese Selbstdefinition als biblisch begründet und von Gott immer wieder bekräftigt ernst nehmen müssen.

Auch das bei Christen immer wieder anzutreffende Unverständnis im Blick auf das lange Gedächtnis bei Juden unterliegt beim Lernen einer radikalen Veränderung: Wie Judesein von der Zugehörigkeit zum jüdischen Volk bestimmt ist, ist es auch geprägt durch die gemeinsame Geschichte, durch die Zugehörigkeit zur Kette der Generationen von Abraham an; was den Vätern und Müttern, was den Vorfahren geschah, ist auch "meine" Geschichte als Jude, als Jüdin! (Beispiel aus der Passah-Liturgie: "In jedem Zeitalter ist der Mensch verpflichtet, sich vorzustellen, er sei selbst mit aus Ägypten gezogen....").

Darum ist Erinnern und Gedenken schon in der Bibel ein zentrales Gebot, und es bleibt so durch die jüdische Geschichte bis heute. Die Rede von Israels Präsident Ezer Weizmann vor dem Bundestag im Januar 1996 legt in unnachahmlicher Weise davon Zeugnis ab!

Der katholische Theologe Johann Baptist Metz hat in einer großartigen Rede zur Eröffnung des jüdischen Lehrhauses in Zürich Ende 1994 auf diese jüdische Erinnerungskultur hingewiesen. Christen und die christliche Kultur in Europa leiden - so Metz - unter einem ungeheuren Gedächtnis-

---

[7] Der Begriff ist von Edna Brocke, Alte Synagoge Essen, ins Gespräch gebracht worden.

schwund, einer Vergeßlichkeit, der mehr und mehr die Geschichte, Gott und die Moral abhanden kommt, einem Gedächtnisschwund, der nur noch am Wechsel, an der Steigerung des Verbrauchs, an der Veränderung der Moden, an der ständigen Beschleunigung der Technik interessiert ist. Die jüdische Gedächtniskultur, die immer wieder Altes, Tradition unmittelbar lebendig werden läßt, könnte seiner Meinung nach die Widerstandskraft gegen diesen unmenschlichen Beschleunigungstrend ungeheuer stärken. Die geistige Krise Europas, die Gottvergessenheit der Europäer, die moralische Erschöpfung Europas kann nach ihm nur angegangen werden, wenn wir uns von der jüdischen Erinnerungskultur inspirieren lassen. Was könnten wir darüber hinaus für ein verändertes Selbstbewußtsein gewinnen, wenn wir uns auf das Lernen mit dem Judentum ehrlich und offen einlassen, auf das Lernen, wie Juden sich selbst verstehen?

- Wir gewönnen die Wahrnehmung eines wirklichen jüdischen Gegenübers zuerst! Wir begegneten endlich nicht mehr unseren Bildern, die wir uns von Juden und vom Judentum machen, die Begegnung von Juden und Christen würde ehrlicher und damit auch offener!

- Wenn wir ernst nähmen, daß die biblisch begründete jüdische Identität mit konkreter Geschichte eines Volkes und mit einem konkreten Land zu tun hat und sich an ihnen, der Geschichte wie dem Land, alle Gottesworte festmachen, wenn wir das alles ernst nähmen, dann würde vielleicht auch unsere Wahrnehmung der Realität Boden gewinnen wie auch unsere Hoffnung auf das 'Reich Gottes' konkreter werden.

Während die von Paulus und der Urkirche unmittelbar erwartete messianische Kirche aus Juden und Heiden auch nach 2000 Jahren ausgeblieben ist, die "pure Fortexistenz des jüdischen Volkes" (Edna Brocke) ein bleibender Stachel im christlichen Bewußtsein war und ist, haben die Christen - um mit dieser frustrierenden Erkenntnis leben zu können - sehr konkret gemeinte biblische Aussagen allzu oft spiritualisiert; entsprechend haben diese sich bei ihnen in einen zu glaubenden Himmel, in ein anzunehmendes Inneres im Menschen und auch ins Jenseits verflüchtigt. Die Hoffnung auf Gerechtigkeit ist in der christlichen Lehre und Geschichte meist in eine Hoffnung auf Gerechtigkeit im Verhältnis zwischen Gott und Mensch, die Hoffnung auf einen neuen Himmel und eine neue Erde in eine Hoffnung auf ein Leben jenseits des Todes umgemünzt worden. Für uns Christen muß darum im Blick auf unseren Anspruch, an der Bibel orientiert zu sein, neu buchstabiert werden, welche Folgen diese Spiritualisierung, diese Vergeistigung biblischer Inhalte für unser Selbstverständnis und damit für unsere Glaubwürdigkeit hatte und hat, ob nicht der Zustand unserer Welt viel mit dieser unbiblischen Abspaltung der Realität zu tun hat.

Für Juden ist es Aufgabe, vom Sinai her die Welt zu verändern. Sie wußten und wissen sich von Gott berufen, der Menschheit die Erkenntnis eines universellen Gottes, die Verpflichtung auf ein universelles moralisches Gesetz und auf universelle Brüderlichkeit zu bringen; "ethischen Monotheismus" nennt der amerikanisch-jüdische Publizist Dennis Prager diese Mission von Juden in der Welt. Daß es Jesus ebenso wie der jüdischen Tradition um diesen "ethischen Monotheismus" ging, also nicht nur um die Rettung der Einzelseele, sondern gerade um die Veränderung dieser Welt auf Gottes Herrschaft hin, ist im Neuen Testament in aller Klarheit nachzulesen.

Lernen mit dem Judentum wird sich darin zeigen, daß wir uns nicht mehr als Vertreter einer Superreligion aufführen, die alles auf eine angeblich höhere, eine spirituelle Stufe gehoben hat. Vielmehr öffnet Lernen mit dem Judentum die Augen für die konkrete Thora/Weisung Gottes im Alltag, macht stark in der Überzeugung, daß Gott und Moral höher sind als alle Götzen, als alle Führer und Armeen, macht Lernen mit dem Judentum Mut, sich gegen die Vermarktung des Sonntags zu wehren, es stärkt den Widerstand gegen die Aufhebung der Unterscheidung von "heilig" und "profan", schärft den Blick für den Mißbrauch von Leben und steht gegen die Wirtschaftlichkeitsrechnung als obersten Handlungsmaßstab.

3.2 Vorurteile, Lügen, Mißverständnisse verlernen - ein zweiter Lernschritt

Im Rahmen eines christlichen Lernprozesses sollte eine besonders große Anstrengung im Ver-Lernen liegen: Vorurteile, Lügen, Mißverständnisse haben sich auf Seiten der Christen im Laufe der Jahrhunderte zu Bergen angehäuft; ein ernsthaftes Gespräch mit dem Ziel, den anderen wirklich wahrzunehmen, hat nur sehr selten stattgefunden. Statt dessen beherrschten und beherrschen die Bilder von "den Juden" Erwartungen und gleichermaßen die vielfachen Enttäuschungen. Drei Beispiele zum Ver-lernen:

3.2.1 Im ersten Lernschritt wurde schon das Problem des ungleichen Gegenübers, das Problem der Asymmetrie, angedeutet:

Wenn Christen mit Juden sprechen, begegnen sie Menschen, die anders als sie selbst kein Wissen über das Christentum brauchen, um sich und ihr Judentum zu verstehen, darum hat der Dialog mit Christen bei Juden einen geringeren oder anderen Stellenwert. Da christlicher Glaube auf der hebräischen Bibel und dem jüdischen Jesus beruht, kommen Christen dagegen nicht um das Judentum herum, wenn sie sich selbst verstehen wollen.

Die oben beschriebene Doppelmitgliedschaft kann durchaus zur Folge haben, daß der/die jüdische Gesprächspartner/in vor allem die historische und nationale Komponente seines/ihres Judentums hervorhebt, während der Christ nur von religiösen Fragen spricht, ebenfalls eine selten beachtete Asymmetrie in der Begegnung. Sie wird auch immer wieder beim Gespräch über die Bibel überdeutlich. Für Christen ist der erste Teil der Bibel allein religiöse Offenbarung, oft nur aus dem Blickwinkel des zweiten Teils wahrgenommen. Für Juden ist ihre hebräische Bibel gleichwertig auch Geschichtsschreibung ihres Volkes und nur aus der Perspektive von Midrasch und Talmud zu verstehen.

Lernen mit dem Judentum heißt, bisherige Sichtweisen ver-lernen, die vorhandenen Asymmetrien ernst nehmen, sie nicht einebnen, sondern ihre Chance wahrnehmen, heißt also Mut zum Aushalten von Unterschieden, heißt, mit Unterschieden kreativ umgehen, heißt Mut, die Herausforderung anzunehmen und Jesus sowie Paulus aus authentischer Perspektive neu kennenzulernen.

3.2.2 Kaum ein anderes Vorurteil gegen das Judentum und gegen Juden hält sich hartnäckiger als das gegen den jüdischen Schabbat, als ob der Schabbat ein freudloser Tag, ein Tag voller Lasten mit menschenfeindlichen Vorschriften sei. Jesus wird in dieses Vorurteil mit einbezogen, indem ihm unterstellt wird, er habe das Gebot, den Schabbat zu halten, abgeschwächt oder gar aufgehoben.

Wer bereit ist zu ver-lernen, eben auch sein Vor-Urteil gegenüber dem Schabbat zu hinterfragen, wird wundersame Entdeckungen machen:

Zum einen ist zu lernen, was Schabbat wirklich ist:

- Schabbat bedeutet jede Woche 25 Stunden Paradies: "Der Sabbat kommt, und alles steht nun einfach still. Endlich fängt das Leben an. Der Mensch darf diese Welt für eine Weile verlassen, hinübergehen in eine andere Welt, die keine Sorgen kennt..."[8]

- "Am Sabbat hört der Mensch völlig auf, ein Tier zu sein, dessen Hauptbeschäftigung es ist, um sein Überleben zu kämpfen und sein biologisches Leben zu erhalten. Am

---

[8] Guigui Abraham, zit. nach Willem Zuidema, Gottes Partner, Neukirchen/Vluyn 1983, S. 69.

Sabbat ist der Mensch ganz Mensch... Er ist zu einem Tag der Freude und des Vergnügens geworden. Essen, Trinken, geschlechtliche Liebe neben dem Studium der Bibel und religiösen Schriften waren in den vergangenen 2000 Jahren Kennzeichen der Sabbatfeier."[9]

- "Die Einhaltung der wichtigsten Sabbatvorschriften verweist den Menschen auf seine Geschöpflichkeit zurück und macht sie wieder erfahrbar, z.B durch den Verzicht, im Laufe von 25 aufeinanderfolgenden Stunden pro Woche technische Geräte, so u.a. das Telefon, Radio, Fernseher und Fahrzeuge, zu benutzen ... Durch das Fahrverbot (z.B.) wird er auf jenes Gebiet zurückverwiesen, das er mit eigener Körperkraft bewältigen kann...; die Beschränkung auf unmittelbare Kommunikation rückt Menschen seiner nächsten Umgebung ins Zentrum seines Erlebens. Die freie Zeit muß er aus eigenen Ressourcen gestalten...".[10]

- Weil es um den Menschen geht, finden die Schabbatvorschriften auch ihre Grenze: Die geringste Gefährdung eines Menschenlebens hebt diese auf.

Jesus feierte 33 Jahre lang, erst mit seinen Eltern, dann mit seinen Jüngern in diesem Sinne Schabbat.

Zum anderen ist dies zu lernen: Der Vorwurf der Gesetzlichkeit gegen Juden gerade im Blick auf den Schabbat hat den Christen den Blick verstellt auf das von Gott gegebene Geschenk des Schabbat. Das Gebot, den Schabbat zu heiligen, ist besonders im protestantisch-lutherischen Bereich fast nur noch antijüdisch interpretiert worden, mit der fatalen Folge, daß es im Christsein auf den richtigen Glauben und kaum mehr auf den Gehorsam gegen Gottes Gebot, in diesem Fall auf die konkrete Beachtung der Sabbatruhe, ankam. Mehr noch: Statt sich das differenzierte Verständnis der Pharisäer und des rabbinischen Judentums zu eigen zu machen und darüber mit der nachfolgenden Generation nachzudenken, wie die Heiligung des siebten Tages zu gestalten ist, verloren und verlieren viele Christen sich darin, in unchristlichem Stolz sich über die Pharisäer und die Juden zu erheben. Eine Äußerung einer Christin aus dem Jahr 1994 mag dies belegen:

"Was die jüdische Haltung Jesu zur jüdischen Gesetzlichkeit betrifft, so liegt eindringlich und überzeugend vor Augen, wie Jesus sich immer wieder über die Sabbatvorschriften hinwegsetzte, was ausreichte, um ihm die erbitterte Feindschaft der Pharisäer zuzuziehen." [11]

Wer so redet, ist gefangen in seinem Gesetz, das da lautet: Jesus hat das jüdische Gesetz überwunden, er hat den Schabbat und seine Heiligung auf-

---

[9] Erich Fromm, Ihr werdet sein wie Gott, Hamburg 1980, S. 159ff.
[10] Yehuda T. Radday, Ein Stück Tora 2, Frankfurt 1991, S. 40f.
[11] In einem Brief an den Referenten aus dem Jahr 1994; die Schreiberin berief sich dabei ausdrücklich auf Prof. Küng und sein Buch "Christsein".

gehoben. Lernen, ver-lernen mit dem Judentum kann von solchem tödlichen Gesetz befreien. Wir mühen uns dann um die wirklich wichtige Frage nach dem Gehorsam gegenüber Gottes Gebot: Wie gewinnen wir den siebten Tag als wirklichen Ruhetag zurück, bevor er den wirtschaftlichen Rechnungen oder Eigeninteressen der Menschen ganz zum Opfer fällt?

Wie feiern wir, wenigstens an einem Tag der Woche, die Schöpfung? Während das Judentum an jedem Schabbat die Schöpfung und den Schöpfer feiert und durch entsprechende Regelungen in der Thora täglich um den Schutz der Schöpfung bemüht ist, gibt es im Christentum außer dem spirituellen Lob von Schöpfer und Schöpfung kaum Konkretes, das der Ausbeutung und Zerstörung dieser Schöpfung entgegensteht.

Also: Lernen mit dem Judentum befreit aus dem unfruchtbaren Kreisen um Abgrenzung, befreit von falschem Stolz, von unchristlicher Überheblichkeit zu einem Leben mit Blick auf die kommende Welt unter aktiver Achtung der ganzen Schöpfung!

3.2.3 Daß Lernen/Ver-Lernen - eine unabdingbare Notwendigkeit darstellt, soll mit einem weiteren Beispiel verdeutlicht werden. Lassen Sie mich dazu zunächst aus einer Autobiographie eines Mannes unseres Jahrhunderts zitieren:

"Durch das Gelübde meines Vaters, wonach ich Geistlicher werden sollte, stand mein Lebensberuf fest vorgezeichnet. Meine ganze Erziehung war darauf abgestellt. Ich wurde von meinem Vater nach strengen militärischen Grundsätzen erzogen. Dazu die tief religiöse Atmosphäre in unserer Familie. Mein Vater war fanatischer Katholik. Während meines Lebens in Baden-Baden sah ich meinen Vater selten, da er meist auf Reisen oder Monate hindurch an anderen Orten tätig war. Dies änderte sich in Mannheim. Mein Vater fand da noch fast täglich Zeit, sich mit mir zu beschäftigen, sei es, um meine Schularbeiten zu sehen oder mit mir über meinen zukünftigen Beruf zu sprechen...

In der Hauptsache verkehrten Geistliche aus allen Kreisen bei uns. Mein Vater wurde im Laufe der Zeit immer religiöser. So oft es ihm seine Zeit erlaubte, fuhr er mit mir zu all den Wallfahrtsstätten und Gnadenorten meiner Heimat, sowohl nach Einsiedeln in der Schweiz wie nach Lourdes in Frankreich. Inbrünstig erflehte er den Segen des Himmels für mich, daß ich dereinst ein gottbegnadeter Priester würde. Ich selbst war auch tief gläubig, soweit man es als Knabe in den Jahren sein kann und nahm es mit meinen religiösen Pflichten sehr ernst. Ich betete in wahrhaft kindlichem Ernst und war sehr eifrig als Ministrant tätig ..."[12]

---

[12] Martin Broszat, Kommandant in Auschwitz, Autobiographische Aufzeichnungen des Rudolf Höß, München 1978, S. 24f.

Dieser zutiefst religiöse Mann wurde zum schlimmsten Massenmörder unseres Jahrhunderts: Rudolf Höß, über drei Jahre lang Kommandant in Auschwitz. Die Sätze finden sich in seinen autobiographischen Aufzeichnungen. Dieser so christlich erzogene Mann hatte keine Gewissensprobleme, bei der Organisation der Vernichtung der europäischen Juden an hervorragender Stelle mitzuwirken. Leider haben wenige Christen nach 1945 sich intensiv danach gefragt, wie dies möglich sein konnte, daß ein Mensch (und viel zu viele neben ihm), der den liebenden Gott, der die Nächstenliebe als zentrale christliche Glaubensaussagen gelernt hatte, zu Haß und Mord fähig wurde. Ich bin mehr denn je davon überzeugt, daß das Bild von "den Juden", das jahrhundertelang im christlichen Gottesdienst und im christlichen Unterricht vermittelt wurde, einen wesentlichen Teil zur Unfähigkeit beigetragen hat, Widerstand gegen Judenhaß, gegen Judenverfolgung, gegen den Mord an den Juden hervorzurufen.

Bis heute kann von Christen behauptet werden, "die Juden haben das größte Menschheitsverbrechen begangen, die Juden haben **Gott** gekreuzigt!"[13]; so stand es in einem Brief, den ich vor zwei Jahren erhielt. Bis heute stellen die Pharisäer, die Väter des rabbinischen Judentums, im religiösen wie im säkularen Bereich, in Sonntags- wie in Politikerreden das Symbol für Heuchelei und Selbstgerechtigkeit dar, obwohl sie sich voller Ernsthaftigkeit um die Heiligkeit eines Lebens vor Gott mühten. Bis heute gelten die Juden als Anhänger eines alttestamentlichen Rachegottes, der dem scheinbar neutestamentlichen 'lieben Gott' gegenübersteht. Bis heute wird das Halten der Thora bei Juden als gesetzlich diffamiert.

Judenfeindliches Denken war und ist Grund, Juden und Judentum für gedanklich überholt, für tot zu erklären und an ihnen/ihm dann auch das praktisch zu vollziehen, was im Dritten Reich geplant und durchgeführt wurde. Wie sollte da Widerstandsfähigkeit aufkommen? Wer ein für allemal nicht mehr will, daß Juden als **den** Zeugen des Einen Gottes nichts mehr geschieht, muß umlernen, muß ver-lernen, z.B.:

- Bei der Darstellung der Kreuzigung und ihrer Gründe muß deutlich werden, daß Jesus von den Römern als Aufrührer hingerichtet wurde, weil die Besatzungsmacht die jüdische Hoffnung auf einen Messias mit dem Königstitel 'Gottes Sohn' als Auflehnung gegen die römische Herrschaft verstand. Und daß es Pilatus gelingt, führende jü-

---

[13] Brief vom 19. September 1994 an den Referenten

dische Personen zu zwingen, zum Beweis ihrer Staatstreue gegen die geheuchelten Freilassungsangebote des römischen Präfekten die Hinrichtung Jesu zu fordern.[14]
- Die Gemeinsamkeiten zwischen Jesus und den Pharisäern verbieten es, irgendeinen prinzipiellen Gegensatz zwischen ihnen zu konstruieren.
- Auch das Judentum, vielleicht noch mehr als das Christentum, bekennt Liebe und Gerechtigkeit als Grundpfeiler seiner Überzeugung und nicht das Prinzip Vergeltung oder gar das der Rache. Das Gebot der Nächstenliebe bis hin zur Feindesliebe sind alttestamentlich-jüdische Grundgebote und keine christliche Erfindung.

3.3 Lernen, das christliche Bekenntnis zu Jesus Christus ohne judenfeindliche Aussagen auszusprechen, somit lernen, Jesus neu zu sehen

Das Folgende ist beim Lernen mit dem Judentum ein schwieriger Versuch; ich wage mich damit in bislang unwegsames Gelände, das mit vielen Fallstricken versehen ist, doch muß dieser Lernversuch gewagt werden. Ich nenne dafür unausweichliche Gründe und beschreibe dazu Aspekte einer neuen Sicht Jesu - alles erst ein Anfang in einem der schwierigsten Lernprozesse der christlichen Geschichte: "Wir werden den christlichen Antijudaismus erst hinter uns haben, wenn es uns theologisch gelingt, mit dem jüdischen Nein zu Jesus Christus etwas Positives anzufangen."

Friedrich-Wilhelm Marquardt, emeritierter Professor für systematische Theologie in Berlin, hat in wünschenswerter Deutlichkeit ausgedrückt, worum es beim Lernen zum Thema Christologie wirklich geht. Dieses jüdische Nein hätte von Seiten der Christen anders, als dies bis zu Stunde der Fall ist, alle Achtung verdient, weil in ihm sich eine überzeugende Treue zur Thora, besonders zum ersten Gebot, ausdrückt, anders gesagt: Juden müßten es als "Verrat an Gott empfinden, wenn sie anders als mit einem Nein auf Jesus Christus reagierten".[15]

Jesus ist in den Augen der Juden durch christliches Reden und noch viel mehr durch christliches Handeln absolut suspekt geworden:

---

[14] In einer gründlichen exegetischen Untersuchung kommt Hans Maaß zu diesem Ergebnis. Diese ist bislang von den Theologen kaum beachtet worden. Veröffentlicht in: G. Büttner/H.Maaß (Hrsg.), Erziehen im Glauben, Karlsruhe 1989. Titel: Soll ich euren König kreuzigen?, zu beziehen bei: GEE, Blumenstr. 5-7, 76010 Karlsruhe; weitere religionspädagogische Überlegungen dazu in: A. Lohrbächer, Was Christen vom Judentum lernen können, Freiburg 1995, S. 138ff.
[15] Friedrich-Wilhelm Marquardt, Feinde um unsretwillen, in: Peter von der Osten-Sacken, Treue zur Thora, Berlin ³1986, S. 174.

- Mit welcher tödlichen Verachtung sind in der behaupteten messianischen Zeit die Brüder und Schwestern Jesu von den an Jesus Christus Glaubenden behandelt worden!
- Trotz dieser mörderischen Verachtung haben Juden an dem Gott Abrahams, Isaaks und Jakobs, der auch der Gott Jesu war, unverbrüchlich festgehalten, sind "Kiddusch ha Schem", also als Märtyrer im Bekenntnis zu dem Einen Gott und seiner Thora gestorben. Wo liegt denn wirklich die größere Treue zu dem Gott Jesu? Bei den Christen oder doch eher bei den Juden?
- Juden stellen fest, wie in der christlichen Dogmenentwicklung immer mehr aus dem Gott Jesu Christi der Gott Jesus Christus wurde.[16] Das Christentum lief und läuft Gefahr, den biblischen Monotheismus zu verlassen und damit das gemeinsame Bekenntnis zu dem Einen, einzigen Gott gegen die vielen Götter aufzugeben.

Noch einmal: Das jüdische Nein zu Jesus Christus als Akt der Treue zu Gott und seiner Thora fordert auch uns heraus, unsere Aussagen auf den Maßstab des ersten Gebots hin zu überprüfen: Leiten Christologie und Trinitätslehre an, das erste Gebot besser zu verstehen und zu interpretieren? Wenn Aussagen zu Jesus Christus nicht dazu dienen, verselbständigen sie sich, lösen sie sich von ihrem biblischen Grund ab, werden zu heidnischen Aussagen.

Gerade in ihrem Nein halten Juden die Christusfrage offen, so hat es Dietrich Bonhoeffer angemerkt. Mit dieser dauerhaften Anfrage kann auch verhindert werden, daß aus dem Gott Jesu Christi immer mehr der Gott Jesus Christus wird.

Lassen Sie mich Beispiele zweier namhafter evangelischer Theologen anfügen, Beispiele, die zeigen, was wir als Christen gewinnen könnten, wenn wir endlich von den falschen, den fatalen, uns beschädigenden, für Juden immer wieder tödlichen Gegensätzen zwischen Jesus und seinem Judentum lassen könnten. Das erste stammt von dem allzufrüh verstorbenen Leiter des Predigerseminars in Berlin, Gerhard Bauer:

"...'Daß unser Herr Jesus Christus ein geborener Jude sei', hat Martin Luther am Anfang seiner Laufbahn noch gewußt. Daß er auch ein gestorbener Jude ist, daß er auch als Auferweckter zu seinen Jüngern, zu denen aus Israel, nach Galiläa zurückkehrte, daß er - lebendig und tot - nicht zu denken ist ohne die Gemeinschaft seines Volkes; daß weniger 'seine Sache' als vielmehr seine Suche weitergeht: seine Suche nach den Verlorenen in jeder Hinsicht und denen, die Gottes Willen - das Gerechte - tun unter den Menschen, Juden und Heiden; daß er in jeder Weise weniger ein Erfüller als ein Anfänger war, ein Erstling und Auftakt; daß sein Leben und Sterben, seine Ver-

---

[16] Dieses zentrale Kriterium der Christologie hat im besonderen Prof. Dr. Eberhard Bethge ins Gespräch gebracht: Eberhard Bethge, Jesus Christus - Christologie und das Erste Gebot, in: Edna Brocke/Jürgen Seim, Gottes Augapfel, Neukirchen/Vluyn 1986, S. 47ff.

kündigung und Lehre wichtiger waren als seine Titel; daß er keinen Glauben an sich und keine Gebete an seine Adresse, sondern Gehorsam gegen Gott, Vertrauen auf sein Reich erweckt und gesucht hat; und daß der Jesus nur dann der Christus/Messias ist, wenn seine Nachfolger messianische Verhältnisse aufkommen ließen - das alles habe ich anzudenken begonnen im Gespräch mit lebendigen Juden und ihren Schriften, mit denen, die begonnen haben, ihren Bruder Jesus heimzuholen aus heidnischer Umklammerung, und die mir manchmal wünschten, er sei 'ein Licht, zu erleuchten mich Heiden und zum Preis seines Volkes Israel' (Lk 2, 32)"[17]

Das zweite Beispiel ist eine Äußerung des schon genannten Friedrich-Wilhelm Marquardt:

"Je länger ich mich mit alledem beschäftige, desto gewisser werde ich, daß wir das Besondere Jesu nicht durch irgendeinen Vergleich mit jüdischer Lehre und Lebensart dingfest machen können. Nichts 'Größeres', 'Besseres', 'Wertvolleres' läßt sich über Jesus nachweisen aus den Zeugnissen des Neuen Testaments. Vielleicht liegt das nur daran, daß das Neue Testament die gerade entgegengesetzte Absicht verfolgt: Während wir - weiß Gott warum - leidenschaftlich am Unterscheidenden interessiert sind, wollten die Jesus-Zeugen genau umgekehrt Schritt für Schritt zeigen, daß Jesus ganz und gar in die Welt des sogenannten 'Alten' Testaments, besser: in die Welt des jüdischen Volkes gehört. Was er ist, was er bedeutet: Nur durch Schriftbeweise wollten und konnten die ersten Christen es sagen; sie hatten keine andere, eigene Sprache dafür. Wir befragen das Neue Testament gegen den Strich, wenn wir uns für das interessieren, was Jesus von seinem Volk unterscheidet. Die Bibel lehrt uns umgekehrt: Erst wenn wir Jesu Bedeutung ganz aus dem Jüdischen erkennen lernen, werden wir seine wahre Gottesbedeutung richtig erkennen. Jesus hat seine Bedeutung aus alledem, was die Bedeutung des jüdischen Volkes in der Mitte aller Völker ist: Licht der Welt und Gott unverbrüchlich treu zu sein. Israel heißt 'Licht der Völker' (z.B. Jes 42,6), Jesus heißt 'Licht der Welt' (Joh 8,12), - die Freundinnen und Freunde Jesu heißen 'Licht der Welt' (Mt 5,14); das ist ein einziger und derselbe Gottesauftrag, und das verbindet das jüdische Volk und Jesus und uns Christen miteinander. Jeder von den dreien hat auf seine Weise diese gleiche und eine Gottesbedeutung."[18]

Spüren Sie, wie befreiend solches nicht-judenfeindliche Reden von Jesus für uns alle sein könnte? Solche Sätze, solche Gedanken sind biblisch orientiert, benötigen zur Rechtfertigung nicht die Abgrenzung, die Judenfeindschaft und vermitteln eine andere christliche Identität, eine Frucht aus dem Lernprozeß mit dem Judentum!

Ich komme zum Schluß: Am Anfang stand eine kritische Geschichte, eine Geschichte, deren Relevanz immer wieder zu prüfen ist. An ihr ist

---

[17] Gerhard Bauer, Hinweis auf Gott, in: Hartmut Weber (Hrsg.), Was sagen die Leute, daß ich sei?, Stuttgart 1985, S. 27f.
[18] Friedrich-Wilhelm Marquardt, zitiert nach: A. Lohrbächer, Was Christen vom Judentum lernen können, S. 171, vgl. Anm. 5.

auch dieser Vortrag zu messen, und ich bin davon überzeugt, Sie werden vieles finden, was zumindest frag-würdig ist. So überlasse ich Ihnen, den geduldigen Hörern und Hörerinnen, ein wenig bange all die angedachten, manchmal sicher zu kurzen, bisweilen gewiß auch widersprüchlichen Ausführungen. Erlauben Sie mir aber noch eine Bemerkung zur Bedeutung des jüdischen Volkes für die Identität der Christen. Sie ist auch eine Lernerfahrung beim Gespräch mit Juden, im besonderen mit Edna Brocke, der Leiterin der Gedenkstätte "Alte Synagoge Essen":

Wenn die Christen sich in all ihren Glaubensäußerungen auf den Gott Jesu beziehen, dann sind es Äußerungen, die den Gott Israels meinen - dieser Gott Israels hat sich ein für allemal mit seinem Volk verbunden, seine Existenz an sein Volk Israel gebunden. Wenn sein Volk nicht mehr sein sollte, dann ist er auch nicht mehr der Gott Israels und dann kann er auch nicht mehr der Gott Jesu und schon gar nicht der Gott der Völker sein. „Darin liegt die Rechtfertigung der Existenz Israels"[19] für alle - wir haben Gott nur vermittels der jüdischen Existenz! Warum haben die Christen dafür nicht das jüdische Volk geliebt und gelobt? Warum haben sie sich statt dessen auf Kosten der Juden definiert, und ihnen gar den Vorwurf des "Gottesmordes" angehängt? Warum haben sie es verfolgt und auszulöschen versucht? Lassen Sie uns darum, wenigstens von nun an, um Gottes willen, Israel hüten wie einen "Augapfel"[20], seine gottgewollte *Vor*ordnung achten, es dafür lieben und loben und, so Gott und die jüdischen Menschen wollen, miteinander, aneinander und voneinander lernen!

---

[19] Edna Brocke, in: Das christlich-jüdische Verhältnis und der zweite Golfkrieg. Ein Briefwechsel mit Jürgen Moltmann, veröffentlicht in Kirche und Israel, 2/1991, Neukirchen/Vluyn 1991, S. 176.
[20] Vgl. Sach 2,12.

Verzeichnis der Abkürzungen

Abkürzungen biblischer Bücher

1. Hebräische Bibel/Altes Testament

Gen	Genesis (1.Buch Mose)
Ex	Exodus (2.Buch Mose)
Lev	Leviticus (3.Buch Mose)
Num	Numeri (4. Buch Mose)
Dtn	Deuteronomium (5.Buch Mose)
Jos	Josua
Ri	Richter
1-2 Sam	1. und 2. Buch Samuel
1-2 Kön	1. und 2. Buch der Könige
1-2 Chron	1. und 2. Buch der Chronik
Ps	Psalm(en)
Jes	Jesaja
Jer	Jeremia
Ez	Ezechiel
Hos	Hosea
Mi	Micha
Sach	Sacharja

2. Neues Testament

NT	Neues Testament
Mt/MtEv	Matthäus(evangelium)
Mk/MkEv	Markus(evangelium)
Lk/LkEv	Lukas(evangelium)
Joh/JohEv	Johannes(evangelium)
joh	johanneisch
Apg	Apostelgeschichte
Röm	Römerbrief
1.-2. Kor	1. und 2. Korintherbrief
Gal	Galaterbrief
1. Thess	1. Thessalonicherbrief
1.-3. Joh	1., 2. und 3. Johannesbrief

Verzeichnis der Autorinnen und Autoren

Dr. Micha Brumlik, Professor für Erziehungswissenschaft, Universität Heidelberg

Ignatz Bubis, Vorsitzender des Zentralrats der Juden in Deutschland

Dr. Julius Carlebach, Professor und Rektor der Hochschule für Jüdische Studien, Heidelberg

Hilde Domin, Lyrikerin, Heidelberg

Dr. Norbert Giovannini, Lehrer und Autor, Heidelberg

Rachel Heuberger, Leiterin der Hebraica- und Judaica-Abteilung der Stadt- und Universitätsbibliothek Frankfurt/M.

Dr. Horst Hörner, Professor für Schulpädagogik, Pädagogische Hochschule Heidelberg

Larissa Itina, geboren in Moskau, lebt seit fünf Jahren in Deutschland

Dr. Theodor Karst, Professor für Deutsch, Pädagogische Hochschule Heidelberg

Dr. Uri Kaufmann, Dozent, Hochschule für Jüdische Studien, Heidelberg

Albrecht Lohrbächer, Schuldekan, Evangelisches Dekanat Weinheim

Dr. Trude Maurer, Privatdozentin, Seminar für Mittlere und Neuere Geschichte der Universität Göttingen

Dr. Norbert Scholl, Professor für Katholische Theologie/Religionspädagogik, Pädagogische Hochschule Heidelberg

Dr. Ludwig Schwinger, Rektor der Pädagogischen Hochschule Heidelberg

Trude Simonsohn, sozialpädagogisch engagiertes Vorstandsmitglied der Jüdischen Gemeinde Frankfurt

Dr. Mikhail Soloveithik, Professor für angewandte Mathematik, geboren in Rußland, lebt seit fünf Jahren in Deutschland

Dr. Lothar Steinbach, Professor für Geschichte, Pädagogische Hochschule Heidelberg

Dr. Martin Stöhr, Professor für Evangelische Theologie, Gesamthochschule Siegen

Dr. Gerd Theißen, Professor für Neues Testament, Universität Heidelberg

Dr. Jörg Thierfelder, Professor für Evangelische Theologie/Religionspädagogik, Pädagogische Hochschule Heidelberg

Beate Weber, Oberbürgermeisterin der Stadt Heidelberg

Dr. Willi Wölfing, Akademischer Direktor, Leiter des Instituts für Weiterbildung an der Pädagogischen Hochschule Heidelberg

Schriftenreihe der Pädagogischen Hochschule Heidelberg

Herausgegeben von der Pädagogischen Hochschule Heidelberg

Band 1: Hafenbrak, Bernd (Hrsg.)
COMAL im Unterricht
Beiträge zum Computereinsatz in der Schule.
1988. 217 S.

Dieser Tagungsbericht wendet sich an Lehrer aller Schularten, die sich über die Verwendung einer strukturierten, erweiterbaren Programmiersprache im Unterricht informieren wollen.

Band 2: Pfistner, Hans-Jürgen (Hrsg.)
Die Entwicklung des Seelischen
Mit Beiträgen von Horst Antenbrink, Karl-Josef Frey, Hans-Jürgen Pfistner und Wolfgang Sehringer.
1988. 232 S.

Die »Entwicklung des Seelischen« wird auf dem Ansatz eines erweiterten Entwicklungsbegriffs in der Psychologie in drei Beiträgen demonstriert und in einem vierten hinsichtlich seiner Grundstruktur aufgezeigt.

Band 3: Schallies, Michael (Hrsg.)
Umweltschutz – Umwelterziehung
Eine Einführung in die Umweltschutzthematik mit exemplarischen Beispielen.
Mit Beiträgen von Peter Buck, Rudolf Büttner, Ulrike Gscheidle, Ingrid Kemkemer, Peter Knoch, Claus Kretz, Bernd Löwe, Karl-Geert Malle, Claudia Neumann, Friedrich Sauerwein, Michael Schallies, Klaus Thorn, Wulfard Winterhoff, Anette Werle und Uwe Zimmermann.
1988. 212 S.

Mit Beiträgen zu den Bereichen »Wasser«, »Boden«, »Luft« wird das methodische Vorgehen auf dem Gebiet des Umweltschutzes und der Umwelterziehung offengelegt. Die Darstellungen vermitteln auch interessierten Laien wichtige Grundkenntnisse und Einsichten.

Band 4: Henecka, Hans Peter / Uffelmann, Uwe (Hrsg.)
Soziologie – Politik – Geschichte in der Lehrerbildung
Mit Beiträgen von Andreas Cser, Hans Peter Henecka, Gerd Hepp, Adolf Laufs, Armin Reese, Diana Rendtorff, Herbert Schneider und Uwe Uffelmann.
1990. 224 S. Br

Dieses Buch beschreibt den Ort der drei Sozialwissenschaften Soziologie, Politik und Geschichte an lehrerbildenden Hochschulen und zeigt einige ihrer spezifischen Probleme, Gegenstände und Methoden.

Band 6: Scholl, Norbert (Hrsg.)
Das alles ist Wasser
Mit Beiträgen von Peter Buck, Gerhard Büttner, Theodor Karst, Mins Minssen, Gerd Ratz, Michael Schallies, Norbert Scholl und Uwe Zimmermann.
1991. 162 S.

Biologen, Physiker, Chemiker, Geographen, Theologen und Literaturwissenschaftler haben den Versuch unternommen, an Beispielen aus ihren Fachgebieten die Bedeutungsvielfalt des Wassers exemplarisch aufzuzeigen.

Band 7: Beilharz, Richard / Frank, Gerd (Hrsg.)
Feste
Erscheinungs- und Ausdrucksformen, Hintergründe, Rezeption.
1991. 206 S.

Siebzehn Germanisten, Romanisten, Schulpädagogen, Theologen, Soziologen, Historiker, Musik- und Kunstwissenschaftler zeigen, daß Feste neben ihrer daseinserhöhenden Bedeutung zumeist Brücken zu neuen Erkenntnissen und Lebensformen darstellen.

Band 8: Gollinger, Hildegard / Maier, Joachim / Thierfelder, Jörg (Hrsg.)
Dem Frieden nachjagen
Vergriffen

Band 9: Löwe, Bernd
Biologieunterricht und Schülerinteresse an Biologie
1992. 191 S. Br

Die Förderung von Interessen ist wesentliche Bildungsaufgabe der Schule. Langjährige empirische Untersuchungen des Autors zeigen dagegen deutliche Abnahmen für das Interesse an Biologie. Mögliche Ursachen und deren schulpraktische Konsequenzen werden erörtert.

Band 10: Maier, Hans / Pfistner, Hans-Jürgen
Grundlagen der Unterrichtstheorie und Unterrichtspraxis
Beobachtungsformen, Strukturen, Systeme.
3., erw. Aufl. 1993. 359 S.

Ein bewährtes Modell zur Unterrichtserfassung und -planung wird aufgegriffen und in dieser 3. Auflage weitergeführt. Die vorgestellte Unterrichtstheorie auf phänomenologischer Grundlage wird zu einer effektiven, zeitgemäßen Gestaltung der Praxis entwickelt.

Band 11: Reiß, Günter / Eberle, Gerhard (Hrsg.)
Offener Unterricht – Freie Arbeit
mit lernschwachen Schülerinnen und Schülern.
3. Auflage 1995. 275 S. Br.

Dieses Buch erörtert und problematisiert Formen offenen Lernens auch im Blick auf lernschwache Kinder und speziell Schüler in Sonderschulen, was offensichtlich bisher kaum geleistet wurde.

Band 12: Wölfing, Willi / Strittmatter, Veronika (Hrsg.)
Bildung und Erziehung in Europa
Heidelberger Pädagogischer Kongreß.
Pädagogische Hochschule Heidelberg 5. bis 9. Oktober 1993.
1994. 664 S. mit zahlr. Abbildungen.

Die Entwicklung eines europäischen Bewußtseins tut Not. An zentraler Stelle befinden sich Pädagogen. Sie können eine europäische Dimension in Bildung und Erziehung einfließen lassen. Konkrete Ansätze und Perspektiven dazu und Folgerungen für Unterricht und Lehrerbildung sind in dieser Dokumentation zusammengestellt.

Band 13: Ulrich, Wolfram / Buck, Peter (Hrsg.)
Video in Forschung und Lehre
1993. 319 S.

Das Buch gibt einen Überblick über Verwendungsmöglichkeiten von Video in der pädagogischen Forschung und Lehre. Es wendet sich vor allem an Lehrende in tertiären Bildungseinrichtungen.

Band 14: Gonschorek, Gernot / Wölfing, Willi (Hrsg.)
Schule und Bildung
Argumente – Anstöße – Beispiele.
1993. 272 S.

Heidelberger Schulpädagogen versuchen Antworten, wollen Anregungen geben für alle an Schule und Ausbildung Beteiligten, wollen Beispiele geben für einen Unterricht, der Bildung vermittelt.

Band 15: Uffelmann, Uwe (Hrsg.)
Identitätsbildung und Geschichtsbewußtsein nach der Vereinigung Deutschlands
Mit Beiträgen von Jochen Huhn, Dagmar Klose, Peter Knoch, Horst Kuss, Udo Margedant, Gabriele Möhring, Bernd Mütter, Sigrid Strempler, Wendelin Szalai, Uwe Uffelmann und Antonius Wollschläger.
1993. 286 S.

Der Band dokumentiert eine Tagung ost- und westdeutscher Geschichtsdidaktiker zur Fundierung veränderten historischen Lernens in Schule und Erwachsenenbildung nach der Wiedervereinigung Deutschlands durch Prüfung der Ausgangsbedingungen und Suche nach Möglichkeiten für individuelle und kollektive Identitätsrevisionen.

Band 16: Kosa, Uwe (Hrsg.)
Sprechende Computer in der pädagogischen Praxis
Aktualisierte Beiträge der 5. Tagung des Arbeitskreises
»Pädagogische Software mit digitaler Sprachverarbeitung« am 23./24. April 1993
an der Pädagogischen Hochschule Heidelberg.
1994. 204 S.

Die praxisnahen Beiträge bieten eine multiperspektivische Einführung und einen umfassenden Überblick über aktuelle Entwicklungen im (sonder-)pädagogischen Einsatzfeld sprachverarbeitender Computersoftware.

Band 17: Scholl, Norbert
Auf den Spuren des dreieinen Gottes
1994. 183 S.

Das Buch zeigt Spuren des dreieinen Gottes auf – in der Weisheit der Völker, in den Schriften des Alten und Neuen Bundes, im Kosmos und in der Natur, in der Geschichte und im Zusammenleben der Menschen, im eigenen Ich.

Band 18: Schönbeck, Jürgen / Struve, Horst / Volkert, Klaus (Hrsg.)
Der Wandel im Lehren und Lernen von Mathematik und Naturwissenschaften
Band I: Mathematik.
Symposion '94 Pädagogische Hochschule Heidelberg 4. bis 7. Oktober 1994.
Unter Mitarbeit von Anneliese Wellensiek.
1994. 276 S.

Unter dem speziellen Thema: »Abbildungs- und Kongruenzgeometrie in didaktischer, historischer und systematischer Sicht« werden die Wandlungen untersucht, die der Geometrieunterricht durch den Einfluß neuer fachwissenschaftlicher Entwicklungen nach 1850 erfahren hat.

Band 19: Jäkel, Lissy / Schallies, Michael / Venter, Joachim / Zimmermann, Uwe (Hrsg.)
Der Wandel im Lehren und Lernen von Mathematik und Naturwissenschaften
Band II: Naturwissensschaften.
Symposion '94 Pädagogische Hochschule Heidelberg 4. bis 7. Oktober 1994.
Unter Mitarbeit von Anneliese Wellensiek.
1994. 432 S.

Das spannungsvolle Verhältnis zwischen naturwissenschaftlicher Forschung und naturwissenschaftlicher Lehre, insbesondere die didaktische Grundfrage, wie sich fachwissenschaftliche Strukturen mit den Erfahrungswelten von Schülerinnen und Schülern vereinbaren lassen, steht im Mittelpunkt der Diskussion.

Band 20: Schiementz, Walter / Beilharz, Richard (Hrsg.)
Ins Bild gesetzt
Facetten der Kunstpädagogik.
Max Kläger zum 70. Geburtstag.
Mit Beiträgen von Walter Barth, Richard Beilharz, Klaus Bodemeyer, Eberhard Brügel, Hermann Burkhardt, Axel von Criegern, Hans Daucher, Elliot W. Eisner, Gerold Kaiser, Manfred Kästner, Paolo J. Knill, Erika Landau, Hans-Günther Richter, Siegwart Rupp, Walter Schiementz, Helmut H. Schütz, Friedrich Strassner und Igor Zhor.
1995. 312 S. Mit 95 Abb.

Der Band enthält 18 Beiträge zu unterschiedlichsten Schwerpunktsetzungen kunstpädagogischen Denkens und Handelns. Neben eher theoretischen Auseinandersetzungen mit Fragen der Kunst, der Kunstdidaktik und der Kunsttherapie werden eingehend Prozesse und Ergebnisse ästhetischer/künstlerischer Praxis von Kindern, Jugendlichen und Studierenden reflektiert und neue Zielsetzungen und Aufgabenfelder über die engeren Fachgrenzen hinaus aufgewiesen.

Band 21: Sehringer, Wolfgang / Jung, Gabriela
Schulreform von unten
Leistungsdifferenzierung an einem Gymnasium und Begabungsuntersuchungen an weiterführenden Schulen in einer süddeutschen Region.
1995. 571 S.

Stets hat das Gymnasium Schulversagen leitbildgebundenermaßen mit Nichtversetzung beantwortet. Dagegen wird in einem Schulversuch das Prinzip der Leistungsdifferenzierung erprobt. Dies ist für den ländlichen Raum besonders bedeutsam, weil dort die Schulwahl nicht selten eher vom Schulstandort als von der Schulorteignung bestimmt wird.

Band 22: Kosa, Uwe
EDV für Sehgeschädigte
Entwurf einer audiovisuellen Textverarbeitung.
1995. 296 S.

Die Entwicklung von av text wird geschildert. Es zeigt die speziellen Anforderungen, die an eine sehgeschädigtengerechte Textverarbeitung gestellt werden, und stellt ihre Realisierung in der konkreten Projektarbeit dar.

Band 23: Stahl, Uta
Professionalität und Zufriedenheit im Beruf
Eine empirische Studie an Grund- und Hauptschulen.
1995. 336 S.

Die empirische Untersuchung erfaßt mittels Fragebogen die Arbeits(un)zufriedenheit von Grund - und Hauptschullehrerinnen und -lehrern, interpretiert sie in bezug auf ihre Professionalität und zeigt mögliche Folgen auf.

Band 24: Besier, Gerhard / Ludwig, Hartmut / Thierfelder, Jörg (Hrsg.)
Der Kompromiß von Treysa
Die Entstehung der Evangelischen Kirche in Deutschland (EKD) 1945.
Eine Dokumentation.
Bearbeitet von Michael Losch, Christoph Mehl und Hans-Georg Ulrichs.
1995. 446 S.

Die Dokumentation beschäftigt sich mit der Vorgeschichte, dem Verlauf und dem Ergebnis der Kirchenkonferenz in Treysa vom 27.–31. August 1945. Hier wurde der Rat der Evangelischen Kirche in Deutschland (EKD) gegründet. Die Einleitungen der Herausgeber tragen zum Verständnis der Dokumente bei.

Band 25: Eberle, Gerhard / Kornmann, Reimer (Hrsg.)
Lernschwierigkeiten und Vermittlungsprobleme im Mathematikunterricht an Grund- und Sonderschulen
Möglichkeiten der Vermeidung und Überwindung.
Mit einer Einführung von Heinrich Bauersfeld.
Mit Beiträgen von Gerhard Eberle, Hans-Dieter Gerster, Reimer Kornmann, Werner Laschkowski, Jens Holger Lorenz, Gerhard Preiß, Hans-Jürgen Wagner, Franz B. Wember und Margarita Wittoch.
1996. 260 S.

Der Band informiert über Ursachen gestörter mathematischer Lernprozesse und bietet viele nützliche unterrichtspraktische Hinweise.

Band 26: Henecka, Hans Peter / Gesk, Inge
Studienabbruch bei Pädagogikstudenten
Eine empirische Untersuchung an Pädagogischen Hochschulen in Baden-Württemberg.
1996. 180 S.

In der vorliegenden exemplarischen Untersuchung des Studienabbruchs bei Studierenden des Lehramts an Grund- und Hauptschulen werden in detaillierten Analysen die Friktionen der Alltagsroutinen des akademischen, sozialen und schulpraktischen Systems der Hochschule ebenso dargestellt wie die Auseinandersetzungen zwischen den individuellen und institutionellen Funktionslogiken, die von den Studienabbrechern erkämpft, erlitten und durchgestanden werden müssen.

Band 27: Thierfelder, Jörg / Wölfing, Willi (Hrsg.)
Für ein neues Miteinander von Juden und Christen
Mit Beiträgen von Micha Brumlik, Ignatz Bubis, Julius Carlebach, Hilde Domin, Norbert Giovannini, Rachel Heuberger, Horst Hörner, Larissa Itina, Theodor Karst, Uri R. Kaufmann, Albrecht Lohrbächer, Trude Maurer, Norbert Scholl, Ludwig Schwinger, Trude Simonsohn, Mikhail Soloveithik, Lothar Steinbach, Martin Stöhr, Gerd Theißen, Jörg Thierfelder, Beate Weber und Willi Wölfing.
1996. 326 S.

Das Buch enthält Beiträge zum Judentum, zum Antijudaismus, zum Holocaust und zum jüdisch-christlichen Dialog. Die Beiträge stammen von einer Ringvorlesung, die im WS 19695/96 an der PH Heidelberg abgehalten wurde.